Studien und Materialien
zum Straf- und Maßregelvollzug

herausgegeben von
Friedrich Lösel, Gerhard Rehn und Michael Walter

BAND 24

Psychologische Schuldfähigkeitsbegutachtung bei sogenannter schwerer anderer seelischer Abartigkeit

Eine Begutachtungsheuristik auf empirischer Grundlage

Alexander F. Schmidt

Centaurus Verlag
Herbolzheim 2008

Alexander F. Schmidt, geb. 1973, Dr. phil., Dipl.-Psych., ist wissenschaftlicher Mitarbeiter am Institut für Psychologie der Universität Bonn, Abteilung Sozial- und Rechtspsychologie. Psychologischer Psychotherapeut mit Schwerpunkt Verhaltenstherapie in Ausbildung, langjähriger wissenschaftlicher Mitarbeiter am ehemaligen Lehrstuhl für Klinische und Angewandte Psychologie der Universität Bonn. Publikationstätigkeit insbesondere zum Thema Schuldfähigkeitsbegutachtung, zu Straftäterbehandlung, zu Dissozialität sowie zu Emotionsregulation und Psychotherapie.

Die Deutsche Bibliothek – CIP-Einheitsaufnahme

Schmidt, Alexander F. :
Begutachtung der Schuldfähigkeit bei sogenannter schwerer anderer seelischer Abartigkeit /Alexander F. Schmidt.-
Herbolzheim: Centaurus-Verl., 2008
  (Studien und Materialien zum Straf- und Maßregelvollzug; Bd. 24)
Zugl.: Bonn, Univ., Diss., 2007

ISBN 978-3-8255-0676-6

ISSN 0944-887X

Alle Rechte, insbesondere das Recht der Vervielfältigung und Verbreitung sowie der Übersetzung, vorbehalten. Kein Teil des Werkes darf in irgendeiner Form (durch Fotokopie, Mikrofilm oder ein anderes Verfahren) ohne schriftliche Genehmigung des Verlages reproduziert oder unter Verwendung elektronischer Systeme verarbeitet, vervielfältigt oder verbreitet werden.

© CENTAURUS Verlags-GmbH & Co. KG, Herbolzheim 2008

Satz: Vorlage des Autors
Umschlaggestaltung: Antje Walter, Titisee
Druck: primotec-printware, Herbolzheim

Die Gefahr, als jemand etikettiert zu werden, der die „Wahrheit" kennt, schränkt sowohl den „Experten" als auch diejenigen, die vom „Experten" lernen möchten, ein.

(Cecchin, Lane & Ray, 1996, S.18)

Danksagung

Keine Forschungsarbeit entsteht losgelöst von ihren Rahmenbedingungen. An dieser Stelle soll allen Personen herzlich gedankt werden, die diese Untersuchung in der vorliegenden Form überhaupt erst möglich gemacht und mit ihrem Bemühen um deren Ergebnisse zum Besseren beigetragen haben. Mein besonderer Dank gilt dabei meinen Eltern und meiner Familie, die mir maßgebliche Erfahrungen ermöglichten, welche schlussendlich zu dieser Untersuchung geführt haben.

Ferner möchte ich mich bei meinem Erstgutachter und Betreuer Prof. Dr. O. Berndt Scholz, der die Realisierung dieses Forschungsprojekts unter Gewährung von großen Freiheiten begleitet hat, für die langjährige Unterstützung bedanken. Mein Dank gilt auch Prof. Dr. Nobert Nedopil, ohne dessen großzügige Kooperation die Untersuchung in dieser Form nicht zustande gekommen wäre, und der stets ein Forum schuf, Zwischenergebnisse berichten und diskutieren zu können.

Zwingend notwendige Arbeiten nur bedingt reizvoller Natur sind Korrekturen, denen Dipl.-Psych. Clarissa Leipert ihre wertvollen Ressourcen geopfert hat. Ferner stand sie mir auch in Zeiten größter Belastung stets zur Seite und hat damit einen unschätzbaren Anteil an den Rahmenbedingungen mitgetragen, die für die Abfassung dieser Arbeit hilfreich und notwendig waren. Auch meinem lieben Kollegen Dr. Frank Kaspers sei an dieser Stelle für die humorvolle Begleitung im Forschungsalltag gedankt. Unbedingt zu erwähnen ist auch Dr. Andreas Mokros, der einen wichtigen Impuls gab.

Schließlich verbindet sich mein Dank auch mit meiner Zweitgutachterin Prof. Dr. Marie-Luise Kluck und Prof. Dr. Rainer Banse, der im richtigen Moment Freiheiten und Möglichkeiten gewährte, dieses Forschungsprojekt zu seinem Ende zu bringen.

Bonn im Dezember 2007   Alexander F. Schmidt

Inhalt

1 **ENTSCHEIDUNGSORIENTIERTE IMPLIKATIONEN DER SOGENANNTEN SCHWEREN ANDEREN SEELISCHEN ABARTIGKEIT** 1

2 **RECHTLICHE GRUNDLAGEN UND MINDESTANFORDERUNGEN DER SCHULDFÄHIGKEITSBEGUTACHTUNG** 5
   2.1   Schuldbegriff und die Rolle der Willensfreiheit im deutschen Strafrecht.............5
   2.2   Die Bestimmungen zur Schuldfähigkeit im deutschen Strafrecht.........................8
   2.2.1 Die erste Stufe der Schuldfähigkeitsbegutachtung – Eingangsmerkmale und Krankheitsbegriff........10
   2.2.2 Die zweite Stufe der Schuldfähigkeitsbegutachtung – Auswirkungen auf die Einsichts- und Steuerungsfähigkeit..............15
   2.3   Mindestanforderungen für Schuldfähigkeitsgutachten aus juristischer Sicht........18

3 **DIE SOGENANNTE SCHWERE ANDERE SEELISCHE ABARTIGKEIT AUS PSYCHIATRISCH-PSYCHOLOGISCHER SICHT UND MINDESTSTANDARDS FÜR DIE BEGUTACHTUNG** 21
   3.1   Die Begrifflichkeit der sogenannten schweren anderen seelischen Abartigkeit.........22
   3.2   Zentrale Lösungsansätze der Schuldfähigkeitsbegutachtung bei sogenannter schwerer anderer seelischer Abartigkeit...........27
   3.2.1 Der Hamburger Ansatz der progredienten psychopathologischen Entwicklung nach Schorsch.........27
   3.2.2 Tiefenpsychologische Ansätze nach Mundt und Böhle...........30
   3.2.3 Der Tübinger Ansatz zur Quantifizierung nach Foerster..........32
   3.2.4 Der Berliner Ansatz des strukturell-sozialen Krankheitsbegriffs nach Rasch.........34
   3.2.5 Der Aachener Ansatz des psychopathologischen Referenzsystems und die Kriterienliste von Saß............36
   3.2.6 Der Bonner Ansatz der Schuldfähigkeitskategorien von Scholz und Schmidt...........40
   3.3   Mindestanforderungen der Begutachtung von sogenannter schwerer anderer seelischer Abartigkeit aus psychologisch-psychiatrischer Sicht.........42
   3.3.1 Mindeststandards der Begutachtung von Persönlichkeitsstörungen...........44
   3.3.2 Mindeststandards der Begutachtung von Sexualdelinquenz...........46

4 **PSYCHOLOGISCHE AUSWIRKUNGEN SOGENANNTER SCHWERER ANDERER SEELISCHER ABARTIGKEIT** 49
   4.1   Makroebene der Schuldfähigkeitsbegutachtung – auf dem Weg zu einer Rahmentheorie der Schuldfähigkeit..................50
   4.1.1 Das Vulnerabilitäts-Stress-Modell als allgemeine Konzeption psychischer Störungen..........51
   4.1.2 Seelische Gesundheit und Verhaltenskontrolle im Kontext der Schuldfähigkeit........53
   4.2   Mikroebene der Schuldfähigkeitsbegutachtung – Situationsübergreifende Erlebens- und Verhaltensdispositionen der ersten Schuldfähigkeitsachse.........62
   4.2.1 Problemlösen, Emotionsregulation, Abwehrmechanismen und Schuldfähigkeit.........63
   4.2.1.1 Die Struktur-Achse der Operationalisierten Psychodynamischen Diagnostik OPD...........71
   4.2.2 Dissozialität und Schuldfähigkeit..........73

4.2.2.1 Das Persönlichkeitskonstrukt der Psychopathy nach Hare ....
4.2.2.2 Forensische Bewertung ....
4.3 Mikroebene der Schuldfähigkeitsbegutachtung – Tatbezogene Erlebens- und Verhaltensweisen der zweiten Schuldfähigkeitsachse ....
4.3.1 Zeitliche und handlungstheoretische Aspekte des Tatverhaltens ....
4.3.2 Motivationale Aspekte des Tatverhaltens ....
4.3.3 Progredienzaspekt des Tatverhaltens ....
4.4 Von der Makro- zur Mikroebene der Schuldfähigkeitsbegutachtung – eine Zusammenfassung ....

5 **ENTWICKLUNG EMPIRISCH BASIERTER SCHULDFÄHIGKEITSMERKMALE DER SOGENANNTEN SCHWEREN ANDEREN SEELISCHEN ABARTIGKEIT** ....

5.1 Zielstellung ....
5.2 Stichprobenbeschreibung ....
5.2.1 Gruppenvergleich der Basisdaten der Stichprobe ....
5.3 Auswertungsmethodik ....
5.3.1 Qualitative Analyse – Skalierende Strukturierung ....
5.3.1.1 Kategoriensystem – Kurzbeschreibung der Indikatoren der Schuldfähigkeitsachse zu situationsübergreifenden Erlebens- und Verhaltensdispositionen ....
5.3.1.2 Kategoriensystem – Kurzbeschreibung der Indikatoren der Schuldfähigkeitsachse Tatbezogene Erlebens- und Verhaltensweisen ....
5.3.1.3 Kategoriensystem – Kurzbeschreibung der Indikatoren zur Erfassung der Persönlichkeitsfaktoren Seelische Gesundheit und Verhaltenskontrolle ....
5.3.2 Quantitative Analyse – Aggregation zu Schuldfähigkeitskategorien ....
5.3.3 Quantitative Analyse – Überprüfung der Diskriminations- und Klassifikationsleistung anhand binär logistischer Regressionen und ROC-Analysen ....
5.3.4 Analyse der Fehlklassifikationen ....
5.3.5 Überprüfung des Zusammenhangs der Persönlichkeitsfaktoren Seelische Gesundheit und Verhaltenskontrolle mit den Schuldfähigkeitsempfehlungen ....
5.4 Empirisch basierte Schuldfähigkeitsmerkmale – die Ergebnisse der quantitativen Auswertungsmethodik ....
5.4.1 Aggregation von Schuldfähigkeitskategorien ....
5.4.1.1 Schuldfähigkeitskategorien der Achse I – Situationsübergreifende Erlebens- und Verhaltensdispositionen ....
5.4.1.2 Schuldfähigkeitskategorien der Achse II – Tatbezogene Erlebens- und Verhaltensweisen ....
5.4.2 Replizierbarkeit der Schuldfähigkeitskategorien ....
5.4.3 Psychometrische Kennwerte der Schuldfähigkeitskategorien beider Achsen ....
5.4.4 Die Diskriminations- und Klassifikationsleistung der Schuldfähigkeitsmerkmale ....
5.4.4.1 Trennschärfe der Achse I – Situationsübergreifende Erlebens- und Verhaltensdispositionen ....
5.4.4.2 Trennschärfe der Achse II – Tatbezogene Erlebens- und Verhaltensweisen ....
5.4.5 Minimalkonfiguration von Schuldfähigkeitsmerkmalen der Achsen I und II ....
5.4.6 Analyse der Fehlklassifikationen ....

5.4.7 Die Persönlichkeitsfaktoren Seelische Gesundheit und Verhaltenskontrolle im Verhältnis zur
Schuldfähigkeitseinschätzung durch die Sachverständigen 145

6 DIE SCHULDFÄHIGKEITSMERKMALE DER SOGENANNTEN SCHWEREN ANDEREN SEELISCHEN ABARTIGKEIT UND DEREN ANWENDUNG 152

6.1 Die Bedeutung der empirisch basierten Schuldfähigkeitsmerkmale für die
Schuldfähigkeitsfrage 152
6.1.1 Situationsübergreifende Erlebens- und Verhaltensdispositionen – die erste
Schuldfähigkeitsachse 153
6.1.1.1 Passiv-vermeidendes vs. aktiv-adaptives Problemlösen 153
6.1.1.2 Lage- vs. Handlungsorientierung 155
6.1.1.3 Impulsiv-explosibles Verhalten vs. Impulskontrolle und Selbststeuerung 156
6.1.1.4 Externalisierend-egozentrische vs. prosozial-reziproke Affektivität 158
6.1.1.5 Gewichtung im Rahmen der Begutachtung 160
6.1.1.6 Zur Rolle der Dissozialität für die Schuldfähigkeitsbegutachtung 164
6.1.2 Tatbezogene Erlebens- und Verhaltensweisen – die zweite Schuldfähigkeitsachse 166
6.1.2.1 Labilisierung vs. emotionale Stabilität im Vorfeld der Tat 166
6.1.2.2 Affektregulativ-egodystone vs. instrumentell-egosyntone Tatbegehung 168
6.1.2.3 Progredientes vs. nicht-progredientes Tatverhalten 169
6.1.2.4 Gewichtung im Rahmen der Begutachtung 171
6.1.3 Zur Kerndimension der Schuldfähigkeitsfrage 176
6.2 Schuldfähigkeit als stressbewältigendes Handeln im Vulnerabilitäts-Stress-Modell 178
6.3 Eine integrative Heuristik der Schuldfähigkeitsbegutachtung bei sogenannter schwerer anderer
seelischer Abartigkeit 182
6.4 Methodenkritik, offene Fragen und zukünftige Forschungsdesiderate 187

7 ZUSAMMENFASSUNG 189

LITERATURVERZEICHNIS 191

ANHANG A – OPERATIONALISIERTER KODIERLEITFADEN FÜR DIE SCHULDFÄHIGKEITSACHSEN 206

Achse I : Situationsübergreifende Erlebens- und Verhaltensdispositionen – Trait-Achse 206
Achse II: Tatbezogene Erlebens- und Verhaltensweisen – State-Achse 213

ANHANG B – OPERATIONALISIERUNGEN FÜR DIE PERSÖNLICHKEITSFAKTOREN SEELISCHE GESUNDHEIT UND VERHALTENSKONTROLLE NACH BECKER (1995) 219

Seelische Gesundheit 219
Verhaltenskontrolle 220

ANHANG C – INTERKORRELATIONSMATRIX DER SCHULDFÄHIGKEITSKATEGORIEN UND ÜBERSICHT DER VARIABLENZUORDNUNGEN 222

1 Entscheidungsorientierte Implikationen der sogenannten schweren anderen seelischen Abartigkeit

Die Schuldfähigkeitsparagraphen 20 und 21 des deutschen Strafgesetzbuchs haben im Verlauf ihrer Entwicklung und Reformen eine bewegte Geschichte hinter sich, die nicht nur für die direkt am Strafprozess beteiligten Parteien wie Richter, Staatsanwälte, Verteidiger, forensische Sachverständige und schließlich den Beschuldigten von Interesse ist. Dies belegen immer wieder erscheinende Publikationen, welche sich in der einen oder anderen Form mit dem Thema der Schuldfähigkeitsbegutachtung auch aus Sicht des unbeteiligten Laien befassen (vgl. Schorsch, 1991; Wulff, 2005; Marneros, 2007). Bei näherer Betrachtung eröffnen sich jedoch viel weitreichendere Berührungspunkte als das von der Öffentlichkeit eventuell wahrgenommene Ergebnis einer Verurteilung unmittelbar nahe legt.

Gesellschaftlich ist ein starkes Interesse an Kriminalität, Schuld und Vergeltung zu konstatieren, das von den Medien in mehr oder weniger reißerischer Aufmachung bedient wird. So war beispielsweise zu Beginn des Jahres 2007 die Frage des Umgangs mit der gesetzlich möglichen vorzeitigen Aussetzung der Reststrafe der noch inhaftierten RAF-Täter eine gesellschaftliche Debatte, die im medialen Rahmen einen großen Stellenwert einnahm und die Frage nach Gerechtigkeit und Schuld verstärkt in den Raum stellte. Ein weiterer Faktor, der das öffentliche Strafbedürfnis beeinflusst, ist die Kriminalitätsfurcht, die sich wesentlich durch das von der Bevölkerung wahrgenommene Ausmaß an Kriminalität speist. Dabei verhält sich die tatsächliche Entwicklung der Kriminalstatistik der letzten 10 Jahre gegenläufig zu deren öffentlichen Einschätzung und der stetigen „Boulevardisierung" der Medienberichterstattung (vgl. Pfeiffer, Windzio & Kleimann, 2004). Im Vergleichszeitraum 1970 bis 1998 hat sich die Zahl der Sexualmorde auf etwa ein Viertel reduziert, während gleichzeitig die Presseberichterstattung zum Kindesmissbrauch um das Achtfache angestiegen ist. Dementsprechend steigt die Kriminalitätsfurcht (vgl. Kury & Obergfell, 2003), obwohl Sexualmorde und Sexualdelikte – oftmals von Tätern begangen, denen im Strafverfahren eine sog. schwere andere seelische Abartigkeit attestiert wird – im Allgemeinen rückläufige Tendenzen aufweisen (Egg, 2000; Dessecker, 2001a). Die Rufe nach härteren Strafen verstummen trotz verschärfter Gesetze nicht (vgl. Rehn (2001) zum Gesetz zur Bekämpfung von Sexualdelikten und anderen gefährlichen Straftaten).

Aus der gesellschaftlichen Notwendigkeit von Strafe und Sicherung ergibt sich ein entscheidungsorientiertes Spannungsfeld wechselseitiger Abhängigkeiten für Straftäter, Sachverständige, Rechtsprechung, Gesellschaft und Behandler. Darin nimmt die Schuldfähigkeitsbegutachtung und das dabei am häufigsten verwendete Eingangsmerkmal der sog. schweren anderen seelischen Abartigkeit eine Schlüsselfunktion ein. Die

Entscheidung, ob ein Beschuldigter schuldfähig gesprochen oder de- bzw. -exkulpiert wird, ist für alle Beteiligten mit sich gegenseitig beeinflussenden Implikationen verbunden. Tabelle 1-1 versucht dieses Abhängigkeitssystem in Ausschnitten darzustellen. Betrachtet man die Auswirkungen für die beteiligten Parteien, die mit den sich aus der Schuldfähigkeitsfrage ergebenden Rechtsfolgen verbunden sind, treten folgende Kernprobleme wiederholt zu Tage:

a) Fragen, die die Strafzumessung, Zuweisung zu bestimmten Maßnahmen sowie deren Dauer und auch Kosten betreffen (Dessecker, 2001b; Kröber, 2001a),
b) Behandlungsprobleme im Umgang mit Therapie bei fehlender Freiwilligkeit (Schwarze & Schmidt, 2008),
c) Probleme der Grenzziehung zwischen psychischer Störung und Gefährlichkeit sowie der Verhältnismäßigkeit von bessernden vs. sichernden Maßnahmen (Nedopil, 2000b),
d) und letztlich formale, fachlich-inhaltliche Probleme der sachverständigen Tätigkeit innerhalb der Schuldfähigkeitsbegutachtung, da keine Einigkeit über die dafür heranzuziehenden Kriterien besteht (vgl. aus juristischer Sicht Schmidt-Recla, 2000; Stange, 2003).

Die fachlichen Probleme berühren schließlich die Frage nach Rechtssicherheit, wenn ein Richter annehmen kann, dass es eher vom Sachverständigen als vom Fall abzuhängen scheint, wie dessen gutachterliche Empfehlung ausfällt (Eucker & Müller-Isberner, 2001). Dies sind nur einige Fragen die der strafrechtliche Begriff der schweren anderen seelischen Abartigkeit berührt, um dabei immer wieder erneut das Spannungsfeld zwischen Strafe, Behandlung und Sicherung zu aktualisieren und zu verdeutlichen. Infolgedessen kann es zu Verwerfungen und Schuldzuweisungen zwischen den unterschiedlichen beteiligten Gruppen kommen, die insbesondere in Zeiten knapper werdender Ressourcen und kriminalpolitischer Veränderungen aktuell werden.

Fokus der Untersuchung. Die meisten dieser Überlegungen und Gedanken werden im weiteren Fortlauf dieser Untersuchung allenfalls am Rande auftauchen. Der Schwerpunkt wird auf den empirischen Grundlagen eines oftmals nur sehr vage definierten Rechtsbegriffs liegen, und wie dieser durch den Sachverständigen erfasst werden kann. Nicht umsonst wird das vierte Eingangsmerkmal als die Problemkategorie der Schuldfähigkeitsbegutachtung angesehen. Dabei ist weniger von Interesse, eine letztlich gültige Definition des heterogenen Feldes der sog. schweren anderen seelischen Abartigkeit aufzustellen, als vielmehr die Auswirkungen auf die Schuldfähigkeitsempfehlung durch Sachverständige zu untersuchen, welche von den mit diesem Eingangsmerkmal assoziierten psychischen Störungen verursacht werden. Dies ist insoweit von Interesse, als daraus praktisch handhabbare, zuverlässige, trennscharfe und kommunizierbare Schuldfähigkeitsmerkmale abzuleiten sind, die zur Beantwortung der Schuldfähigkeitsfrage im Rahmen psychowissenschaftlicher Sachverständigentätigkeit unter diesem Eingangsmerkmal herangezogen werden können.

Tabelle 1-1: Notwendigerweise unvollständige Darstellung des entscheidungsorientierten Spannungsfelds zwischen Strafe, Besserung und Sicherung, in dem sich die sog. schwere andere seelische Abartigkeit befindet.

	Täter	Sachverständige	Rechtsprechung	Gesellschaft
Täter	Befristete Strafe vs. angeordnete Behandlung unbestimmter Dauer?			
Sachverständige	Grenzziehung zwischen psychischer Störung & Gefährlichkeit?	Wissenschaftliche Fundierung der eigenen sachverständigen Tätigkeit?		
Rechtsprechung	Frage der Verhältnismäßigkeit von Strafen und/oder Maßnahmen? Rechtssicherheit?	Wie kann eine geeignete Kooperation gewährleistet werden? Wann wird Sachverstand als hilfreich erlebt? Fragestellungen des Gerichts, die sachverständig nicht zu beantworten sind? Fragen der Objektivität? Qualifikation und Qualifizierung?	Dekulpation als Möglichkeit, den Strafrahmen zu unterlaufen vs. kaschierte Sicherheitsverwahrung durch potentiell unbegrenzte Unterbringung?	
Gesellschaft	Sicherung vs. Behandlung? Unverdiente Strafminderung vs. Zwangsbehandlung?	Umgang mit Fehleinschätzungen? Forderung nach absoluter prognostischer Sicherheit?	Frage der Verhältnismäßigkeit von Strafen und/oder Maßnahmen? Rechtssicherheit?	Sicherung vs. entstehende Kosten? Therapeutischer Vollzug vs. Strafbedürfnis?
Behandler	Zwang vs. therapeutische Beziehung? Frage der Therapieziele (Kriminalitätsreduktion vs. Behandlung psychischer Störungen)? Persönliche Ziele des Untergebrachten?	Umgang mit Fehleinweisungen?	Umgang mit vom Gericht zugewiesenen Patienten? Gerichtlicher Auftrag vs. therapeutische Ziele?	Besserung vs. Sicherung?

In Kap. 2 dieser Untersuchung werden die rechtlichen Grundlagen der Schuldfähigkeitsbegutachtung dargelegt. Dabei wird auf unterschiedliche Schuldbegriffe und das Verhältnis zum Problem der Willensfreiheit eingegangen, wie auch auf den zweistufigen Aufbau der Schuldfähigkeitsparagraphen. Die daraus für den psychowissenschaftlichen Sachverständigen abzuleitenden Handlungsmaximen werden problembezogen erläutert. Abschließend werden Mindestanforderungen aus juristischer Sicht dargestellt.

Kap. 3 befasst sich mit dem bisherigen Forschungsstand zum Begriff der sog. schweren anderen seelischen Abartigkeit. Dieser wird problematisiert und in seinen daraus entwickelten Begutachtungsheuristiken hinterfragt. Abschließend werden die aktuell veröffentlichten Mindeststandards zur Schuldfähigkeitsbegutachtung erläutert.

Kap. 4 befasst sich mit persönlichkeitspsychologischen Grundlagen der Schuldfähigkeitsbegutachtung, um daraus Hypothesen zum Zusammenhang mit der Beantwortung der Schuldfähigkeitsfrage abzuleiten. Aufbauend auf einer Vulnerabilitäts-Stress-Konzeption werden anhand zweier Schuldfähigkeitsachsen konkrete psychologische Konstrukte vorgestellt, die die Basis der zu überprüfenden Schuldfähigkeitsmerkmale innerhalb des vierten Eingangsmerkmals darstellen. Situationsübergreifende Erlebens- und Verhaltensdispositionen wie auch tatbezogene Erlebens- und Verhaltensweisen werden dabei in ihrem schuldfähigkeitsrelevanten Zusammenspiel beschrieben.

Kap. 5 widmet sich dem methodischen Vorgehen und den Ergebnissen dieser Untersuchung. Ausgehend von verschiedenen Zielstellungen werden die qualitativen und quantitativen Analyseschritte beschrieben, die zur empirischen Ableitung trennscharfer Schuldfähigkeitsmerkmale führen. Die Schuldfähigkeitsmerkmale werden hinsichtlich ihrer Vorhersagefähigkeit und psychometrischen Gütemaße getestet. Das im vierten Kapitel beschriebene Persönlichkeitsmodell und dessen Auswirkungen auf die Schuldfähigkeitseinschätzung werden analysiert und im Zusammenhang mit psychopathologischen Befunden erläutert.

Abschließend wird in Kap. 6 auf die Anwendung der empirisch gewonnenen Schuldfähigkeitsmerkmale eingegangen. Hierbei geht es um das Zusammenspiel der beiden Schuldfähigkeitsachsen zu situationsübergreifenden und tatbezogenen Erlebens- und Verhaltensauffälligkeiten bei der Schuldfähigkeitsbegutachtung. Die beiden Achsen werden umfassend beschrieben und in ihrem Verhältnis zur Vulnerabilitäts-Stress-Konzeption interpretiert. Schlussendlich wird eine integrative Begutachtungsheuristik entwickelt, die die dargestellten Befunde vereint und erstmals auf empirischen Ergebnissen basierende trennscharfe Einschätzungen der Schuldfähigkeit bei sog. schwerer anderer seelischer Abartigkeit ableiten lässt.

2 Rechtliche Grundlagen und Mindestanforderungen der Schuldfähigkeitsbegutachtung

Wenn psychowissenschaftliche Sachverständige vom Gericht an Strafprozessen beteiligt werden, geht es überwiegend um die Frage der Schuldfähigkeit, da in aller Regel der Richter diese nicht allein beurteilen kann, sofern ihm Anlass zu deren Überprüfung zu bestehen scheint. Dabei geht es um die strafrechtliche Verantwortlichkeit, die über die Zulässigkeit einer Bestrafung entscheidet (Schreiber & Rosenau, 2004). Der Einfluss des Sachverständigen auf das Verfahrensergebnis in dieser Sache ist erfahrungsgemäß oftmals vorentscheidend, weswegen die Auseinandersetzung mit dem strafrechtlichen Verständnis der Schuld auch für Psychowissenschaftler von grundlegender Bedeutung ist.

2.1 Schuldbegriff und die Rolle der Willensfreiheit im deutschen Strafrecht

Schuldbegriffe. Das deutsche Strafrecht fußt auf dem Schuldprinzip. Strafe richtet sich nicht primär nach der Schwere der rechtswidrigen Tat, sondern nach der Schwere der individuellen, dem Täter zurechenbaren Schuld. Schuld und Schuldfähigkeit sind Voraussetzung jeglicher Bestrafung und haben mit dem Grundsatz „Keine Strafe ohne Schuld" Verfassungsrang zugeschrieben bekommen (BVerfGE, 20, 323; 50, 125; 80, 367). Dies stelle nach Schreiber & Rosenau (2004, S. 55) eine Reaktion des Gesetzgebers dar, auf die im Nationalsozialismus erfolgte „Entartung des Strafrechts" zum Instrument unmenschlicher Abschreckungs- und Ausmerzungsmaßnahmen vor dem Hintergrund eines uferlosen Zweckdenkens. Das Festhalten am Schuldprinzip ist demnach als ein Bekenntnis zur Würde des Menschen als verantwortliche Person zu verstehen.

Das Problematische an diesem per definitionem unantastbaren Schuldprinzip ist, dass keine positive Definition dessen, was Schuld ist, existiert. Im Wesentlichen werden heute im Rahmen der normativen Schuldlehre fünf Konzepte von Schuld vertreten, ohne dass bisher Einigkeit über Wesen und Inhalt der Schuld hergestellt werden konnte (Schmidt-Recla, 2000, S. 21ff.):

a) Die *Theorie vom Andershandelnkönnen* sieht den Inhalt der Schuld im Dafürkönnen des Täters für seine rechtswidrige Willensbildung – der Täter unterlässt die Handlung nicht, obwohl er sich anders entscheiden hätte können. Dieser Schuldbegriff setzt Willens- und Wahlfreiheit des Täters voraus und entspricht alltagspsychologischen Erfahrungen. Es wird kritisiert, dass sich das Bestehen von Willensfreiheit bei einem Individuum in einer bestimmten Situation nicht beweisen lasse (vgl. z.B. Dölling, 2007).

b) Die *Charakterschuldtheorie* verankert den Schuldvorwurf in der Persönlichkeit des Täters, in seinem So-und-nicht-anders-sein – jedermann habe dafür einzustehen, was er tue, insofern es Ausfluss seiner Persönlichkeit sei, und dementsprechend sei eine Vergeltung gegenüber dem Charakter gerechtfertigt. Hieran fällt auf, dass der Täter für etwas zur Verantwortung gezogen wird, das ihm mitgegeben oder zwangsläufig von ihm erworben wurde, was schwerlich zur Grundlage eines modernen Strafrechts gemacht werden könne (Schmidt-Recla, 2000). Dieser Schuldbegriff setzt keine Willensfreiheit voraus, er spricht für eine Determiniertheit des Verhaltens.

c) Die *Gesinnungsschuldtheorie* sieht die Schuld in der Vorwerfbarkeit der Tat im Hinblick auf die durch sie zum Ausdruck kommende rechtlich missbilligte Gesinnung – dem Täter wird zur Schuld gereicht, dass er mit seinem Tatentschluss eine rechtlich zu tadelnde Gesinnung an den Tag gelegt habe. Hierin liegt die Gefahr eines Zirkelschlusses. Das Weshalb der zu missbilligenden Gesinnung ergibt sich durch nichts anderes als die normative Setzung, was eine wissenschaftlich unbefriedigende Lösung bezüglich des Kerns der Schuldfrage darstellt (Schmidt-Recla, 2000). Dieser Schuldbegriff versucht das Problem der Willensfreiheit zu umgehen.

d) Die reine *Zwecktheorie* gibt dem Schuldbegriff ausschließlich durch den positiv generalpräventiven Zweck der Einübung von Rechtstreue ihren Inhalt – dem Täter wird die Tat als schuldhaft zugerechnet, wenn zur Stabilisierung der Norm Strafe notwendig ist. Gegen den präventiven Schuldbegriff ist einzuwenden, dass der Einzelne nicht vor unverdienter Strafe geschützt ist, wenn das Vorliegen von Schuld aus den Strafzwecken abgeleitet wird (Dölling, 2007). Auch für diese Schuldkonzeption ist die Frage der Willensfreiheit irrelevant.

e) Die Schwächen der zuvor erörterten Schuldkonzepte haben dazu geführt, dass sich zunehmend der Gedanke der normativen Motivationsfähigkeit durchgesetzt hat. Die *Theorie der normativen Ansprechbarkeit* nach Roxin (1997) geht von zu bejahender Schuld eines Täters aus, wenn er bei der Tat nach seiner geistigen und seelischen Verfassung für den Anruf der Norm zugänglich gewesen ist, wenn die freie oder determinierte psychische Steuerungsmöglichkeit, die dem gesunden Erwachsenen in den meisten Situationen gegeben sei, im konkreten Fall vorhanden war. Die Stärke dieses Schuldprinzips liegt in der Frage, ob der Täter bei Tatbegehung normative Anforderungen aufnehmen konnte, was einer erfahrungswissenschaftlichen Sichtweise prinzipiell zugänglich ist. Demnach erlaubt es diese Auslegung, „mit Hilfe von psychowissenschaftlichen Erfahrungswissen so weit wie möglich in den Bereich der normativen Komponente vorzudringen, ohne sie mit diesem Erfahrungswissen gleichzusetzen" (Schmidt-Recla, 2007, S. 43). Roxins Formulierung löst sich von der Debatte um die Willensfreiheit indem sie ein Andershandelnkönnen nicht zur Voraussetzung macht, sondern davon ausgeht, dass ein Straftäter bei intakten Basisfertigkeiten (=normative Ansprechbarkeit) als steuerungsfähig und damit aus normativer Sicht so, als ob er frei sei, behandelt werde.

Willensfreiheit und Hirnforschung. Vom Verständnis des zugrundegelegten Schuldbegriffs hängt es ab, inwieweit die Frage der Existenz von Willensfreiheit für das Strafrecht von Bedeutung ist. Die heute weitgehend akzeptierte pragmatische Lösung entspricht dem unter e) dargestellten fünften Schuldprinzip. Vorausgesetzt wird, dass die Debatte um Indeterminismus (=Willensfreiheit) vs. Determinismus (=Vorbestimmtheit allen Verhaltens) wissenschaftlich nicht zu beantworten sei. Die viel diskutierten Ergebnisse der neueren Hirnforschung (vgl. Roth, 2004; Singer, 2004) erlauben nach wie vor keine abschließende Entscheidung zum Problem der Willensfreiheit, da die Deutungen der Experimente, die eine vollständige Determinierung menschlichen Verhaltens nahe legen sollen, umstritten sind (vgl. Geyer, 2004). Sogar Libet selbst, dessen Experiment[1] aus dem Jahr 1985 immer wieder als Beleg der deterministischen Position angeführt wird, ist heute der Auffassung, dass, so lange es keine wirklichen direkten Belege für eine vollständige Einbindung alles Mentalen in organische Vorgänge gäbe, „die Existenz eines freien Willens zumindest eine genau so gute, wenn nicht bessere wissenschaftliche Option ist, als ihre Leugnung durch die deterministische Theorie" (Libet, 2004, S. 287).

Aus forensischer Perspektive weist Kröber (2004) mit Recht darauf hin, dass eine tragfähige Rahmentheorie zur Ableitung höherer kognitiver Prozesse aus grundlegenden empirischen Befunden bisher nicht entwickelt worden ist. Vielmehr sei der entgegengesetzte Weg eingeschlagen worden: Vorher bestehende Konstrukte wie Willen oder Motivation werden mit morphologischen oder funktionellen Befunden der Hirnforschung unterfüttert. Durch geschickte Sprachspiele läuft die Hirnforschung dabei in die Falle eines Kategoriensprungs, der sich durch eine Beseelung anatomischer und funktioneller Strukturen im Sinne von Homunculi auszeichne. Es besteht die Gefahr eines endlosen Regresses ohne Vorhersagewert. Seitens der Rechtssprechung ist eine Veränderung des Strafrechts aufgrund der Ergebnisse der Hirnforschung deshalb wohl kaum zu legitimieren und zwingt zur „normativen Kapitulation" (Lüderssen, 2004, S. 101) vor dem nicht zu Erkennenden. Bei kritischer Prüfung des aktuellen Forschungsstands lässt sich zeigen, dass die derzeitige Befundlage nicht geeignet ist, allgemeingültige neurobiologische Kausalitäten strafbaren Verhaltens oder die These eines absoluten neurobiologischen Determinismus abzuleiten (Urbaniok, Hardegger, Rossegger & Endrass, 2006). Die Verdienste der Neurowissenschaften sollen damit – auch für forensische Gesichtspunkte – keinesfalls geschmälert werden, sind sie doch substanzwissenschaftlich von hohem Interesse (vgl. Kap. 4.3.1 und 6.1.2), wenn die gebotene Zurückhaltung bei

---

[1] Libet (1985) konnte in EEG-Untersuchungen zeigen, dass beim Vollzug selbstgesteuerter Willenshandlungen ein vorbereitendes Bereitschaftspotential auftritt, das der bewussten Absicht diese auszuführen im Mittel 400 ms vorausgeht.

der Interpretation und Übertragung der neurobiologischen Befunde auf gesellschaftlich-soziale Tatbestände gewahrt bleibt (Birbaumer, 2004). Eine differenzierte Mehrebenen-Betrachtung, die die Einbettung menschlicher Erlebens- und Verhaltensweisen in psychosoziale Rahmenbedingungen leistet und die daraus resultierenden komplexen Rückkoppelungsprozesse mit in Betracht zieht, ist die aktuelle Herausforderung der biopsychosozialen Wissenschaften (Gauggel, 2006) und für entscheidungsorientiertes forensisch-diagnostisches Handeln unverzichtbar.

Willensfreiheit ist somit ein Konstrukt, dessen es aus normativer Sicht losgelöst von seiner tatsächlichen Existenz oder Nichtexistenz zur Aufrechterhaltung der sozialen Ordnung bedarf (Dölling, 2007), wenn menschliches Verhalten wechselseitig vorhersehbar sein und das Zusammenleben nicht im Chaos oder der Willkür Einzelner oder spezieller Gruppen untergehen soll. Zur Durchsetzung von normentsprechendem Verhalten ist eine Sanktionierung normabweichenden Verhaltens notwendig.

- Schuld im strafrechtlichen Sinne bedeutet subjektive Zurechnung rechtswidrigen Verhaltens trotz normativer Ansprechbarkeit und ist damit eine gemischt empirisch-normative Gegebenheit (Roxin, 1997).
- Vorwerfbar ist nicht der Missbrauch der Wahlfreiheit im indeterministischen Sinne, sondern der Fehlgebrauch eines Könnens, das wir uns gegenseitig im Alltag unseres individuellen und sozialen Lebens zuschreiben.
- Dieses Schuldprinzip verzichtet auf die unlösbaren Alternativen von Determinismus und Indeterminismus, indem es pragmatisch auf das Zurückbleiben hinter dem Maß an Verhalten, das vom Bürger unter normalen Umständen erwartet werden kann, abstellt.
- Auf eine eindeutige Feststellung der im Strafverfahren und den empirischen Wissenschaften nicht zugänglichen Willensfreiheit kann über den Umweg der normalen Bestimmbarkeit des Verhaltens durch soziale Normen verzichtet werden. Die Frage der Willensfreiheit ist somit für das Problem der Schuldfähigkeit als irrelevant zu betrachten (Scholz & Schmidt, 2008), da es auf die Beurteilung von unterschiedlichen Graden sozialer Kompetenz in einer spezifischen Situation ankommt (Nedopil, 2000a).

Kasten 2-1: Zusammenfassung des Schuldbegriffs im deutschen Strafrecht nach Schreiber & Rosenau (2004, S. 59).

2.2 Die Bestimmungen zur Schuldfähigkeit im deutschen Strafrecht

Auf der Grundlage des dargestellten Schuldbegriffes (vgl. Kap. 2.1) wird eine kooperative Verständigung über die gesetzlichen Bestimmungen zwischen Psychowissenschaftlern und Gerichten erst möglich. Der entsprechende Gesetzestext ist in den §§ 20, 21 StGB zusammengefasst und ist in seiner aktuellen Fassung in Kasten 2-2 wiedergegeben. Die bereits erwähnte fehlende positive Bestimmung der Schuldfähigkeit wird im

Gesetzestext deutlich. Es werden lediglich negative Umstände genannt, die die Möglichkeiten zur Einschränkung (Dekulpation) oder Aufhebung (Exkulpation) rechtfertigen können. Das Recht setzt ab dem Alter von 18 Jahren Schuldfähigkeit als Regelfall voraus. Schuldfähigkeit wird also nicht positiv festgestellt, sondern hängt von Ausnahmetatbeständen mit einschränkender oder ausschließender Wirkung ab. Schuld ist dabei immer auf eine in der Vergangenheit liegende, vorwerfbare Tat zu beziehen, für die jemand zu Verantwortung gezogen werden soll. Die Beurteilung der Schuldfähigkeit hat stets tatabhängig zu erfolgen und erlaubt keine generellen tatüberdauernden Feststellungen, wobei sich der psychische Zustand des Täters während der Tat wandeln kann und seine Schuldfähigkeit dann differenziert zu beurteilen ist (Scholz & schmidt, 2008). Verminderte Schuldfähigkeit ist keine eigenständige Kategorie zwischen Schuldunfähigkeit und Schuldfähigkeit, sondern eine Form der Schuldfähigkeit, die unter den gleichen Gesichtspunkten des § 20 StGB nicht uneingeschränkt sondern vermindert gegeben ist (Schreiber & Rosenau, 2004, S. 77). Die Frage ist hier, inwieweit das begangene Unrecht als verschuldet betrachtet werden kann und ob aus verminderter Schuld (und nicht verminderter Schuldfähigkeit) Milderung der Strafzumessung abgeleitet werden kann (Albrecht, 2001).

§ 20 Schuldunfähigkeit wegen seelischer Störungen.
Ohne Schuld handelt, wer bei Begehung der Tat wegen einer krankhaften seelischen Störung, wegen einer tiefgreifenden Bewusstseinsstörung oder wegen Schwachsinns oder einer schweren anderen seelischen Abartigkeit unfähig ist, das Unrecht der Tat einzusehen oder nach dieser Einsicht zu handeln.

§ 21 Verminderte Schuldfähigkeit.
Ist die Fähigkeit des Täters, das Unrecht der Tat einzusehen oder nach dieser Einsicht zu handeln, aus einem der in § 20 bezeichneten Gründe bei Begehung der Tat erheblich vermindert, so kann die Strafe nach § 49 Abs. 1 gemildert werden.

Kasten 2-2: Gesetzliche Bestimmungen zur Schuldfähigkeit im deutschen Strafrecht.

Zweistufiger Aufbau der §§ 20, 21 StGB. Der Gesetzestext legt ein zweistufiges Vorgehen nahe, das statt „biologisch-psychologischer" Methode richtigerweise als empirisch-normativ bzw. psychisch-normativ bezeichnet werden sollte. Als erste Stufe werden bestimmte psychische Merkmale benannt. In einer zweiten Stufe wird abgestellt auf daraus resultierende Auswirkungen auf die Fähigkeit des Straftäters, das Unrecht der Tat einzusehen oder nach dieser Einsicht zu handeln. Diese Unterteilung in zwei Stufen ist jedoch eher heuristischer Natur. So enthält die *erste Stufe* mit den Worten „tiefgreifend" und „schwer" bereits normativ-wertende Elemente, die Eingangsmerkmalen im Sinne von Rechtsbegriffen quantifizierend zugeordnet werden. Diese Rechtsbegriffe, die nicht mit psychischen Störungen gleichzusetzen sind, können allein vom Richter mit Hilfe des Sachverständigen in Bezugnahme auf psychowissenschaftliche Diagnosesysteme angewandt und festgestellt werden (Schreiber & Rosenau, 2004, vgl. Kap. 2.2.1).

Das bloße Vorliegen einer psychischen Störung sagt demnach noch nichts über deren forensische Bewertung aus. Die modernen operationalisierten Klassifikationssysteme ICD-10 (Dilling, Mombour, Schmidt, 2004) oder DSM-IV-TR (Saß, Wittchen & Zaudig, 2003) sind nicht für die Beurteilung forensischer Sachverhalte konstruiert worden (Hoff, 2001).

Die *zweite Stufe* ist eindeutig normativer Natur, da die Fähigkeit zu Einsicht und Steuerung entsprechend dem Schuldbegriff der normativen Ansprechbarkeit eine Zuschreibung durch das Recht widerspiegelt. Auch hier liegt die finale Beurteilungskompetenz beim Gericht, wiewohl sich der Sachverständige aufgrund seiner erfahrungswissenschaftlichen Fachkompetenz hierzu mitwirkend äußern kann (Lackner & Kühl, 2001). Ein Kompetenzpurismus der dahin ginge, dass sich Gutachter auf das alleinige Mitteilen von Diagnosen beschränkten, verfehlt den Sinn der Sachverständigentätigkeit. Die Aufgabe des Gutachters ist es, dem Gericht empirisch-fachwissenschaftlich geprägte Erkenntnisse und Befunde in einer plausiblen Form darzustellen und in ihren Auswirkungen nachvollziehbar zu interpretieren (Rasch, 1999, vgl. Kap. 2.2.2).

2.2.1 Die erste Stufe der Schuldfähigkeitsbegutachtung – Eingangsmerkmale und Krankheitsbegriff

Das Gesetz beschreibt auf der ersten Stufe vier Eingangsmerkmale (vgl. Kasten 2-3), die die psychischen Ausnahmezustände mit potentiellen Auswirkungen auf die Einsichts- und Steuerungsfähigkeit umschreiben. Es ist nicht erforderlich, dass ein Zustand allein entsprechende Auswirkungen zur Folge hat, vielmehr ist ein kumulatives Zusammenwirken möglich, das erst in seiner Gesamtheit das Fehlen der Einsichts- und/oder Steuerungsfähigkeit bewirkt.

1. Krankhafte seelische Störung,
2. Tiefgreifende Bewusstseinsstörung,
3. Schwachsinn,
4. Schwere andere seelische Abartigkeit.

Kasten 2-3: Die vier Eingangsmerkmale des § 20 StGB.

Psychiatrischer vs. juristischer Krankheitsbegriff. Die vier Eingangsmerkmale der ersten Stufe sind in ihren Implikationen für die Sachverständigentätigkeit nur dann richtig zu verstehen, wenn man sich mit dem zugrundegelegten Krankheitsbegriff auseinandersetzt. Ausgangspunkt der Auseinandersetzung mit der Frage der Schuldfähigkeit ist der sog. „psychiatrische Krankheitsbegriff" wie er von Kurt Schneider (1948) geprägt wurde. Als „krankhaft" sind demnach nur psychische Störungen zu bezeichnen, die auf nachweisbaren oder zumindest postulierten organischen Prozessen beruhen. Diese unterschieden sich nach Ansicht Schneiders in qualitativ abnormer Weise von den anderen, lediglich quantitativ abnormen und nicht körperlich begründbaren psychischen Zuständen. Dieser Krankheitsbegriff basiert auf der sog. *agnostischen Position*[2], die aufgrund der mangelnden Feststellbarkeit von Willensfreiheit davon ausgeht, dass empirisch-wissenschaftliche Aussagen über die Einsichts- und Steuerungsfähigkeit nicht möglich wären (Wegener, 1992). Die Frage der Schuldfähigkeit wurde daher bereits auf der ersten Stufe zu lösen versucht, indem die Exkulpation auf bestimmte, so die Ansicht der Vertreter dieser Position, medizinisch begrenzbare Krankheitsbilder beschränkt wurde. Hierbei sollte es sich im Wesentlichen um die klassischen Geisteskrankheiten im engeren Sinne handeln – die Störungen aus dem Bereich der Psychosen. Demgegenüber standen die als „nicht krankhaft" angesehenen „Spielarten seelischen Wesens" (Schneider, 1959, S. 9), die in den modernen Klassifikationssystemen wie der ICD-10 weitestgehend unter den neurotischen, Belastungs- und somatoformen Störungen sowie den Persönlichkeits- und Verhaltensstörungen zu finden sind. Grundlage dieser Feststellung war die Annahme, mit der Feststellung einer Psychose sei zwangsläufig eine derart weitgehende Erschütterung des Persönlichkeitsgefüges indiziert, die die normale Einsichts- und Steuerungsfähigkeit ohne weiteres ausschließen müsse[3]. Dadurch kommt jedoch ein entscheidend juristisch-normativer Beurteilungsaspekt ins Spiel. Der sog. psychiatrische Krankheitsbegriff ist nach Schreiber & Rosenau (2004, S.62) somit „alles andere als ein rein medizinisch-psychiatrischer, vielmehr ist er unter Verwendung medizinischer Kategorien für spezifisch rechtliche Zwecke gebildet" worden, mit der Folge einer weitgehenden Entlastung der zweiten Stufe der Schuldfähigkeitsbeurteilung. Der sog. psychiatrische Krankheitsbegriff ist in seiner Brauchbarkeit für forensische Fragestellungen vielfältig kritisiert worden (vgl. z.B. Rasch, 1999; Tondorf, 2000; Nedopil, 2000b; Schreiber, 2003; Elsner, 2003; Scholz & Schmidt, 2003). Die Hauptargumente lassen sich dabei wie folgt zusammenfassen:

a) Bis heute existiert keine psychowissenschaftlich anerkannte Definition dessen, was unter dem Konstrukt der „Krankheit" zu verstehen ist (Wittchen, 2006). Ebenso fehlt bisher eine allgemeine Legaldefinition und so verbleibt Krankheit ein unbestimmter, auslegungsbedürftiger Rechtsbegriff (Vollmoeller, 2001).

---

[2] Dieser entgegengesetzt geht die sog. *gnostische Position* davon aus, dass durch Vergleich der psychischen Verfassung des Täters mit aus klinischer Erfahrung bekannten Störungsbildern, Einengung bzw. Verlust der sozialen Handlungskompetenz annäherungsweise abgeschätzt werden kann (Rasch, 1999). Schreiber & Rosenau (2004) schlussfolgern, dass gegenüber dem *Schuldbegriff der normativen Ansprechbarkeit* ein Agnostizismus weder erforderlich noch gerechtfertigt erscheint.
[3] Zu Ende gedacht verunmöglicht der Agnostizismus jegliche Sachverständigenaussage zur Schuldfähigkeit, wenn Aussagen zu Einsichts- und Steuerungsfähigkeit nicht möglich seien. Dies träfe dann jedoch auch auf die dem sog. psychiatrischen Krankheitsbegriff untergeordneten Störungen zu, denen das Fehlen dieser Fähigkeiten von Seiten der Befürworter dieses Krankheitsbegriffs zugesprochen wird (Venzlaff, 1975). Hinter diesem Widerspruch ist nach Schreiber & Rosenau (2004, S.76) „eine medizinisch-psychiatrisch verbrämte kriminalpolitische Theorie" zur Verhinderung eines Dammbruchs zu sehen.

b) Normalität und psychische Störungen befinden sich auf einem Kontinuum. Aussagen über das Vorliegen von Störungen sind abhängig von den Einschränkungen bestimmter Fähigkeiten, die für spezifische Fragestellungen relevant sein können. Für die unterschiedlichsten Fragestellungen existieren unterschiedliche Kriterien und Heuristiken der Systematisierung, so dass sich in Abhängigkeit von der Zielstellung eine Vielzahl von möglichen Störungsbegriffen darstellen lässt, deren Sinnhaftigkeit primär in ihrer Nützlichkeit für die zu leistende Aufgabe zu sehen ist (Elsner, 2003). Somit ist eine wie auch immer geartete feststehende Klassifikation von Krankheit, Krankhaftigkeit oder Krankheitswertigkeit a priori nicht denkbar.

c) Einerseits sind fundamental ursächliche körperliche Prozesse für viele psychische Störungen bisher nicht nachgewiesen worden (Nedopil 2000a), andererseits gibt es aus der neueren Forschung Belege für die Veränderung organischen Substrats (Hirnstrukturen, endokrinologisches System) auch bei den nicht klassisch-psychiatrischen Störungen der ICD-10 Kategorie der neurotischen, Belastungs- und somatoformen Störungen (vgl. z.B. Flor & Hermann (2006) für die somatoformen Störungen, Schauer et al. (2006) für Posttraumatische Belastungsstörungen, Schienle & Schäfer (2006) für Spezifische Phobien). Im Zeitalter des biopsychosozialen Paradigmas ist eine an lediglich somatischen Prozessen orientierte Klassifikation nicht mehr haltbar. Dementsprechend werden Störungen heutzutage nicht mehr nach Ursachen sondern nach psychopathologischen Symptombildern klassifiziert. Die modernen operationalisierten Diagnosesysteme verwenden anstelle des Begriffs der „Krankheit" den konnotations- und implikationsfreieren Begriff der „Störung" (vgl. Vollmoeller, 2001), um diesem Problem Rechnung zu tragen.

d) Auch außerhalb der Psychosen gibt es Störungsbilder mit massiven Auswirkungen auf das Verhalten Betroffener, was die Vielzahl nicht-psychotischer Patienten mit Verhaltensdefiziten (z.B. extremes Vermeidungsverhalten bei Angststörungen) und -exzessen (z.B. selbstschädigendes Verhalten im Rahmen von Persönlichkeitsstörungen oder Substanzabhängigkeiten) in psychiatrisch-psychologischen Behandlungssettings unmittelbar verdeutlicht (vgl. Saß, 1987, S. 111f. zur psychopathologischen Vergleichbarkeit).

Dementsprechend hat der Bundesgerichtshof bereits 1959 mittels Grundsatzurteil eine Ausweitung des am Organprozess orientierten Krankheitsbegriffs vorgenommen und diesen zum gültigen juristischen Krankheitsbegriff erweitert.

> Als „krankhafte Störung der Geistestätigkeit" können alle Störungen der Verstandestätigkeit sowie des Willens-, Gefühls- oder Trieblebens in Betracht kommen. Das gilt u.a. für eine naturwidrige geschlechtliche Triebhaftigkeit, wenn ihr Träger ihr, insbesondere infolge Entartung seiner Persönlichkeit nicht ausreichend widerstehen kann. *Auf die Veränderung körperlicher Merkmale kommt es nicht an.*
> (BGH St 14, 30; Hervorhebung durch den Autor)

Einschränkend und aus sachverständiger Sicht nicht unproblematisch wurde jedoch im selben Urteil angemerkt:

Willensschwäche oder sonstige Charaktermängel, die nicht Folge krankhafter Störung der Geistestätigkeit sind, rechtfertigen die Annahme erheblich verminderter Schuld nicht. (BGH St 14,30)

Damit waren die Weichen für die Aufnahme der sog. „schweren anderen seelischen Abartigkeit" gestellt. Im Rahmen der Einheitslösung der Strafrechtsreform 1975 ist es letztlich zu einer Aufspaltung der ursprünglich genannten „krankhaften seelischen Störung der Geistestätigkeit" in die unter den vier Eingangsmerkmalen (vgl. Kasten 2-3) genannten psychischen Ausnahmezustände gekommen (zur näheren Geschichte des Gesetzgebungsverlaufs vgl. Schreiber & Rosenau, 2004). Dabei hat sich der Schwerpunkt der Schuldfähigkeitsfrage von der ursachenbasierten Klassifikation der ersten Stufe auf die in der zweiten Stufe vorzunehmende Abschätzung der Auswirkungen verlagert.

Der psychiatrische Krankheitsbegriff im engen Sinne ist sachlich unhaltbar und überholt. Als Kriterium für die normativen Zwecke des Strafrechts ist er unbrauchbar, da er sich nur ausschnittsweise mit den für die Schuldfähigkeit relevanten psychischen Ausnahmezuständen decken kann. Ein Rückzug auf den somatischen Krankheitsbegriff kann sich der Sachverständige bei der Feststellung der Schuldfähigkeit nicht leisten. Der vom Gesetzgeber zugrundegelegte juristische Krankheitsbegriff der Einheitslösung stellt entscheidend auf die Auswirkungen der jeweiligen psychischen Störung auf die Einsichts- und Steuerungsfähigkeit ab. Dabei geht es unabhängig von Ursache oder Therapierbarkeit um das Ausmaß der vorliegenden Funktionseinschränkungen (Gretenkord, 2000; Nedopil, 2000b).

Kasten 2-4: Der den §§ 20, 21 StGB zugrunde liegende Krankheitsbegriff nach Schreiber & Rosenau (2004, S. 63).

Eingangsmerkmal Krankhafte seelische Störung. Unter der krankhaften seelischen Störung werden im Sinne des psychiatrischen Krankheitsbegriffs alle somatisch bedingten psychischen Störungen gefasst, oder solche, bei denen eine körperliche Ursache postuliert wird. Darunter können folgende Störungsgruppen aus der ICD-10 fallen (vgl. Rasch, 1999; Nedopil, 2000a): Organische, einschließlich symptomatischer psychischer Störungen (Bereich F0), psychische und Verhaltensstörungen durch psychotrope Substanzen (Bereich F1), sofern es sich um akute Durchgangssyndrome, Intoxikationen oder Abhängigkeiten handelt, Schizophrenien und wahnhafte Störungen (Bereich F2) mit Ausnahme der schizotypen Störung, schwere affektive Störungen aus dem Bereich F3, sowie zu den genannten Diagnosegruppen analoge Symptomatiken und Anfallserkrankungen. Der Zusatz „krankhaft" bezieht sich auf den engen sog. „psychiatrischen Krankheitsbegriff", der in seiner Problematik im vorherigen Abschnitt diskutiert worden ist.

Eingangsmerkmal Tiefgreifende Bewusstseinsstörung. An zweiter Stelle nennt das Gesetz die tiefgreifende Bewusstseinsstörung. Hierunter werden erhebliche Beeinträchtigungen der ansonsten intakten kognitiven und motivationalen Handlungskompetenzen verstanden, wie sie im Rahmen extremer Belastungs- und Bedrängungssituationen auftreten können. Dies bezieht sich explizit nur auf normal-psychologische Phänomene bei Gesunden (vgl. Endres, 1998) wie Schlaftrunkenheit, Erschöpfung, Übermüdung, hypnotische Zustände und praxisrelevant vor allem auf hochgradige Affektzustände wie Angst, Wut, Panik und Fassungslosigkeit (Tröndle & Fischer, 2003). Äußerungsformen sind der Verlust von Klarheit, das Gefühl von Einengung und Veränderungen der Verhaltenssteuerung und Selbstbestimmung (Wegener, 1992) mit gravierenden Auswirkungen auf das Problemlöseverhalten einer Person (Schiffer, 2007). Eine tiefgreifende Bewusstseinsstörung ist ein zeitlich passagerer, ausschließlich auf die Tat bezogener und genuin psychologischer Sachverhalt, bei dem die emotionalen Begleitumstände des zumeist gewaltsamen Tatverhaltens einen dominanten Stellenwert haben (Scholz & schmidt, 2008). Häufigster Anwendungsfall sind die unter den psychowissenschaftlich unklaren Alltagsstereotyp der sog. „Affekttaten" gefassten Tötungsdelikte des Intimpartners. Dies schließt jedoch nicht aus, dass für sich allein noch nicht wirksame konstellative Faktoren körperlicher (z.B. Alkoholisierung) oder psychischer Art (z.B. erlebnisreaktive Entwicklungen) wichtige Indizien darstellen können. Der Zusatz „tiefgreifend" ist als Einschränkung zu verstehen, die sicherstellen soll, dass nur Auswirkungen erfasst werden, die über den Spielraum des Normalen hinausgehen und den Einschränkungen der krankhaften seelischen Störung hinsichtlich ihrer Schwere vergleichbar sind (Schreiber & Rosenau, 2004). Es handelt sich dabei eindeutig um ein normatives Element, das der Feststellung durch das Gericht bedarf. Der Sachverständige kann dabei nur durch die Beschreibung der beim Probanden vorliegenden Einschränkungen behilflich sein.

Eingangsmerkmal Schwachsinn. Als drittes Eingangsmerkmal führt der Gesetzestext den sog. Schwachsinn an. Dieser wird aufgrund der Formulierung als Unterart der sog. schweren anderen seelischen Abartigkeit verstanden. Mit diesem abwertenden Begriff werden alle nicht auf organischen Ursachen beruhenden Oligophrenien erfasst. Hierzu zählen alle der ICD-10 Diagnosegruppe Intelligenzminderung (Bereich F7) zugehörigen Symptomatiken (Rasch, 1999). Das Störungsbild äußert sich dabei nicht nur in kognitiven Auffälligkeiten sondern vergleichbar auch im Sozialverhalten. Die Diagnose sollte deswegen nicht nur rein deskriptiv auf der Basis des testdiagnostisch zu erhebenden Intelligenzquotienten oder der Intelligenzstruktur erfolgen, sondern auch sprachliche, emotionale und soziale Verhaltensbesonderheiten miteinbeziehen (Scholz & schmidt, 2008). Intelligenzminderungen führen häufiger zu erhöhter Affektlabilität, Suggestibilität und Konformitätstendenzen (Nedopil, 2000a).

Eingangsmerkmal Schwere andere seelische Abartigkeit. Als letztes Merkmal im Sinne einer Restkategorie unter der sich alle psychischen Ausnahmezustände versammeln, die von den anderen Eingangsmerkmalen nicht abgedeckt werden, nennt das Gesetz die sog. schwere andere seelische Abartigkeit. Dieser den Musterungsvorschriften der Deutschen Wehrmacht entstammende und vielfach kritisierte Begriff (Rasch, 1991) ist aus psychowissenschaftlicher Sicht als schwerer terminologischer Missgriff zu bezeichnen und sollte schon aus Rücksicht auf seinen äußerst pejorativen Charakter gegenüber Straftätern im Verfahren nicht offen gebraucht werden. Als Ausweg für den Umgang mit einem ethisch und moralisch fragwürdigen, jedoch feststehenden Begriff der Rechtswissenschaft schlagen Scholz & Schmidt (2003) die Verwendung des aus den Anfangsbuchstaben des Eingangsmerkmals gebildeten Akronyms *SASA* vor. Hierauf wird auch im weiteren Verlauf des Textes zurückgegriffen.

Dem Eingangsmerkmal SASA sind hauptsächlich die neurotischen, Belastungs- und somatoformen Störungen (Kapitel F4) und die Persönlichkeits- und Verhaltensstörungen (Kapitel F6) samt der schizotypen Störung (F21), den anhaltend affektiven Störungen (F34) sowie Missbrauchsphänomene (F1x.1) der ICD-10 zuzuschreiben (Rasch, 1999; Nedopil, 2000a). Diese beschreiben in der Regel übersituatives Erleben und Verhalten. Es ist Ausdruck des individuellen Lebensstils, des Verhältnisses zur eigenen Person und zu anderen Menschen (Scholz & Schmidt, 2008). Charakteristisch ist eine rigide Reaktivität auf wechselnde persönliche und soziale Lebenslagen, die sich insbesondere in stark beeinträchtigten und vereinseitigten Problemlösemechanismen und Copingstrategien äußert (Scholz & Schmidt, 2003). Das eigene Verhalten kann dabei mit dem Erleben persönlichen Leids einhergehen (*ich-dystone Störungen*). Ebenso kann aber auch das Erleben und Verhalten in gestörter sozialer Funktionsfähigkeit zum Ausdruck kommen, obwohl dies vom Beschuldigten selbst als logisch konsistent und angemessen beurteilt wird (*ich-syntone Störungen*).

> Zusammenfassend lässt sich die Aufgabe des Sachverständigen auf der ersten Stufe der Schuldfähigkeit dahingehend beschreiben, dass er das Vorliegen einer oder mehrerer psychischer Störungen zum Tatzeitpunkt zu überprüfen hat. Diese müssen mindestens einem der unter den Eingangsmerkmalen gefassten Rechtsbegriffe zugeordnet werden können. Liegt zum Tatzeitpunkt keine Auffälligkeit im Sinne des § 20 StGB vor, so ist die weitere Prüfung der Schuldfähigkeit hinfällig. Erst wenn eines oder mehrere Eingangsmerkmale vorliegen, sind die potentiellen Auswirkungen der festgestellten Störungen auf der zweiten Stufe zu beschreiben.

Kasten 2-5: Aufgaben des Sachverständigen auf der ersten Stufe der Bestimmungen zur Schuldfähigkeit.

2.2.2 Die zweite Stufe der Schuldfähigkeitsbegutachtung – Auswirkungen auf die Einsichts- und Steuerungsfähigkeit

Wenn auf der ersten Stufe zum Zeitpunkt der Tat eines der Eingangsmerkmale des § 20 StGB vorliegt, so fordert die zweite Stufe für die Schuldunfähigkeit, dass der Täter dadurch unfähig bzw. nachhaltig beeinträchtigt war, das Unrecht der Tat einzusehen oder nach dieser Einsicht zu handeln. Zentrale Frage hierbei ist das Ausmaß der Auswirkungen der festgestellten psychopathologischen Erlebnis- und Verhaltensbesonderheiten auf die Einsichts- und Steuerungsfähigkeit. Beide werden im Gesetz alternativ genannt, so dass das Fehlen einer Komponente genügt um die Schuldfähigkeit einzuschränken bzw. auszuschließen. Das Fehlen der Steuerungsfähigkeit ist erst dann zu prüfen, wenn Einsichtsfähigkeit gegeben ist. Der Tatbezug der festgestellten Störung ist unbedingt zu prüfen, da es auch denkbar ist, dass eine psychische Störung zum Tatzeitpunkt vorgelegen haben kann, ohne sich auf das unmittelbare Tathandeln direkt auszuwirken (beispielsweise ein selbstunsicher-vermeidender Ladendieb).

Kooperation bei Schweregradbestimmung. Einsichts- und Steuerungsfähigkeit sind weder rein psychologisch-psychiatrische Konstrukte einer tatsächlich psychischen Entität noch allein zur Disposition des Richters stehende normative Gegebenheiten zum Zwecke der Zuschreibung. Ab wann von erheblicher Verminderung oder Ausschluss der genannten Fähigkeiten zu sprechen ist, hängt letztlich von den rechtlich kodifizierten Auffassungen ab, hinsichtlich den legitimerweise zu stellenden Anforderungen gegenüber Tätern in besonderen psychischen Zuständen. Somit ist es schlussendlich ein rechtlich zu lösendes normatives Problem, wo die Grenze zwischen Normalem und Abnormen verläuft, da dies vom verletzten Rechtsgut abhängt (Schreiber & Rosenau, 2004, S.75f.). Hierbei kann der Sachverständige unterhalb der unlösbaren Alternative Determinismus vs. Indeterminismus (vgl. Kap. 2.1) durch eine Analyse der Täterpersönlichkeit sowie resultierender Handlungsdeterminanten in spezifischen Situationen vor dem Hintergrund biographischer Entwicklungsverläufe unterstützend tätig werden. Wichtigste Aufgabe des Sachverständigen ist dabei die Schweregradbestimmung der Beeinträchtigungen durch Vergleich der psychischen Verfassung zum Tatzeitpunkt mit klinisch-empirischen Fakten zu bekannten Störungsbildern. Dadurch kann eine Abschätzung der Einengung oder des Verlusts der sozialen Handlungskompetenz vorgenommen werden (Rasch, 1999). Ein finaler subjektiver Urteilsspielraum, der ärztlichen und psychologischen Diagnosen auch sonst zugestanden wird, ist dabei nicht zu vermeiden (Wegener, 1992).

Auf der zweiten Stufe ist schlussendlich auch das Problem der „doppelten Quantifizierung" (Venzlaff, 1983, S.291) zu lösen, bei dem die Auswirkungen „krankhafter", „tiefgreifender" und „schwerer Abartigkeit" sich mindestens erheblich auswirken sollen. Diese Quantifizierung lässt sich nicht getrennt behandeln, da jeweils die gleichen Gesichtspunkte maßgeblich werden: Intensität und Chronizität von Funktionsbeeinträchtigungen (vgl. Scholz & Schmidt, 2003). Hieraus geht dann ebenfalls der für die richterliche Entscheidung über Ex- oder Dekulpation wichtige Schweregrad hervor. Diese drei Wertungsschritte erfordern die Zusammenarbeit unterschiedlicher Professionen auf verschiedenen Aufgabenebenen, sind jedoch in einem engen Zusammenhang zu sehen. Die neuere höchstrichterliche Rechtsprechung spricht an dieser Stelle davon, „dass die „Schwere" der Störung die „Erheblichkeit" der Verminderung der Schuld(=Steuerungs-)fähigkeit indiziert" (Basdorf & Mosbacher, 2007, S. 117).

Einsichtsfähigkeit. Einsichtsfähigkeit bezieht sich auf kognitive Komponenten der Tat, die sich in Tatvorbereitung und –begehung spiegeln. Die Fähigkeit Unrecht einzusehen, setzt das Verständnis und das Wissen um die Normen des gesellschaftlichen Zusammenlebens, das Wissen um den Unrechtsgehalt des eigenen Handelns und den selbstreferentiellen Bezug des Handelnden zur Handlung(sintention) voraus. Einsichtsfähigkeit findet ihre psychologische Operationalisierung in der subjektiven Verfügbarkeit von Handlungsalternativen, deren antizipierten Realisierungswahrscheinlichkeiten sowie deren Bewertung (Scholz & Schmidt, 2008). Weder die Erinnerungsfähigkeit des Täters noch die reine Vorsätzlichkeit des Tathandelns sind hinreichend sichere Kriterien zur Feststellung der Einsichtsfähigkeit (Schreiber & Rosenau, 2004).

Steuerungsfähigkeit. Demgegenüber ist die Steuerungsfähigkeit auf handlungs- und motivationspsychologische Komponenten der Tat ausgerichtet. Sie bezieht sich auf voluntative Fähigkeiten, die zu einem Handlungsentwurf beitragen und beschreibt emotions- und verhaltensregulative Kompetenzen, die auf einen Normverstoß hinauslaufende Handlungsimpulse hemmen. Konkret geht es um das Tatmotiv und dessen instrumentelle Umsetzung in mehr oder weniger passendes Tathandeln (Scholz & Schmidt, 2008). Bereits bei der Zielvorstellung kann sich die psychische Störung beeinträchtigend auswirken und die Fähigkeit zur normgerechten Entscheidung erschweren (z.B. im Sinne vermeidungsmotivierter Aufschaukelungsprozesse, die auf negativen Verstärkungsmechanismen beruhen und häufig bei Delinquenz im Bereich der Abhängigkeit eine Rolle spielen). Die Steuerungsfähigkeit kann beispielsweise eingeschränkt sein, wenn die Tat unter massivem Gruppendruck begangen wurde.

Als Hinweise für eine erhaltene Steuerungsfähigkeit gelten die Ankündigung der Tat, entsprechende Vorbereitungshandlungen, das Schaffen günstiger Ausgangsbedingungen, zielorientierte Zustimmung und Mitgestaltung der Tathandlung sowie Beseitigungs- oder Verdekkungshandlungen (vgl. Saß, 1987). Die Steuerungsfähigkeit repräsentiert somit die instrumentelle Passung zwischen Intention und Entscheidung für die realisierte Handlungsalternative (vgl. Simons, 1988; Fischer, 2005; vgl. Kap. 4.3.1). Somit kommt insbesondere den Entscheidungen, die nach Zäsuren im delinquenten Handlungsablauf gefällt werden (beispielsweise bei notwendigen Reaktionen auf unerwartetes Opferverhalten oder äußere Störeinflüsse), eine bedeutsame Rolle für die Beurteilung der Steuerungsfähigkeit zu.

Aus allgemeinpsychologischer Sicht greifen hier handlungstheoretische Modelle, die eine vollständige Handlung als ein hierarchisch gegliedertes System von Zielen und zur Zielerreichung notwendiger Einzelaktionen konzeptualisieren (z.B. Heckhausen, 1989). Die zur Handlungskontrolle notwendigen Ist-Soll-Vergleiche, die die kontinuierliche Anpassung von Über- und Unterzielen gewährleisten, erfolgen dabei als ein Prozess, der kognitive, motorische und affektive Selbstaufmerksamkeit erfordert. Nur so ist eine situational flexible Abstimmung von Handlungen und persönlichen Zielen zu erreichen (vgl. Kunst, 2001). Diese Handlungskorrekturen ermöglichen es, Schlussfolgerungen über das Zusammenspiel von Intention und Umsetzung zu ziehen, deren Passung das Ausmaß der Steuerungsfähigkeit beschreiben kann (vgl. Kap. 4.3.1).

Liegen eines oder mehrere der im § 20 StGB beschriebenen Eingangsmerkmale vor, so ist auf der zweiten Stufe zu prüfen, ob sich daraus relevante Auswirkungen auf die Fähigkeit des Täters ergeben haben, dass Unrecht der Tat einzusehen und/oder gemäß dieser Einsicht zu handeln. Zentrale Aufgabe des Sachverständigen ist dabei den tatzeitbezogenen Schweregrad dieser Handlungseinschränkungen sowie deren Rolle für die Entstehung und Durchführung des Delikts zu beschreiben. Nur wenn die Störung in Zusammenhang mit der Tat steht, ist eine Ex- oder Dekulpation möglich. Über die rechtliche Erheblichkeit dieser Auswirkungen entscheidet der Richter.

Kasten 2-6: Aufgaben des Sachverständigen auf der zweiten Stufe der Bestimmungen zur Schuldfähigkeit.

Maßregeln der Besserung und Sicherung. Sind rechtlich relevante Auswirkungen auf die Einsichts- und Steuerungsfähigkeit festgestellt worden, so ist vom Gericht in Fällen, bei denen zum Schutz der Allgemeinheit vor weiteren Straftaten eine Unterbringung im psychiatrischen Krankenhaus (§63 StGB), einer Entziehungsanstalt (§64 StGB) oder der Sicherungsverwahrung (§66 StGB) in Betracht kommt, der Sachverständige zum Vorliegen der allgemeinen Voraussetzungen der Maßregeln der Besserung und Sicherung zu hören. Maßregeln sind schuldunabhängig und dürfen vom Richter nur unter Beachtung ihrer Verhältnismäßigkeit verhängt werden (vgl. Schreiber & Rosenau, 2004, S. 86ff.).

2.3 Mindestanforderungen für Schuldfähigkeitsgutachten aus juristischer Sicht

Die nachfolgend aufgelisteten Empfehlungen (Boetticher, Nedopil, Bosinski & Saß, 2005) für die forensische Schuldfähigkeitsbegutachtung durch psychowissenschaftliche Sachverständige sind nicht als rechtliche Kriterien für die revisionsgerichtliche Überprüfung im Sinne verbindlicher Mindeststandards zu sehen, deren Nichtbeachtung in jedem Einzelfall einen Rechtsfehler begründet. Vielmehr sind sie als qualitätssicherndes Leitbild zu verstehen, deren Berücksichtigung eine Hilfestellung für die fachgerechte Erstellung von Schuldfähigkeitsgutachten und deren Bewertung durch Verfahrensbeteiligte darstellt. An dieser Stelle beschränkt sich die Darstellung auf juristische Rahmenbedingungen und für psychowissenschaftliche Sachverständige wichtige, von der Rechtsprechung entwickelte Grundsätze. Auf inhaltliche und formelle Mindestanforderungen wird in Kap. 3.3 verwiesen, nachdem zuvor die psychiatrisch-psychologischen Lösungsansätze erläutert worden sind.

Als Sachverständige werden Personen bezeichnet, die aufgrund besonderer Sachkenntnis über Tatsachen, Wahrnehmungen oder Erfahrungssätze Auskunft geben oder diese Sachverhalte beurteilen können. Ihre Tätigkeit wird vom Staatsanwalt oder Richter gemäß § 78 StPO geleitet. Die Leitung bezieht sich auf den Inhalt und nicht die Methode sachverständigen Handelns (vgl. Nedopil, 2000a, S. 13ff.). Hierzu sind von der Rechtsprechung folgende Grundsätze entwickelt worden:

a) *Untersuchungsmethode.* Die Wahl der Untersuchungsmethode erfolgt durch den Sachverständigen nach dem aktuellen wissenschaftlichen Kenntnisstand. Im Falle mehrerer anerkannter Verfahren steht deren Auswahl in seinem pflichtgemäßen Ermessen. Innerhalb dieses Rahmens – vorbehaltlich der Sachleitungsbefugnis durch das Gericht – bleibt es dem Sachverständigen überlassen, welche Informationen er wie behebt und wie bewertet (vgl. Westhoff & Kluck, 2003; Foerster & Winckler, 2004).

b) *Klassifikationssysteme.* Die Zuordnung psychischer Störungen basiert auf den gängigen aktuellen operationalisierten Klassifikationssystemen ICD-10 und DSM-IV-TR.

c) *Ausmaß der psychischen Störung.* Nach Feststellung einer Diagnose gemäß den Regeln von ICD-10 oder DSM-IV-TR ist der Schweregrad der Störung sowie deren Auswirkung auf die Tat zu bestimmen. Die bloße Zuordnung zu einem Klassifikationssystem sagt nichts über deren forensische Gewichtung aus. Allerdings ist sie ein Hinweis auf eine in der Regel nicht geringfügige Beeinträchtigung.

d) *Nachvollziehbarkeit und Transparenz.* Selbstverständlich muss das Gutachten in seinem Inhalt nachvollziehbar und transparent sein. Es muss erkennbar sein, aufgrund welcher Anknüpfungstatsachen (Angaben des Probanden, Ermittlungsergebnisse, Vorgaben des Gerichts zum Sachverhalt sowie möglichen Tathandlungsvarianten), welcher Untersuchungsmethoden und Denkmodelle die Ergebnisse erzielt worden sind (vgl. Westhoff & Kluck, 2003; Foerster & Leonhardt, 2004).

e) *Beweisgrundlagen des Gutachtens.* Bei der Erhebung der sozialen und biografischen Merkmale ist die zeitliche Konstanz psychopathologischer Auffälligkeiten zu berücksichtigen. Vom Gericht noch zu prüfende Zusatztatsachen sind besonders hervorzuheben. Das Gutachten muss auf das in der Hauptverhandlung gefundene Beweisergebnis samt Sachverhaltsvarianten eingehen. Für die richterliche Urteilsbildung wird auf das in der Hauptverhandlung mündlich erstattete Gutachten abgestellt. Das schriftliche Gutachten ist daher als vorläufig zu betrachten (vgl. Foerster & Venzlaff, 2004).

Bei der Beratung des Richters durch den Sachverständigen ist zu berücksichtigen, dass eine ICD-10 oder DSMI-IV-TR Diagnose nicht automatisch mit den Eingangsmerkmalen nach § 20 StGB korrespondiert. Über deren Zuordnung entscheidet nach sachverständiger Beratung der Richter. Entsprechend dem zweistufigen Vorgehen der Schuldfähigkeitsfeststellung ist der Ausprägungsgrad der Störung und die daraus resultierende Einschränkung der sozialen Anpassungsfähigkeit entscheidend. Als Anhaltspunkte hierfür sind insbesondere sich auch außerhalb des Delinquenzbereichs zeigende Defizite im beruflichen und sozialen Handlungsvermögen maßgeblich.

Für diese Annahme bedarf es einer Gesamtschau, ob die Störungen beim Täter in ihrer Gesamtheit sein Leben vergleichbar schwer und mit ähnlichen Folgen belasten oder einengen wie krankhafte seelische Störungen. Für die Bewertung der Schwere der Persönlichkeitsstörung und der Erheblichkeit der darauf beruhenden Verminderung der Schuldfähigkeit *ist deshalb maßgebend, ob es auch im Alltag außerhalb der Straftaten zu Einschränkungen des beruflichen oder sozialen Handlungsvermögens gekommen ist. Erst wenn das Muster des Denkens, Fühlens und Verhaltens sich im Zeitverlauf als stabil erwiesen hat, können die psychiatrischen Voraussetzungen vorliegen, die rechtlich als schwere andere seelische Abartigkeit im Sinne des § 20 StGB angesehen werden.* (BGH 2 StR 582/06, Hervorhebung durch den Autor)

Hieraus ergibt sich, dass die schuldmindernde psychische Störung sich symptomatisch nicht nur ausschließlich am Tatgeschehen belegen lassen können muss, sondern ihren Niederschlag auch in situationsübergreifenden Einschränkungen allgemeiner Art findet. Dies legt eine Betrachtungsweise nahe, die die tatbezogenen Auswirkungen einer psychischen Störung einbettet in die störungsbedingten Vulnerabilitäten allgemeiner Art. Dabei werden im Sinne eines dialektischen Syllogismus Hintergrundbedingungen, tatförderliche, protektive sowie tatauslösende Aspekte beschrieben, die im Zusammentreffen das Bedingungsgefüge einer spezifischen Straftat beschreiben (vgl. Scholz & Schmidt, 2008, vgl. Kap. 6.3). Aus Sicht der Rechtssprechung gilt heuristisch: „Je größer die biographischen Besonderheiten im Vorleben des Täters, je „verrückter" (unerklärlicher, sinnloser, bizarrer) die Tat, desto mehr Begründungsaufwand für eine Ablehnung von §§ 20, 21 StGB" (Basdorf & Mosbacher, 2007, S. 122).

Die abschließende Entscheidung über die Anwendung der § 20, 21 StGB fällt der Richter. Dazu überprüft er die vom Sachverständigen gestellte Diagnose, den Schweregrad der Störung sowie deren innere Beziehung zur Tat. Die Erheblichkeit ist dabei die Rechtsfrage, die normativ zu entscheiden ist (vgl. Boetticher et al., 2005). Abschließend wird das sachverständige Vorgehen der Schuldfähigkeitsbegutachtung nochmals in einem Ablaufschema zusammengefasst.

1. Stellen einer klinischen Diagnose,
2. Einordnung unter einen juristischen Krankheitsbegriff,
3. Entwicklung einer Hypothese über die störungsbedingte Funktionsbeeinträchtigung aufgrund klinischen Erfahrungswissens,
4. Quantifizierung der rechtsrelevanten Funktionsbeeinträchtigung,
5. Benennung der Wahrscheinlichkeit, mit welcher die klinische Hypothese zutrifft.

Kasten 2-7: Schritte der mehrstufigen Beantwortung der Frage nach der Schuldfähigkeit (Nedopil, 2000a, S. 11).

3 Die sogenannte schwere andere seelische Abartigkeit aus psychiatrisch-psychologischer Sicht und Mindeststandards für die Begutachtung

Seit der Einführung des Eingangsmerkmals „schwere andere seelische Abartigkeit" durch die Strafrechtsreform im Jahre 1975 hat eine vertiefte wissenschaftliche Auseinandersetzung auf empirischer Ebene mit diesem Rechtsbegriff aus psychowissenschaftlicher Sicht nicht stattgefunden. Da dieser Rechtsbegriff bisher weder in einer psychologischen noch psychopathologischen Systematik oder einer psychiatrischen Nosologie sinnvoll verortet worden ist (Rasch, 1983), stellt sich die dringende Frage nach dem psychodiagnostischen Bedeutungshof dieses rechtswissenschaftlich geprägten Konstrukts. Dies wird verschärft durch die Tatsache, dass dieses Eingangsmerkmal unter Beteiligung von psychowissenschaftlichen Sachverständigen am häufigsten zur Dekulpierung verwendet wird (Nedopil, 2000a) und somit in der Praxis oftmals für forensische Entscheidungsprozesse mit weitreichenden Folgen für die Betroffenen herangezogen wird. Dabei kommen hauptsächlich idiosynkratisch geprägte Theorien und Kriterien zum Einsatz, die zumeist keiner empirischen Überprüfung unterzogen worden sind, und die fatalerweise von den einzelnen Gutachtern in beliebig kombinierter Form eingesetzt werden (Gretenkord, 2000). Dementsprechend überwiegt in der Literatur eine diskursive Auseinandersetzung auf Ebene der zahlreichen lediglich autoritär gestützten Lehrmeinungen zur Schuldfähigkeit und deren methodischer Erfassung (vgl. Schmidt-Recla, 2000; Lammel, 2001).

Empirische Überprüfungen. Empirische Überprüfungen der eingesetzten Heuristiken sind nach Kenntnisstand des Verfassers 28 Jahre nach Einführung des Eingangsmerkmals bisher nur in seltenen Fällen, mit unterschiedlichen Ergebnissen und divergierender Spezifizierung bezüglich des vierten Eingangsmerkmals, erfolgt. So hat Nedopil (1988) versucht, anhand des Forensisch-Psychiatrischen Dokumentationssystems (FPDS, Nedopil & Graßl, 1988) *eingangsmerkmalübergreifende* multiaxiale Zuordnungen für verschiedene Schuldfähigkeitsgruppen zu entwickeln. Hierbei zeigten sich auf den fünf Achsen a) Psychopathologie, b) Krankheitsanamnese, c) Lebensentwicklung, d) Entwicklung zur Delinquenz und e) Tatumstände vor allem Unterschiede der axialen Konfiguration zwischen schuldfähigen und exkulpierten Tätern. Kröber, Faller & Wulf (1994) kamen in einer Replikation an einer anderen Gutachtenpopulation zu dem Schluss, dass das FPDS sich zwar als objektives und reliables Dokumentationssystem eigne, jedoch nicht als valides Instrument zur angestrebten standardisierten Schulfähigkeitsbeurteilung. Speziell für die Dekulpation gelang es nicht, eine stabile Merkmalskonfiguration zu gewinnen. Auch Nedopil (2000a, S. 297) ist der Ansicht, dass das ursprüngliche Ziel der Quantifizierung nicht erreicht werden konnte. Die Schuldfähigkeitsbeurteilung sei weitgehend normativ bestimmt und nur sehr begrenzt von empirischen Grundlagen abhängig. Die Ergebnisse belegten primär, welche Bereiche der Psychopathologie von normativen Grenzsetzungen betroffen seien, und wie diese von der Praxis umgesetzt würden. Unklar verbleibt dabei, ob als externes Kriterium die Empfehlungen der Gutachter oder die richterliche Entscheidung fungiert haben. Die Vorteile einer operationalisierten Dokumentation ließen sich jedoch auch dann in die Praxis übernehmen, wenn die quantitative Abgrenzung von Schweregraden psychischer Gestörtheit aus Sicht des Autors ein Fernziel wissenschaftlicher Bemühungen bleibe (Nedopil, 1988, S. 121).

Speziell auf die Anwendung für das vierte Eingangsmerkmal bezogen, haben Foerster & Heck (1991) mittels des Beeinträchtigungsschwerescores (BSS) von Schepank (1987) eine Quantifizierung der Schweregrade von SASA versucht (vgl. Kap. 3.2.3). Scholz & Schmidt (2003) stellen die bisher umfangreichste SASA-spezifische empirische Untersuchung vor (vgl. Kap. 3.2.6). Insgesamt verdeutlicht die geringe Anzahl empirischer Arbeiten die große Diskrepanz zwischen wissenschaftlicher Fundierung und Häufigkeit der praktischen Anwendung des fraglichen vierten Eingangsmerkmals.

3.1 Die Begrifflichkeit der sogenannten schweren anderen seelischen Abartigkeit

Inhaltlich werden unter SASA alle Abweichungen des psychischen Zustandes von einer zugrundegelegten Normalität gefasst, die nicht dem psychiatrischen Krankheitsbegriff im engeren Sinne entsprechen und somit nicht auf nachweisbaren oder postulierten körperlichen Defekten oder Prozessen beruhen (Schreiber & Rosenau, 2004, S. 69). Dabei geht es um ein äußerst heterogenes Feld von Störungen des Gefühlslebens, des Willens und des Antriebslebens – weniger des Intellekts – die den Täter nicht als zurückgeblieben, sondern als andersartig erscheinen lassen (Jakobs, 1991). Der Zusatz „schwer" soll auch hier einen Schweregrad vergleichbar den Auswirkungen psychotischer Störungen gewährleisten, stellt jedoch ein normatives Element dar, das ebenfalls der gerichtlichen Feststellung bedarf.

Die Reihung des Eingangsmerkmals im Gesetzestext lässt anhand des Attributs „andere" erkennen, dass es sich bei SASA um eine Restkategorie handelt (vgl. Kap. 2.2.1). Dieses Attribut verweist zusätzlich darauf, dass die darunter gefassten „Abartigkeiten" sich gegenüber den restlichen Eingangsmerkmalen disjunkt verhalten. Hieraus ergibt sich ein Vorgehen, das erst nachdem die ersten drei Eingangsmerkmale geprüft worden sind, das Vorliegen von SASA untersucht. Eine durch solch ein Ausschlussverfahren negativ definierte Kategorie bringt jedoch regelmäßig definitorische Probleme mit sich, die den Umfang der Restgruppe sowie mögliche Untergruppen, die sich bilden lassen, betreffen (vgl. Scholz & Schmidt, 2003). Letztlich ergibt sich durch diese Negativdefinition, dass alle nicht unter den ersten drei Eingangsmerkmalen erfassten psychischen Störungen der SASA zugeordnet werden können (vgl. Kap. 2.2.1).

Abartigkeit steht für:
Abart, Aberration, Abirrung, Abnormität, Abschweifung, Abweichung, Ametrie, Änderung, Anomalie, Anomalität, Ausnahme, Derivation, Deviation, Differenz, Diskrepanz, Disproportion, Divergenz, Gegensätzlichkeit, Irregularität, Kontrast, Missbildung, Missklang, Missverhältnis, Nichtübereinstimmung, Normwidrigkeit, Regelverstoß, Regelwidrigkeit, Richtungsänderung, Sonderfall, Spielart, Unausgeglichenheit, Ungleichheit, Ungleichmäßigkeit, Unstimmigkeit, Unterschied, Unterschiedlichkeit, Variante, Variation, Varietät, Verschiedenartigkeit, Verschiedenheit.

Kasten 3-1: Mit dem Begriff der Abartigkeit assoziierte Synonyme und Bedeutungen nach Scholz & Schmidt, (2003, S. 18).

Definitionsversuche. Ein kommunizierbares Verständnis des Begriffes „Abartigkeit" im Sinne eines einheitlichen Sprachgebrauchs ist unmöglich. Die Betrachtung der mit diesem Wort assoziierten Bedeutungen – abgesehen von dessen historischer Herkunft (vgl. Kap. 2.2.1) – verdeutlicht dessen Unbrauchbarkeit als definitorisches Element sowie den abwertenden Charakter (vgl. Kasten 3-1). Eine babylonische Sprachverwirrung ist die Folge.

Kröber (1995) versucht das definitorische Problem zu lösen, indem er auf einen Zwischenbereich zwischen psychischer Krankheit und den normalen Spielarten seelischen Lebens verweist. Hiermit sind nicht krankhafte und nicht durch Krankheit entstandene Störungen gemeint. Diese Definition, die letztlich den sog. psychiatrischen Krankheitsbegriff bemühen muss, um per Ausschlussverfahren das Feld der SASA zu schaffen, vermag die Fragestellung nicht überzeugend zu lösen. Vielmehr wird neben den Problemen negativer Definitionsversuche, das zusätzliche Problem einer ungeeigneten Bezugsgruppe durch den unbrauchbaren Krankheitsbegriff fortgeschrieben (vgl. Kap. 2.2.1 zum Problem des psychiatrischen Krankheitsbegriffs).

Saß (1987, S. 107) sieht den wesentlichen Gehalt der SASA in der Erfassung allgemeiner menschlicher Wesensunterschiede, die sich in ausgesprochen fließenden Übergängen von der Normalität bis zu gravierenden Persönlichkeitsstörungen und darüber hinaus in die Grenzbezirke der eindeutig psychiatrischen Krankheiten erstrecken. Tondorf (2000) verweist auf psychische Phänomene, die als abnormes Verhalten zu erfassen seien. In allen Definitionsversuchen taucht als alternativer Ankerpunkt die Normalität auf. Eine Abweichung, die als repräsentativ für das Abnorme zu betrachten ist, ist jedoch nicht objektiv bestimmbar, da auch die Bezugsbasis – die Norm oder Normalität – vielgestaltig ist. Als potentielle Bezugspunkte (vgl. Schulte, 1998) sind denkbar

a) eine statistische Norm (abnorm ist das Seltene),
b) eine Idealnorm (abnorm ist das Verwerfliche),
c) eine Sozialnorm (abnorm ist das Unerwünschte),
d) eine ipsative Norm (abnorm ist das subjektiv Unpassende),
e) eine funktionale Norm (abnorm ist das Schädliche).

Tabelle 3-1: Überblick der Diagnosekategorien nach ICD-10, die der sog. schweren anderen seelischen Abartigkeit zugeordnet werden können (modifiziert nach Rasch, 1999, S. 57ff. und Nedopil, 2000a).

Kategorie	Diagnosen
F4	**Neurotische, Belastungs- und somatoforme Störungen**
F40	Phobische Störungen
F41	Andere Angststörungen
F42	Zwangsstörungen
F43	Reaktionen auf schwere Belastungen und Anpassungsstörungen
F44	Dissoziative Störungen
F45	Somatoforme Störungen
F48	Andere neurotische Störungen
F6	**Persönlichkeits- und Verhaltensstörungen**
F60	Spezifische Persönlichkeitsstörungen
F61	Kombinierte und andere Persönlichkeitsstörungen
F62	Andauernde Persönlichkeitsänderungen
F63	Abnorme Gewohnheiten und Störungen der Impulskontrolle
F64	Störungen der Geschlechtsidentität
F65	Störungen der Sexualpräferenz
F66	Psychische und Verhaltensstörungen in Verbindung mit der sexuellen Entwicklung und Orientierung
F68	Sonstige Persönlichkeits- und Verhaltensstörungen
F69	Nicht näher bezeichnete Persönlichkeits- und Verhaltensstörung
F21	**Schizotype Störung**
F24	**Induzierte wahnhafte Störung**
F34	**Anhaltende affektive Störung**
F1x.1	**Schädlicher Gebrauch psychoaktiver Substanzen (Missbrauch)**

Rasch (1982) schlägt vor, dass der Begriff der SASA lediglich der kategorialen Erfassung der in Frage kommenden psychischen Störungen dienen solle. Sein Vorschlag (Rasch, 1999, vgl. Tabelle 3-1) umfasst hauptsächlich die ICD-10 Störungskategorien F4 (Neurotische, Belastungs- und somatoforme Störungen) sowie F6 (Persönlichkeits- und Verhaltensstörungen samt Paraphilien), wobei er den Bereich F43 (Reaktionen auf schwere Belastungen und Anpassungsstörungen) ausgliedert und der tiefgreifenden Bewusstseinsstörung zuordnet. Diese bezieht sich jedoch aus rechtlicher Sicht eindeutig nur auf nicht gestörte Straftäter, so dass die Belastungsreaktionen und Anpassungsstörungen der SASA zuzurechnen sind (vgl. Kap. 2.2.1). Gemeinsam ist dieser heterogenen Gruppe psychischer Störungen, dass ihre Symptomatik mittel- oder unmittelbar mit nicht adäquat zu bewältigenden Konflikten (Venzlaff & Pfäfflin, 2004) meist zwischenmenschlicher Art in Zusammenhang steht. Charakteristisch ist eine rigide Reaktivität auf wechselnde persönliche und soziale Lebenslagen, die sich in einer eingeschränkten und wenig flexiblen Problemlösefähigkeit äußert (Scholz & Schmidt, 2003).

Anhand der eher umschreibenden Definitionsversuche, denen eine SASA-spezifische theoretische Bezugsgröße fehlt, lässt sich bereits die gesamte Problematik der wissenschaftlichen Auseinandersetzung mit diesem Eingangsmerkmal erkennen. Es trifft demnach zu, dass das Merkmal SASA außerordentlich weit gefasst ist und grundsätzlich keinen Sachverhalt für die Entschuldigung ausschließen kann, der den psychischen Zustand des Täters im Sinne einer Abweichung von der Norm nachteilig verändert und somit prinzipiell auch für Störungen aus dem Unbewussten offen wäre (vgl. Krümpelmann, 1976). Welche Normalität als normative Größe dient als Bezugsrahmen? Was ist unter „andersartig" zu verstehen? Sind durch die Unschärfe des psychiatrischen Krankheitsbegriffs schlussendlich nicht alle psychischen Störungen hierunter zu subsumieren? Besonders problematisch muss der Versuch erscheinen, seitens der Gesetzgebung „Willensschwäche oder sonstige Charaktermängel" (BGH St 14,30) aus dem juristischen Krankheitsbegriff auszuschließen. Dahinter steht die Intention des Gesetzgebers chronische Dissozialität von der Schuldminderung auszuschließen. An der Frage der Schuldfähigkeit von Delinquenten mit dissozialer Persönlichkeitsstörung bzw. dissozialen Persönlichkeitsakzentuierungen entzündet sich dabei die ganze Problematik, des Versuchs, den Anteil der psychischen Störung von der bloßen Delinquenz, die als Charaktermangel erachtet wird, zu differenzieren. Dass eine solche Unterscheidung verlässlich möglich ist, wird von Vertretern unterschiedlicher Standpunkte weitgehend abgelehnt (Schreiber & Rosenau, 2004) und mit Recht ist darauf zu verweisen, dass die Psychopathologie emotional-instabiler Erlebens- und Verhaltensweisen dabei unzulänglich berücksichtigt wird (Jakobs, 1991; Schmidt, Scholz & Nedopil, 2004).

Ähnlich problematisch, da inhaltlich nur schwer mit dem juristischen Krankheitsbegriff zu vereinen, ist die juristisch-psychiatrisch vertretene Ansicht, dass eine Exkulpation für das Eingangsmerkmal SASA nur in seltenen Fällen erfolgen solle (Lackner & Kühl, 2001). Begründet wird diese Konvention wiederum mit dem psychiatrischen Krankheitsbegriff und dessen vermeintlich stärkeren Beeinträchtigungen (vgl. Kap. 2.2.1). Hierdurch wird jedoch die Prüfung der zweiten Stufe der Schuldfähigkeitsbestimmungen vorweggenommen, was allenfalls normativ zu begründen wäre.

Schweregradbestimmung als zentrale Aufgabe. Alle dargestellten bisherigen Definitionsversuche legen eine Dimensionalität des Konstrukts statt einer Alles-oder-Nichts Klassifikation nahe. Eine solche Annahme von Dimensionalität ist die empirische Grundlage psychologischer Störungskonzepte (Schulte, 1998) und lässt sich gut mit der erforderlichen zweiten Stufe der Schuldfähigkeitsbeurteilung – der Schweregradbestimmung – vereinbaren (vgl. Kap. 2.2.2).

Letztlich ist Gretenkord (2000) zuzustimmen, dass es unerheblich ist, wenn man die Schuldfähigkeitsbestimmungen in ihrer Logik zusammenfasst, welches Eingangsmerkmal für die De- oder Exkulpation in Frage kommt, solange eine Störung im Sinne der §§ 20, 21 vorgelegen hat. Nicht die Art der Störung ist entscheidend für die Schuldfähigkeitsfrage, sondern ihre Auswirkungen auf die Einsichts- und Steuerungsfähigkeit. Die erste Stufe könnte somit im Sinne einer notwendigen, jedoch keineswegs hinreichenden Bedingung vereinfacht werden. So ließe sich die jahrzehntelange Debatte um die Definitionsversuche der Rechtsbegriffe entschärfen. Ein einheitlicher Rechtsbegriff, der die normativ geforderte Schwere der Beeinträchtigung charakterisiert, wie dies beispielsweise in Schweden gegeben ist, wäre als sinnvoller zu erachten (Nedopil, 2000a, S. 20). Dann ließe sich auch auf die doppelt-quantifizierenden Begriffe wie „schwer" oder „tiefgreifend" verzichten, die die Gefahr von Zirkelschlüssen in sich bergen. Befürchtungen vor einem dadurch forcierten Dammbruch sind unbegründet, ist dieser doch auch nach Einführung der SASA trotz gleichlautender Ängste ausgeblieben (Rasch & Volbert, 1985). Neuerdings zu verzeichnende Anstiege bei der Dekulpationsrate sind auf andere, sicherheitspolitisch motivierte Gründe wie eine prinzipiell unbefristete Verweildauer im Maßregelvollzug bei anhaltender Gefährlichkeit im Gegensatz zur befristeten Unterbringung im Regelvollzug zurückzuführen (vgl. Nedopil, 2000b; Dessecker, 2001b; Kröber, 2001a).

Man wird dem gesetzlichen Erfordernis also eher gerecht, wenn man die Schwere der Beeinträchtigung der forensisch relevanten Erlebens- und Verhaltensweisen beurteilt, als wenn man Überlegungen darüber anstellt, welchem wie auch immer gearteten Krankheitsbegriff und korrespondierendem Eingangsmerkmal diese zuzuordnen sind. Hierfür eigenen sich insbesondere Kriterien, die im Hinblick auf die Tatgenese das Ausmaß genereller Beeinträchtigungen im Alltag des Beschuldigten hinsichtlich Intensität und Chronizität der auffälligen Erlebens- und Verhaltensbesonderheiten zu klassifizieren vermögen (Scholz & Schmidt, 2003; vgl. Kap. 2.3). Auch Tondorf (2000, S. 24) wendet sich gegen den Primat psychopathologischer Diagnosen, die dann doch wiederum doppelter Quantifizierungen bedürfen. Es bedürfe nicht der zusätzlichen Feststellung eines krankhaften oder abnormen Zustandes. Der Krankheitswert könne nicht das Gewicht seelischer Abartigkeiten bezeichnen. Maßstab für den Schuldvorwurf sei nicht das Pathologische, sondern das Normale[4]. Die Anerkennung des Merkmals „Krankheitswert" mache die forensischen Psychiater zu Oberaufsehern über die bei manchen Ärzten und Strafjuristen immer noch als unzuverlässig geltenden Psychologen, denen man eigene Schwerekriterien nicht zutraue.

Es ist jedoch nicht nachvollziehbar, warum Psychologen mit entsprechendem forensischem Sachverstand und klinischer Erfahrung, die u.a. durch eine Approbation[5] nachweisbar ist, weniger geeignet sein sollten, Schuldfähigkeitsbegutachtungen durchzuführen bzw. über die geringeren Erkenntnismittel zu verfügen scheinen. Ganz im Gegenteil bringen diese durch ihre Ausbildung in sowohl klinischen als auch sog. normalpsychologischen Erlebens- und Verhaltensbesonderheiten einen besonders umfassenden Sachverstand mit. Dieser qualifiziert sie in besonderem Maße, eine dimensionale Konfiguration bestimmter tatrelevanter Kompetenzen und Defizite hinsichtlich ihrer Funktionalität für die Erreichung bestimmter Ziele darzustellen. Dies erlaubt es dem Richter, seine Schlussfolgerungen über das Ausmaß der normativen Ansprechbarkeit zum Tatzeitpunkt zu ziehen.

---

[4] Auch diese Definition ist problematisch (s.o.), da eine Definition des „Normalen" ebenso wenig existiert, wie die des „Krankhaften".
[5] Nach dem seit 1999 geltenden Psychotherapeutengesetz betreiben Psychologische Psychotherapeuten Heilkunde und sind *staatlich* examiniert in der Diagnostik und Behandlung psychischer Störungen nach Sozialgesetzbuch V.

Es zeigt sich deutlich, dass das eigentliche Problem der Begutachtung der Schuldfähigkeit bei SASA nicht die Beschreibung der Erlebens- und Verhaltensbesonderheiten hinsichtlich klinischer Symptomatiken ist, sondern deren Wertung im Sinne von Schwerekriterien. Die Frage kann also nicht lauten, wie krank oder wie normal ein Beschuldigter zu gelten habe, da beide Vergleichspunkte prinzipiell nicht definiert sind, sondern wie schwer er zum Tatzeitpunkt beeinträchtigt war, und welche konkreten Auswirkungen dies auf sein Handeln im Hinblick auf angestrebte Ziele gehabt hat (vgl. die Ausführungen zur Steuerungsfähigkeit in Kap. 2.3).

3.2 Zentrale Lösungsansätze der Schuldfähigkeitsbegutachtung bei sogenannter schwerer anderer seelischer Abartigkeit

In diesem Kapitel werden zentrale bisher in der Literatur diskutierte Lösungsansätze zur Begutachtung der Schuldfähigkeit bei SASA beschrieben, sofern sie auf Konstrukte zurückgreifen, die als empirisch prüfbare Schuldfähigkeitsindikatoren (vgl. Kap. 5.3.1) für dieses Forschungsvorhaben relevant erscheinen. Eine ausführliche Darstellung anderer Ansätze (z.b. Witter, 1987a; Mitterauer, 1996; Janzarik, 2000), deren praktische Handhabbarkeit fraglich erscheint, findet sich bei Scholz & Schmidt (2003). Die Vorschläge zur Abschätzung, wie sich dieses Eingangsmerkmal bei seinem Vorliegen auf die Einsichts- und Steuerungsfähigkeit auswirken solle, werden dabei einer kritischen Würdigung unterzogen. Darüberhinaus wird die Anbindung an die jeweiligen Krankheitsbegriffe deutlich gemacht und bewertet.

3.2.1 Der Hamburger Ansatz der progredienten psychopathologischen Entwicklung nach Schorsch

Das Konstrukt der progredienten psychopathologischen Entwicklung (Schorsch, 1988) ist maßgeblich geprägt durch die Arbeit von Gebsattels (1954) zur Psychopathologie der Sucht sowie deren Weiterentwicklung zur sexuellen Süchtigkeit durch Giese (1962). Weniger die strukturellen, mehr jedoch die dynamischen Merkmale gewinnen in dieser Sichtweise an Bedeutung. So kennzeichnet sich für Schorsch (1988) der Verlauf progredienter psychopathologischer Entwicklungen anhand charakteristischer Leitsymptome. Diese lassen sich auf einer beobachtbaren Verhaltensebene, einer explorierbaren Erlebensebene sowie einer Ebene interpretativer Schlussfolgerungen darstellen (vgl. Tabelle 3-2). Die Leitsymptome will Schorsch (1988) nicht nur auf paraphile Entwicklungen verstanden wissen, sondern er sieht sie auch bei ganz unterschiedlichen Störungsverläufen wie Zwängen, Phobien, Depressionen, Süchte, pathologischem Spielen, neurotischer Kriminalität sowie dem paranoiden und querulatorischen Syndrom oder dem Partnerkonflikt verwirklicht. Der Begriff des Symptoms steht dabei für die jeweilig sich entwickelnde Form eines Verhaltensexzesses.

Ursprünglich betrachtete von Gebsattel (1954) permanent oder progredient sich entwickelndes Fehlverhalten des Menschen und seine Laster in Analogie zu den toxikomanen Süchten. Süchtigkeit stellt für ihn die Essenz der sexuellen Verirrungen, der Leidenschaften dar, die sich in allen ungünstigen sozialen Strebungen und exzessiven Verhaltensweisen wie z.b. pathologischem Spielen manifestiere. Er setzt dabei die anthropologisch-humanistische Grundprämisse von sich selbst entfaltenden und verwirklichenden Lebens im Sinne einer ipsativen Norm voraus. Diesem sei ein sklavisch im Hier und Jetzt verhaftender Lebensstil (wie ihn etwa dissoziale Persönlichkeiten pflegten) durch seinen Verfall an die Süchtigkeit des Selbstgenusses diametral entgegengesetzt. Dies sei als Ausweichen vor der inneren Leere zu verstehen, wobei dieser Versuch durch exzessives Handeln und Flucht in den Rausch für den Akteur stets unbefriedigend verbleibe. Durch ein „Mehr desselben", das sich als Scheinverwirklichung und Ausschmückung der Oberfläche maskiere, entstehe letztlich der Eindruck von Progredienz, wobei eine zunehmende Entleerung und Schrumpfung des gesamten Lebensraumes kennzeichnend werde. Dies könne sich durch teilweise absurd ausgebaute Formen bis hin zur Destruktivität steigern. Am Ende dieser psychopathologischen Entwicklung stehe die totale Aufgabe aller Interessen für den süchtigen Akt, der sich für von Gebsattel als existenzielles Scheitern darstellt. Der Verfall an den Prozess der Sucht – und nicht an das Suchtmittel stehe dabei im Zentrum (Kröber, 1995).

Tabelle 3-2: Leitsymptome für progrediente psychopathologische Entwicklungen nach Schorsch (1988, S.13).

Ebene	Leitsymptome
Beobachtbare Verhaltensebene	- Symptomhäufung
	- Ausgestaltung der Symptominszenierung
	- Intensitätsschwankungen des Symptoms
	- Lockerung bzw. Verlust der sozialen Bindung
Explorierbare Ebene qualitativen Erlebens	- Zunehmende Okkupierung des Erlebens durch das Symptom
	- Verlust der reparativen Stabilisierungsfunktion des Symptoms
	- Vitalisierte Dekompensationszeichen
Interpretative Ebene	- Herabsetzung der Schwelle für die Symptomauslösung
	- Einengung der Realitätswahrnehmung auf Reizqualitäten des Symptoms
	- Angewiesensein auf das Symptom als Rettungsanker

Giese (1962) hat diesen Verlauf auf die sexuelle Süchtigkeit ausgeweitet und mit prototypischen Leitsymptomen charakterisiert, die Schorsch infolge zu seiner weiter verallgemeinerten Konzeption der progredienten psychopathologischen Entwicklung ausgebaut hat. Hintergrund dieser Betrachtungsweise ist der psychodynamische Theoriebegriff der *Perversion* (vgl. Stoller, 1975; Schorsch et al., 1996), der eine allgemeiner gefasste Kategorie darstellt, als die der Paraphilien in den modernen operationalisierten Diagnosesystemen. Deren Kern macht ein sich fluchtartiges Verlieren in quasi süchtige

Verhaltensweisen aus. Diese Verhaltensexzesse dienen dabei theoretisch der Emotionsregulation im Sinne der Vermeidung unangenehmer Gefühls- und Spannungszustände. Dabei wird einer psychischen Symptombildung eine reparative Funktion zur Aufrechterhaltung oder Wiederherstellung des inneren Gleichgewichts zugeschrieben, die angstbindend wirke. Zur Progredienz komme es dann, wenn die gelegentliche Inszenierung des Symptoms nicht mehr ausreiche, weil sie durch Krisen in Gefahr geraten ist. Mit zunehmender Frequenz steigt die Flüchtigkeit der Beruhigung durch das Symptom, und die Befriedigung nehme ab (Kröber, 1995). Dieser Sichtweise entstammt das Bild von der „Perversion als Plombe in der Persönlichkeit" (Schorsch & Becker, 2000).

Dieser Ansatz fußt nicht auf einem wie auch immer gearteten somatischen Krankheitsbegriff (vgl. Kap. 2.2.1). Der am ehesten damit zu vereinbarende Schuldbegriff ist aus phänomenologischer Sicht der der normativen Ansprechbarkeit (vgl. Kap. 2.1). Ist diese phänomenologische Konzeptualisierung aber auch mit dem juristischen Krankheitsbegriff vereinbar? Wie tragfähig ist dieses Konzept zur Einschätzung des Schweregrades einer Störung samt deren Auswirkungen auf die Einsichts- und Steuerungsfähigkeit? Zuallererst ist festzuhalten, dass dieser Ansatz auf einer Analogiebildung zu den toxikomanen Abhängigkeitsstörungen beruht. Die Ausweitungen auf sexuelle Störungen in Gestalt der Paraphilien sowie auf andere psychische Störungen bis hin zum Partnerkonflikt, der aus dem Bereich der psychischen Störungen vollkommen hinausfällt, stellt eine hypothetische Generalisierung mit allenfalls augenscheinvalider Plausibilität auf phänomenologischer Ebene dar. Überzeugende Konzeptionen zur Verwandtschaft dieser Konstrukte, insbesondere von Sucht und Paraphilie auf der Basis von empirischen Daten stehen noch aus (vgl. Bühringer (2004) zum Spannungsfeld von Sucht, Impulskontrollstörungen und Zwangshandlungen).

Ferner wird der progredienten psychopathologischen Entwicklung ein schwer zu vereinbarender Doppelcharakter zugewiesen: Einmal werden die Verhaltensexzesse als hedonistischer Prozess dargestellt, der aktiv aufgesucht und konstelliert wird, also für Steuerungsfähigkeit spricht. Andererseits wird diesen eine fatalistische, schicksalsabhängige Wirkung zugeschrieben, ohne dass im Straftäter Kontrollmechanismen vorlägen (Scholz & Schmidt, 2003). Auch Kröber (1995) kritisiert diesen Aspekt und kommt zu der Feststellung, dass die Progredienz sich nicht eigne, um Aussagen über den Schweregrad der Beeinträchtigungen nachvollziehbar zu bewerten. Progredienz bezeichne den Prozess der Veränderung eines Verlaufs, nicht jedoch deren Schweregrad. Dieser hänge vom erreichten Status ab. Allenfalls könne die Geschwindigkeit des Fortschreitens einer progredienten psychopathologischen Entwicklung zusätzliche Hinweise zum Gewicht der Störung und der Verlaufsprognose geben. Demnach verlangt festgestellte Progredienz, „eine genaue Prüfung, ob die fortschreitende Veränderung zu einer Überforderung der psychischen Möglichkeiten geführt hat. Sie beantwortet diese Frage jedoch nicht" (ebd., S. 536). Genauere Angaben wie dieses zu leisten sei oder zu Möglichkeiten der Skalierung des Ausmaßes vorhandener Progredienz, macht dieser Ansatz nicht.

3.2.2 Tiefenpsychologische Ansätze nach Mundt und Böhle

Die Überlegungen von Mundt (1985) zur Schuldfähigkeitsbegutachtung sind dem Vorschlag von Schorsch (1988, vgl. Kap. 3.2.1) im Hinblick auf ihre tiefenpsychologisch-psychodynamische Theorienbildung verwandt. Dass die tiefenpsychologische Annäherung an das Problem der Schuldfähigkeit häufig kritisiert wird, läge nach Mundt daran, diese oftmals als Alternative statt als Ergänzung zur klinisch-psychopathologischen Vorgehensweise zu betrachten. Ausgehend von einer adjunktiven Sichtweise sei der besondere Vorzug in der Betrachtung einer weiteren Befundebene zu sehen.

Böhle (1989, S. 47ff.) ist hinsichtlich SASA der Auffassung, dass Persönlichkeitsgestörte primär unter einer pathologischen Veränderung ihrer Ich-Funktionen litten. Dies äußere sich vor allem in der beobachtbaren inadäquaten Impulskontrolle, der unangepassten Affektivität sowie der realitätsfernen Ausbildung innerer Bilder von sich selbst und der Umwelt (=Objektbeziehungen). Die für die Begutachtung bei persönlichkeitsgestörten Delinquenten relevanten strukturellen Ich-Funktionen benennt Böhle wie folgt:

a) Inwieweit gelingt ein befriedigender und neutralisierender Umgang mit sexuellen und aggressiven Bedürfnissen?
b) Inwieweit können konstante Beziehungen zu anderen Menschen aufrechterhalten werden, und wie sind diese emotional spezifisch besetzt?
c) Inwieweit sind Realitätsprüfung, Realitätsgefühl, Gedächtnis, Sprache und abstraktes Denken adäquat?
d) Inwieweit sind spezifische Abwehrmechanismen zur Bewältigung von Angst und bedrohlichen Situationen vorhanden?
e) Inwieweit ist die Person in der Lage, sich mit anderen Menschen, wie z.B. Erziehungspersonen, zu identifizieren und deren Bilder zu verinnerlichen, um diesen nachzustreben?

Bei der Feststellung der für die Schuldfähigkeitsbeurteilung bei SASA aus tiefenpsychologischer Sicht relevanten strukturellen Defizite gehe es nicht darum, lebensgeschichtliche Determinationen krimineller Handlungsweisen herauszuarbeiten. Böhle (1989) warnt vor einer Gleichsetzung von (eher selten auftretender) neurotischer und persönlichkeitsgestörter Delinquenz und bemängelt damit tiefenpsychologische Gutachten, die mittels spekulativen Interpretationen krampfhaft versuchten, die Tat als Ausdruck eines unbewussten Konflikts zu deuten, ohne entsprechendes empirisches Belegmaterial dafür zu liefern. Darüber hinaus, sei „das Argument der unbewussten Determinierung delinquenten Handelns angesichts der ubiquitären Macht unbewusster Wünsche über das bewusste willentliche Handeln des Menschen für ein Gericht kein De- oder Exkulpierungsgrund" (ebd., S. 46). Stattdessen ginge es darum aufzuzeigen, inwiefern dem Beschuldigten eine realitätsangemessene und sozial akzeptierte Entscheidung ge-

gen das Unrecht möglich gewesen ist. Hierbei sei selbstverständlich auch die Tatanlaufzeit im weiteren Sinne zu berücksichtigen.
Zusammenfassend finden sich bei Mundt (1985, S. 130) drei Kriterien zur Nutzbarmachung tiefenpsychologischer Erkenntnisse für die Schuldfähigkeitsbegutachtung:

1. Der Nachweis eines Kernkonflikts ist an das Auftreten in a) frühkindlichen Beziehungen, b) in den Beziehungsstrukturen des Erwachsenen, c) in den Auslösesituationen für die Delikte, d) u.U. einer Symptombildung (vgl. Kap. 3.2.1) sowie e) in der Charakterformation gebunden.
2. Die unter 1. beschriebene Konfliktdynamik soll sowohl an der Symptombildung als auch am Delikt beteiligt sein und muss entsprechend kenntlich gemacht werden können.
3. Die aktuelle Relevanz einer Konfliktdynamik ist zur Tatzeit und in ihrem Vorfeld zu belegen. Hier kommt es auf den Nachweis der Persistenz und Penetranz der strukturellen Defizite sowie pathogener Abwehrformen in ihrem Zusammenwirken mit spezifischen Auslösesituationen an. Dies ist zu trennen von bloßen Überzeugungen wie beispielsweise das Billigen von Gewalt.

An diesem Ansatz ist die grundsätzlich mangelnde Falsifizierbarkeit tiefenpsychologischer Grundannahmen zu kritisieren, da die Logik der Tiefenpsychologie dies nicht zulasse. Ohne das spezifische Wissenschaftsverständnis psychodynamischer Forschung vorauszusetzen, fällt es schwer, den Postulaten konflikttheoretischer Theoriebildungen zu folgen. Das Problem tiefenpsychologischer Ansätze liegt in der überzeugenden tatbezogenen Darstellung der geforderten Aspekte. Vor diesem Hintergrund ist es positiv zu werten, dass Mundt diesen Lösungsansatz als adjunktiv qualifiziert. Ein ausschließlich auf Konfliktdynamik und strukturelle Defizite abgestelltes Gutachten verfehlt seinen Auftrag. Eine zusätzlich sachbezogene Darstellung psychodynamischer Beschreibung der Tätergesamtpersönlichkeit unter Verwendung operationaler Klassifikationsansätze kann ein Gutachten in positiver Weise auszeichnen. So wäre hier vor allem an den Einbezug der Strukturachse der OPD (Arbeitskreis OPD, 2001) zu denken (vgl Fehlenberg, 2000; Krampen, 2001). Die dadurch ermöglichte Erfassung spezifischer Bewältigungsfertigkeiten und Abwehrmechanismen vermag einen SASA-relevanten Erkenntnisgewinn darzustellen (vgl. Scholz & Schmidt, 2003). Dabei ist unbedingt darauf zu achten, dass das Gericht den Ausführungen des Sachverständigen inhaltlich folgen können muss, und dass die gutachterlichen Ausführungen an interdisziplinärer Dialogbereitschaft ausgerichtet sind. Das Problem psychodynamischer Ausführungen vor Gericht ist oftmals weniger eines der theoretischen Konstrukte[6] als die Methode der Datengewinnung und Befundsicherung, die mitunter schwer nachvollziehbar erscheint und

---

[6] So existieren empirische Studien, die den Nutzen psychodynamischer Konzeptbildungen für die Diagnostik SASA-relevanter Erlebens- und Verhaltensweisen belegen (vgl. z.B. Rudolf, Grande, Oberpracht & Jakobsen, 1996; Lingiardi et al., 1999; Kraus, Dammamm, Rothgordt & Berner, 2004).

mangelnde Beobachtbarkeit durch komplizierte Inferenzen ersetzt. Dies kann zum Eindruck einer gewissen Intransparenz beitragen.

3.2.3 Der Tübinger Ansatz zur Quantifizierung nach Foerster

Ein ganz anders gearteter Versuch, die Schwere einer SASA zu quantifizieren wurde von Foerster (1991) vorgelegt. Dieser folgt einem dreistufigen Vorgehen: a) Stellen einer strukturell-phänomenologischen Diagnose anhand der Klassifikation nach ICD-10 oder DSM-IV, Darstellung der vorherrschenden Abwehrmechanismen und der Erörterung der Beziehung zwischen Proband und Sachverständigem; b) Quantifizierung der Schwere der Verhaltensauffälligkeiten anhand der drei Skalen des Beeinträchtigungsschwerescores (BSS) von Schepank (1987, vgl. Kasten 3-2). Hierbei betont Foerster (1991), dass es sich um die Quantifizierung des juristisch geforderten Zusatzes „schwer" handelt, und nicht um die c) Abschätzung der Erheblichkeit der Einschränkungen der Steuerungsfähigkeit, die darauf aufbauend erst im dritten Schritt zu erfolgen habe.

Skalierung der psychogenen/funktionellen Beeinträchtigung auf den Skalen

a) Körperlicher Leidens- und /oder Beeinträchtigungsgrad
b) Psychischer Leidens- und/oder Beeinträchtigungsgrad
c) Auswirkungen auf die sozial-kommunikativen Belange

Variationsbreite pro Skala 0-4; Maximalscore 12

Kasten 3-2: Aufbau des Beeinträchtigungsschwerescores BSS (Schepank, 1987).

Anhand des BSS konnten Foerster & Heck (1991) nachweisen, dass begutachtete Straftäter, die dem Eingangsmerkmal SASA zugeordnet waren, signifikant höhere Punktwerte erhalten hatten, als Probanden, die dieser Merkmalskategorie nicht zugeordnet worden waren. Sie ermittelten einen Wert von 5 Punkten, bei dem das Vorliegen von SASA wahrscheinlicher ist, als das Nicht-Vorliegen. Dieses Ergebnis wurde von den Autoren als zusätzlicher Anhaltspunkt der Schweregradbestimmung interpretiert, ohne dabei jedoch ein völlig trennscharfes, oder sogar einzig quantifizierendes Moment darzustellen, zumal der BSS eine über die Lebensspanne kumulierte Beeinträchtigung abbildet, während die forensische Beurteilung sich auf den Tatzeitpunkt zu beziehen habe. Ferner seien konstellative Faktoren zu berücksichtigen, die der BSS nicht erfasse.

Die Beurteilung der Erheblichkeit der Auswirkungen einer somit möglicherweise festzustellenden SASA auf die Steuerungsfähigkeit, die nicht automatisch vorauszusetzen ist, erfolgt im Anschluss daran (Foerster, 1991, S. 194). Hierbei soll der Ausprägungsgrad der psychopathologischen Symptomatik als Kriterium fungieren. Relevant seien dafür einerseits psychotische Episoden im Rahmen von Borderline und paranoiden Persönlichkeitsstörungen sowie andererseits aus tiefenpsychologischer Perspektive eine Erschütterung der sog. Ich-Funktionen (vgl. Bellak, Hurvich & Gediman (1973) sowie die Struktur-Achse der Operationalisierten Psychodynamischen Diagnostik OPD (Arbeitkreis OPD, 2001)). Bei geringerer Symptombelastung müssen die Symptome auch außerhalb der Tat zu beobachten sein. Ein dynamisch-motivationaler Zusammenhang zwischen Störung und Tat muss feststellbar sein.

Verdienstvoll ist die explizite Berücksichtigung des Interaktionsverhaltens zwischen Sachverständigem und Proband, die insbesondere für die Bewertung von Persönlichkeitsstörungen, die sich hauptsächlich in interpersonellen Kontexten äußern, unumgänglich ist. Die aktuellen Konzeptionen der Persönlichkeitsstörungen als Beziehungs- und Interaktionsstörung legen nahe, dass dementsprechende Symptomatiken nicht losgelöst von interaktionellen Prozessen zu beurteilen sind (vgl. Fiedler, 2001a; Sachse, 2004). Als beachtenswert ist auch die Bemühung der empirischen Untermauerung aufgestellter Theorien anzusehen. Ferner ist dieser Ansatz gut mit dem juristischen Krankheitsbegriff (vgl. Kap. 2.2.1) zu vereinbaren, da auf die Erheblichkeit der festgestellten Auswirkungen einer SASA abgestellt wird. Warum die Anwendung eines Messinstruments, dass die Abschätzung von (auch psychopathologischen) Beeinträchtigungen und Funktionseinschränkungen zum Inhalt hat, von der Abschätzung der daraus resultierenden Auswirkungen auf die Steuerungsfähigkeit künstlich getrennt werden soll, ist jedoch schwerlich nachzuvollziehen. Schließlich werden jeweils die gleichen Gesichtspunkte maßgeblich (vgl. Kap. 2.2.2). Hier wird das Problem der doppelten Quantifizierung fortgeschrieben.

Psychiatrischerseits scheint man gegenüber dem Versuch Foersters einer Standardisierung und Operationalisierung der Begutachtungstechniken eher reserviert zu sein. So bemängeln Kröber, Faller & Wulf (1994) das „bunte Durcheinander" von Quantität und Qualität der Quantifizierungsbemühungen. Es werde verkannt, dass zwar ein Messinstrument (z.B. ein Intelligenztest) kontinuierlich intervall- oder ordinalskaliert sein könne, die so gemessenen Quantitäten jedoch auf ganz unterschiedliche Erlebens- und Verhaltensqualitäten verweisen könnten. So sei es sinnlos von Schwachsinn als vierzigprozentiger Intelligenzminderung zu sprechen und auch hinter quantitativ gleichen Messwerten der Blutalkoholkonzentration stünden ganz unterschiedliche Bewusstseinszustände. Dahinter verberge sich das Problem, dass gleiche Merkmale im biographischen Kontext gegensätzliche Bedeutung für die Schuldfähigkeit haben können. Deshalb bestimmten qualitative Unterschiede Entscheidungen, veränderte Quantität werde nur dann entscheidungsrelevant, wenn sie eine neue Qualität anzeigten (ebd., S. 340).

Dabei übersehen die Kritiker, dass die beobachtbaren Auswirkungen als Operationalisierung des BSS fungieren, und der Score nicht auf einer andersgearteten Messung beruht, oder um im verwendeten Bild zu bleiben: Die Skalierung der forensischen Relevanz der Blutalkoholkonzentration erfolgt anhand der durch sie verursachten psychopathologischen Phänomene und nicht der tatsächlichen Konzentration im Blut. Das Problem aller angeführten Beispiele ist nicht die Messung, sondern das korrelative Verhältnis zweier verschiedener Messgrößen. Der BSS ist nicht die Steuerungsfähigkeit, er widerspiegelt jedoch ein Mehr oder Weniger an Beeinträchtigung und Funktionseinschränkung und kann damit zu einem Indiz für deren Störung werden – wie von Foerster & Heck (1991) explizit dargestellt und empirisch belegt. Es stellt sich hier nicht die Frage nach einem kategorialen (qualitativen) Alles-oder-nichts Phänomen, sondern nach dem dimensional (quantitativ) zu bestimmenden Schweregrad (Erheblichkeit) von Auswirkungen auf die Steuerungsfähigkeit (vgl. Kap. 2.2.2). Diese können dann in Folge vom Richter normativ-kategorial als erheblich oder nicht gewürdigt werden. Dabei kann der vorgeschlagene Ansatz neben anderen Belegen ein hilfreiches Mittel der Kommunikation dimensionaler Sachverhalte sein.

Insgesamt ist Foersters Lösungsvorschlag als ein richtungsweisender Versuch zu sehen, die impressionistische und idiosynkratische Verwendung autoritär gestützter Glaubens- und Erfahrungssätze zu reduzieren und mittels vermehrt operationalisierter diagnostischer Urteilsbildung anzureichern. Eine Beschränkung auf einen festgelegten Untersuchungsalgorithmus ist in dem Versuch der Skalierung von Schweregraden einer Beeinträchtigung nicht zu erkennen (Scholz & Schmidt, 2003).

3.2.4 Der Berliner Ansatz des strukturell-sozialen Krankheitsbegriffs nach Rasch

Rasch (1982) hat mit dem von ihm geprägten strukturell-sozialen Krankheitsbegriff ein Konzept zur Schuldfähigkeitsbeurteilung vorgelegt, das das soziale Dasein als primäres Feld, in dem sich psychische Störungen zu erkennen geben, in den Vordergrund stellt. Psychische Störungen sind demnach (Rasch, 1991, S.131) gekennzeichnet durch a) eine feststellbare strukturelle Verbindung einzelner Symptome zu einem gestalthaften Krankheitsbild (strukturelle Dimension) und b) durch deren Auswirkungen auf das soziale Verhalten sowie auf die sozialen Beziehungen des Betroffenen (soziale Dimension). Der entscheidende Grundzug psychischen Gestörtseins ist die Verminderung sozialer Handlungskompetenz und das Herausfallen aus den gewohnten sozialen Bezügen. Andere gleichzeitig relevant werdende übergreifende Symptome sind die Einengung der Lebensführung, eine Stereotypisierung des Verhaltens sowie die Häufung sozialer Konflikte auch außerhalb strafrechtlicher Belange (Rasch, 1982, S. 182).

Rasch (1991) geht davon aus, dass Störungsdiagnosen allein wie auch Annahmen über die Störungsgenese wenig Aussagekraft für die forensische Beurteilung haben. Sie stellen lediglich die kategoriale Eingangsvoraussetzung für die Schuldfähigkeitsprüfung dar. Im Vordergrund steht für ihn die individuelle Betrachtung des Einzelfalls, wobei der Ausprägungsgrad der jeweiligen Störung und ihr Einfluss auf die soziale Anpassungsfähigkeit entscheidend für die Beurteilung der Schuldfähigkeit sind.

In Anlehnung an Giese (1962) und Schorsch (1988) wendet Rasch (1991, S. 130) seine Überlegungen auf psychopathologische Entwicklungen an, die er anhand der in

Kasten 3-3 dargestellten Beurteilungsaspekte beschreibt. Er fokussiert hierbei auf schwere und umfassende Persönlichkeitsdeformierungen, die zu einer typisierenden Umprägung führen sollen. Angesichts stereotyper Wahrnehmungs- und Verhaltensweisen sowie des damit assoziierten Identitätsverlusts spricht Rasch von einer sprunghaften qualitativen Veränderung der psychischen Gesamtverfassung (ebd., S. 131).

- Wie ist jemand in problematische, gar delinquente Verhaltensweisen hineingeraten?
- Welchen tatspezifischen Belastungen ist der zu Begutachtende unterlegen?
- Welche Entscheidungen, gegenregulatorische Vorgänge, Möglichkeiten des Ausstiegs gab es?
- Welche bewussten Identifikationen mit den Vorteilen der angestrebten Tat gab es?

Kasten 3-3: Strafrechtlich relevante Beurteilungsaspekte in Bezug auf psychopathologische Entwicklungen nach Rasch (1991).

Ein Vorzug des strukturell-sozialen Krankheitsbegriffs ist in der Überprüfbarkeit durch den Richter als psychologischen Laien und der äthiopathogenetische Theorienungebundenheit zu sehen. Ein solch forensisch orientiertes Störungskonzept entkräftet die Befürchtung, die Rechtssprechung könne durch einzelne Schulmeinungen in eine bestimmte Richtung gedrängt werden, ohne diese Beeinflussung überprüfen zu können (Rasch, 1982).

Witter (1983) bemängelt die Umfunktionierung sozialpsychologischer, charakterologischer und pädagogischer Probleme zur „Krankheit", da mit dem vorgeschlagenen forensisch relevanten Krankheitsbegriff das bereits überstrapazierte Krankheitsparadigma nunmehr soziogen ausgeweitet werde. Ein Vorwurf, der angesichts seiner Konzeption, die qua Rückfalldelinquenz auf Gefährlichkeit als sozialpathologischem Indikator für SASA abstellt, etwas befremdlich erscheint (vgl. Witter, 1987a). So zieht sich Witter (1987b) später schließlich selbst auf Raschs Position zurück.

Saß (1991) kritisiert an Raschs Ansatz die mangelnde Störungsspezifität der umschriebenen sozialen Auffälligkeiten. Es handele sich dabei vielmehr um eine lose Zusammenstellung von sozialen Begleit- und Folgeerscheinungen bei seelischen Belastungen oder allgemeinen zwischenmenschlichen Konfliktsituationen. Das Auftreten sozialer Belastungen und Konflikte gehöre nach Saß (1985a) zum Spezifischen des Menschen und habe mit Schuldfähigkeit zunächst wenig zu tun. Wenn man die Beurteilung der Schuldfähigkeit auf die Ebene beobachtbaren sozialen Verhaltens beschränke, werde der Erlebnisbezug des Delinquenten weitgehend ausgeblendet, was für Saß (1991, S. 271) in allgemein-psychiatrischer als auch in speziell forensischer Sicht eine ungünstige Reduktion diagnostischer Gesichtspunkte darstelle. Dem lässt sich entgegnen, dass ein Herausfallen aus den gewohnten sozialen Bezügen bei Einengung der Lebensführung, Stereotypisierung des Verhaltens wie auch Häufung sozialer Konflikte außerhalb strafrechtlicher Belange, wie von Rasch gefordert, sich wohl kaum als allgemeine Begleiterscheinung normaler zwischenmenschlicher Konflikte und Belastungssituationen verstehen lässt. Die meisten der von Rasch genannten Kriterien tauchen übrigens auch bei Saß (1987, S.119) als Gesichtspunkte auf, die für eine Beeinträchtigung der Schuldfähigkeit sprechen (vgl. Kap. 3.2.5).

Eine genaue Betrachtung der Empfehlungen von Rasch (1999) zur Gutachtenerstellung lässt es kaum angemessen erscheinen, ihm eine reduktionistische Position zu attestieren, die das innere Erleben des Beschuldigten weitgehend ausblende. Die Argumente von Saß beruhen wohl eher auf der Befürchtung, dass durch Raschs Betonung der zweiten Stufe der Schuldfähigkeitsbeurteilung, die störungsbezogene Orientierung der ersten Stufe der Schuldfähigkeitsbeurteilung gelockert werden könne. Jedoch ist der Rückzug auf einen wie auch immer gearteten Krankheitsbegriff keine verlässliche Bastion, um diesen Befürchtungen vorzubeugen, da er nicht den rechtlichen Vorgaben entspricht (vgl. Kap. 2.2.1). Welche sonstigen sozialen Beeinträchtigungen ohne psychischen Störungshintergrund sollten sonst zu einer vergleichbar massiven Einschränkung führen? Die sozial auffällige Gruppe von Straftätern ohne psychischen Störungshintergrund wie beispielsweise notorische Berufskriminelle (vgl. die Differentialtypologie der Persönlichkeitsstörungen gemäß Saß, 1987; Kap. 4.2.2) sollte wohl kaum aus ihren gewohnten sozialen Bezügen herausfallen bei Häufung von Konflikten auch außerhalb des strafrechtlich relevanten Bereichs – verhält sie sich doch in ihrer Subgruppe normadäquat.

Insgesamt ist der strukturell-soziale Krankheitsbegriff als produktiv und zielführend zu bewerten. Insbesondere durch seine unmittelbar einleuchtende Graduierung der Schweregrade psychischer Störungen anhand sozial beobachtbarer Phänomene ist dieser für den Gutachter gut zu erfassen sowie vor Gericht gut kommunizier- und vermittelbar. Die Passung mit dem juristischen Krankheitsbegriff (vgl. Kap. 2.2.1) ist unmittelbar ersichtlich. Ferner lassen sich anhand dessen leicht Bezüge zu *Achse IV – Psychosoziale und umgebungsbedingte Probleme* und *Achse V – Globale Erfassung des Funktionsniveaus* des DSM-IV-TR herstellen, die ebenfalls stark auf soziale Einschränkungen bei psychischen Störungen abheben. Eine Operationalisierung der zu erfassenden sozialen Funktionsniveaus fehlt jedoch und wäre für die forensische Praxis wünschenswert. Aus Sicht des Autors sollte jedoch aus den bereits dargestellten Gründen von der Krankheitskonnotation Abstand genommen werden, indem vom strukturell-sozialen Störungsbegriff gesprochen wird.

3.2.5 Der Aachener Ansatz des psychopathologischen Referenzsystems und die Kriterienliste von Saß

Psychopathologisches Referenzsystem. Während im Rahmen der Strafrechtsreform das neu geschaffene Eingangsmerkmal SASA vom klassischen somatopathologischen Krankheitsbegriff (vgl. Kap. 2.2.1) abgekoppelt wurde, blieb ungeklärt, anhand welcher

Kriterien an Stelle des bislang verwendeten Krankheitskriteriums die Erheblichkeit der Auswirkungen der festgestellten psychischen Störung beurteilt werden sollen. Mit dem Ziel, ein differenziertes symptomatologisch-syndromatologisches Bezugssystem zu entwickeln, dass für die Schweregradbestimmung psychischer Störungen geeignet ist, hat Saß (1985b) das sog. psychopathologische Referenzsystem aufgestellt. Grundprinzip dessen ist der Abgleich während der Begutachtung erfasster Erlebens und Verhaltensbesonderheiten mit dem psychopathologischen Erfahrungshintergrund der krankhaften seelischen Störungen. Die darunter primär gefassten Psychosen (vgl. Kap. 2.2.1) werden gemeinhin mit hoher Evidenz als der markanteste Typus der für die Schuldfähigkeit relevanten Beeinträchtigungen betrachtet. So beschreibt Krümpelmann (1976) psychotische oder diesen vergleichbare Störungen als Kernkategorie und Höhenmarke der Schuldfähigkeitsparagraphen.

Zur Bestimmung der forensischen Relevanz in der Schuldfähigkeitsfrage solle ein geregelter an definierten Merkmalen orientierter Vergleich mit den Veränderungen des seelischen Gefüges im ersten Eingangsmerkmal durchgeführt werden (Saß, 1985b, S. 37). Orientierungspunkt sei die konkrete Desintegration psychischer Funktionen, die die abstrakte und schwammige Formel der Krankheitswertigkeit oder Krankhaftigkeit überflüssig mache. Diese Betrachtungsweise erlaube einerseits auf die Bindung an das somatopathologische Krankheitsmodell zu verzichten, andererseits solle über die Gebundenheit an die klinische Empirie das Ungewisse und Uneindeutige „einer allgemein sozialen Betrachtungsweise oder subjektiver psychodynamischer Erwägungen" vorgebeugt werden (ebd.). Ebenso solle auch der gesamte Erfahrungsbereich des gesunden Seelenlebens in den Vergleich miteinbezogen werden. Die Beurteilung dessen, was als abnorme Erlebens- und Verhaltensbesonderheiten anzusehen sei, geschehe bei der Anwendung des psychopathologischen Referenzsystems „vor dem Hintergrund biographischer Kenntnisse von langen Verläufen in gesunden und kranken Entwicklungsstadien des Lebens, von Reaktionsweisen unter konfliktären Belastungen und von Einflüssen der therapeutischen Bemühungen ebenso wie der natürlichen Reifungs- und Altersschritte" (Saß, 1991, S.272).

Saß (1987; 1991) betont für den Gebrauch des psychopathologischen Referenzsystems nachdrücklich die Trennung zwischen Dissozialität als einer normalpsychologischen Erlebens- und Verhaltensvariante auf der einen und kriminellem Verhaltens aufgrund psychopathologischer Ursachen auf der anderen Seite. Unter den psychopathologischen Ursachen versteht Saß Zustände, die mit deutlichen dynamischen Auslenkungen oder Verschiebungen im Hinblick auf Stimmungen und Antriebe einhergehen. In Abgrenzung zu Janzariks (2000) strukturdynamischer Position spielten charakterliche Abweichungen oder sog. Verformungen der seelischen Struktur sowie des individuellen Wertesystems nur in Ausnahmefällen eine Rolle, wie etwa bei den wahnähnlichen querulatorischen Entwicklungen. Saß (1987, S. 115) zieht daraus die Schlussfolgerung, dass bei den Persönlichkeitsstörungen in erster Linie Besonderheiten des Antriebs, des Temperaments, der Triebe und der Emotionalität – aus psychologischer Sicht also emotionsregulative Fähigkeiten – von besonderer Bedeutung sind. Diese seien im Kontinuum zwischen gesundem Seelenleben und krankhafter seelischer Störung einzuordnen. Die Vergleichbarkeit psychopathologischer Phänomene bei Störungen, die dem Eingangsmerkmal SASA zugeordnet sind, mit den Störungen des ersten Eingangsmerkmals belegt Saß (1987, S.111ff.) anhand von Beispielen. Die Kenntnis klinischer Störungsbilder und deren Auswirkungen auf das Sozialverhalten stellen für Saß den Orientierungsrahmen für die forensische Bewertung der Erlebens- und Verhaltensbesonderheiten bei SASA dar, womit er sich der von ihm kritisierten Position des strukturell-sozialen Krankheitsbegriffes von Rasch annähert (vgl. Kap. 3.2.4).

Als positiv und fortschrittlich ist die Loslösung von kategorialen Klassifikationen und die Hinwendung zu einer dimensionalen Einordnung beobachteter Erlebens- und Verhaltensbesonderheiten auf dem Kontinuum zwischen seelischer Gesundheit und psychischer Störungsphänomene zu werten. Dies bedeutet eine tatsächliche Abkehr vom klassischen Krankheitsbegriff. Auch der dabei geforderten Hinwendung zu definierten psychischen Funktionen ist unumstritten zuzustimmen. Leider unterbleibt eine genauere Definition der Funktionen, die hier maßgeblich werden, und es wird lediglich auf unterschiedliche emotionsregulative Kompetenzen verwiesen, ohne diese näher zu systematisieren oder gar mit einer Operationalisierung zu versehen. Dem Ziel des geregelten Vergleichs definierter Merkmale wird sich dadurch zwar angenähert, das konkretere Vorgehen und die Auswahl der heranzuziehenden Konstrukte des Vergleichs bleiben jedoch dem Sachverständigen überlassen. Dies ist ein Hindernis für eine empirische Überprüfung und leistet dem eingangs bemängelten idiosynkratischen Gebrauch beliebiger Kriterien und Theorien Vorschub.

Positiv- und Negativkriterien der Schuldfähigkeit. In Analogie zu den Merkmalskatalogen für die Beurteilung von Affektdelikten (Saß, 1983a; 1983b) stellte Saß zwei Merkmalsgruppierungen zusammen, die a) für das Vorliegen von verminderter Schuldfähigkeit (=Positivkriterien, vgl. Kasten 3-4) oder b) gegen eine Beeinträchtigung der Schuldfähigkeit (=Negativkriterien, vgl. Kasten 3-5) unter dem Eingangsmerkmal SASA sprechen. Beide Auflistungen greifen in unterschiedlicher Form auf die in den vorangegangenen Kapiteln bereits diskutierten Lösungsansätze zurück sowie auf eigene Erfahrungen von Saß.

Beide Merkmalslisten sind erst zu prüfen, nachdem entsprechend des zweistufigen Vorgehens der Schuldfähigkeitsprüfung im ersten Schritt mit dem Nachweis relevanter psychischer Störungen das Vorliegen von SASA plausibel gemacht worden ist und deren Erheblichkeit unter Bezugnahme auf das psychopathologische Referenzsystem (s.o.) zu belegen ist. Auf der zweiten Ebene der Schuldfähigkeitsbeurteilung erfolgt die Entscheidung über Auswirkungen auf die Einsichts- und Steuerungsfähigkeit die anhand der Positiv- und Negativkriterien zu diskutieren sind. Es wird dabei nachdrücklich betont, dass

> diese Merkmale lediglich indiziellen Charakter besitzen und vor dem gesamten Hintergrund des Persönlichkeitsbildes, der Lebensumstände und der Tatkonstellati-

on gewichtet werden müssen. (...) Einer festen skalierbaren Regelung allerdings muss sich die Beurteilung der Schuldfähigkeit bei Persönlichkeitsstörungen wegen der fließenden Übergänge zwischen Normalität sowie allen Schweregraden und Konstellationen abnormer Persönlichkeiten auch weiterhin entziehen. (Saß, 1987, S. 119)

- Psychopathologische Disposition der Persönlichkeit
- Chronische konstellative Faktoren, z.B. Abusus, depravierende Lebensumstände
- Schwäche der Abwehr- und Realitätsprüfungsmechanismen
- Einengung der Lebensführung
- Stereotypisierung des Verhaltens
- Häufung sozialer Konflikte auch außerhalb des Delinquenzbereichs
- Emotionale Labilisierung in der Zeit vor dem Delikt
- Aktuelle konstellative Faktoren, z.b. Alkohol, Ermüdung, affektive Erregung
- Hervorgehen der Tat aus neurotischen Konflikten bzw. neurotischer Primordialsymptomatik
- Bei sexuellen Deviationen Einengung, Fixierung und Progredienzphänomen

Kasten 3-4: Gesichtspunkte nach Saß (1987, S.119), die für die Beeinträchtigung der Schuldfähigkeit bei Vorliegen einer sog. schweren anderen seelischen Abartigkeit sprechen (Positivkriterien).

- Tatvorbereitungen
- Planmäßiges Vorgehen bei der Tat
- Fähigkeit zu warten
- Lang hingezogenes Tatgeschehen
- Komplexer Handlungsablauf in Etappen
- Vorsorge gegen Entdeckung
- Möglichkeit anderen Verhaltens unter vergleichbaren Umständen
- Hervorgehen des Delikts aus dissozialen Charakterzügen

Kasten 3-5: Gesichtspunkte nach Saß (1987, S. 119), die gegen eine erhebliche Beeinträchtigung der Schuldfähigkeit bei sog. schwerer anderer seelischer Abartigkeit sprechen (Negativkriterien).

Auf den ersten Blick bestechen die Merkmalslisten von Saß (1987) durch ihre zusammenfassende Sammlung aller bisher diskutierten Lösungsansätze. Alle Vorschläge, die in mehr oder weniger beobachtbaren Phänomenen formuliert worden sind, tauchen darin wieder auf. Insbesondere ist aus psychologischer Sicht der Einbezug von problemlösenden Fähigkeiten und Copingstilen als gewinnbringend zu betrachten. Insgesamt handelt es sich um die bisher umfassendste Merkmalssammlung zum Eingangsmerkmal SASA.

Eine konkrete Operationalisierung, die die klinischen Einschätzungen mit mehr Treffsicherheit und Vergleichbarkeit ausstatten könnte, fehlt hier jedoch genau so wie empirische Belege zur Verwendbarkeit und Trennschärfe der verwendeten Ansätze.

Darüber hinaus legt die Idee der Positiv- und Negativkriterien eine dimensionale Formulierung der Kriterien nahe (z.B. Labilisierung vs. Planung; Alternativverhalten vs. inflexible Abwehr- und Realitätsprüfungsmechanismen), um die Schwächen ausschließlich kategorialer Ansätze hinsichtlich empirischer Forschungszugänge zu überwinden (vgl. Farmer, 2000). Für die praktische Anwendung wäre eine hybrid kategorialdimensionale Beschreibung (vgl. Becker, 1995, S. 336f.), die der kategorialen Einstufung der Schuldfähigkeit Ausprägungen auf den einzelnen Dimensionen zuordnet, denkbar.

3.2.6 Der Bonner Ansatz der Schuldfähigkeitskategorien von Scholz und Schmidt

Scholz & Schmidt (2003) versuchen in ihrem empirisch basierten Ansatz ebenfalls wie Rasch (1982), Schorsch (1988) und Janzarik (2000) das zentrale Moment der Schuldfähigkeitsbegutachtung auf die Auswirkungen bestimmter Erlebens- und Verhaltensbesonderheiten für die Steuerungsfähigkeit zu verschieben. Mit der Wegverlagerung von der Ebene psychiatrisch-rechtlicher Übereinkommen hinsichtlich der forensischen Relevanz bestimmter Persönlichkeitsstörungen für SASA (vgl. Kröber, 1997; Orlob, 2000) wird versucht, in integrativer Weise den Anforderungen des juristischen Krankheitsbegriffes zu entsprechen (vgl. Kap. 2.2.1). Dabei stellen sie, aufbauend auf den Negativkriterien der Schuldfähigkeit bei SASA gemäß Saß (1987, vgl. Kap. 3.2.5), dissoziale Verhaltensdispositionen sowie sog. emotionsregulative und problemlösende Fähigkeiten als relevante Merkmale für die gegebene Schuldfähigkeit in das Zentrum ihres Ansatzes (vgl. Schmidt & Scholz, 2006). Diese werden u.a. anhand der Psychopathy Checklist-Revised PCL-R von Hare (1991) sowie der Struktur-Achse der Operationalisierten Psychodynamischen Diagnostik OPD (Arbeitskreis OPD, 2001) in dimensionaler Form operationalisiert und clusteranalytisch anhand von 33 Schuldfähigkeitsgutachten zu den in Kasten 3-6 dargestellten elf Schuldfähigkeitskategorien von interner Homogenität und hinreichender Stabilität zusammengefasst.

Die Diskriminationsfähigkeit zwischen Dekulpierten und Schuldfähigen wird überprüft. Unter simultaner Verwendung aller elf Schuldfähigkeitskategorien gelingt diskriminanzanalytisch mit sehr hoher Wahrscheinlichkeit eine überzufällig richtige Klassifikation der Schuldfähigkeitsgruppen. Lediglich zwei von 33 Fällen werden der falschen Schuldfähigkeitsgruppe zugeordnet. Dies spricht für eine bessere Ausnutzung in den Schuldfähigkeitskategorien enthaltenen Informationen auf konfiguraler Ebene, da die Heranziehung von Einzelkategorien zu schlechteren Vorhersagen führt.

Kritisch zu bedenken ist bei der Anwendung, dass es sich bei dieser Untersuchung aufgrund der geringen Stichprobengröße um explorativ zu betrachtende Zusammenhänge handelt, für die keine Aussagen zur Beurteilerübereinstimmung vorliegen. Ferner wird die fehlende Differenzierung zwischen tatbezogenen und situationsübergreifenden Merkmalen bemängelt (Habermeyer, 2004a). Anzumerken ist auch, dass die Ausgangsbasis der Untersuchung lediglich auf Merkmalen beruht, die indiziell für Schuldfähigkeit bei SASA sprechen. Dementsprechend sind weitere potentiell trennscharfe Diskriminatoren wie z.b. die Positivkriterien von Saß (1987) oder andere in den vorigen Kapiteln diskutierte Merkmale nicht mit in die Untersuchung einbezogen worden. Dass diese so betrachtet unvollständige Liste in der Lage ist, zwischen beiden Schuldfähigkeitsgruppen zu unterscheiden, spricht umso mehr für das Potential dimensionaler statt kategorialer Kriterien. Positiv zu bewerten ist dabei insbesondere die explizite Operationalisierung aller Einzelkriterien und Schuldfähigkeitsmerkmale sowie deren Kommunizierbarkeit im Gerichtsalltag.

- (Selbst)Reflexionsfähigkeit & Identität *
- Affektdifferenzierung & Schwingungsfähigkeit *
- Problemlösen – Copingverhalten – Abwehrmechanismen *
- Fehlen früher Temperaments- & Verhaltensauffälligkeiten *
- Impulskontrolle
- Empathiefähigkeit
- Verhaltensregeln zum Schutz von Beziehungen
- Geplantes Vorgehen im Vorfeld und während der Tat
- Egozentrisch arroganter Interaktionsstil
- Instabiles und vielfältig dissoziales Verhalten
- Manipulatives interpersonelles Auftreten

Kasten 3-6: Überblick der Kategorien von Scholz & Schmidt (2003), die für das Vorliegen von Schuldfähigkeit bei sog. schwerer anderer seelischer Abartigkeit sprechen. Die mit Sternchen versehenen Merkmale trennen signifikant im Mittelwertsvergleich zwischen Schuld- und vermindert Schuldfähigen nach Sachverständigenempfehlung.

Der Nutzen dieser Schuldfähigkeitskategorien besteht aufgrund der operationalisierten und abgestuften Skalierung primär in gutachtenstrukturierender Hinsicht. Die Schuldfähigkeitskategorien können mit den konstituierenden Indikatoren als Orientierungsrahmen bei der Hypothesenbildung, Untersuchungsplanung, Abfassung und Strukturierung des Gutachtens sowie der tatbezogenen Entscheidung, inwieweit verminderte Schuldfähigkeit bei SASA vorliegt, behilflich sein. Sie können aufgrund ihrer empirischen Basis zur abgleichenden Überprüfung der vom Sachverständigen zugrundegelegten Heuristiken der Schuldfähigkeitsprüfung herangezogen werden und die Auswahl der zu erhebenden diagnostischen Hintergründe erleichtern (vgl. Schmidt & Scholz, 2006), zumal dieser Entwurf bereits auch Erwähnung in der kommentierenden Rechtssprechung gefunden hat (BGH 1 StrR 346/03). Keinesfalls dienen die dargestellten Schuldfähigkeitskategorien einer Kanonisierung bestimmter gutachterlicher Vorgehensweisen. Sie stellen keine checklistenartige Operationalisierung dar, die ein hypothesenbasiertes, entscheidungsorientiertes Vorgehen im Einzelfall (vgl. Westhoff & Kluck, 2003) ersetzen könnte. Vor einem solchen Gebrauch wird ausdrücklich gewarnt, denn auch für diese Kategorienliste gilt, dass sie nicht das psychologische Pendant der Schuldfähigkeit darstellt, sondern lediglich als Indiz für eine nicht beeinträchtigte Steuerungsfähigkeit bei SASA zu betrachten ist.

3.3 Mindestanforderungen der Begutachtung von sogenannter schwerer anderer seelischer Abartigkeit aus psychologisch-psychiatrischer Sicht

Als Zwischenfazit, das den aktuell publizierten interdisziplinären Konsens[7] der Schuldfähigkeitsbegutachtung bei SASA darstellt, folgt in Anknüpfung an die in Kap. 2.3 dargestellten Mindestanforderungen aus rechtlicher Sicht eine Auflistung formaler und inhaltlicher Mindeststandards, die sich an der eigentlichen Aufgabe des psychowissenschaftlichen Sachverständigen orientiert: Der Qualifizierung von Erlebens- und Verhaltensbesonderheiten als SASA und die Beschreibung der Auswirkungen auf die Steuerungsfähigkeit. Diese Auflistung ist von einer interdisziplinären Arbeitsgruppe[8] (vgl. Boetticher et al., 2005) im Interesse der Qualitätssicherung zusammengestellt worden, und nicht als rechtlich verbindliche Vorschrift, sondern als Best-Practice-Standard zu verstehen, um begriffliche Unschärfen zu klären und Handlungsmaximen bereitzustellen (Habermeyer & Saß, 2007). Die entsprechenden inhaltlichen Lösungsansätze für die Schuldfähigkeitsfrage bei SASA, die dieses Handlungsgerüst füllen sollen, sind im vorhergehenden Kap. 3.2 beschrieben worden. Um den besonderen Anforderungen der Begutachtung von Persönlichkeitsstörungen und –akzentuierungen wie auch sexuell devianten Verhaltens im Zusammenhang mit Gewalt- und Sexualdelinquenz unter dem Eingangsmerkmal SASA gerecht zu werden, werden die Empfehlungen für beide Störungsgruppen getrennt behandelt. Zu beachten ist dabei jedoch, dass beide Störungskategorien in der Praxis gehäuft komorbid auftreten (vgl. Marshall, 2007).

Formale Mindestanforderungen. Boetticher et al. (2005) geben ihre formalen Empfehlungen hauptsächlich für die schriftliche Abfassung des Schuldfähigkeitsgutachtens. Die Einhaltung der vorgeschlagenen Struktur bringt den Vorteil mit sich, dass durch die getrennte Auflistung der Erkenntnisquellen, des Befunds und der Interpretationen die Nachvollziehbarkeit steigt und die eigenständige Wertung des Dargestellten durch den auftraggebenden Richter erleichtert wird. Diese an sich trivialen Grundlagen der Gutachtenerstellung werden aufgrund der immer noch in vielen Gutachten auftretenden massiven Mängel (vgl. z.B. Konrad, 1995; Fegert et al., 2003) an dieser Stelle nochmals wiedergegeben.

---

[7] An dieser Stelle sei betont, dass auch dieser Konsens, die mangelnde wissenschaftliche Fundierung des vierten Eingangsmerkmals nicht zu verbergen vermag. Handelt es sich dabei doch um eine zwar systematisiertere Synopsis der bisherigen Lösungsvorschläge, die das wesentliche Problem der mangelnden empirischen Fundierung weder erwähnt, noch Bezug nimmt auf entsprechende Versuche.

[8] Interessanterweise war nur ein psychologischer Fachvertreter Mitglied der 25-köpfigen Kommission.

- Nennung von Auftraggeber und Fragestellung
- Darlegung von Ort, Zeit und Umfang der Untersuchung
- Dokumentation der Aufklärung des Probanden
- Darlegung der Verwendung besonderer Untersuchungs- und Dokumentationsmethoden (Fremdbeobachtungen, Dolmetscher etc.)
- Nennung und getrennte Wiedergabe der Erkenntnisquellen: a) Akten, b) subjektive Äußerungen des Probanden, c) Beobachtung und Untersuchung, d) zusätzlich durchgeführte Erhebungsmethoden (psychometrische und/oder bildgebende Verfahren etc.)
- Kennzeichnung von Interpretationen und Kommentaren und deren Trennung von der Wiedergabe der Informationen und Befunde
- Trennung von gesichertem empirischem Wissen und subjektiver Meinung oder Vermutung des Gutachters
- Offenlegung von Unklarheiten und Schwierigkeiten samt daraus zu ziehenden Konsequenzen, ggf. rechtzeitige Mitteilung an den Auftraggeber zwecks Klärung des weiteren Vorgehens
- Kennzeichnung der Aufgaben- und Verantwortungsbereiche beteiligter Gutachter und Mitarbeiter
- Korrekte Zitationsweise
- Klare, übersichtliche Gliederung
- Hinweis auf die Vorläufigkeit des schriftlichen Gutachtens

Kasten 3-7: Formale Mindestanforderungen für die Schuldfähigkeitsbegutachtung nach Boetticher et al. (2005, S. 59).

Inhaltliche Mindestanforderungen. Die Empfehlungen hinsichtlich inhaltlicher Mindestanforderungen der Schuldfähigkeitsbegutachtung (vgl. Boetticher et al., 2005) beziehen sich auf die sachbezogene Darstellung der erhobenen Daten und weniger auf Gliederungsaspekte. Aus psychologischer Sicht ist kritisch anzumerken, dass der Hypothesenbildung innerhalb der vorgeschlagenen Struktur keinerlei explizite Bedeutung eingeräumt wird. Hypothesen steuern den Gutachtenprozess, da der Sachverständige sein diagnostisches Vorgehen auf sie abstellt, entsprechend plant, und sie der Beantwortung der Fragestellung zugrundelegt. Eine klare Benennung dieser trägt wesentlich zur Transparenz und Prüfbarkeit der Begutachtung bei (vgl. Westhoff & Kluck, 2003). Forensische Gutachten sind stets Teil einer hypothesengeleiteten Prüfstrategie mit dem Ziel einer Entscheidungsfindung bzw. Problemlösung (vgl. Steller, 1988). Will man das resultierende Ergebnis qualifizieren, ist es unabdinglich, die Hypothesen, die seine Entstehung beeinflusst haben, transparent zu machen (vgl. Kasten 2-7 in Kap. 2.3). Vor dem Hintergrund des diagnostischen Paradigmenwechsels von der Menschenbeurteilung hin zur Problemlösung ist die eigentliche psychodiagnostische Leistung in der problembezogenen Interpretation auch möglicher Widersprüche (=Diskrepanzdiagnostik, vgl. Steller & Dahle, 2001) zu sehen. Dies stellt die Logik der rein abbildenden Persönlichkeitsbeschreibung mittels Standard-Testbatterien in Frage, die im Rahmen sog. psychologischer Zusatzgutachten routinemäßig und nicht fallbezogen abgearbeitet werden (Steller, 2000).

- Vollständigkeit der Exploration besonders im Hinblick auf delikt- und diagnosespezifische Bereiche (ausführliche Sexualanamnese bei sexueller Devianz und Sexualdelinquenz, detaillierte Beschreibung der Tatbegehung)
- Benennung der Untersuchungsmethoden und der damit erzielten Erkenntnisse, bei nicht gängigen Methoden: Erläuterung der Erkenntnismöglichkeiten und Grenzen
- Diagnostische Ausrichtung an ICD-10 oder DSM-IV-TR, Abweichungen davon sind zu erläutern und das verwendete System ist zu spezifizieren
- Darstellung der differentialdiagnostischen Überlegungen
- Darlegung der im Allgemeinen durch die diagnostizierte Störung verursachten Funktionsbeeinträchtigungen in Relevanz für die Gutachtenfrage
- Überprüfung ob und in welchem Ausmaß diese Funktionsbeeinträchtigungen zum Tatzeitpunkt auftraten
- Zuordnung der Störungsdiagnose zu den Eingangsmerkmalen des § 20 StGB
- Nachvollziehbare Bewertung des Schweregrades der Störung
- Erläuterung tatrelevanter Funktionsbeeinträchtigungen unter Differenzierung von Einsichts- und Steuerungsfähigkeit
- Darstellung alternativer Bewertungsmöglichkeiten

Kasten 3-8: Inhaltliche Mindestanforderungen der Schuldfähigkeitsbegutachtung nach Boetticher et al. (2005, S. 60).

3.3.1 Mindeststandards der Begutachtung von Persönlichkeitsstörungen

Diagnostische Aspekte. Für die diagnostische Feststellung einer Persönlichkeitsstörung ist die Berücksichtigung der allgemeinen definierenden Merkmale zwingend zu beachten (vgl. Kröber, 1997). Eine rein auf die spezifischen Kriterien gestützte Diagnose ist nicht zulässig, da sie wesentliche geforderte Merkmale u.U. nicht berücksichtigt. Demnach liegt eine Persönlichkeitsstörung nur dann vor, wenn Persönlichkeitszüge starr und wenig angepasst sind *und* zu persönlichem Leiden und/oder gestörter sozialer Funktionsfähigkeit führen (vgl. Fiedler, 2001a, S. 36ff.). Die in den allgemeinen diagnostischen Merkmalen geforderte zeitliche Konstanz eines überdauernden Musters von Erlebens- und Verhaltensauffälligkeiten in den Bereichen Affektivität, Kognition und zwischenmenschlichen Beziehungen schließt differentialdiagnostisch zeitlich umschriebene Anpassungsstörungen aus. Insbesondere individuelle Interaktionsstile und Reaktionsweisen unter konfliktären Belastungen sind im biografischen Längsschnitt darzustellen, ebenso Folgen von Reifungs- und Alterungsschnitten wie auch etwaiger therapeutischer Maßnahmen. Biographische Brüche oder stereotype Verhaltensmuster unter Belastung sind für die Diagnosestellung von besonderer Bedeutung. Die Persönlichkeitsstörung ist zu spezifizieren und ist nicht an sich mit dem Eingangsmerkmal SASA gleichzusetzen (Boetticher et al., 2005). Ferner ist zu bedenken, dass Schuldfähigkeitsbegutachtung immer retrospektiv ausgerichtet ist – nicht das akut sich präsentierende Störungsbild steht im Vordergrund, sondern das tatrelevante Erleben und Verhalten ist zu diagnostizieren. Dies ist von haftreaktiv ausgelösten affektiven und emotional-instabilen Symptombildern zu differenzieren (Kröber, 1997). Rezidivierende sozial abweichende Verhaltensweisen sind sorgfältig von störungsbezogenen Erlebens- und Verhaltensauffälligkeiten zu unterscheiden. Auswirkungen von Persönlichkeitsstörungen zeigen sich nicht nur im strafrechtlichen Kontext (Saß, 1987; Kröber, 1997; Schmidt et al., 2004).

Tabelle 3-3: Ein- und Ausschlusskriterien für Persönlichkeitsstörungen als sog. schwere andere seelische Abartigkeit nach Boetticher et al. (2005, S. 60).

Gründe *für* die Einstufung einer Persönlichkeitsstörung als SASA	Gründe *gegen* die Einstufung einer Persönlichkeitsstörung als SASA
erhebliche Auffälligkeiten der affektiven Ansprechbarkeit bzw. der Affektregulation	Auffälligkeiten der affektiven Ansprechbarkeit ohne schwerwiegende Beeinträchtigung der Beziehungsgestaltung und psychosozialen Leistungsfähigkeit
Einengung der Lebensführung bzw. Stereotypisierung des Verhaltens	weitgehend erhaltene Verhaltensspielräume
durchgängige oder wiederholte Beeinträchtigung der Beziehungsgestaltung und psychosozialen Leistungsfähigkeit durch affektive Auffälligkeiten, Verhaltensprobleme sowie unflexible, unangepasste Denkstile	Selbstwertproblematik ohne durchgängige Auswirkungen auf Beziehungsgestaltung und psychosozialen Leistungsfähigkeit
durchgehende Störung des Selbstwertgefühls	intakte Realitätskontrolle, reife Abwehrmechanismen
deutliche Schwäche von Abwehr- und Realitätsprüfungsmechanismen	altersentsprechende biographische Entwicklung

Schweregradeinschätzung. Die Einschätzung des Schweregrads einer Persönlichkeitsstörung ist zu trennen von der stark tatbezogenen Diskussion der Einsichts- und Steuerungsfähigkeit. Der dabei zugrundegelegte Orientierungsrahmen muss erkennbar werden und die psychosozialen Leistungseinbußen sollen mit den Defiziten krankhafter seelischer Störungen vergleichbar sein (vgl. Kap. 3.2.5), wenn auf SASA erkannt werden soll. Boetticher et al. (2005) nennen dafür die in Tabelle 3-3 dargestellten Ein- und Ausschlusskriterien (vgl. Kap. 3.2.5 und Kap. 3.2.6).

Beeinträchtigungen der Einsichts- und Steuerungsfähigkeit. Eine relevante Beeinträchtigung der Einsichtsfähigkeit allein durch die Symptome einer Persönlichkeitsstörung ist im Regelfall auszuschließen. Bei Vorliegen von SASA ist ein möglicher Zusammenhang von Tat und Persönlichkeitsstörung unbedingt zu prüfen. Dabei ist zu verdeutlichen, inwiefern die Tat Ausdruck der in Tabelle 3-3 genannten Einschlusskriterien ist. Für die Beurteilung der Steuerungsfähigkeit ist eine detaillierte Tathandlungsanalyse vorzunehmen, die zumindest auf Vor-, Tat- und Nachtatverhalten wie auch die Beziehung zwischen Opfer und Täter und dabei handlungsleitende Motive eingeht. Boetticher et al. (2005) listen die in Tabelle 3-4 dargestellten Indikatoren der Steuerungsfähigkeit auf (vgl. Tabelle 3-4; Kap. 3.2.5 und 3.2.6). In der Regel kommt unter dem Eingangsmerkmal SASA allenfalls eine erheblich verminderte Schuldfähigkeit in Betracht.

Tabelle 3-4: Indikatoren der Steuerungsfähigkeit im Zusammenhang mit Persönlichkeitsstörungen nach Boetticher et al. (2005, S. 61).

Für eine forensisch relevante Beeinträchtigung der Steuerungsfähigkeit spricht	*Gegen* eine forensisch relevante Beeinträchtigung der Steuerungsfähigkeit
konfliktäre Zuspitzung und emotionale Labilisierung in der Zeit vor dem Delikt	Tatvorbereitung, planmäßiges Vorgehen bei der Tat, Vorsorge gegen Entdeckung
abrupter impulshafter Verlauf	Fähigkeit zu warten, lang hingezogenes Tatgeschehen, komplexer Tatablauf in Etappen
relevante konstellative Faktoren (z.B. Alkoholintoxikation)	Möglichkeit anderen Verhaltens unter vergleichbaren Umständen
enger Zusammenhang zwischen („komplexhaften") Persönlichkeitsproblemen und Tat	Hervorgehen des Delikts aus dissozialen Verhaltensbereitschaften

Anmerkung: Diese Auflistung gilt nur für die *Steuerungsfähigkeit bei Persönlichkeitsstörungen*, nicht notwendigerweise aber bei anderen Störungen wie z.B. Wahnsyndrome.

3.3.2 Mindeststandards der Begutachtung von Sexualdelinquenz

Diagnostische Aspekte. Aufgrund häufiger Diskrepanzen zwischen subjektiven Schilderungen von an Sexualstraftaten beteiligten Personen ist eine gründliche Aktenanalyse sowie die explizite Kenntlichmachung der Anknüpfungstatsachen von besonderer Wichtigkeit. Eine ausführliche Sexualanamnese ist verpflichtend. Dabei sollten folgende Themenbereiche nach Boetticher et al. (2005, S. 61) besonders in Betracht gezogen werden:

a) Rahmenbedingungen und Verlauf der (familiären) sexuellen Sozialisation
b) Entwicklung der geschlechtlichen Identität und sexuellen Orientierung
c) Zeitpunkte, Verlauf (etwaige Störungen und Erkrankungen) sowie Erleben der körperlichen sexuellen Entwicklung, insbesondere der Pubertät
d) Entwicklung und Inhalte erotisch-sexueller Imaginationen/Phantasien in der biographischen Entwicklung
e) Daten, Ausgestaltung und Erleben der soziosexuellen Entwicklung
f) Erleben sexueller und anderer gewalttätiger Übergriffe in Kindheit, Jugend und Erwachsenenalter (als Zeuge, Opfer oder Täter)
g) Bisherige Behandlungen psychischer und sexueller Störungen oder Erkrankungen
h) Pornographiekonsum, Prostituiertenkontakte
i) Beziehungsanamnese inkl. sexuelle Funktionen (u.a. sexuelle Praktiken, sexuelle Funktionsstörungen, ggf. Außenbeziehungen, Gewalt in Partnerschaften)

j) In der klinischen Behandlung ist die Befragung aktueller und/oder früherer Sexualpartner/innen (Fremdanamnese) erforderlich, um paraphile Neigungen auszuschließen oder zu objektivieren. Bei der Begutachtung ist das Zeugnisverweigerungsrecht Angehöriger und das Ermittlungsverbot des Sachverständigen zu beachten. Daraus resultierende Unklarheiten müssen gekennzeichnet werden und Wege der Aufklärung sind aufzuzeigen
k) Ausführliche Anamnese der (Sexual-)Delinquenz

Paraphilien sind anhand der geltenden Klassifikationssysteme zu spezifizieren. Komorbide Paraphilien müssen in ihren Anteilen an der gesamten Sexualstruktur differenziert werden. Mitunter ist ein Sexualdelikt die erste Manifestation einer Paraphilie. Allein außergewöhnliche Ersatzhandlungen oder forciert sinnliches „Kickerleben" sowie übersteigerter Reizhunger bei ansonsten unproblematischer Sexualität und Partnerschaft lassen nicht für sich genommen auf eine Paraphilie schließen. Gleiches gilt für nachträgliche Einlassungen oder Umdeutungen des Beschuldigten über seine oder opferseitige Motivationen zum Tatzeitpunkt bei gleichzeitigem Erlass eines Schweigegebots (ebd.).

Schweregradeinschätzung. Um eine Paraphilie ebenfalls getrennt von ihren Auswirkungen auf die Einsichts- und Steuerungsfähigkeit als SASA zu qualifizieren, können nach Boetticher et al. (2005, S. 61) u.a. folgende Gründe geltend gemacht werden:

a) eine durch paraphile Neigungen weitestgehend bestimmte Sexualstruktur
b) eine ich-dystone Verarbeitung, die die Ausblendung der Paraphilie zur Folge hat
c) progrediente Entwicklungen (vgl. Kap. 3.2.1)
d) andere Formen soziosexueller Befriedigung sind aufgrund zu benennender Persönlichkeitsfaktoren und/oder zu belegender sexueller Funktionsstörungen für den Probanden nicht verfügbar

Beeinträchtigungen der Einsichts- und Steuerungsfähigkeit. Die Prüfung der erheblich beeinträchtigten Steuerungsfähigkeit erfolgt analog den Ausführungen für Persönlichkeitsstörungen (vgl. Kap. 3.3.1) anhand der Diskussion dieser Erlebens- und Verhaltensphänomene (ebd., S. 62):

a) konfliktäre Zuspitzung und emotionale Labilisierung in der Zeit vor dem Delikt mit vorbestehender und länger anhaltender triebdynamischer Ausweglosigkeit
b) Tatdurchführung auch in sozial stark kontrollierter Situation
c) abrupter, impulshafter Tatablauf, wobei jedoch ein paraphil gestaltetes und zuvor (in der Phantasie) durchgespieltes Szenario kein unbedingtes Ausschlusskriterium darstellt, wenn es der festgestellten Störung entspricht und sich progredient entwickelt
d) archaisch-destruktiver Tatablauf mit Ritualcharakter unter Ausblendung von Außenreizen

e) konstellative Faktoren wie Alkoholintoxikation, Persönlichkeitsstörung, verminderte Intelligenz, die auch kumulativ Zusammenwirken können

Als Fazit lässt sich aus den dargestellten Lösungsansätzen ableiten:

- Das Konzept SASA ist eher durch juristisch-psychiatrische Konsensbildung als durch wissenschaftliche-empirische Fundierung gekennzeichnet. Die bisherigen Lösungsansätze zeichnen sich durch einen Mangel an empirischer Überprüfung aus. Lediglich die Vorschläge von Foerster (1991) und Scholz & Schmidt (2003) weisen eine für SASA spezifische empirische Basis auf.
- Die Definitionsversuche von SASA legen eine dimensionale Konzeptualisierung mit den Polen psychischer Gesundheit (Funktionalität) vs. psychischer Störung (Dysfunktionalität) nahe. Hieraus leitet sich der Primat der Auswirkungen auf die Einsichts- und Steuerungsfähigkeit ab. Nur eine diesbezügliche Hypothesenbildung vermag dem Gericht eine Entscheidungshilfe zu sein. Aussagen darüber, wie erheblich gesund oder krank der Proband zum Tatzeitpunkt war, sind ohne den Rückschluss auf ihre Auswirkungen forensisch irrelevant.
- Die einzelnen Lösungsansätze lassen sich in ihrer Heterogenität als Fähigkeit umschreiben, in Belastungssituationen Impulse im Dienste einer sozial verträglichen Problemlösung zu modulieren. Die flexible Berücksichtigung der eigenen Bedürfnislage spielt für diese Kompromissleistung zwischen impulsiver Aktivierung und der Inhibition devianter Bedürfnisse eine dominante Rolle. Ausgehend davon sind emotionsregulative und Problemlösungskompetenzen von besonderer Relevanz für die Schuldfähigkeitsfrage.
- Die dargestellten Mindeststandards sind als Ergebnis einer interdisziplinären Konsensbildung mit dem Ziel der Qualitätssicherung und Klärung begrifflicher Unschärfen zu betrachten, der fortlaufend hinsichtlich seiner fachlichen Berechtigung zu überprüfen und anhand des aktuellen Sachstands weiterzuentwickeln ist (Habermeyer & Saß, 2007).

Kasten 3-9: Kernaspekte des Begriffes der sog. schweren anderen seelischen Abartigkeit, die sich aus den Gemeinsamkeiten zentraler Lösungsansätze zur Schuldfähigkeitsfrage unter diesem Eingangsmerkmal ableiten lassen.

4 Psychologische Auswirkungen sogenannter schwerer anderer seelischer Abartigkeit

Im folgenden Kapitel werden die in Kap. 2 und Kap. 3 dargestellten rechtlichen und praktischen Aspekte sachverständigen Handelns in ein psychologisches Rahmenkonzept eingebunden. Dieses hat die Funktion, die zahlreichen phänomenologisch heterogenen Konzeptionen der SASA innerhalb einer persönlichkeitspsychologischen Konzeptualisierung zu verankern. Dies geschieht notwendigerweise zuerst auf einer abstraktmodellhaften Ebene (vgl. Kap. 4.1), um dann daraus in den Kapiteln 4.2 und 4.3 konkrete und empirisch überprüfbare Merkmale abzuleiten, die die Beantwortung der Schuldfähigkeitsfragestellung für den Sachverständigen erleichtern sollen.

Rechtlicher Bezugsrahmen. Aus rechtlicher Sicht ist entsprechend der Theorie der normativen Ansprechbarkeit (vgl. Kap. 2.1) von Schuldfähigkeit eines Beschuldigten auszugehen, wenn er bei der Tat für den Anruf der Norm zugänglich gewesen ist und die Steuerungsmöglichkeit, die gesunden Erwachsenen in den meisten Situationen zugeschrieben wird, im konkreten Fall vorhanden war. Die Rechtsprechung geht hierbei normativ von intakten Basisfertigkeiten zur flexiblen Bewältigung äußerer und innerer Anforderungen des erwachsenen Individuums aus. Es handelt sich also um die Fähigkeit, im Umgang mit Problem- und Belastungssituationen des sozialen Zusammenlebens Normen zu erkennen und diesen entsprechend seine eigenen Interessen handelnd umsetzen zu können.

Sachverständiger Bezugsrahmen. Auf der Sachverständigenseite imponieren Lösungsansätze, die auf die sozialen Folgen psychisch gestörter Erlebens- und Verhaltensweisen abzielen (vgl. Kap. 3). Insbesondere Phänomene der Einengung sozialer Aktivitäten und zunehmende Konflikthäufungen auch außerhalb des eigentlich delinquenten Bereichs spielen dabei eine Rolle und lassen auf eine Abnahme interpersoneller und sozialer Kompetenzen schließen. Ferner wird explizit wiederholt auf bewältigende Fähigkeiten, Copingmechanismen und Problemlösen abgestellt (vgl. zusammenfassend die Mindeststandards für Persönlichkeitsstörungen in Kap. 3.3.1). Für die Begutachtung sexuell devianter Erlebens- und Verhaltensweisen wird ebenfalls im Rahmen der progredienten psychopathologischen Entwicklung auf Phänomene der Einengung sowie Fixierung hingewiesen (vgl. zusammenfassend die Mindeststandards in Kap. 3.3.2), die aufgrund ihrer Rigidität und mangelnden Flexibilität Relevanz zugeschrieben bekommen. Auch hierbei geht es um die Fähigkeit zu bewältigendem Verhalten, das auf sozial adaptive Weise Sexualität im Spielraum eigener und fremder Bedürfnisse und Wünsche realisierbar werden lässt.

Lexikalische Integration. Es fällt auf, dass nahezu in allen Lösungsansätzen – je nach theoretischer Ausrichtung – sog. strukturelle Fähigkeiten, Ich-Funktionen, Hemm- und

Desaktualisierungsfähigkeiten, Abwehr- und Realitätsprüfungsmechanismen sowie Problemlösekompetenzen und Copingstile als wichtig erachtet werden. Versucht man diese Merkmale auf einen gemeinsamen Nenner zu bringen, so ist im Sinne einer lexikalischen Herangehensweise[9] von primär selbstregulativen Konstrukten auszugehen, die zu einem balancierten Verhältnis zwischen Annäherung (Aktivierung) und Vermeidung (Hemmung) beitragen. Dies ist ein klassisches Feld der differentiellen Psychologie, die dazu eine große Anzahl von Konzeptionen entwickelt hat (vgl. Carver, 2005) und die im Folgenden ausführlich dargestellt werden. Scholz & Schmidt (2003) konnten für einen Teil dieser Konstrukte erste empirische Belege erbringen, die deren Differenzierungsvermögen für die Schuldfähigkeitsfrage unterstreichen (vgl. Kap. 3.2.6).

4.1 Makroebene der Schuldfähigkeitsbegutachtung – auf dem Weg zu einer Rahmentheorie der Schuldfähigkeit

Der Schwerpunkt der Darstellung liegt im Weiteren auf psychologischen Konzepten, die für die Bestimmung des Schweregrads von SASA nützlich sein können. Hierbei handelt es sich – wie oben dargelegt – hauptsächlich um differential-psychologische Konstrukte zur Beschreibung von Erlebens- und Verhaltensweisen, die der habituellen Bewertung und Bewältigung von Stress, Belastung und Konflikten dienen. Die Gliederung dieses Kapitels erfolgt dabei ganz im Sinne des Bandbreiten-Fidelitäts-Dilemma[10] (Cronbach & Gleser, 1965) von allgemeinen, übergeordnet-abstrakten Zusammenhängen und theoretischen Grundlagen ausgehend zu immer spezifischer auf die Begutachtung der Schuldfähigkeit bezogenen, operationalisier- und beobachtbaren Erlebens- und Verhaltensweisen. Dabei wird versucht, die Schuldfähigkeitsbegutachtung bei SASA

a) einerseits vor einem differential- und persönlichkeitspsychologischem Hintergrund einer ansatzweisen (rahmen)theoretischen Verankerung und Verortung zuzuführen (*Betrachtung auf Makroebene*, vgl. Kap. 4.1).
b) Anderseits besteht die Zielsetzung darin, konkrete Handlungsmaximen und einen Orientierungsrahmen für praktisches sachverständiges Handeln zur Verfügung zu stellen (*Betrachtung auf Mikroebene*, vgl. Kap. 4.2 und 4.3).

---

[9] Die im Rahmen des lexikalischen Ansatzes der Persönlichkeitspsychologie verfolgte Strategie beruht darauf, in möglichst umfassender Weise die in einer Sprache vorhandenen Eigenschaftswörter herauszusuchen, zu ordnen und zueinander in Beziehung zu setzen (vgl. John, Angleitner & Ostendorf, 1988).

[10] Man kann Erlebens- und Verhaltensweisen auf verschiedenen Ebenen beschreiben: Auf sehr breiter und übergeordneter Ebene anhand weniger varianzstarker aber abstrakter Variablen oder auf untergeordneten Hierarchien mittels einer größeren Anzahl spezifischer aber varianzschwächerer Variablen. Ersteres bietet den Vorteil starker Theoriebezogenheit, ist aber nicht sehr einzelfallspezifisch. Zweiteres ermöglicht auf Kosten der theoretischen Passung einzelfallbezogene Genauigkeit, die wenig Interpretationsspielraum lässt. Beide Aspekte können nicht gleichzeitig optimiert werden, so dass der Abstraktionsgrad in Abhängigkeit von der Fragestellung zu wählen ist.

4.1.1 Das Vulnerabilitäts-Stress-Modell als allgemeine Konzeption psychischer Störungen

Für die forensische Begutachtung der Schuldfähigkeit ist es wünschenswert eine (klinische) Rahmentheorie zur Verfügung zu haben, die es anhand umschriebener Konstrukte ermöglicht, zwischen Erlebens- und Verhaltensweisen zu unterscheiden, die den normativen Anforderungen entsprechen oder davon mehr oder weniger stark abweichen. Die allgemeinste Formulierung zur Erklärung menschlicher Erlebens- und Verhaltensweisen geht davon aus, dass diese stets eine Funktion von Personen- und Situationsfaktoren darstellen (vgl. Lewin, 1946). Für die entscheidungsorientierte Begutachtung ist diese Sichtweise von Westhoff & Kluck (2003) um relevante psychologische Variablen erweitert worden: Verhalten ist demnach eine Funktion von Umgebungs-, Organismus-, kognitiven, emotionalen, motivationalen und sozialen Variablen sowie deren Wechselwirkungen.

Um die unendliche Anzahl möglicher Bedingungen menschlichen Verhaltens für die Schuldfähigkeitsbegutachtung sinnvoll einzuschränken, kann das Vulnerabilitäts-Stress-Modell (vgl. z.B. Wittchen & Hoyer, 2006) herangezogen werden. Es bietet eine störungsübergreifende Perspektive, die die Integration der Ätiologie aller heterogenen Erlebens- und Verhaltensauffälligkeiten, welche der SASA zugrunde liegen (vgl. Kap. 2.2.1; Kap. 3.1), ermöglicht. So beruht das Vulnerabilitäts-Stress-Modell auf der Grundannahme multikausaler Entstehungszusammenhänge psychischer Störungen, für deren Exazerbation ungünstige Bewältigungsmechanismen und fehlende protektive Faktoren im Umgang mit situationalen Stressoren verantwortlich gemacht werden. Der Vorteil liegt in der Verbindung, die dadurch zwischen individueller Prädisposition und pathogenetischen Faktoren der individuellen Lerngeschichte hergestellt werden kann (Fiedler, 1999). Der Einfluss verschiedener Copingstile auf Wohlbefinden einerseits und psychische Störungen andererseits ist vielfach belegt (vgl. Perrez, Laireiter & Baumann, 1998). Das Bewältigungsverhalten kann somit als Indikator für funktional-flexible (eher salutogene) vs. dysfunktional-inflexible (eher pathogene) Erlebens- und Verhaltensweisen herangezogen werden. Diese dimensionale Sichtweise erlaubt eine umfassende Beschreibung von Verhaltensexzessen und -defiziten in ihrem funktionalen Zusammenhang mit den daraus resultierenden Folgen, die ihren finalen Abschluss im Tathandeln finden (vgl. die Ausführungen zur Steuerungsfähigkeit in Kap. 2.2.2; 2.3 und 3.1).

> Im Vulnerabilitäts-Stress-Modell wird ausgegangen von einem sich gegenseitig beeinflussendem System von
> a) prädisponierenden Risikofaktoren diathetischer (Erb-, prä-, peri-, postnatale Einflüsse) und psychosozialer Art (ungünstige familiäre und erzieherische Einflüsse)
> b) umweltbezogenen Stressoren (z.B. interpersonelle Konflikte, kritische Lebensereignisse), deren Auswirkungen durch

c) entsprechende Bewältigungsstrategien und soziale Unterstützung (protektive Faktoren im Sinne der Resilienz) mehr oder weniger günstig abgefedert werden können. Keiner der genannten Faktoren für sich allein wird als für die Störungsentstehung hinreichend oder spezifisch betrachtet, da erst der Einfluss des Bewältigungsverhaltens die Endstrecke des Zusammenspiels prädisponierender, auslösender und aufrechterhaltender Bedingungen modelliert (Prinzipien der der Multi- und Äquifinalität, vgl. Resch, 2005).

Kasten 4-1: Annahmen des Vulnerabilitäts-Stress-Modells bzgl. des multikausalen Entstehungszusammenhangs psychischer Störungen.

Ein weiterer Vorteil dieses Ansatzes ist, dass er die Berücksichtigung des Interaktionsprozesses zwischen Täterpersönlichkeit und Tatsituation erlaubt, der der neueren kriminalpsychologischen Forschung zugrunde liegt (vgl. den generellen persönlichkeits- und sozialpsychologischen Ansatz bei Andrews & Bonta, 1998). Auf die Schuldfähigkeitsbegutachtung übertragen bedeutet dies, dass Straftaten als Handlungen aufgefasst werden können, die der Erreichung eines Ziels bzw. der Lösung eines Problems dienen (vgl. Wegener, 1983; Simons, 1988; Kunst, 2001; Fischer, 2005; Steck, 2005).

Risikofaktor Neurotizismus. Für die Fragestellung dieser Untersuchung ist es von Interesse, welche grundlegenden Eigenschaften und Fähigkeiten es Menschen ermöglichen, in der normativ geforderten Weise, flexibel und sozial adaptiv mit Belastung, Problemen und Konflikten umzugehen. Welche Persönlichkeitseigenschaften können als Moderatoren der genannten Kompetenzen beschrieben werden? Als besonders gut erforscht darf in diesem Zusammenhang das faktorenanalytisch gewonnene Modell der sog. Big-Five gelten (vgl. McCrae & Costa, 1999), das auf den fünf grundlegenden Persönlichkeitsfaktoren a) *Extraversion*, b) *Verträglichkeit*, c) *Gewissenhaftigkeit*, d) *Neurotizismus* und e) *Offenheit für Erfahrungen* basiert.

Eine meta-analytische Auswertung zeigt, dass sich Personen mit psychischen Störungen oder einzelnen Symptomen solcher gegenüber unauffälligen Kontrollen vor allem durch erhöhten Neurotizismus sowie verringerte Gewissenhaftigkeit, Verträglichkeit und Extraversion auszeichnen (Malouff, Thorsteinsson & Schutte, 2005). Dem Neurotizismus-Konstrukt als Maß negativer Affektivität kommt aufgrund seiner Facetten von Ängstlichkeit, Feindseligkeit, Depression, Selbstunsicherheit, Impulsivität und Verletzlichkeit dabei eine besondere Rolle für die Erfassung emotionaler Labilität zu. Es lassen sich starke Zusammenhänge mit passiven und ineffektiven Bewältigungsmechanismen nachweisen (Watson & Hubbard, 1996). Ebenso kann für den Bereich der Persönlichkeitsstörungen in einer jüngst veröffentlichten Meta-Analyse gezeigt werden (Saulsman & Page, 2004), dass hoher Neurotizismus und geringe Verträglichkeit als Basisdimension aller Persönlichkeitsstörungen angesehen werden können. Auch für unmittelbar forensisch relevante Bereiche wie interpersonelle Probleme (McDonald & Linden, 2003; Becker & Mohr, 2005), allgemeine Straftaten Erwachsener (Eysenck, 1998) und Sexualdelinquenz (Egan, Kavanagh & Blair, 2005; Hornsveld & De Kruyk,

2005) lassen sich entsprechend erhöhte Neurotizismuswerte als gemeinsamer Nenner finden.

Als erstes Zwischenfazit kann somit festgehalten werden, dass im Sinne des Vulnerabilitäts-Stress-Modells (s.o.) Neurotizismus als temperamentelle Persönlichkeitseigenschaft einen ätiologisch bedeutsamen Risikofaktor für emotionale Instabilität (Wallace & Newman, 1998) im allgemeinen, die Ausbildung psychischer Störungen im engeren Sinne und forensisch relevanter Verhaltensprobleme im Besonderen darstellt. Demgegenüber ist hohe emotionale Stabilität (niedriger Neurotizismus) als protektiver Faktor im bewältigenden Umgang mit Stressoren zu bewerten (vgl. Perrez et al., 1998). Wenn es im juristischen Sinne nach der Theorie der normativen Ansprechbarkeit, um die Fähigkeit geht, in Problemsituationen normkonforme Lösungen zu erreichen, die aus sachverständiger Sicht einer adaptiven Balance zwischen Annäherung und Vermeidung, zwischen Aktivierung und Hemmung entsprechen, so ist demnach von einer hohen Relevanz des Persönlichkeitsfaktors Neurotizismus für die Frage der Schuldfähigkeit auszugehen.

4.1.2 Seelische Gesundheit und Verhaltenskontrolle im Kontext der Schuldfähigkeit

Wie lassen sich diese persönlichkeitspsychologischen Befunde und Annahmen für die Schuldfähigkeitsbegutachtung nutzbar machen? Lassen sich diese in ein einfaches Persönlichkeitsmodell integrieren, aus dem sich schuldfähigkeitsrelevante Hypothesen ableiten lassen? Im Folgenden wird dargelegt, warum aus Sicht des Autors das Persönlichkeitsmodell von Becker (1995) als sinnvolle Rahmenkonzeption zur Integration relevanter psychischer Fähigkeiten für die Begutachtung der Schuldfähigkeit besonders gut herangezogen werden kann.

Becker (1995) konnte zeigen, dass mit der atheoretisch-lexikalischen Konstruktionsweise der Big-Five einige basale Probleme der differentiellen Persönlichkeitsbeschreibung nicht lösbar sind. So sind die inhaltlichen Interpretationen der faktorenanalytisch immer wieder replizierten fünf Faktoren nicht ganz einheitlich, was für eine divergierende Binnenstruktur des Fünffaktorenmodells spricht. Die rein deskriptive Konstruktionsweise erschwert die theoretische Interpretation und die Bildung explizierender Modelle. Ferner sind die fünf Faktoren nicht gänzlich voneinander unabhängig, so dass von potentiell varianzstärkeren übergeordneten Superfaktoren ausgegangen werden kann. Diese wurden von Becker (1988; 1995; 2000) ausgehend von einer gesundheitspsychologischen Theorieperspektive als die sog. Plusvarianten *Seelische Gesundheit* und *Verhaltenskontrolle* beschrieben und empirisch überprüft.

Binnenstruktur Seelische Gesundheit. Seelische Gesundheit ist von Becker (1995, S. 186ff.) als die Fähigkeit, zur Bewältigung externer und interner Anforderungen definiert worden. Ihr liegt das in Abbildung 4-1 dargestellte hierarchische Strukturmodell zugrunde. Die Kurzcharakterisierung von Personen mit hohen bzw. niedrigen Werten der einzelnen untergeordneten Persönlichkeitskonstrukte kann dem Anhang B entnommen werden. Im Vergleich mit dem Fünffaktorenmodell lassen sich für Seelische Gesundheit signifikante Zusammenhänge mit Neurotizismus (r=.-81), Extraversion (r=.45) und Gewissenhaftigkeit (r=.21) feststellen, so dass davon auszugehen ist, dass dieser Superfaktor zwar mit Neurotizismus in enger Beziehung steht, jedoch entsprechend seiner Konzeption etwas breiter gefasst ist. So umfasst er zusätzlich Eigenschaften wie Selbstbewusstsein, Autonomie und gute Problemlösefähigkeiten (Becker, 2000).

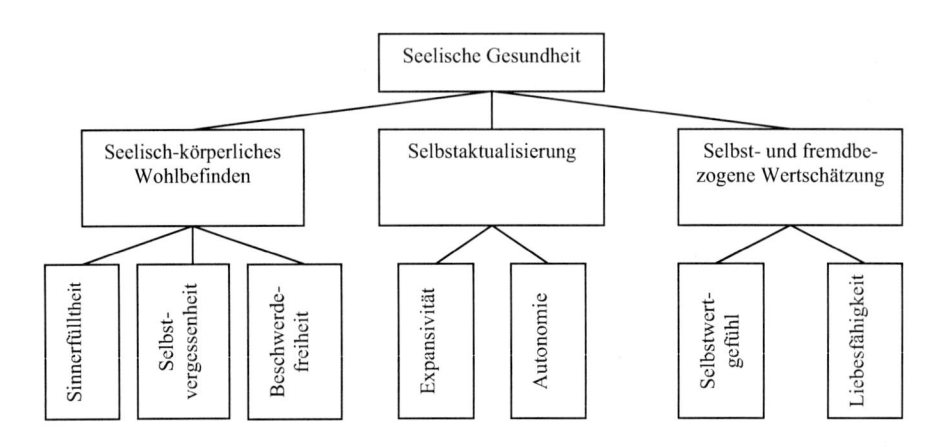

```
                          Seelische Gesundheit
                                  |
        ┌─────────────────────────┼─────────────────────────┐
Seelisch-körperliches      Selbstaktualisierung      Selbst- und fremdbe-
    Wohlbefinden                                     zogene Wertschätzung
        |                          |                          |
   ┌────┼────┐               ┌─────┴─────┐              ┌─────┴─────┐
Sinnerfülltheit         Expansivität  Autonomie    Selbstwert-  Liebesfähigkeit
  Selbst-                                            gefühl
vergessenheit
  Beschwerde-
   freiheit
```

Abbildung 4-1: Hierarchisches Strukturmodell für Seelische Gesundheit nach Becker (1995, S. 37).

Seelisch Gesunde zeichnen sich durch bessere Fähigkeiten zur Bewältigung externer Anforderungen aus (vgl. Becker, 1995, S. 189f.). Sie kommen besser mit den Erwartungen der sozialen Umwelt und den damit verbundenen Rollenverpflichtungen zurecht, schaffen es aber auch insgesamt leichter, mit sonstigen ökonomischen und physikalischen Kontextbedingungen umzugehen, die den spontanen Intentionen eines Individuums Hindernisse entgegensetzen. Zur Bewältigung dieser nicht nur als äußere Reize auf ein passives Individuum einwirkenden Erschwernisse, die ein aktives Eingreifen notwendig machen, benötigt eine Person eine Vielzahl von bereichsspezifischen Problemlösekompetenzen (vgl. Krohne, 1997; Lauth & Naumann, 2005; Kap. 4.2.1).

Ferner sind seelisch Gesunde auch verstärkt in der Lage, interne (psychische) Bedürfnisse und Wünsche zu befriedigen und zu regulieren. Sie weisen eine bessere Balance zwischen hartnäckiger Zielverfolgung (Tenazität) und flexibler Zielanpassung (Flexibilität) auf (vgl. Brandtstädter & Renner, 1990), die sie adaptiver zwischen aktiver Problemlösung und resignativem Zurückstecken modulieren lässt. Ihr Lebensraum ist von einer geringeren Anzahl von Vermeidungszielen gekennzeichnet und ihr psychisches Erleben drückt sich in positiver Affektivität aus (vgl. Becker, 1995, S. 204ff.).

Hierfür benötigen sie entsprechende situationsspezifisch funktionale Emotionsregulationsstrategien (vgl. Weber, 1997; Kap. 4.2.1). Die hohe störungsätiologische Relevanz dieses Persönlichkeitskonstrukts sowie die Vereinbarkeit der darunter subsumierten Fähigkeiten mit dem Vulnerabilitäts-Stress-Modell (vgl. Kap. 4.1.1) sind somit unmittelbar ersichtlich.

```
                        ┌──────────────────────┐
                        │  Verhaltenskontrolle │
                        └──────────────────────┘
                           /                \
                          /                  \
              ┌──────────────────┐      ┌──────────────┐
              │  Kontrolliertheit│      │ Spontaneität │
              └──────────────────┘      └──────────────┘
```

| Norm-orientierung | Ordnungs-streben | Zuverlässigkeit | Arbeits-orientierung | Zukunfts-/Vernunft-orientierung | Sparsamkeit | Ausgelassen-heit | Erlebnishunger | Hedonismus |

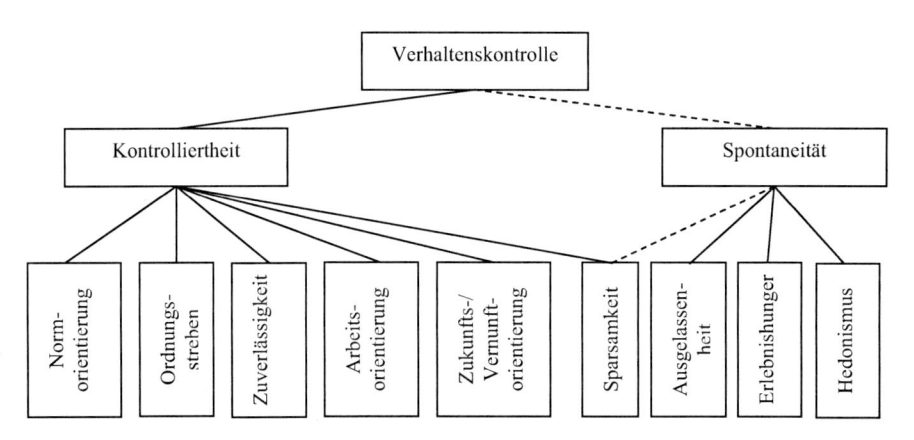

Abbildung 4-2: Hierarchisches Strukturmodell für Verhaltenskontrolle nach Becker (1995, S. 40). Negative Zusammenhänge sind gestrichelt dargestellt.

Binnenstruktur Verhaltenskontrolle. Verhaltenskontrolle ist von Becker (1995, S. 168ff.) theoriegebunden als die Fähigkeit definiert worden, besonnen, vorausschauend und normorientiert zu handeln. Ihr liegt die in Abbildung 4-2 dargestellte hierarchische Binnenstruktur zugrunde. Die entsprechende Kurzcharakterisierung von Personen mit hohen bzw. niedrigen Werten der einzelnen untergeordneten Persönlichkeitskonstrukte kann dem Anhang B entnommen werden. Es ergeben sich signifikante Zusammenhänge mit den Big-Five-Faktoren Extraversion (r=-46), Offenheit für Erfahrung (r=-45) und Gewissenhaftigkeit (r=.59). Insofern ist Verhaltenskontrolle in geringem Umfang mit Introversion verwandt, erfasst jedoch darüber hinaus noch andere Facetten der Persönlichkeit, so dass eine Verwechslungsgefahr mit einem der Big-Five Faktoren ausgeschlossen ist (Becker, 2000). Verhaltenskontrolliertheit und Spontaneität repräsentieren zwei für den Organismus gleichermaßen wichtige und unverzichtbare Prinzipen: Stabilität (Assimilation) und Veränderung (Akkomodation). Während Stabilität dem individuellen und gesellschaftlichen Bedürfnis nach Orientierung, Sicherheit und Kontrollierbarkeit Rechnung trägt, sind Veränderungen funktional für das (Grund)Bedürfnis nach Exploration und Selbstaktualisierung.

So sind Verhaltenskontrollierte eher sozialen Normen und Werten verpflichtet, ihre Ziele sind eher an langfristigen Konsequenzen ausgerichtet, weniger spontan wechselnd und ihre Lebensgestaltung ist weniger an hedonistischen Aspekten orientiert (Becker,

1995, S. 185). Ferner sind sie häufiger rationalen als erfahrungsbezogenen Selbstmodi im Sinne kognitiver Zweiprozessmodelle von Impulsivität und Reflexion verbunden (vgl. Epstein, 1990; Strack & Deutsch, 2004). Für das Konstrukt der Verhaltenskontrolle liegen vermittelnde Auswirkungen auf die Bewältigungskompetenz im Vulnerabilitäts-Stress-Modell (vgl. Kap. 4.1.1) ebenfalls unmittelbar nahe.

```
                    Starke Verhaltenskontrolle
                              |
     Soziale Anpassung   \    |    /   Gehemmtheit
                          \   |   /
                           \  |  /
Hohe seelische Gesundheit ——— * ———  Geringe seelische Gesundheit
                           /  |  \
                          /   |   \
      Selbstaktualisierung /  |  \  Zügellosigkeit
                              |
                    Geringe Verhaltenskontrolle
```

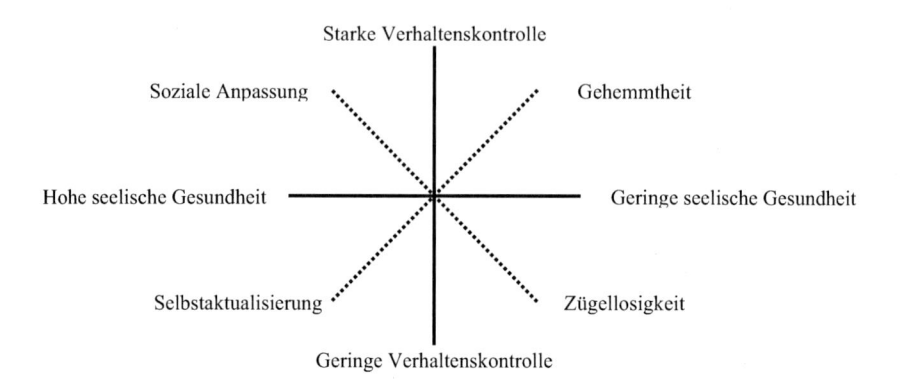

Abbildung 4-3: Circumplex- bzw. Oktantenmodell der Persönlichkeit basierend auf den orthogonalen Superfaktoren Seelische Gesundheit und Verhaltenskontrolle sowie zwei rotierten Faktoren in den Diagonalen nach (Becker, 1995, S. 51).

Circumplexstruktur der Superfaktoren. Aufgrund der weitgehenden Unabhängigkeit der beiden Superfaktoren lässt sich durch Rotation der Achsen im faktorenanalytischen Raum um 45 Grad ein als Circumplexstruktur interpretierbares Oktantenmodell (vgl. Abbildung 4-3) erstellen. Den jeweiligen Oktanten lassen sich prototypische Eigenschaften zuordnen, die in Kasten 4-2 aufgelistet sind.

- *Starke Verhaltenskontrolle* – Kontrolliertheit, Sicherheitsbestreben, Besonnenheit, Vernunftsorientierung, Normorientierung, Pflichtbewusstsein, Zuverlässigkeit, Ordnungsliebe, Prinzipientreue, Sparsamkeit, Konservatismus, Unterordnung, *Verträglichkeit*
- *Gehemmtheit* – Zurückhaltung, Ungeselligkeit, *Introversion*, Kühle, Unterwürfigkeit, Passivität, Selbstunsicherheit, Anger In
- *Geringe seelische Gesundheit* – geringe Bewältigungskompetenz, körperlich-seelisches Missbefinden, *Emotionale Labilität*, Abhängigkeit, Selbstzentrierung, Pessimismus, Misstrauen
- *Zügellosigkeit* – Untersozialisiertheit, Aggressivität, Erregbarkeit, Anger Out, geringe Empathie, Gewissenlosigkeit, geringe Anstrengungsbereitschaft, geringer Belohnungsaufschub, Verlogenheit

- *Geringe Verhaltenskontrolle* – Spontaneität, Erlebnishunger, Hedonismus, Sensation-Seeking, Veränderungsbereitschaft, Risikofreude, Radikalismus, Egoismus, Dominanz, Exhibitionismus
- *Selbstaktualisierung* – Expansivität, Geselligkeit, Unternehmensfreude, Ausgelassenheit, positive Emotionen, *Extraversion*, *Offenheit für Erfahrung*, Improvisationsfreude, Stärke der Erregung, Mobilität
- *Hohe seelische Gesundheit* – hohe Bewältigungskompetenz, Tenazität, Flexibilität, körperlich-seelisches Wohlbefinden, Sinnerfülltheit, Selbstvergessenheit, Hohes Selbstwertgefühl, Autonomie, Liebesfähigkeit
- *Soziale Anpassung* – Wohlangepasstheit, *Gewissenhaftigkeit*, Leistungsorientierung, Arbeitsorientierung, hoher Belohnungsaufschub, Empathie, Ehrlichkeit, Anger Control

Kasten 4-2: Prototypische Klassifikation der einzelnen Oktanten des Circumplexmodells Seelischer Gesundheit und Verhaltenskontrolle auf der Ebene von Persönlichkeitseigenschaften nach Becker (1995, S. 51). Kursiv dargestellte Eigenschaften gehören zu den Big-Five.

Bisher sind die beiden Superfaktoren Seelische Gesundheit und Verhaltenskontrolle als zwei einzelne varianzstarke Persönlichkeitskonstrukte beschrieben worden. Unter gleichzeitiger Betrachtung der beiden unabhängigen Dimensionen kann man zusammenfassend

den seelisch gesunden Menschen als jemanden betrachten, dem seine Balance zwischen Stabilität und Veränderung (seiner Werte und Ziele, seines Selbst- und Umweltmodells usw.) gelingt. Die höchsten Ausprägungen seelischer Gesundheit werden in der Tat von Personen mit mittleren Werten in der Verhaltenskontrolldimension erreicht. Je mehr Person sich von der Mitte in Richtung auf extreme Verhaltenskontrolle oder extreme Spontaneität entfernt, desto unwahrscheinlicher wird es, daß sie sehr hohe Werte in seelischer Gesundheit aufweist, *denn ihre Verhaltensweisen werden zunehmend einseitiger und damit weniger adaptiv* (Becker, 1995, S. 185; Hervorhebung durch den Verfasser).

Der Circumplexstruktur entsprechend lassen sich vier Kombinationen hoher und niedriger Werte auf beiden Dimensionen bilden, denen Becker (1995) spezifische Dispositionen zuschreibt (vgl. Tabelle 4-1). Dabei unterscheidet Becker in

a) einem System erworbener Sollwerte die Ziele und Werte einer Person in Annäherungs- und Vermeidungsziele sowie die Dimension der Bezogenheit auf soziale vs. individuelle Normen und Werte (ebd, S. 115ff.);
b) einem System angeborener Bedürfnisse aufgrund psychologischer Bedürfnishierarchien und im Hinblick auf die Foki Selbst und Umwelt (ebd., S. 87ff.).;
c) einem System kognitiver Strukturen und Operationen nach Selbst- und Umweltmodellen, assimilativen vs. akkomodativen Prozessen sowie Innen- und Außenorientierung (ebd, S. 140ff.).

Tabelle 4-1: Prototypische Klassifikation der Extremkombinationen von Seelischer Gesundheit und Verhaltenskontrolle auf systemtheoretischer Ebene nach Becker (1995, S. 219).

Oktant des Circumplexmodells	Leistungsfähigkeit des Gesamtsystems zur Bewältigung interner und externer Anforderungen	Dominante Ziele und Werte	Dominante Bedürfnisse	Dominanter kognitiver Stil
Soziale Anpassung	Hohe Leistungs-, Liebes- und Arbeitsfähigkeit; Vertrauen	Beachtung sozialer Normen, Orientierung an Fernzielen, (Annäherungsziele/Gebote)	Orientierung, Sicherheit, Achtung, Aufschub physiolog. Bedürfnisse	Realistische Selbst- und Umweltmodelle, assimilative Prozesse, Innenorientierung
Selbstaktualisierung	Hohe Leistungs-, Liebes- und Arbeitsfähigkeit; Expansivität	Geringe Beachtung sozialer Normen, Orientierung am Hier-und-Jetzt sowie an Annäherungszielen	Selbstaktualisierung, Exploration, Bindung	Realistische Selbst- und Umweltmodelle, akkomodative Prozesse, Außenorientierung
Gehemmtheit	Leistungs-, Liebes- und Arbeitsfähigkeit gering; schwache Expansivität und wenig Vertrauen	Beachtung sozialer Normen, irrationale Überzeugungen, Orientierung an Vermeidungszielen und Geboten	Orientierung, Sicherheit, Achtung, Aufschub physiolog. Bedürfnisse, geringes Bedürfnis nach Selbstaktualisierung und Bindung	Unrealistische Selbst- und Umweltmodelle, assimilative Prozesse, Innenorientierung
Zügellosigkeit	Leistungs-, Liebes- und Arbeitsfähigkeit gering; wenig Vertrauen	Defizitäres System sozialer Werte und Normen, Orientierung am Hier-und-Jetzt sowie an kurzfristigen Annäherungszielen	Physiolog. Bedürfnisse, Exploration, starkes unbefriedigtes Bedürfnis nach Achtung, geringe Bedürfnisse nach Orientierung und Sicherheit und Bindung	Unrealistische Selbst- und Umweltmodelle, akkomodative Prozesse, Außenorientierung

Klinische Phänomene, Circumplexstruktur und Schuldfähigkeit. Becker (1995; vgl. Abbildung 4-4) berichtet über eine Reanalyse von vorliegenden primär klinisch orientierten Selbstbeschreibungen der Erlebens- und Verhaltensauffälligkeiten Persönlichkeitsgestörter mit einem Datensatz von Livesley, Jackson & Schroeder (1992). So gelang es Becker, anhand dieser Selbsteinschätzungen die beiden Superfaktoren Seelische Gesundheit und Verhaltenskontrolle zu replizieren und in die daraus resultierende Circumplexstruktur einzuordnen. Eine genauere Betrachtung der dort verorteten Erlebens- und Verhaltensbesonderheiten Persönlichkeitsgestörter zeigt, dass sich Personen mit hoher Seelischer Gesundheit unabhängig von der Verhaltenskontrolle sozial-adaptive und funktionale Strategien zuschreiben, während Individuen mit geringerer Seelischer

Gesundheit für sich maladaptive Bewältigungsstrategien annehmen. Besonders interessant ist in der Gruppe geringer Seelischer Gesundheit die Tatsache, dass Gehemmte (hoch Verhaltenskontrollierte) eher ängstlich-depressive Eigenschaften aufweisen im Vergleich zum impulsiv-feindseligen Stil der Zügellosen (niedrig Verhaltenskontrollierte).

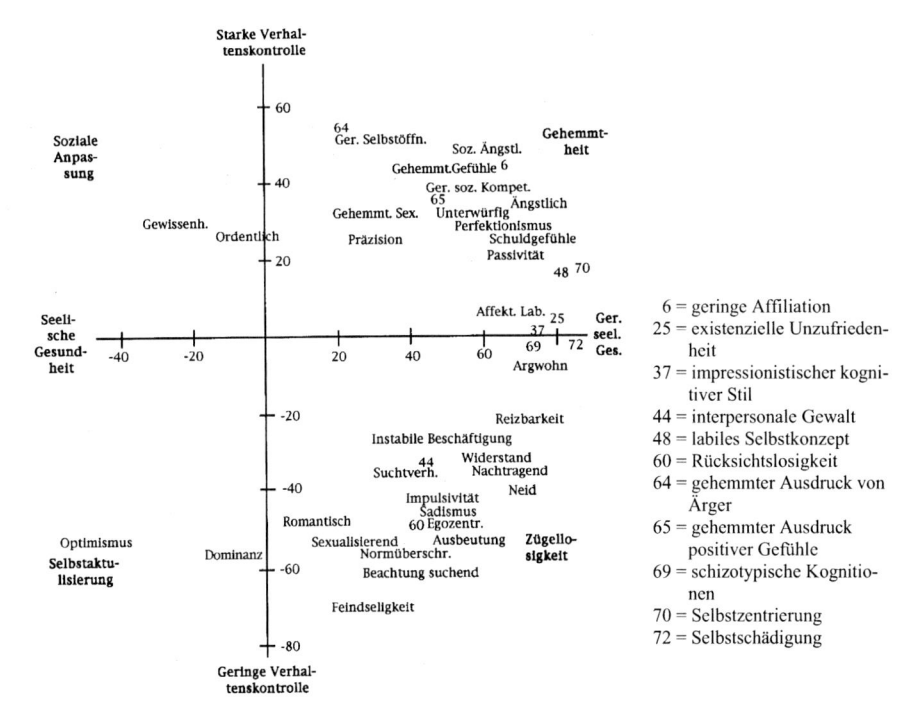

Abbildung 4-4: Selbstberichtete Erlebens- und Verhaltensweisen Persönlichkeitsgestörter im Circumplex von Seelischer Gesundheit und Verhaltenskontrolle (Abb. aus Becker, 1995, S. 343; Abdruck erfolgt mit Genehmigung des Verlags).

Aus forensischer Sicht ist von hoher Relevanz der gehemmten und zügellosen Prototypen für die Frage einer Dekulpation bei SASA auszugehen, lassen sich doch beide in der Literatur als sog. Über- und Unterkontrollierte wiederfinden (vgl. Megargee, 1966; Greene, Coles & Johnson, 1994; Nedopil, 1996; Davey, Day & Howells, 2005). Erstere neigen dazu, lediglich in Situationen, die ihre chronisch hemmenden Bewältigungsmöglichkeiten überfordern, forensisch auffällig zu werden, zweitere sind gekennzeichnet durch chronisch mangelnde Impulskontrolle und erhöhte Aggressivität. Beide Merkmalskombinationen sind prinzipiell dazu geeignet, im Einzelfall verminderte Schuldfähigkeit zu rechtfertigen. Gestützt wird diese Beobachtung durch einen Vergleich mit den Kasten 4-2 in dargestellten Persönlichkeitseigenschaften, die den einzelnen Oktanten in der Circumplexstruktur zugeordnet sind, sowie den theoretisch zugeordneten Dispositionen der Extremkombinationen beider Superfaktoren aus Tabelle 4-1.

Hieraus lassen sich systematische Zusammenhänge mit der Schuldfähigkeit ableiten: Je eher sich Individuen in der linken Hälfte des Circumplex (vgl. Abbildung 4-3) einordnen lassen (höhere Seelische Gesundheit), desto stärker überwiegen aus forensischer Sicht protektive Faktoren – hohe Bewältigungskompetenz bei vorhandenem sozialen Bezug sowie gelingende Realitätsprüfung durch realistische Selbst- und Umweltmodelle. Je weiter rechts sich Personen verorten lassen (geringere Seelische Gesundheit), desto eher kommen forensische Risikofaktoren zu tragen – geringe Bewältigungskompetenzen, Bindungslosigkeit, mangelnde Realitätsprüfung aufgrund unrealistischer Selbst- und Umweltmodelle. Hieraus lässt sich die forensische Relevanz der Dimension Seelische Gesundheit ableiten. Je höher dieser Faktor ausgeprägt ist, umso eher ist von Schuldfähigkeit auszugehen.

Die Positionierung in der oberen oder unteren Hälfte entlang der Dimension Verhaltenskontrolle hingegen erlaubt aus theoretischer Sicht keine forensisch relevanten Schlussfolgerungen. Sowohl im unter- als auch im überkontrollierten Bereich lassen sich Schuldfähige (sozial Angepasste, Selbstaktualisierende) und vermindert Schuldfähige (Gehemmte, Zügellose) vermuten. Hieraus ergibt sich die untergeordnete Rolle der Dimension Verhaltenskontrolle für die Fragestellung der Schuldfähigkeit, da deren forensische Relevanz eher in Extremausprägungen in beiden Richtungen in Abhängigkeit vom Persönlichkeitsfaktor Seelische Gesundheit zu sehen ist. So scheinen am ehesten noch die mittleren Bereiche der Verhaltenskontrolle sozial-adaptive Verhaltensweisen zu ermöglichen (vgl. Abbildung 4-4). Dies entspricht der Hypothese der notwendigen Balancefindung zwischen Aktivierung und Hemmung, Stabilität und Veränderung (vgl. Carver, 2005) für eine salutogene Persönlichkeitsentwicklung.

Damit ergeben sich aus makrotheoretischer Betrachtung zusammenfassend folgende Hypothesen für den Zusammenhang von allgemeinen persönlichkeitspsychologischen Dispositionen und Schuldfähigkeit:

a) Es ist ein direkter Zusammenhang des Persönlichkeitsfaktors *Seelische Gesundheit* als Fähigkeit zur Bewältigung externer und interner (psychischer) Anforderungen mit der Schuldfähigkeit zu vermuten.
b) Für den Faktor *Verhaltenskontrolle* hingegen ist für den forensischen Kontext aufgrund der Eigenschaft, dass dieser in Abhängigkeit von den zu Verfügung stehenden Bewältigungsmechanismen zu sowohl sozial-adaptiven als auch dysfunktionalen Erlebens- und Verhaltensweisen prädisponiert, kein linearer Zusammenhang mit der Schuldfähigkeit zu erwarten. Vor dem Hintergrund, dass sich eine gewisse Flexibilität der Verhaltenskontrolle funktional auf die Bewältigung auswirkt, ist möglicherweise ein umgekehrt u-förmiger Zusammenhang festzustellen, bei dem Schuldfähigkeit eher mit mittleren Ausprägungen von Verhaltenskontrolle assoziiert ist.

Rahmentheoretische Einbindung. Mit der hypothetischen Verortung schuldfähigkeitsrelevanter Fertigkeiten und Defizite in der durch die beiden persönlichkeitspsychologischen Superfaktoren Seelische Gesundheit und Verhaltenskontrolle gebildeten Circumplexstruktur, ist bei Bestätigung der Annahmen eine Anbindung an ein empirisch basiertes Persönlichkeitsmodell mit entsprechendem Theoriehintergrund zu erreichen. Dies bringt zwei wichtige Vorteile mit sich:

a) Es liegt eine persönlichkeitspsychologische Rahmenkonzeption vor, die das gesamte Spektrum für die Schuldfähigkeit bedeutsamer Phänomene durch die Verbindung sowohl saluto- als auch pathogenetischer Faktoren abzudecken in der Lage ist (vgl. Fiedler, 1999, S. 328). Eine einseitige Fokussierung auf die Pathopsychologie der Persönlichkeitsentwicklung wird dem Konstrukt der SASA nicht gerecht (vgl. Kap. 3.1).
b) Im Sinne eines theoriegeleiteten Vorgehens wird es möglich, die Makroebene schuldfähigkeitsrelevanter Erlebens- und Verhaltensweisen, in eine für den Sachverständigen in der Begutachtungssituation handhabbare Heuristik zu überführen. Dies geschieht über die deduktive Ausdifferenzierung der durch die Superfaktoren umschriebenen Konstrukte.

Damit dieser Zusammenhang vom Sachverständigen praktisch verwertet werden kann, muss er auf mikrotheoretischer Ebene den rechtlichen Anforderungen einer individuellen Würdigung der Täterpersönlichkeit und des biographischen Werdegangs vor dem Hintergrund der Tatsituation genügen (vgl. die Mindeststandards der Schuldfähigkeitsbegutachtung in Kap. 2.3 und 3.3). Dazu ist ein ausreichend feiner Auflösungsgrad konkret beobacht- und operationalisierbarer Phänomene zu wählen, der der Heterogenität strafrechtlicher Handlungen gerecht wird. Diese Ausdifferenzierung schuldfähigkeitsrelevanter psychischer Fähigkeiten auf der konkret zu begutachtenden Mikroebene wird in den Kap. 4.2 und 4.3 ausführlich dargelegt.

Dabei ist es sinnvoll, in Anlehnung an die Konzeption von Tathandeln als Interaktionsprozess von Täterpersönlichkeit und Tatsituation (vgl. Kap. 4.3), eine Unterscheidung in ein zwei-axiales System vorzunehmen (vgl. Kasten 4-3), das als eine Ordnungsheuristik für die vielfältigen Verhaltensphänomene fungieren kann, die für die Schweregradbestimmung von SASA potentiell herangezogen werden (vgl. Kap. 3.2 und 3.3). Diese zwei-axiale Ordnungsheuristik lässt sich problemlos in die Rahmenbedingungen des Vulnerabilitäts-Stress-Modells übersetzen. Die trait-Orientierung der Achse I - Situationsübergreifende Erlebens- und Verhaltensdispositionen entspricht durch ihre Erfassung lerngeschichtlich angelegter prädisponierender Bedingungen den Vulnerabilitätsfaktoren in der diachronen Betrachtungsweise des Rahmenmodells. Sie ermöglicht die Abbildung der von der Rechtsprechung (Boetticher et al., 2005) für die Schweregradbestimmung geforderten Einschränkungen des alltäglichen Handlungsvermögens auch außerhalb des Delinquenzverhaltens (vgl. Kap. 2.3) und dient der Erfassung tatförderlicher oder hinderlicher Bedingungen (vgl. Scholz & Schmidt, 2008, vgl. Kap. 6.3).

- *Achse I – Situationsübergreifende Erlebens- und Verhaltensdispositionen* zur Erfassung persönlichkeitsbeschreibender Merkmale im Sinne einer trait-Perspektive
- *Achse II – Tatbezogene Erlebens- und Verhaltensweisen* zur Erfassung der subjektiven Sichtweise situationaler Gegebenheiten im Sinne einer state-Perspektive

Kasten 4-3: Zwei-axiale Ordnungsheuristik der Schuldfähigkeitsbegutachtung bei sog. schwerer anderer seelischer Abartigkeit.

Die Achse II – Tatbezogene Erlebens- und Verhaltensweisen hingegen erlaubt durch ihre state-Konzeption notwendiger Belastungsfaktoren anhand unterschiedlicher Stressoren (interpersonelle Konflikte, ungünstige psychosoziale Rahmenbedingungen, situational wirksame Verhaltenskontingenzen), die Erklärung der aktuellen, situativ bedingten Verhaltensvariabilität (vgl. Andrews & Bonta, 1998). Sie erfasst die primär für Auswirkungen auf die Steuerungsfähigkeit relevanten Aspekte des Tathandelns (vgl. Kap. 3.3) und dient der Beschreibung tatauslösender und aufrechterhaltender Bedingungen (vgl. Scholz & Schmidt, 2008, vgl. Kap. 6.3).

Die Stärke dieser zwei-axialen Ausdifferenzierung liegt darin, dass sie die Übertragung der aus dem Vulnerabilitäts-Stress-Modell und den Persönlichkeitsfaktoren Seelische Gesundheit und Verhaltenskontrolle abgeleiteten Zusammenhänge auf die rechtlichen Rahmenbedingungen der Schuldfähigkeitsbegutachtung erlaubt. Ferner ist diese allgemeine Rahmentheorie offen für sämtliche biopsychosozialen Einflussfaktoren, die sich schulenübergreifend darin integrieren und für die Schuldfähigkeitsbegutachtung nutzbar machen lassen. Schließlich erfolgt an dieser Stelle der Übergang von der abstrakten Makroebene der protektiven und Risikofaktoren der Schuldfähigkeitsfrage auf die Mikroebene von konkreten Einschränkungen und Fertigkeiten, deren Beschreibung und vergleichende Abschätzung die sachverständige Aufgabe der Schuldfähigkeitsbegutachtung im engeren Sinne darstellt.

4.2 Mikroebene der Schuldfähigkeitsbegutachtung – Situationsübergreifende Erlebens- und Verhaltensdispositionen der ersten Schuldfähigkeitsachse

In Kapitel 3 ist wiederholt auf die Bedeutung von Bewältigungsmechanismen für die Schuldfähigkeitsbegutachtung hingewiesen worden. Im vorhergehenden Unterkapitel ging es in Erweiterung dessen darum, die fundamentale Bedeutung der Fähigkeiten einer Persönlichkeit zur Bewältigung interner und externer Anforderungen für die Schuldfähigkeitsbegutachtung aus sowohl saluto- als auch pathogenetischer Sicht zu unterstreichen. Dies wurde anhand der Persönlichkeitsfaktoren Seelische Gesundheit und Verhaltenskontrolle auf der abstrakten Makroebene einer Rahmentheorie erläutert.

Um einen weiteren Konkretisierungsschritt in Richtung auf beobacht- und operationalisierbare gutachterliche Kriterien der Schweregradbestimmung bei SASA zu leisten, wird in Kap. 4.2 der Fokus auf die dafür zu erfassenden Problemlösungs- und Emotionsregulationsmechanismen gelegt. Diese machen den Hauptteil der über die erste Schuldfähigkeitsachse erfassten Schweregradindikatoren aus. Ferner wird in einem weiteren Unterkapitel auf die Bedeutung dissozialer Erlebens- und Verhaltensweisen eingegangen, welche als eine für die Schuldfähigkeitsbegutachtung gesondert zu beachtende Persönlichkeitsdisposition betrachtet werden (vgl. Kap. 2.2.1 und Kap. 3.3.1). Ziel dabei ist, die in die Untersuchung eingehenden Konstrukte zu erläutern, in ihrem Zusammenhang zu forensisch relevanten Störungen und Auffälligkeiten darzustellen, sowie deren Bedeutung für die Schuldfähigkeitsfrage aufzuzeigen. Die genaue Auflistung der unter die einzelnen Achsen subsumierten Schuldfähigkeitsindikatoren erfolgt schließlich in Kap. 5.3.1.1, die entsprechenden Operationalisierungen sind dem Anhang A zu entnehmen.

4.2.1 Problemlösen, Emotionsregulation, Abwehrmechanismen und Schuldfähigkeit

In der Copingforschung unterscheidet man *problemlösende* (instrumentelle) von *emotionsregulierenden* (palliativen) Bewältigungsformen (Lauth & Naumann, 2005), die einsetzen, wenn Anforderungen die Reaktionskapazität an die Grenzen führen oder übersteigen (vgl. Lazarus & Folkman, 1984). Erstere haben ein besseres Verständnis oder die Veränderung des belastenden Ereignisses zum Ziel und sind vor allem in kontrollierbaren Situationen sinnvoll, wohingegen sich letztere auf die Stabilisierung und die Selbstberuhigung des Individuums konzentrieren, was insbesondere in Situationen ohne Einflussmöglichkeiten funktional ist. Innerhalb beider Gruppen bewältigenden Verhaltens lassen sich vier Bewältigungsarten unterscheiden, mittels deren Belastungserleben reduziert werden kann: *Informationssuche, direktes Handeln, Unterlassen von Handlungen* und *intrapsychische Bewältigung* (vgl. Krohne, 1997). Ferner lässt sich hinsichtlich *annähernder* und *vermeidender Strategien* unterscheiden (Weber, 1997). Annähernde Bewältigungsmechanismen versuchen durch die Suche nach bedrohungsrelevanten Informationen zumindest kognitive Kontrolle über die Belastungssituation zu erzielen. Dazu zählen beispielsweise Informationssuche, Antizipation, Erinnerung und Abgleich mit negativen Erfahrungen. Vermeidendes Vorgehen stellt den Versuch dar mittels z.B. Ablenkung, Verleugnung und (Über)betonung der eigenen Kompetenz, belastenden Hinweisen zu entgehen. Als dritte Gruppe bewältigender Verhaltensweisen lassen sich auf implizit-automatischer Ebene die sog. Abwehrmechanismen (s.u.) betrachten.

Problemlösen. Das Lösen von Problemen und die Bewältigung von Konflikten erfordert eine adäquate Verarbeitung relevanter Informationen. Dafür sind primär explizite kognitive Operationen (Denkakte) wie Bewertungen, Schlussfolgerungen und regelgeleitete Abstraktionen unverzichtbar. Für Problemlösungen sind folgende Grundprozesse notwendig (Lauth & Naumann, 2005, S. 52):

a) Aufbau einer internen Repräsentation der Umwelt als Abbild des aktuellen Problems (Problemraum)
b) Individuelle Interpretations- und Selektionsprozesse, die die Bildung des Problemraums beeinflussen (Problemrepräsentation)
c) Änderungsmöglichkeiten (Operatoren), die mit der subjektiven Problemrepräsentation in Verbindung gebracht werden
d) Lösungswege, anhand derer zielgerichtete Änderungen gesucht werden (Suchraum, Lösungsraum)

Dieser iterativ zu durchlaufende Prozess kann durch Denkstörungen nachhaltig in der logischen Verarbeitung von Informationen beeinträchtigt werden. Für die Schuldfähigkeitsbegutachtung bei SASA dürften dabei kognitive Basisstörungen, sowie formale und inhaltliche Denkstörungen eine untergeordnete Rolle spielen, da diese eher unter dem Eingangsmerkmal der krankhaften seelischen Störung zu erwarten sind (vgl. Kap. 2.2.1). Vielmehr ist das Ausmaß systemsteuernder und –kontrollierender Aktivitäten (Analysetätigkeiten, Rückgriff auf Erfahrungen), metakognitiver Vermittlung (Selbstanweisungen, innere Dialoge), realistischer Konzeptbildung (Kategorisierung von Umweltereignissen) und ausreichender kognitiver Strukturierung (Ambiguitätstoleranz) ein wichtiger Moderator adaptiver Problemlösungen (vgl. Lauth, 1998). Mangelnde Denkvoraussetzungen und ein ungünstiger kognitiver Stil im Sinne dysfunktionaler habitueller Wahrnehmungs- und Bewertungsheuristiken wirken sich negativ auf das Problemlösevermögen aus (vgl. Tabelle 4-2). Störungen beim Problemlösevermögen können so auf mehreren Ebenen entstehen (Lauth & Naumann, 2005):

a) *Unzureichendes Problemverstehen.* Tritt vor allem bei komplexen, alltagsbezogenen und sozialen Problemen auf, die zumeist offen und mehrdeutig sind. Die Erzeugung eines geeigneten Problemraums erfordert ein aktives Bemühen. Personen mit psychischen Störungen neigen jedoch zu unkontrollierten Schlussfolgerungen, mangelnder Informationsverarbeitung und störungsspezifischen Urteilstendenzen (vgl. Pretzer & Beck, 2005, S. 50ff.).
b) *Defizite im Wissensaufbau und der Wissensnutzung.* Für die Erkennung und Ableitung von Lösungsmöglichkeiten ist lösungsrelevantes Vorwissen unabdingbar. Ist dies unzureichend (mangelnde Vorerfahrungen) oder die Nutzung aufgrund großer emotionaler Belastung mangelhaft, so führt dies schnell zu einer Beeinträchtigung von Problemlösungen (vgl. Dinger-Broda & Speight, 2000).
c) *Mangelnde Handlungskompetenz.* Nachdem verschiedene Lösungen entwickelt und hinsichtlich ihrer Folgen analysiert wurden, ist eine davon auszuwählen und flexibel und rückmeldungsgesteuert auszuführen. Psychisch gestörte Individuen haben diesbezüglich oft Fertigkeitsdefizite (z.B. schwach ausgeprägte soziale Kompetenzen, vgl. Ellgring, 1998) oder sie antizipieren unrealistische Auswirkungen auf Beteiligte, was zu einem situationsunangemessenen Lösungsversuch führt (vgl. Pretzer & Beck, 2005).

d) *Negative Problemwahrnehmung/unzureichende Emotionsregulation.* Dysfunktionale Situations- und Selbstwahrnehmungen wie unterstellte Feindseligkeit, Selbstbeschuldigung und geringe Selbstwirksamkeitserwartungen erschweren aufgrund daraus resultierender negativer Emotionalität die Bestimmung der Ausgangssituation und die Bildung einer Zielhierarchie. Dies trägt zu impulsiven und maladaptiven Lösungsversuchen bei (vgl. Ellgring, 1998; Dinger-Broda & Speight, 2000).

Tabelle 4-2: Häufige dysfunktionale Kognitionsstile (vom Autor übersetzt nach Pretzer & Beck, 2005, S. 55).

Dichotomes Denken – Eine Sichtweise von Erlebnisinhalten in sich gegenseitig ausschließenden Kategorien, die keinerlei Zwischenstufen beinhalten.
Übergeneralisierung – Ein bestimmtes Ereignis als charakteristisch für das Leben im Ganzen zu betrachten, statt dies als ein Ereignis unter vielen zu bewerten.
Selektive Abstraktion – Unter Auschluß anderer relevanter Situationsaspekte auf einen einzelnen Aspekt komplexer Situationen fokussieren.
Disqualifikation des Positiven – Positive Erlebnisse entwerten, die einer negativen Sichtweise entgegen stünden.
Gedankenlesen – Die Annahme, zu wissen, was der andere denkt, oder wie er reagieren wird, ohne eine hinreichende Erfahrungsgrundlage dafür zu besitzen.
Zukunft vorhersagen – Auf zukünftig antizipierte Ereignisse reagieren, als ob diese gegebene Tatsachen wären, anstelle diese als Befürchtungen, Hoffnungen oder Vorhersagen anzuerkennen.
Katastrophisieren – Tatsächliche oder antizipierte negative Ereignisse als unaushaltbar und nicht tolerierbar bewerten, statt diese perspektivisch in Relation zu anderen Dingen zu setzen.
Maximieren/Minimieren – Bestimmte situationale Anteile, persönliche Charakteristika oder Erlebnisse als trivial und andere als sehr wichtig einschätzen, unabhängig von ihrer tatsächlichen Bedeutung.
Gefühlsbezogenes Schlußfolgern – Die Annahme, dass eigene emotionale Reaktionen notwendigerweise die tatsächliche Situation widerspiegeln.
Solltetyranneien – Die Anwendung von „sollte" und „müsste" als Vorschriften in Situationen, die dies nicht unbedingt nahelegen, um sich zu motivieren oder Kontrolle über das eigene Verhalten zu erlangen.
Labeling – Verhaltensweisen mit einem globalen Label versehen, statt diese als singuläre Vorgänge oder Handlungen zu betrachten.
Personalisierung – Die Annahme, man selbst sei die Ursache für ein spezielles externes Ereignis, obwohl tatsächlich andere Faktoren dafür verantwortlich sein könnten.

Emotionsregulation. Emotionsregulation ist mehr als die unmittelbar nahe liegende Abschwächung unangenehmer Gefühle. Gross & Thompson (2007) unterscheiden fünf verschiedene Prozesse, wie Emotionen moduliert werden können:

a) Auswahl erwünschter Situationen
b) Modifikation unerwünschter Situationen
c) Aufmerksamkeitslenkung
d) Kognitive Umbewertung
e) Einflussnahme auf Reaktionen

Diese Modulation kann in antezedenzfokussierte (Regulation erfolgt vor der vollen Aktivierung der emotionalen Antwort) oder reaktionsfokussierte (Regulation erfolgt nach Erleben der emotionalen Reaktion) Regulationsstrategien unterschieden werden (Gross, 1998). Störungen in der Regulation des emotionalen Haushalts sind hauptsächlich durch die Interaktion situationaler Bedingungen (belastende Lebenssitutaion, unmittelbare Stressoren) mit Persönlichkeitsdispositionen (neurohormonale Stoffwechselunterschiede, kognitive Strukturen) vermittelt (Pekrun, 1998). Dabei entwickeln sich Emotionsregulationsstörungen auf verschiedenen Ebenen (Weber, 1997):

a) *Dysfunktionale intrapsychische Emotionsregulation.* Wahrnehmung und Interpretation emotionsauslösender Situationen, die aufgrund subjektiver Zuschreibungen das Entstehen negativer Emotionen begünstigt und diese als unerträglich erscheinen lässt. Aufgrund der Erwartung mangelnder Bewältigungskompetenz wird an dysfunktionalen Konstruktionen der Situation festgehalten, was zu negativen Aufschaukelungsprozessen führt (vgl. Pekrun, 1998).

b) *Dysfunktionale aktionale Emotionsregulation.* Überwiegen von Lageorientierung (vgl. Kuhl, 1994a, s.u.), unpassendes Annäherungs- oder Vermeidungsverhalten, Unfähigkeit zur Ablenkung, Vermeidung sozialer Unterstützung, Unfähigkeit zur Entspannung sowie Rückgriff auf psychoaktive Substanzen zur extern gesteuerten Emotionsregulierung (vgl. Kraiker & Pekrun, 1998).

c) *Dysfunktionale expressive Emotionsregulation.* Diese umfasst ein Zuviel oder Zuwenig an offenem Ausdruck der eigenen Gefühle durch Versuche, diese direkt zu kontrollieren oder zu unterdrücken (vgl. Wegner, Erber, & Zanakos, 1993).

Effizienz. Für die Schuldfähigkeitsbegutachtung sind von den potentiell vielfältigen Effizienzkriterien vor allem die psychische Befindlichkeit und soziale Folgen im Sinne der Sozialverträglichkeit von besonderem Interesse, wenn es um die Erfassung funktional-adaptiver vs. dysfunktional-inflexibler Bewältigungsmechanismen geht. Grundsätzlich ist kein Bewältigungsstil palliativer oder instrumenteller Art an sich zielführend und effizient, da sinnvolles Coping unmittelbar zielabhängig ist und nicht situationsunspezifisch betrachtet werden kann. Trotzdem haben sich in der Forschung immer wieder bestimmte habituell und inflexibel eingesetzte Copingstile als maladaptiv und Risikofaktoren herausgestellt.

Ein problemlöseorientierter, von optimistischer Grundhaltung getragener Bewältigungsstil, der es erlaubt negative Emotionen auszublenden oder zumindest kontrollierbar zu halten, wird von den meisten Autoren einem passiv-resignativem, vermeidenden und emotionszentrierten Copingstil als überlegen betrachtet. In einer Reihe von Studien ließ sich die Ineffizienz von Resignation, eskapistischen Strategien, aggressivem Ausagieren, Selbstbeschuldigungen und –abwertungen nachweisen (vgl. Weber, 1997).

So konnten Bijttebier & Vertommen (1999) zeigen, dass sich Persönlichkeitsgestörte von ungestörten Kontrollen primär durch einen Mangel an sozialer Unterstützungssuche sowie stark vermeidendem Bewältigungsverhalten unterscheiden lassen. Vollrath, Alnaes & Torgerson (1994, 1995) fanden ebenfalls, das Persönlichkeitsgestörte selten aktiv-problemlösendes Coping verwenden oder nach sozialer Unterstützung suchen. Sie konnten dessen prognostische Bedeutung für den Störungsverlauf prospektiv belegen. Watson & Sinha (2000) und Watson (2001) weisen starke Zusammenhänge zwischen vermeidenden und selbstbeschuldigenden Bewältigungsstilen mit Persönlichkeitsstörungen nach. Sie zeigen darüber hinaus stark negative Korrelationen mit sozialer Unterstützungssuche, positiver Umbewertung und planend-aktivem Coping. Ein ähnliches Copingverhalten setzen auch Sexualstraftäter ein, u.a. wird sexuelle Aktivität hier als Vermeidungsmechanismus eingesetzt (Serran & Marshall, 2006). Parker et al. (2004) konnten faktorenanalytisch Persönlichkeitsstörungen anhand der durch sie verursachten Beeinträchtigungen auf den zwei Superfaktoren Coping und Kooperativität klassifizieren. Schließlich beruhen moderne psychotherapeutische Konzeptionen zunehmend auf habituellen maladaptiven Bewältigungsstilen als Kernmerkmal dieser Störungsgruppe (Fiedler, 2001a; Fydrich, 2001; Sachse, 2004; Horowitz & Wilson, 2005; Pincus, 2005).

Auch für den Bereich emotionsregulativer Bewältigungsstile im engeren Sinne lässt sich die klinische Bedeutung empirisch belegen. So spielt eine ungünstige Emotionsregulation in der Literatur eine große Rolle als Risikofaktor für die Entwicklung diverser Störungsbilder (Shipman, Schneider & Brown, 2004; Kring & Werner, 2005), insbesondere internalisierender und externalisierender Störungen (Gamefski, Kraaij & van Etten, 2005; Petermann, 2005). Dabei stellen sich chronisch und inflexibel angewandte reaktionsfokussierte Bewältigungsmechanismen wie z.B. Gedankenunterdrückung insbesondere in Belastungssituationen als besonders dysfunktional heraus (Wenzlaff & Wegner, 2000). Antezedenzfokussierte Strategien wie z.B. Umbewertung sind mit vergleichsweise geringeren physiologischen, kognitiven und sozialen Einschränkungen verbunden (Gross, 2002). Generell scheint selbstregulierende Emotionsbewältigung (Selbstintegration) selbstkontrollierendem Coping (Selbstdisziplinierung) überlegen zu sein (vgl. Forstmeier & Rüddel, 2005).

In forensischer Hinsicht sind vor dem Hintergrund der besonderen Stellung Dissozialer Persönlichkeitsstörungen im Kontext der Schuldfähigkeitsbegutachtung bei SASA (vgl. Kap. 4.2.2) die auf bildgebenden Untersuchungsansätzen beruhenden neurobiologischen Befunde (vgl. Herpertz & Habermeyer, 2004; Müller, Schwerdtner, Sommer & Hajak, 2005) zu Störungen der Emotionsregulation bei dieser Gruppe von Interesse. Ebenso können vor allem inflexible Ärgerregulationsmechanismen – egal ob defizitär oder exzessiv – zu schweren Gewalttaten führen (vgl. Davey, Day & Howells, 2005). Auch für Sexualstraftäter sind entsprechende Emotionsregulationsdefizite beschrieben (Serran & Marshall, 2006). Der delinquenzbegünstigende Einfluss, der sich aus dem Zusammenspiel eingeschränkter emotionsregulativer und problemlösender Fähigkeiten bei der Genese von Straftaten ergibt, wird ausführlich bei Fischer (2005) und Antonowicz & Ross (2005) dargestellt. So konnten Hanson & Bussière (1998) belegen, dass nicht dass Ausmaß an erlebtem Stress Rückfälle bei Sexualverbrechern prognostiziert, sondern vielmehr die Copingmechanismen, die zur Regulation dieser Stressbelastung eingesetzt werden.

Lage- und Handlungsorientierung. Ein weiteres Konstrukt, dass in Zusammenhang mit Copingmechanismen gebracht werden kann (vgl. Herrmann & Wortman, 1985; Bossong, 1999) ist das der Lage- und Handlungsorientierung, wie es von Kuhl (1994a; 2001) beschrieben wird und mittels der HAKEMP-90 (Kuhl, 1994b) erfasst werden kann. Demnach sind Personen, deren Handlungsabsichten so ausgebildet sind, dass sie a) den angestrebten zukünftigen Zustand, b) den zu verändernden aktuellen Zustand, c) die zu überwindende Diskrepanz zwischen Soll- und Istzustand und d) die dafür instrumentelle Handlung umfassend repräsentieren können, als handlungsorientiert zu bezeichnen. Die Ähnlichkeit zu den grundlegenden Problemlöseprozessen (s.o.) werden unmittelbar ersichtlich. Handlungsorientierung ist mit aktivem und erfolgreichem Problemlösen assoziiert (Kuhl, 1994a).

Ist eine der vier genannten Komponenten der Handlungskontrolle nicht gegeben, kann eine Handlung nicht ausgeführt werden und die Handlungsabsicht bleibt bestehen. Dies bindet die Aufmerksamkeit einer Person, was für die Planung und Durchführung weiterer zielführender Aktivitäten hinderlich ist. Misserfolge werden wahrscheinlicher, je eher die Gedanken darum kreisen, wie unangenehm der jetzige Zustand ist, und wie günstig ein Erfolg gewesen wäre. Dies verhindert die zielführende Auseinandersetzung damit, was zu einem Erfolg noch fehlt, und wie dies umzusetzen wäre. Personen, die dazu neigen, solchen Gedanken nachzugeben, werden von Kuhl als lageorientiert bezeichnet. Statt um lösungsbezogene Aspekte kreisen ihre Gedanken um jetzige und mitunter auch vergangene oder künftige Umstände (Lagen). Die Ähnlichkeit mit Emotionsbewältigungsmechanismen (s.o.) liegt auf der Hand.

Typische Verhaltensweisen Lageorientierter sind Aufschieben, Entfremdung von Zielentschlüssen, Hilflosigkeit, Unentschiedenheit, Überidentifizierung mit Aufgaben, lückenhafte Informationsverarbeitung und Depressivität (Kuhl, 1994a). Lageorientierung ist mit klinisch-auffälligen Erlebens- und Verhaltensweisen einschließlich emotionaler Instabilität (Neurotizismus) assoziiert, insbesondere mit depressiven und ängstlichen Symptomen (Hautzinger, 1994). Insofern ist es nicht schwer, eine Bedeutsamkeit für die Schuldfähigkeitsfrage zu postulieren – exzessive Lageorientierung ist bei den Gehemmten, übertriebene Handlungsorientierung für die Zügellosen in der Circumplexstruktur von Seelischer Gesundheit und Verhaltenskontrolle anzunehmen (vgl. Abbildung 4-4).

Abwehrmechanismen. In Ergänzung zu den bisher beschriebenen primär bewusst zugänglichen expliziten Bewältigungsstrategien gibt es eine reichhaltige Forschungstradition, die sich mit potentiell unbewussten, nicht willensgesteuerten impliziten[11] Co-

---

[11] Vor dem Hintergrund, dass der Beschäftigung mit dem sog. „Unbewussten" mitunter der Geruch des Unwissenschaftlichen anhaftet, sei an dieser Stelle auf die empirisch belegbare Bedeutung impliziter Informationsverarbeitungsprozesse für die klinische und differentielle Psychologie verwiesen (vgl. Scholz, 1997; Grawe, 2004; Banse & Greenwald, 2007).

pingstrategien beschäftigt – den sog. Abwehrmechanismen (vgl. Perrez et al., 1998; Hilsenroth, Callahan & Eudell, 2003). Unter diesen werden automatische psychologische Prozesse verstanden, die Individuen vor Angst und dem Bewusstwerden innerer oder äußerer Gefahren oder Belastungsfaktoren schützen. Sie vermitteln in impliziter, dem Bewusstsein einer Person nicht direkt zugänglicher Weise, die Reaktion einer Person auf emotionale Konflikte sowie innere und äußere Belastungsfaktoren[12] (vgl. Saß et al., 2003, S. 882). Auf die Ähnlichkeit der Definition zum Persönlichkeitsfaktor Seelische Gesundheit (vgl. Kap. 4.1.2) sei hier nur kurz verwiesen.

Es werden konzeptuell und empirisch miteinander verwandte individuelle Abwehrmechanismen unterschieden, die verschiedenen Funktionsniveaus entlang einer Dimension von Reife (Integration) vs. Unreife (Desintegration) zugeordnet werden können (vgl. Perry et al., 1998; Perry & Hoglend, 1998, Arbeitskreis OPD, 2001, Hilsenroth et al., 2003). Mit abnehmender Reife (bzw. Realitätsorientierung) der Abwehrmechanismen verliert eine Person die Fähigkeit zur sozial-adaptiven Umsetzung ihrer Bedürfnisse sowie entsprechender Bewältigung von Konflikten und Problemen. Die Abwehrmechanismen werden im DSM-IV-TR in der für die weitere Forschung vorgeschlagenen Skala zur Erfassung der Abwehrmechanismen und Copingstile zusammengefasst (vgl. Kasten 4-4).

Empirisch lassen sich für das allgemeine Abwehrfunktionsniveau negative Zusammenhänge zeigen mit allgemeinen psychischen Symptomen sowie DSM-Achse I und Achse II-Symptomatiken und psychosozialen Problemen (Achse IV) (Perry et al., 1998). Es ist positiv assoziiert mit dem allgemeinen Funktionsniveau (Achse V). Maffei et al. (1995) differenzierten anhand unreifer Abwehrmechanismen zwischen verschiedenen Anpassungsniveaus in einer nichtklinischen Stichprobe. Lingiardi et al. (1999) konnten anhand der Abwehrniveaus Cluster-B Persönlichkeitsstörungen von gesunden Kontrollen differenzieren. In forensischer Hinsicht ist die Arbeit von Kraus et al. (2004) bemerkenswert. Den Autoren gelang es mit dem auf ähnlicher Konzeption beruhendem Inventory of Personality Organsiation (Lenzenweger, Clarkin, Kernberg & Foelsch, 2001) Sexualdelinquenten mit und ohne Persönlichkeitsstörungen voneinander zu unterscheiden. Schließlich belegten Scholz & Schmidt (2003) den Nutzen verschiedener Abwehrniveaus für die Schuldfähigkeitsbegutachtung bei SASA.

---

[12] Dies lässt sich auch aus der schulenunabhängigen Theorieperspektive der Allgemeinen Psychotherapie (vgl. Grawe, 2005) formulieren: Aus konsistenztheoretischer Sicht ist das Erleben psychischer Inkonsistenzen (=Unvereinbarkeit gleichzeitig ablaufender neuronaler/psychischer Prozesse) mit stark negativer Emotionalität verbunden. Das Streben nach Konsistenz zur Beendigung dessen findet dabei überwiegend unbewusst statt (impliziter Funktionsmodus) und durchzieht das gesamte psychische System als pervasives Regulationsprinzip, nach dem sich neuronale Erregungsmuster herausbilden. Reduzieren neu auftretende Erregungsmuster Inkonsistenz, bahnen sie sich neuronal besonders gut und steigern über negative Verstärkung die Auftretenswahrscheinlichkeit korrespondierenden Verhaltens (=Abwehrmechanismus, vgl. Kap. 4.3.1).

Die *Skala zur Erfassung der Abwehrmechanismen und Copingstile* unterscheidet folgende sieben Abwehrniveaus samt zugehöriger Abwehrmechanismen:
- *Hochadaptives Niveau* – führt zu optimaler Adaptation im Umgang mit Belastungsfaktoren. Abwehrmechanismen stehen im Dienste der Maximierung von Befriedigung und eines bewussten Umgangs mit Gefühlen, Gedanken und ihren Konsequenzen. Sie tragen zu einem optimalen Gleichgewicht zwischen widerstreitenden Beweggründen bei (Abwehrmechanismen: Affiliation, Altruismus, Antizipation, Humor, Selbstbehauptung, Selbstbeobachtung, Sublimation, Unterdrückung).
- *Niveau mit psychischen Hemmungen* – grenzt potentiell bedrohliche Gedanken, Gefühle, Erinnerungen, Wünsche oder Ängste aus dem Bewusstsein aus (Abwehrmechanismen: Affektisolation, Dissoziation, Intellektualisierung, Reaktionsbildung, Ungeschehenmachen, Verdrängung, Verschiebung).
- *Niveau mit leichter Vorstellungsverzerrung* – Verzerrungen des Selbst- und Körperbildes oder anderer Vorstellungen, die zur Selbstwertregulierung beitragen können (Abwehrmechanismen: Entwertung, Idealisierung, Omnipotenz).
- *Verleugnungs-Niveau* – unangenehme oder unannehmbare Belastungsfaktoren, Impulse, Vorstellungen, Affekte oder Verantwortung werden außerhalb des Bewusstseins gehalten. Dies kann mit oder ohne Fehlattribution auf äußere Ursachen einhergehen (Abwehrmechanismen: Projektion, Rationalisierung, Verleugnung).
- *Niveau mit schwerer Vorstellungsverzerrung* – grobe Verzerrung oder Fehlattribution des Selbstbildes oder des Bildes von anderen (Abwehrmechanismen: Autistische Phantasie, Projektive Identifikation, Spaltung des Selbst- und Fremdbilds).
- *Handlungsniveau* – innere und äußere Belastungsfaktoren werden durch Handeln oder Rückzug zu bewältigen versucht (Abwehrmechanismen: Apathischer Rückzug, Ausagieren, Hilfe-zurückweisendes Klagen, Passive Aggression).
- *Niveau mit Abwehr-Dysregulation* – Versagen der Abwehr-Regulation, die der Eindämmung von Reaktionen auf Belastungsfaktoren dient. Führt zu einem ausgesprochenem Bruch mit der Realität (Abwehrmechanismen: Psychotische Leugnung, Psychotische Verzerrung, Wahnhafte Projektion).

Kasten 4-4: Skala zur Erfassung von Abwehrmechanismen und Copingstilen aus dem Forschungsanhang des DSM-IV-TR (Saß et al., 2003, S. 882). Die einzelnen Abwehrmechanismen werden dort erläutert (ebd., S. 886ff.).

Bedeutung für die Schuldfähigkeitsfrage. Da Problemlöse- und Emotionsregulationsstörungen eng mit der Entwicklung und Aufrechterhaltung psychischer Störungen verknüpft sind (vgl. die Ausführungen zum Vulnerabilitäts-Stress-Modell in Kap. 4.1.1), können diese zusammenfassend auch als Kerndimension psychischer Auffälligkeit betrachtet werden – je nachhaltiger Problemlöse- und Emotionsregulationskompetenzen sowie Abwehrmechanismen beeinträchtigt sind, desto schwerer ist die Beeinträchtigung und/oder die psychische Störung einer Person einzustufen (vgl. Perrez et al, 1998). Hieraus lässt sich auch die Bedeutsamkeit für die Schuldfähigkeitsbegutachtung ableiten: Mit fortschreitender Einschränkung der Bewältigungsmöglichkeiten eines Individuums sowie steigender Lageorientierung sinkt die individuelle Ansprechbarkeit durch soziale Normen, überwiegen idiosynkratische (bis zu delinquente) Bewältigungsversuche und steigt das interpersonelle Problemniveau, was vor dem Hintergrund der in Kap. 3 angeführten Merkmale mit einer steigenden Wahrscheinlichkeit für eine Dekulpation einhergeht. So konnten Scholz & Schmidt (2003) erstmals sowohl die Bedeutung und Nützlichkeit bewältigungsbezogener Schuldfähigkeitsmerkmale im engeren Sinne für die Schuldfähigkeitsbegutachtung bei SASA empirisch belegen.

4.2.1.1 Die Struktur-Achse der Operationalisierten Psychodynamischen Diagnostik OPD

Nachdem im Kap. 4.2.1 die Rolle expliziter und impliziter Bewältigungsmechanismen für die Schuldfähigkeitsbegutachtung bei SASA dargestellt worden sind, geht es im Folgenden um einen Operationalisierungsansatz, der es erlaubt, viele der beschriebenen Kompetenzen auf verschiedenen Funktionsniveaus zu erfassen und hinsichtlich ihrer Funktionalität zu klassifizieren. Zur Erhebung der für die Einschätzung von SASA als wichtig herausgestellten Fähigkeiten zur Emotionsregulation und zum Konfliktmanagement sowie der insbesondere bei Persönlichkeitsgestörten bedeutsamen Selbst- und Fremdbilder in der Interaktion mit Dritten (vgl. Beck, Freeman et al., 1999; Fydrich, 2001) kann die Struktur-Achse der Operationalisierten Psychodynamischen Diagnostik OPD (Arbeitskreis OPD, 2001) als Einschätzungshilfe herangezogen werden.

Im Bemühen um den Anschluss an eine operationale Diagnostik, welcher gerade im gutachterlichen Kontext eine bedeutsame Rolle zukommt (vgl. Hoff, 2001), hat der Arbeitskreis OPD ein mittlerweile mehrfach überarbeitetes Klassifikationssystem publiziert. Analog zum DSM-IV-TR werden darin Erlebens- und Verhaltensauffälligkeiten multiaxial klassifiziert. Wie dem Manual zu entnehmen ist, verfolgt die vorgeschlagene Operationalisierung einen von verschiedenen tiefenpsychologischen Schulen unabhängigen Ansatz und verzichtet gleichzeitig soweit als möglich darauf, tradierte psychoanalytische Begriffe zu verwenden. Die Operationalisierung erfolgt möglichst *beobachtungsnah* und die Datenerhebung ist als mehrphasiges semistrukturiertes Interview konzipiert.

Struktur-Achse der OPD. Die Struktur-Achse der OPD erfasst Qualitäten bzw. Insuffizienzen psychischer (Bewältigungs)Strukturen. Hierzu ist die Struktur-Achse in sechs Dimensionen unterteilt worden (vgl. Tabelle 4-3), auf denen beobachtbare Funktionen zugrundeliegender Strukturen abgebildet werden. Diese sind als Fähigkeiten formuliert. Die einzelnen Dimensionen sind nicht als disjunkt zu betrachten, da sie strukturelle Fähigkeiten jeweils aus verschieden Perspektiven von Ich-Umweltzusammenhängen abbilden sollen.

Tabelle 4-3: Die sechs Dimensionen der Struktur-Achse der Operationalisierten Psychodynamischen Diagnostik OPD (Arbeitsgruppe OPD, 2001, S. 73f.).

Dimension	Kurzbeschreibung der Fähigkeiten
Selbstwahrnehmung	Fähigkeit, sich selbst zu reflektieren (Selbstreflexion) und dadurch ein Selbstbild zu gewinnen (was voraussetzt, sicher zwischen Selbst und Objekten differenzieren zu können); Fähigkeit, das Selbstbild hinsichtlich seiner psychosexuellen und sozialen Aspekte kohärent und über die Zeit konstant zu halten (Identität); Fähigkeit, innerseelische Vorgänge, vor allem deren affektive Seite, differenzieren zu können (Introspektion).
Selbststeuerung	Fähigkeit, sich selbst zu organisieren, so dass das Selbst als Urheber kompetenten Handelns erlebt werden kann; die Fähigkeit, mit seinen Bedürfnissen und Affekten steuernd und integrierend umzugehen, Belastungen auszuhalten und Gleichgewichte wieder herzustellen. Von besonderer Bedeutung ist die Fähigkeit, das Selbstwertgefühl auf realitätsgerechtem Niveau zu errichten und seine Schwankungen regulieren zu können.
Abwehr	Fähigkeit, sich bestimmter Mittel (Abwehrmechanismen, vgl. Kap. 4.2.1) zu bedienen, um das seelische Gleichgewicht in inneren und äußeren Belastungs- und Konfliktsituationen aufrechtzuerhalten oder wiederherzustellen.
Objektwahrnehmung	Fähigkeit, zwischen innerer und äußerer Realität zu unterscheiden und infolgedessen die äußeren Objekte als ganzheitliche Personen, mit eigenen Absichten und Rechten und mit ihren Widersprüchen wahrzunehmen und sich ihnen empathisch nähern zu können.
Kommunikation	Fähigkeit, sich emotional auf andere auszurichten, sich ihnen anzunähern, sich ihnen mitzuteilen, und die affektiven Signale der anderen zu verstehen.
Bindung	Fähigkeit, innere Repräsentanzen des Gegenübers zu errichten (Objektinternalisierung) und längerfristig affektiv zu besetzen (Objektkonstanz); Fähigkeit, zwischen Bindung und Lösung wechseln zu können (Fähigkeit zu Abschied und Trauer), Fähigkeit zum Schutz der Bindung, Regeln für die Interaktion mit wichtigen anderen zu entwickeln.

In der einzelfallbezogenen Anwendung sind die jeweiligen Dimensionen zuerst einzeln einzuschätzen, bevor ein zusammenfassender Durchschnittswert aus den sechs strukturellen Dimensionen als Gesamtrating für die Struktur-Achse gebildet wird. Diese Einschätzungen werden als klinisches Urteil anhand einer vierfach abgestuften Skala vorgenommen, die zwischen gutem, mäßigem, geringem und desintegriertem Integrationsniveau differenziert. Dabei werden im Manual (vgl. Arbeitsgruppe OPD, 2001) sowohl die allgemeinen Charakteristika für die Gesamteinschätzung als auch die unterschiedlichen Integrationsniveaus für die einzelnen strukturellen Beurteilungsdimensionen in operationaliserter Form wiedergegeben, was die Handhabung erleichtert. Die Einschätzungen basieren auf den biografisch berichteten zwischenmenschlichen Prozessen als auch den in der diagnostischen Situation inszenierten Interaktionen. Den Anforderungen der retrospektiven Begutachtung der Schuldfähigkeit zum Tatzeitpunkt (vgl. Kap. 2.2) kommt entgegen, dass vom Manual gefordert wird, die Urteilsbildung nicht notwendigerweise an der aktuellen Störungssymptomatik sondern hauptsächlich an der basalen strukturellen Bereitschaft, wie sie im Handeln des Probanden während der letzten ein bis zwei Jahre – also in der Regel auch zum Tatzeitpunkt – sichtbar geworden ist. Hierdurch lässt sich an die vom Gesetzgeber geforderte Einschätzung der über die

Straftat hinausgehenden Beeinträchtigungen anknüpfen (Boetticher et al., 2005; Kap. 3.3).

Psychometrische Kennwerte. Es ist sowohl von Konstrukt- als auch Kriteriumsvalidität der OPD Struktur-Achse auszugehen (Cierpka et al., 2001; Spitzer, Michels, Siebel, & Freyberger, 2002a & b; Schneider, 2004; Mestel, Klingelhoefer, Dahlbender & Schüssler, 2004). So lassen sich Zusammenhänge zwischen Gesamtstrukturniveau und klinischen Parametern wie Persönlichkeitsstörungs- und Suchtdiagnosen, Suizidalität und selbstverletzendem Verhalten finden. Patientengruppen mit und ohne Persönlichkeitsstörungen können anhand der Struktur-Achse signifikant voneinander unterschieden werden (Grütering & Schauenburg, 2000). Rudolf, Grande, Oberpracht & Jakobsen (1996) belegen befriedigend bis gute Beurteilerübereinstimmungen im Bereich von .49 bis .90 für die einzelnen Dimensionen der Struktur-Achse. Als Hinweis für die Eignung zur Schweregradeinschätzung einer Störung lässt sich die Korrelation von r=-.38 zwischen Dauer einer psychischen Erkrankung und dem Gesamtrating der Struktur-Achse interpretieren (Rudolf et al., 1996).

Bedeutung für die Schuldfähigkeitsfrage. Zusammenfassend lässt sich die Bedeutung der Struktur-Achse der OPD für diese Untersuchung wie folgt darstellen: Anhand entsprechender Operationalisierungen lassen sich vermittelnde Fähigkeiten des Bewältigungsverhaltens (vgl. Rudolf & Grande, 2002) auf sechs Dimensionen (vgl. Tabelle 4-3) unterschiedlich funktionalen Integrationsniveaus zuordnen, die den Schweregrad beeinträchtigter Erlebens- und Verhaltensweisen widerspiegeln. Es existieren empirische Belege, die deren Nutzen für die Schuldfähigkeitsbegutachtung bei SASA nahelegen. So fanden Scholz & Schmidt (2003) signifikante Unterschiede zwischen vermindert Schuldfähigen und Schuldfähigen bei SASA für die Schuldfähigkeitskategorien *(Selbst)Reflexionsfähigkeit & Identität, Problemlösen – Copingverhalten – Abwehrmechanismen* und *Affektdifferenzierung & Schwingungsfähigkeit,* die u.a. durch Fähigkeiten der einzelnen Dimensionen der Struktur-Achse der OPD definiert worden waren.

4.2.2 Dissozialität und Schuldfähigkeit

Kriminelles Verhalten ist aufgrund seines sozial destruktiven Charakters gesellschaftlich-normativ unerwünscht. Deswegen wird jemand der gestört hat, bestraft. Psychische Störungen werden (nicht nur) aufgrund ihres beeinträchtigenden Wesens als den somatischen Krankheiten verwandt betrachtet (vgl. Vollmoeller, 2001). Eine Person, die gestört ist, wird deswegen (unter günstigen Umständen) behandelt. Was passiert in Fällen, in denen beide Gruppen sich überlappen? Im unproblematischen Fall, wenn sich das normabweichende Verhalten klar auf eine psychische Störung zurückführen lässt – jemand hat gestört, weil er gestört ist – greifen die §§ 20, 21 StGB und die Schuldfähigkeit ist gemindert oder aufgehoben, was zu entsprechenden Rechtsfolgen führen kann (Maßregeln der Besserung und Sicherung, vgl. Kap. 2.2.2). Wie ist das Vorgehen jedoch bei Fällen, in denen sozialabweichendes Verhalten selbst zum Symptom einer psychischen Störung erklärt worden ist und somit tautologischen (Pseudo)Erklärungsansätzen Tür und Tor geöffnet worden ist – jemand der als gestört betrachtet wird, weil er gestört hat?

Die Tendenz zur Verquickung von sozialer Devianz im Sinne einer nicht pathologischen aber störenden Verhaltensweise und sich insbesondere im Sozialverhalten abbildenden psychischen Störungen (Interaktionsstörungen) besitzt eine lange Tradition und hält bis in die Gegenwart an (vgl. Scholz & Schmidt, 2003, S. 51). Sie führt in der neueren kriminalpolitischen Entwicklung zu einer aus psychowissenschaftlicher Sicht bedenklichen Tendenz, Gefährlichkeit mit psychischer Gestörtheit gleichzusetzen (vgl. Nedopil, 2000b), was in Folge insbesondere Fragen der Möglichkeiten und Grenzen psychotherapeutischer Behandelbarkeit berührt (vgl. Schwarze & Schmidt, 2008). So werden bei den Persönlichkeitsstörungen postulierte klinische Entitäten mit sozial bewertenden, pejorativen Tendenzen vermengt. Eine Vielzahl weiterer klinischer Syndrome der operationalisierten Diagnosesysteme ICD-10 und DSM-IV-TR wie die Impulskontrollstörungen, Paraphilien[13] und Anpassungsstörungen sind u.a. direkt mit unangepasst-dissozialen und krimininellen Verhaltensweisen assoziiert. Hierbei stellt insbesondere die Antisoziale Persönlichkeitsstörung mit der starken Betonung behavioraler Dissozialität im DSM-IV-TR ein Paradebeispiel für die Vermengung von Devianz und psychischer Störung dar (vgl. Kröber, 2001b).

Sozial-regelwidrige vs. störungsbezogene Devianz. Wie bereits angedeutet, lassen sich dissoziale Erlebens- und Verhaltensweisen in grober Annäherung in einerseits sozial-regelwidriges und störungsbezogenes Verhalten andererseits unterteilen. Eine heuristische Konzeptualisierung, die die möglichen Zusammenhänge zwischen normabweichendem Verhalten als reines Devianzphänomen und psychopathologisch beschreibbaren Störungsphänomenen darzustellen versucht, ist die sog. Differentialtypologie der Persönlichkeitsstörungen nach Saß & Jünemann (2000), die sich problemlos auf den gesamten Bereich der SASA-relevanten psychischen Störungen ausdehnen lässt (vgl. Kap. 3.1; Abbildung 4-5).

Sozial-regelwidriges Verhalten stellt die normalpsychologische Variante der Dissozialität dar. Hierunter ist normabweichendes Verhalten zu fassen, wie es bei einer Vielzahl von Individuen auftritt, die aus unterschiedlichsten Motiven soziale Regeln nicht einhalten. Dazu zählt beispielsweise das Verhalten männlicher Jugendlicher, die in der Adoleszens gehäuft Normverstöße begehen, wie auch Berufskriminelle, Mitglieder von Subkulturen, gesellschaftliche Aussteiger oder ausschließlich politisch motivierte Straftäter und Anhänger extremer Sekten bei denen keinerlei psychische Störung diagnostiziert werden kann. In diesem Sinne kann von einem reinen Delinquenzphänomen gesprochen werden.

---

[13] Zum Problem der gesellschaftlichen Definitionsgrenzen paraphiler Merkmale wie „Abweichung", „psychischer Störung" und „Delinquenz" vgl. Fiedler (2001b).

Persönlichkeits- und/oder andere psychische Störungen

Potentiell störungsbezogenes dissoziales Verhalten

Sozial-regelwidriges Verhalten

Psychopathy

Anti- / Dissoziale Persönlichkeitsstörung

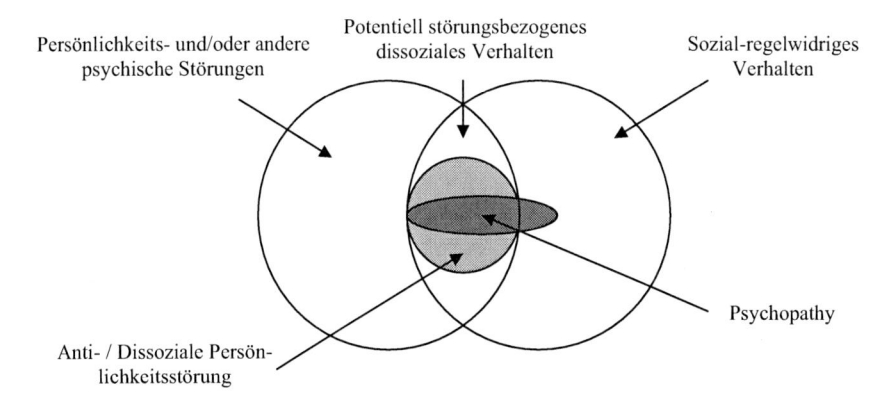

Abbildung 4-5: Dissoziales Verhalten im Kontinuum sozial-regelwidriger Devianz und psychischer Störungssymptomatik in Anlehnung an Saß & Jünemann (2000).

Psychopathologisch auffälliges Verhalten ist durch den Bereich der psychischen Störungen des ICD-10 oder DSM-IV-TR abgedeckt. Unproblematisch ist aus forensischer Sicht der Bereich, in dem der symptomatische Schwerpunkt auf übersituativen Beeinträchtigungen zwischenmenschlicher Interaktionen und beruflicher Leistungsfähigkeit sowie den Auswirkungen auf das Wohlbefinden der Betroffenen liegt, da dieser kein aktiv sozial-deviantes und störendes Verhalten zur Folge hat. Demgegenüber ist die forensisch hoch relevante Gruppe in der Schnittmenge psychischer Störungen und sozialer Devianz oftmals mit besonderen Problemen in der Schuldfähigkeitsbegutachtung verbunden. Hierbei ist die Feststellung, ob die delinquenten Verhaltensauffälligkeiten auf eine psychische Störung zurückzuführen sind (d.h. ob von störungsbezogenem Devianzverhalten gesprochen werden kann), das zentrale diagnostische Problem des Gutachters. Das gleichzeitige Auftreten psychischer Störungssymptome und dissozialer Verhaltensweisen erschwert diese Kausalitätsprüfung, die im zweiten Schritt der Schuldfähigkeitsbegutachtung zu beurteilen ist (vgl. Kap. 2.2.2). Prinzipiell sind im Rahmen der Schuldfähigkeitsbegutachtung De- oder Exkulpationen für diese Gruppe denkbar.

Besonders schwierig wird die Überprüfung der Auswirkungen festgestellter psychischer Störungen, wenn es sich dabei um verfestigte dissoziale Erlebens- und Verhaltensweisen einer Anti- bzw. Dissozialen Persönlichkeitsstörung handelt. Diese stellen per definitionem eine spezielle Subgruppe störungsbezogener dissozialer Phänomene dar, da die in Frage kommenden Verhaltensweisen bereits in der Definition der diagnostischen Kriterien auftauchen und sich dadurch die Gefahr tautologischer Argumentationsfiguren potenziert. Eine besonders hartnäckige und dauerhaft gefährliche Kerngruppe machen dabei die Individuen aus, denen das Persönlichkeitskonstrukt der Psychopathy[14] (Hare, 1991) zugeschrieben werden kann.

4.2.2.1 Das Persönlichkeitskonstrukt der Psychopathy nach Hare

Das Persönlichkeitskonstrukt der Psychopathy bezieht sich auf eine umschriebene Konstellation (vgl. Tabelle 4-4) von affektiven, interpersonellen und behavioralen Erlebens- und Verhaltensweisen wie Egozentrizität, Impulsivität, Verantwortungslosigkeit, oberflächlicher Emotionalität, Mangel an Schuldgefühlen und empathischen Fähigkeiten sowie pathologischem Lügen, manipulativem Auftreten und andauernden Verletzungen von sozialen Normen und Erwartungen (Hare, 1998).

Tabelle 4-4: Items und faktorieller Aufbau der PCL-R (Hare et al., 1990).

Faktor 1: Selbstsüchtiges, gefühl- und gewissenloses Verhalten (trait-orientiert)	Faktor 2: Chronisch instabiles und antisoziales Verhalten (verhaltenbasiert)
Schlagfertigkeit und oberflächlicher Charme	früh auftretende Verhaltensprobleme
seichter Affekt	Jugenddelinquenz
Gefühllosigkeit und Empathiemangel	Mangel an realistischen und langfristigen Zielen
grandios übersteigerter Selbstwert	parasitärer Lebensstil
keine Verantwortungsübernahme	Reizhunger und Neigung zu Langeweile
manipulatives und betrügerisches Verhalten	Verantwortungslosigkeit
pathologisches Lügen	geringe Verhaltenskontrolle
Mangel an Schuldgefühlen und Bedauern	Impulsivität
	Widerruf bedingter Entlassungen

Anmerkung: Die drei Items *polytrope Kriminalität, viele ehe- und eheähnliche Beziehungen* und *Promiskuität* laden auf beiden Faktoren ähnlich hoch.

Psychopathy Checklist – Revised. Die Operationalisierung erfolgt anhand der Psychopathy Checklist – Revised (PCL-R) von Hare (1991). Die PCL-R besteht aus 20 vom Untersucher zu bewertenden Persönlichkeitsmerkmalen, die eine zweifaktorielle Struktur bilden (Hare et al., 1990; Harpur et al., 1989, s. Tabelle 4-4). Es ist hierbei festzustellen, ob ein Merkmal nicht bestätigt werden kann (0), fraglich zutrifft (1) oder sicher vorhanden ist (2). Dabei ist ein Maximalscore von 40 Punkten erreichbar. Der Cut-Off-Wert für Psychopathy in nicht amerikanischen Populationen wird mit 25 angegeben (Cooke & Michie, 1997).

Der erste Faktor Selbstsüchtiges, gefühl- und gewissenloses Verhalten verkörpert den eher persönlichkeitsorientierten Ansatz der Diagnostik antisozialer Persönlichkeiten, der zweite Faktor Chronisch instabiles und antisoziales Verhalten den eher verhaltensbasierten Aspekt. Somit ist die PCL-R als ein Instrument zur Erhebung differentieller Korrelate dissozialer Verhaltens- und Erlebensweisen anzusehen (Lilienfeld et al.,

---

[14] Im weiteren Verlauf des Textes wird die englische Bezeichnung beibehalten, um eine Verwechslung mit dem Psychopathiebegriff, der im älteren deutschen psychowissenschaftlichem Sprachgebrauch zur Bezeichnung der Klasse der heutigen Persönlichkeitsstörungen verwendet wurde, zu vermeiden.

1997). Der persönlichkeitsorientierte Faktor Selbstsüchtiges, gefühl- und gewissenloses Verhalten der PCL-R ist nach Hare (1998) hauptsächlich mit narzisstischen und histrionischen Persönlichkeitsstörungen, einer pathologischen Verarbeitung von affektivem Reizmaterial, Machiavellismus sowie einem erhöhten Rückfall- und Gewalttätigkeitsrisiko assoziiert. Negative Zusammenhänge finden sich für Empathie und Ängstlichkeitsmaße. Für den verhaltensbasierten Faktor Chronisch instabiles und antisoziales Verhalten lassen sich positive Korrelationen mit Substanzmissbrauch finden. Schwächere Assoziationen zeigen sich für niedrigen sozioökonomischen Status, geringes Bildungsniveau und unterdurchschnittliche Intelligenz.

Mittlerweile existieren auch Belege dafür, dass der PCL-R eine dreifaktorielle Struktur zugrunde liegen könne (vgl. Cooke & Michie, 2001): a) arrogant-täuschender Interaktionsstil, b) defizitäres affektives Erleben sowie c) impulsive und verantwortungslose Verhaltensweisen. Dass die PCL-R auch ohne Interview anhand von Aktenmaterial mit entsprechender Zuverlässigkeit (.74 ≤ r_{it} ≤ .88) durchgeführt werden kann, belegen Wong (1988) und Grann et al. (1998). Die Anwendbarkeit auf deutsche Populationen lässt sich empirisch bestätigen (Hartmann, Hollweg & Nedopil, 2001).

4.2.2.2 Forensische Bewertung

Historisch überwiegt die juristisch-psychiatrische Konvention, Persönlichkeiten, die als dauerhaft delinquenter Subtypus sozial störender und unangepasster Individuen beschrieben werden, aus dem Bereich psychischer Störungen herauszudefinieren (vgl. Leygraf, 1992). In der Rechtsprechung spiegelt sich dies in den Urteilskommentaren des BGH wider, der feststellt dass „Willensschwäche oder sonstige Charaktermängel, die nicht Folge krankhafter Störung der Geistestätigkeit sind", die Annahme einer erheblich verminderten Schuldfähigkeit nicht rechtfertigen (BGH St 14, 30; vgl. Kap. 2.2.1). Dies bezieht sich primär auf die sog. antisozialen Syndrome (vgl. Herpertz & Saß, 1997a) der Dissozialen (ICD-10 F60.2) und Antisozialen Persönlichkeitsstörung (DSM-IV-TR 301.7) sowie des klassifikatorisch zu verstehenden Persönlichkeitskonstrukts der Psychopathy sensu Hare (1991, Kap. 4.2.2.1), die den größten Teil der Schnittmenge psychischer Störungen und sozial-regelwidrigen Verhaltens ausmachen (vgl. Abbildung 4-5).

Zusammenhang von Dissozialität und Schuldfähigkeit. Für einen (negativen) Zusammenhang von Dissozialität und Schuldfähigkeit spricht, die in der Praxis im Einklang mit Vorgaben des BGH (vgl. Theune, 2002) regelmäßig angewandte Heuristik, einer anti- bzw. dissozialen Persönlichkeitsstörung nicht das Ausmaß von SASA zuzumessen (vgl. z.B. Saß, 1992). Die diese Störung konstituierenden Erlebens- und Verhaltensweisen werden als Persönlichkeitseigenschaften betrachtet, für die ein Erwachsener selbst verantwortlich sei (Kröber, 2001b). Das mit diesen Störungen einhergehende, gegen soziale Konventionen und Normen verstoßende Verhaltensmuster wird somit der

Verantwortung des einzelnen zugeschrieben, da Fähigkeiten zu Auseinandersetzung und Anpassung durchaus bestünden (Saß, 1998). Hinsichtlich SASA wird von einer „dissozialen Charakterstruktur" als Negativmerkmal (vgl. Saß, 1987, Kap. 3.2.5 und 3.3.1) gesprochen, das als Hinweis gegen eine forensisch relevante Beeinträchtigung der Steuerungsfähigkeit gemäß §20 StGB gewertet wird. Die dissoziale Charakterstruktur kennzeichne dabei geringe Introspektionsfähigkeit, Empathiemangel, Gefühlskälte, Egozentrizität, überhöhtes Anspruchsniveau, paradoxe Anpassungserwartungen und Unter- bzw. Fehlbesetzung sozialer Normen wie auch mangelhafte selbstkritische Fähigkeiten. Dies sind alles Merkmale, die bei Psychopaths als Steigerungsform und Extremtypus dissozialer Persönlichkeiten ebenfalls auftreten. So lässt sich zeigen, dass die Mehrheit von mittels der PCL-R festgestellten Psychopaths gleichzeitig die Kriterien einer antisozialen Persönlichkeitsstörung erfüllt. Umgekehrt jedoch ist nur eine Minderheit dissozialer Persönlichkeiten als Psychopath zu klassifizieren (Hart & Hare, 1989).

Gegen einen systematischen Zusammenhang von Dissozialität und Schuldfähigkeit spricht die Heterogenität dissozialer Erlebens- und Verhaltensweise als Symptome diverser psychischer Störungen (vgl. z.B. Fehlenberg, 2000) und die hohe Komorbidität mit den anderen forensisch relevanten Cluster-B Persönlichkeitsstörungen (Schmidt et al., 2004). Diese Komorbiditätsproblematik stellt die zu Beginn dieses Kapitels dargestellte einfache Heuristik der Schuldfähigkeitszuschreibung bei dissozialen Persönlichkeiten, innerhalb derer Psychopaths eine Extremposition einnehmen, deutlich in Frage. Je nach Betonung bestimmter psychisch auffälliger Erlebens- und Verhaltensweisen, die sich vor dem Hintergrund überlappender Syndrome (vgl. Nedopil, Hollweg, Hartmann & Jaser, 1998) feststellen lassen, wird ein Gutachter zu unterschiedlichen Ergebnissen hinsichtlich der Schuldfähigkeitsfrage kommen. Eine starke Gewichtung dissozialer Verhaltensweisen legt Schuldfähigkeit nahe, das Hervorheben von Symptomen aus dem Kapitel F6 (Persönlichkeits- und Verhaltensstörungen) der ICD-10, insbesondere aus dem emotional-instabilen und impulskontrollgestörten Bereich, dementsprechend die verminderte Schuldfähigkeit (Schmidt et al., 2004). Die emotionalen und inhibitorischen Defizite insbesondere bei Psychopaths werden bei Herpertz & Habermeyer (2004) sowie Müller et al. (2005) überblicksartig beschrieben und verdeutlichen die anhaltende Diskussion um die strafrechtliche Verantwortlichkeit dissozialer Persönlichkeiten (vgl. Tabelle 4-5), da sie im Widerspruch zur Annahme von Eigenverantwortlichkeit (s.o.) zu stehen scheinen.

Zur Klärung der für die Schuldfähigkeitsbegutachtung wichtigen Frage der Auswirkungen dissozialer Erlebens- und Verhaltensweisen auf die Steuerungsfähigkeit ist die differenzierte verhaltensbezogene Beschreibung früher Verhaltensauffälligkeiten und impulsiver Reaktionsweisen unumgänglich. Insbesondere ist dabei festzuhalten, ob impulsive Handlungen in abrupt aufschießende Stimmungsschwankungen oder in ein explosibles Temperament eingebettet sind. Da Einschränkungen der Impulskontrolle auch für die antisoziale Persönlichkeitsstörung beschrieben werden, ist zusätzlich festzustellen, inwieweit unbedachte, unkontrollierte Verhaltensweisen gemeinsam mit leichter Erregbarkeit, erhöhter affektiver Ansprechbarkeit und/oder kurzweiligen Auslenkungen der Antriebs- und Stimmungslage, die sich in berichteten Spannungszuständen äußern, auftreten. Dies ist insbesondere außerhalb des Delinquenzbereiches als ein gewichtiger Hinweis auf zu diskutierende Einschränkungen der Schuldfähigkeit zu werten (Herpertz, 2001).

Tabelle 4-5: Neurobiologische Dysfunktionen bei Psychopaths und resultierende Folgen nach Herpertz & Habermeyer (2002, S. 79).

Dysfunktion	Folgen für Erleben und Verhalten
frontale Dysfunktion:	
Untererregung	Reizsuche
mangelnde Selbstkontrolle (kognitiv, motorisch)	enthemmtes Verhalten
mangelnde kognitive Flexibilität	mangelnde Verhaltensanpassung
fehlende Antizipation sozialer Verhaltenskonsequenzen	keine Angst vor Strafe, kein Wunsch nach sozialer Anerkennung
limbische Dysfunktion:	
Gefühlsarmut	mangelnde Empathie und emotionale Hemmung
verminderte konditionierte Angst	geringes Vermeidungsverhalten
Schwierigkeiten, emotionale Gesichtsausdrücke zu erkennen	Angst des Opfers induziert keine Aggressionshemmung

Lediglich aus den laborexperimentellen Defiziten lassen sich keine regelhaften Aussagen zur eingeschränkten Steuerungsfähigkeit ableiten (Müller et al., 2005). Um überhaupt von SASA sprechen zu können, müssen diese Einschränkungen über das zur Verhandlung stehende Delikt hinausgehend in vielfältigen sozialen Interaktionen ihren problematischen Niederschlag gefunden haben (Herpertz & Habermeyer, 2004, vgl. Kap. 3.3.1). Vor diesem Hintergrund konnten Schmidt et al. (2004) empirisch zeigen, dass ein systematischer Zusammenhang zwischen dem Ausmaß der Dissozialität gemessen mit der PCL-R und der Schuldfähigkeitseinschätzung durch Sachverständige nicht besteht. Allenfalls emotionsregulativen und inhibitorischen Defiziten, wie sie sich in geringer Verhaltenskontrolle und Impulsivität zeigen, kommt eine geringe Bedeutung für das sachverständige Votum einer Dekulpation im Rahmen dissozialer Verhaltensproblematiken zu. Von Seite der Sachverständigen wird weder die einfache Heuristik der automatischen Schuldfähigkeit dissozialer Persönlichkeiten noch die Gleichsetzung von Psychopathy und Dekulpation aufgrund der beschriebenen affektiven Defizite geteilt.

Bedeutung für die Schuldfähigkeitsfrage. Für diese Untersuchung kann zusammenfassend die Schlussfolgerung gezogen werden, dass ein direkter Zusammenhang zwischen Dissozialität und Schuldfähigkeit nicht zu erwarten ist. Es wird allenfalls ein schwach moderierender Zusammenhang im Verbund mit sich gleichzeitig vermittelnd auswirkenden anderen schuldfähigkeitsrelevanten Konstrukten wie insbesondere problemlösenden und bewältigenden Fähigkeiten angenommen. Aufgrund der prominenten

Rolle in der bisherigen Literatur zur SASA und der Nennung in den Mindeststandards (vgl. Kap. 3.3) ist eine erweiterte empirische Überprüfung der Rolle der Dissozialität für die Schuldfähigkeitsbegutachtung im Rahmen dieser Untersuchung von Interesse.

4.3 Mikroebene der Schuldfähigkeitsbegutachtung – Tatbezogene Erlebens- und Verhaltensweisen der zweiten Schuldfähigkeitsachse

In Fortführung der im vorigen Kap. dargestellten beobacht- und operationalisierbaren Konstrukte auf der Mikroebene (vgl. Kap. 4.1.2) werden innerhalb dieses Kapitels die entsprechenden Konzeptionen vorgestellt, die für die Begutachtung der Schuldfähigkeit aus tatbezogener Perspektive relevant werden können. Analog der Darstellung in Kap. 4.2 wird neben den theoretischen Hintergründen auf forensische Zusammenhänge sowie deren Bedeutung für die Schuldfähigkeitsfrage fokussiert.

In der Rahmenkonzeption des Vulnerabilitäts-Stress-Modells (vgl. Kap. 4.1.1) wird die Bedeutung des Zusammenspiels persönlichkeitsbasierter Vulnerabilitätsfaktoren und aktueller situativer Einflüsse (Stressoren) für die Entstehung psychischer Probleme im Allgemeinen betont. Wie bereits mehrfach angedeutet versucht die neuere kriminalpsychologische Forschung die Genese delinquenten Verhaltens in ähnlicher Weise als Interaktionsprozess zwischen Täterpersönlichkeit und Tatsituation zu konzipieren (vgl. Steck, 2005). Ursprünglich stand zunächst vor allem die Klassifikation nach Tatmotiven (vgl. z.B. Hentig, 1956) und die Suche nach der sog. Täterpersönlichkeit im Vordergrund (vgl. für verschiedene Deliktgruppen Fischer, 2006). Als weiterführend hat sich die Betrachtung einer zeitlichen Dimension erwiesen, wobei die Tat als Endpunkt eines auf markante Ereignisse hin folgenden Problemlöseversuchs betrachtet wird (vgl. Rasch, 1964; Lempp, 1977; Kahlert & Lamparter, 1979; Steck, 1990). Darüber hinaus hat sich die zusätzliche Betrachtung einer situativen Konfliktdimension als theoretisch gewinnbringend für die Explikation von insbesondere der für die Schuldfähigkeitsbegutachtung relevanten Tötungsdelinquenz bewährt (vgl. Simons, 1988, Fischer, 2005; Steck, 2005). Schließlich lässt sich als eine weitere Dimension im Sinne des Schweregrades exzessiver Erlebens- und Verhaltensweisen der Grad der progredienten Steigerung delinquenten Verhaltens (vgl. Schorsch, 1988; Kap. 3.2.1) betrachten.

Für die Schuldfähigkeitsbegutachtung bei SASA gewinnt vor dem Hintergrund versagender Bewältigungsmöglichkeiten im Rahmen psychischer Störungen insbesondere die Konfliktdimension große Bedeutung, da sich diese besonders gut mit einer Dekulpation in Verbindung bringen lässt. So sind die Schweregradindikatoren zur Erfassung tatbezogener Erlebens- und Verhaltensweisen anhand dieser Betrachtungsebenen systematisiert worden und werden im Folgenden beschrieben.

4.3.1 Zeitliche und handlungstheoretische Aspekte des Tatverhaltens

Aufgrund der statistischen Seltenheit schwerer Delinquenz im Vergleich zu leichteren Formen (Körperverletzung, Diebstahl) liegt die Vermutung nahe, dass es einer besonderen Tatkonstellation bedarf, wenn es zu solchen Straftaten kommt. Dies gilt im besonderen für Delikte, die einer Schuldfähigkeitsbegutachtung zugeführt werden, da das Gericht über die Heranziehung eines Sachverständigen quasi regelhaft in Fällen schwerer Delinquenz (Tötungsdelikte) entscheidet, sowie bei situativ besonders auffälligem Verhalten des Täters im Umfeld der Tatbegehung.

Seit die Tatsituation in den Fokus der Forschung gerückt ist, ist man sich dessen bewusst, dass krisenhafte Zuspitzungen und eine Einengung der wahrgenommenen Verhaltensoptionen zentrale Phänomene in der Genese schwerer Straftaten sind. Im weiteren Sinne kann damit von einer konfliktären Entwicklung gesprochen werden. So konnte die Forschungsgruppe um Steck über mehrere Studien und verschiedene Deliktformen hinweg die zentralen Annahmen der Entstehung der Tathandlung in sich zuspitzenden Krisen sowie die von wachsendem emotionalem Druck begleitete Handlungsgenese mit zunehmender Verengung des Verhaltensspielraums belegen (Steck, 2005; Fischer, 2006).

Zeitliche Dimension. Nachdem beginnend mit Rasch (1964) der zuvor vernachlässigte Einfluss situativer Gegebenheiten innerhalb insbesondere an Tötungsdelikten entwickelten Modellen von Tatverläufen[15] betont wurde, traten in der Folgezeit interaktionistische Modelle der Tatanalyse in den Vordergrund. Diese beziehen sich vorwiegend auf die Dynamik der Täter-Opfer-Interaktion kurz vor und während der kriminellen Handlung. Demnach entwickeln sich Tötungsdelikte zumeist ausgehend von alltäglichen Streitereien und zwischenmenschlichen Konflikten, die dazu neigen, außer Kontrolle zu geraten und schließlich mit dem Tod eines oder mehrerer Beteiligter enden (vgl. Fischer, 2005). Im Vorfeld von Sexualstraftaten findet sich oftmals ein stark ansteigendes Belastungserleben, das als nicht mehr bewältigbar bewertet wird (vgl. Serran & Marshall, 2006) und durch sexuelle Aktivität zu beenden versucht wird.

Die Einführung einer zeitlichen Dimension erfolgt über die Rekonstruktion der Entwicklungsschritte, die zur Straftat geführt haben. Dabei wird der delinquente Akt als Endpunkt eines Prozesses betrachtet, der sich anhand markanter Ereignisse zurückverfolgen lässt. Das Verhalten eines Straftäters, das auf ein solch manifest gewordenes Ereignis (z. B. Streit mit der Partnerin, Kündigung des Arbeitsplatzes, Frustration eines wichtigen Bedürfnisses im Tatvorfeld, längere Phasen ohne befriedigende Tagesstruk-

---

[15] Die Übertragung dieser Modelle auf kriminelle Handlungen ohne tödlichen Ausgang wird dadurch möglich, dass sie überwiegend konstellative Situationen beschreiben, in die der Täter involviert ist, und dann im Verlauf zur Tötungshandlung führen. Diese Situationen sind jedoch nicht so speziell, dass sie nicht auch in vielen anderen Fällen auftreten können, ohne in einer Tötung zu enden (vgl. Lempp, 1977). Die Ergebnisse von Fischer (2006) vermögen dies zu stützen, wie auch aktuelle Theorien zur Entstehung sexueller Straftaten, die u.a. verstärkt auf mangelnde emotionsregulative Kompetenzen fokussieren (vgl. Ward, Polaschek & Beech, 2006).

tur) folgt, wird dabei als Problemlösungsversuch verstanden. Die bis zur eigentlichen Straftat ablaufende Verhaltenskette bedingt dabei weitere Bewältigungsversuche, wobei vorhergehende Entscheidungen, die Grundlagen nachfolgender Problemlösemaßnahmen bilden (vgl. Steck, 2005). Erfolgreiche Bewältigungsmaßnahmen führen zu einem Abreißen der Kette ohne Rückgriff auf delinquente Maßnahmen, inflexible und wenig funktionale Problemlösemechanismen führen zu einer Eskalation, die die Wahrscheinlichkeit einer mehr oder weniger schweren Straftat erhöht.

Eine ähnliche Konzeption liegt den klassischen Rückfallpräventionsansätzen bei Sexualstraftätern (vgl. Laws, 1989) zugrunde, die anhand von sog. „Deliktzirkeln", Bedingungen beschreiben, die die Ausführung eines erneuten (Sexual-)Delikts wahrscheinlicher machen (vgl. Ward et al., 2006, S. 237ff.). Diese Sichtweise lässt die Tat nicht als Ergebnis einer punktuell wirksamen Persönlichkeitseigenschaft oder Motivation erscheinen, sondern konzipiert sie in einem sequentiellem Verlauf, der in drei größere Phasen zerlegt werden kann (vgl. Kasten 4-5).

- *Vortatphase* – eine kürzere oder längere Phase (Tage bis Stunden) im Vorfeld der Tat, die die situativen Rahmenbedingungen, zwischenmenschlichen Interaktionen sowie die innerpsychische Entwicklung bis zur eigentlichen Tathandlung umfasst
- *Tatphase* – die Phase der eigentlichen Tatdurchführung im engeren Sinne
- *Nachtatphase* – die unmittelbare bis längere Phase nach der Tat, und die daraus resultierenden impliziten und expliziten Bewertungsprozesse hinsichtlich des Handlungsergebnisses

Kasten 4-5: Zeitliche Dimension der Handlungsanalyse einer Tat.

Den in Kasten 4-5 dargestellten Tatsequenzen lassen sich die innerhalb der Handlungstheorie beschriebenen Phasen der Entwicklung einer Handlung vom Auftreten eines Wunsches bis zum Ende der durchgeführten Handlung zuordnen (vgl. Fischer, 2006). So werden im sog. Rubikonmodell menschlichen Handelns (Heckhausen, 1989) vier zeitlich aufeinander folgende Handlungsphasen unterschieden:

a) *Prädezisionale Motivationsphase – die Phase des Abwägens alternativer Wünsche (Vortatphase):* Aufgrund von Wünschen bilden sich verschiedene Handlungsziele. Da sich nicht alle Handlungsziele gleichzeitig verwirklichen lassen, muss vor der Entscheidung für die Realisierung eines bestimmten Ziels, eine Auswahl getroffen werden. Dies geschieht durch Abwägeprozesse, die den Wert und die Realisierbarkeit der diversen potenziellen Handlungsziele berücksichtigen. Charakteristisch dafür ist eine relativ unparteiische und offene Informationsaufnahme (realitätsorientiert). Erfolgt die Entscheidung für ein Handlungsziel, bildet sich eine Zielintention. Dieser Sprung vom Abwägen zur Realisierung einer Intention wird auch als „Überschreiten des Rubikon" bezeichnet.
b) *Präaktionale Volitionsphase – Phase des Planens (Vortatphase):* Die Planung geschieht im Wesentlichen durch das Bilden von Vorsätzen und Absichten. Die

Informationsaufnahme ist jetzt nicht mehr offen-realitätsorientiert, sondern erfolgt selektiv-realisierungsorientiert, um die Initiierung zielführender Handlungen voranzutreiben. Konkurrierende Zielintentionen werden dabei abgeschirmt, indem die Bedeutung der Zielintention, die gerade verfolgt wird, aufgewertet wird. Die Handlungsinitiierung hängt vom Zusammenwirken der Volitionsstärke der Zielintention (Commitment) und dem Grad der situativen Günstigkeit der Gelegenheit ab.

c) *Aktionale Volitionsphase – Phase der Handlungsausführung (Tatphase):* Mit der Handlungsinitiierung beginnt die Handlungsausführung mit der zentralen Aufgabe, das Zielstreben zu einem erfolgreichem Ende zu bringen. Das dabei vorhandene Commitment bestimmt den Grad der Anstrengungsbereitschaft und verpflichtet gegenüber dem Ziel. Dabei setzt sich der Handelnde explizit oder implizit einen Standard der Zielannäherungsgeschwindigkeit. Wird dieser durch unerwartet auftauchende Hindernisse verletzt, kommt es zu einer reaktiven Anstrengungssteigerung, um die durch innere oder äußere Barrieren verursachte Beeinträchtigung des Commitments zu korrigieren (vgl. Rohloff & Gollwitzer, 1999).

d) *Postaktionale Motivationsphase – Phase der Bewertung der Handlungsergebnisse (Nachtatphase):* Das erzielte Handlungsergebnis wird bewertet. Entspricht dabei das Erreichte dem Gewünschten, treten positive Gefühle auf, und die Zielintention wird deaktiviert. Ist dies nicht der Fall, entstehen negative Gefühle wie etwa Angst, Verwirrung, Ärger, Enttäuschung oder Selbstzweifel und die Zielintention bleibt aktiv.

Handlungstheoretische (konfliktäre) Dimension. Werden Straftaten als Handlungen aufgefasst, die der Erreichung eines Zieles oder der Lösung eines Problems dienen, so rückt für die Handlungsanalyse einer Tat das Zusammenspiel von Emotion und Kognition und die daraus resultierende Verhaltensregulation in den Mittelpunkt (vgl. Wegener, 1983; Simons, 1988; Kunst, 2001; Fischer, 2006). Nach Dörner (1985) sind Emotionen Reaktionen auf wahrgenommenen oder antizipierten Verlust oder Wiedergewinn von Kontrolle. Negative Emotionen entstehen beim Handeln vor allem dann, wenn etwas Unerwartetes passiert, und durch den erlebten Kontrollverlust Unsicherheit aktualisiert wird. Geschwindigkeit und Ausmaß des unerwarteten Ereignisses bestimmen das Entstehen von Überraschungs-, Spannungs- oder Schockerleben. Die darauf folgende Reaktion hängt dabei maßgeblich vom Kompetenzgefühl des Handelnden ab. Niedrig ausgeprägt hat es Notfallreaktionen im Sinne „primitiver Terminierungsreaktionen" (vgl. Dörner, Reither & Stäudel, 1983) zur Folge, die mit starken, den Denkprozess hemmenden Emotionen einhergehen (vgl. Kap. 4.2.1). Es wird die erste halbwegs passende Handlungsmöglichkeit gewählt, alternative Bewältigungsstrategien sowie Neben- und langfristige Auswirkungen werden nicht in Betracht gezogen bzw. abgewogen. Bei hohem Kompetenzgefühl hingegen setzen selbstreflexive Prozesse ein, die zur vertieften Analyse der eigenen dysfunktionalen Lösungsansätze führen. Jedoch können auch positive Emotionen zu veränderten kognitiven Prozessen führen – eine Überschätzung der eigenen Kompetenz kann zur Unterschätzung potenzieller Schwierigkeiten führen, was wiederum zum Fortbestehen der Problemsituation beitragen kann.

Simons (1988) wandte diese handlungstheoretischen Grundlagen auf sein Modell der Tötungsdelinquenz als Folge misslungener Problemlösungen an und erweiterte sie um die attributionstheoretische[16] Sichtweise. Fehlschlagende Lösungsversuche fänden ihren Ausgangspunkt in Problem- und Konfliktsituationen, die aufgrund ihres frustrierenden Charakters auf eine Änderung der daraus resultierenden negativen Affektivität drängten. In der Problemanalyse dieser belastenden Situation stelle der Täter (Teil-)Ziele auf und eruiere Handlungsmöglichkeiten, die potenzielle Hindernisse auf dem Weg zum Ziel überwinden sollen. Dies geschieht vor dem Hintergrund attributiver Ursachenzuschreibungen für die Problementstehung. Das Attributionsmuster hängt wiederum von den kognitiven Fähigkeiten des Täters ab und beeinflusst seinerseits emotionale Prozesse (s.o.). Das spezifische Zusammenwirken von Situation, Motiven, Problemlösekompetenz, Attributionsmustern und emotionalen Prozessen bestimme letztlich, wie sich die Handlung entwickelt[17].

Anhand der Pole Selbstaufgabe, Passivität und Regression vs. „Flucht nach vorn", Aggressivität und Terminierungsreaktion ließen sich potentielle Handlungsweisen dimensional einordnen. Die Entwicklung zur jeweiligen Tat sei dabei gekennzeichnet durch eine undetaillierte, allenfalls oberflächliche Planung, die oftmals Merkmale des „hill-climbing" (nur der erste Schritt wird geplant, alles weitere dann vor Ort geregelt) aufweise und eher einer Planung nach Wunsch entspräche. Es würden keine Abbruchkriterien oder alternative Planungsschritte für unerwartete Ereignisse ausgearbeitet (vgl. Fischer, 2005; 2006; Steck, 2005). Zusätzlich sei eine Zielfixierung zu beobachten, die durch unvorhergesehene Hindernisse oder Verhaltensweisen, die die Zielerreichung blockieren (z. B. Gegenwehr des Opfers), verstärkt werde (vgl. Rohloff & Gollwitzer, 1999). Die daraus resultierende Emotionalisierung potenziere den Handlungsdruck und führe schließlich zur Gewaltanwendung im Sinne der Flucht nach vorne. Im Rahmen der Terminierungsreaktion werde das Hindernis/Problem beseitigt, statt gelöst. So komme es, dass der Täter im Nachhinein die Schuld oftmals beim Opfer sehe, das sich nicht den Anweisungen entsprechend verhalten habe.

Die in den beschriebenen Problem- und Konfliktsituationen erforderlichen generellen Selbstkontroll- und Verhaltensregulationsfähigkeiten stellen darüber hinaus eine limi-

---

[16] Der Attributionsstil ist eine relativ stabile Disposition, Ergebnisse und Handlungen eigenen oder fremden Verhaltens ursächlich zu bewerten. Die Theorie der erlernten Hilflosigkeit unterscheidet hierbei die Dimensionen (vgl. Aronson, Wilson & Akert, 2004, S. 541f.) *stabil-instabil* (Beständigkeit), *global-spezifisch* (Grad der Allgemeinheit) und *intern-extern* (Ursachenzuschreibung innerhalb oder außerhalb der betrachteten Person).

[17] So gesehen liegt an dieser Stelle der Schnittpunkt der beiden Schuldfähigkeitsachsen (vgl. Kap. 4.1.2) dieser Untersuchung (Übergang von Vulnerabilitätsanteilen zu situativen Stressoren), kommt hier doch der gesamte situationsübergreifende Persönlichkeitshintergrund eines Straftäters zum Tragen, der sich mehr oder weniger günstig auf die zu treffenden Entscheidungen im Rahmen der Tatgenese auswirkt (vgl. Kap. 4.2). Dies entspricht den Annahmen der im Kap. 4.1 beschriebenen Vulnerabilitäts-Stress-Rahmenkonzeption.

tierte Ressource dar, die ähnlich wie ein Muskel funktioniert – vorheriger Gebrauch erschöpft diesen und es stehen weniger Ressourcen für den zukünftigen Gebrauch bei anhaltenden krisenhaften Entwicklungen zur Verfügung (vgl. Baumeister & Heatherton, 1996; Schmeichel & Baumeister, 2004). Dies wirkt sich zusätzlich negativ aus auf die Fähigkeit zur adäquaten Bewältigung von Situationen, was im Rahmen längerfristiger konfliktärer Entwicklungen Kontrollverluste begünstigt.

Die Gültigkeit der postulierten Entwicklungsverläufe, insbesondere für die SASA-relevanten Gewaltstraftaten, lässt sich empirisch belegen. So spielt eine in der Tatgenese zunehmende Emotionalisierung und das Erleben von Kontrollverlusten, die mit einer Einschränkung problemlösender Prozesse einhergehen, eine zentrale Rolle für die Entstehung dieser Delikte (Steck, 2005; Fischer, 2006). Aufgrund von selbstwertbedrohlichen Interaktionen entwickelt sich beim Täter das Ziel, das Opfer aktiv zu bestrafen oder die streithafte Auseinandersetzung durch die Gewaltanwendung zu beenden, um so der Situation entfliehen zu können. Das kognitive Vakuum, das auf mangelnder Planung und Abwägung im Tatvorfeld und der Fixierung auf die Wiederherstellung des Selbstwerts bzw. der Beendigung aversiver Zustände beruht, verschafft aggressiven Handlungsmustern in Form primitiver, kurzfristig orientierter Problemlösungsversuche Raum. Aus Sicht des Rubikonmodells (s. o.) lässt sich argumentieren, dass unerwartete Beeinträchtigungen des Zielstrebens durch beleidigende, angreifende oder unerwartet hartnäckig die Bedürfnisse verweigernde Interaktionen im Rahmen der Entwicklung zur Tat und Tatdurchführung umso wahrscheinlicher werden, je weniger vorher geplant und abgewogen wurde. Dies führt nach Rohloff & Gollwitzer (1999) zu einer Steigerung des Zielstrebens, was den Handlungsdruck erhöht und die Eskalation beschleunigt. Das über Terminierungsreaktionen erreichte Ergebnis stellt im Regelfall nicht das erwünschte Handlungsziel des Täters dar, obwohl es entsprechend „der Logik des Misslingens" (Dörner, 2000) als Mittel der Problemlösung billigend in Kauf genommen wurde (vgl. Fischer, 2005).

Vermeidungs- vs. Annäherungsziele[18] und Tatgenese. Die Gemeinsamkeit der dargestellten Bedingungsmuster der Tatgenese liegt aus lerntheoretischer Sicht in der zentralen Bedeutung negativer Verstärkungsprozesse, die die Auftretenswahrscheinlichkeit gezeigter Erlebens- und Verhaltensweisen durch den kurzfristigen Wegfall aversiver Reize erhöhen (= emotionsregulative Funktion des Tathandelns, vgl. Kap. 4.3.1). Der unmittelbar einsetzende verstärkende Effekt erklärt auch, warum Straftäter im Rahmen der Tatgenese wiederholt auf mittel- und längerfristig dysfunktionale Vorgehensweisen zurückgreifen, obwohl diese im Sinne des „Mehr desselben" zu einer Verschlechterung der Gesamtsituation beitragen. Innerhalb der Schuldfähigkeitsbegutachtung lässt sich dieser Entwicklungsverlauf zur Tat gut mit einer eingeschränkten Steuerungsfähigkeit in Verbindung bringen. Durch das Überwiegen motivationaler *Vermeidungsziele* ist der

---

[18] Zur Unterscheidung von Annäherungs- und Vermeidungszielen (Antizielen) vgl. Carver & Scheier (1998).

Weg zu einer positiven Bedürfnisbefriedigung stark eingeschränkt (vgl. Grawe, 2004, S. 278f.). Hinsichtlich situationaler Zielbildungen führen Vermeidungsziele vor allem zu Inkonsistenzen zwischen dem Erreichten und dem Gewünschten (vgl. das plananalytische Konstrukt konfliktärer Handlungspläne bei Caspar, 2000a).

Aus handlungstheoretischer Sicht lassen sich übergeordnete Pläne und Ziele unter Rückgriff auf vermeidende Strategien nur schwer verwirklichen, da eine positive Zielannäherung dadurch verhindert wird. Dies trägt verstärkt zu einem Erleben von Angst und Beunruhigung bei (Carver & Scheier, 1998). Es kommt zu sehr kurzfristigen Reaktionen auf Ebene der Handlungssteuerung, mit der Tendenz, auf längere Sicht das Inkonsistenzerleben zu verstärken und negative Affektivität zu erzeugen (vgl. Grawe, Grawe-Gerber, Heiniger, Ambühl & Caspar, 1996; Grawe, 2004). Unter sich dadurch schneller akkumulierender Belastung bei Vermeidungsmotivierten wird verstärkt nach internen, idiosynkratischen Regelsets (sog. Schemata[19]; vgl. Stein, 1992) gehandelt, die eine stark verzerrte Informationswahrnehmung und Interpretation der Realität zur Folge haben (vgl. Beck et al., 1999; Young, 1999). Aus Sicht konnektionistischer Modellbildungen (Tryon, 1993) wirken diese als Störungsattraktoren und stehen einer flexiblen Selbstregulation auf neuronaler Ebene entgegen (vgl. Berger, 2005). Beck (2000) gibt eine Übersicht über charakteristische Schemata, die für die Entstehung nicht sexueller Gewalttaten bedeutsam sind und die Wahrnehmung der Umwelt als feindlich-bedrohend zum Inhalt haben, während Mann & Shingler (2006) typische Schemata von Sexualdelinquenten beschreiben (Dominanzschemata mit Inhalten, die die Wahrnehmung von Wünschen nach Rache und Respekt beeinflussen, sowie Benachteiligungsschemata, die mit der Wahrnehmung von Zurückstellung und Kontrollverlust assoziiert sind). Die Ansprechbarkeit durch normative Regeln und Anforderungen ist bei solchen stark reaktiv geprägten Tatentwicklungen, wie sie im Verlauf dieses Kapitels beschrieben worden sind, nur mehr eingeschränkt vorhanden und kann so stark ausgeprägt sein, dass richterlicherseits eine Dekulpation in Betracht gezogen werden könnte.

Die Grenzen der Anwendbarkeit der dargestellten handlungstheoretischen Genesebedingungen delinquenten Handelns sind in motivationalen Bedingungen zu sehen, bei denen die Straftat nicht mehr reaktiv ausgeführt wird (vgl. Kap. 4.3.2) wie z. B. bei organisiertem Verbrechen, Serienmorden oder gewissen Formen der Sexualdelinquenz (vgl. Steck, 2005). So gibt es über den skizzierten Entstehungsverlauf hinaus einen zweiten Weg, auf dem sich Delinquenz entwickelt. Dabei steht vor allem die Instrumentalität der Straftaten im Sinne von positiven *Annäherungszielen* im Mittelpunkt. Der

---

[19] Ein Schema ist eine kognitive Struktur, zur Überwachung, Kodierung und Bewertung von Reizen, mit denen sich der Organismus konfrontiert sieht. Auf der Basis des Zusammenspiels diverser Schemata ist es dem Individuum möglich, sich hinsichtlich Raum und Zeit zu orientieren sowie Erlebnisse in persönlich bedeutsamer Weise zu kategorisieren und zu interpretieren. Die Entwicklung der Schemata ist stark von biographischen Erfahrungen und der Lerngeschichte abhängig. Die Auswirkungen erfolgen zumeist implizit, sind jedoch in Abhängigkeit von der Selbstaufmerksamkeit prinzipiell auch expliziten Bewusstseinsprozessen zugänglich (vgl. Kunst, 2001).

charakteristische konfliktäre Verlauf, im Vorfeld der Tatentstehung lässt sich dabei nicht beobachten, da die positive Affektivität hinsichtlich des Taterfolgs allenfalls vom Wissen um die dadurch verletzte gesellschaftliche Norm beeinträchtigt wird. Ein Kontrollverlusterleben tritt nicht auf, da das Handeln während der Straftat von vorne herein so intendiert war und das eigentliche Handlungsziel darstellt.

Diese Tatverläufe sind es, die hinter der Heuristik stehen, dissoziale Persönlichkeiten nicht zu dekulpieren, da das geplant-zielgerichtete sowie manipulative Vorgehen einer Subgruppe dieser Täter der Konnotation von psychischer Störung und Beeinträchtigung der Steuerungsfähigkeit entgegensteht. Genau dieser Entwicklungsverlauf zur Tat wird im sog. Selbstregulationsmodell des Rückfallprozesses bei Sexualstraftätern (vgl. Ward & Hudson, 2000) berücksichtigt. Es werden vier Verläufe zur Rückfälligkeit (bzw. Tatgenese) beschrieben, die sich unter Berücksichtigung der wechselnden Funktionalitäten delinquenten Handelns, auf andere Formen SASA-relevanten Tathandelns übertragen lassen:

a) *Vermeidend-passiv* – das Belastungserleben im Tatvorfeld überfordert die Copingmechanismen. Ein Verlangen dies mit devianter Sexualität zu bewältigen entsteht, das der Täter zu kontrollieren versucht. In einer Hochrisikosituation wird diesem aufgrund von wahrgenommenem Kontrollverlust nachgegeben. Der Täter fühlt sich danach defizitär und beschämt.

b) *Vermeidend-aktiv* – gleicher Beginn wie bei a), jedoch versucht der Täter mit aktivem, aber dysfunktionalem Coping gegenzusteuern (vgl. Fehlregulation bei Baumeister & Heatherton, 1996). Die gewählten Strategien erhöhen das Stressniveau und führen zu Kontrollverlusterleben und es kommt wie bei a) zur Tat. Der Täter fühlt sich danach eher schuldig als beschämt.

c) *Annähernd-automatisch* – es überwiegen automatisierte Verhaltensskripts aus früheren Taten oder Phantasietätigkeit. Eine Hochrisikosituation, die eher zufällig als geplant erlebt wird, führt qua Aktivierung des devianten Skripts und geringer Selbstaufmerksamkeit zum Rückfall. Diese Taten erscheinen als „aus dem heiteren Himmel" kommend und sind in ihrer Dauer sehr kurz. Es resultiert ein positiver Affekt bei Täter bei negativen Einstellungen gegenüber dem Opfer (vgl. Kunst, 2001 zu schematischen Tatverläufen).

d) *Annähernd-explizit* – beruht auf bewusster, strategischer Planung vor dem Hintergrund des stark ausgeprägten Ziels, deviante sexuelle Gratifikation zu erreichen. Zusätzlich zum positiven Affekt nach der Tat erfolgt eine Verfeinerung der angewandten Täterstrategien (vgl. Kunst, 2001 zu komplexen Tatverläufen).

Die ersten beiden Entwicklungsverläufe a) und b) sind gut mit den klassischen Annahmen zu Rückfallprozessen (vgl. Laws, 1989) vergleichbar und entsprechen weitestgehend den zuerst in diesem Kapitel beschriebenen konfliktären Tatgenesebedingungen (vgl. Kunst, 2001 zu impulsiven Tatverläufen). Der vierte Verlauf d) entspricht hingegen den als zweites beschriebenen Entstehungsbedingungen dieses Kapitels, wobei die Hinweise auf eine zumeist erhaltene Steuerungsfähigkeit unmittelbar ersichtlich sind.

Ebenso spricht der dritte Verlauf c) eher für die Fähigkeit zur normativen Ansprechbarkeit und sollte nicht zwangsläufig ohne genaue Prüfung weiterer Bedingungen der Schuldfähigkeit dekulpiert werden.

Die zentrale Rolle von Annäherungs- und Vermeidungszielen findet ihren Niederschlag desweiteren auch als lerntheoretisches Ordnungsprinzip in der integrativen Theorieübersicht zu delinquenzförderlichen und –hinderlichen Einflussfaktoren im generellen persönlichkeits- und sozialpsychologischen Ansatz kriminellen Verhaltens bei Andrews & Bonta (1998). Somit ist die handlungssteuernde Bedeutung von Annäherungs- vs. Vermeidungsmotivation für den gesamten Bereich der Kriminalität naheliegend.

Bedeutung für die Schuldfähigkeitsbegutachtung. Zusammenfassend lässt sich festhalten, dass ein Entwicklungsverlauf, der in Tatvorfeld, Tatphase und Tatnachphase durch Anzeichen konfliktärer Zustände und einem Überwiegen von Vermeidungszielen geprägt ist sowie zunehmend ich-dyston verarbeitet wird, eher für eine Dekulpation spricht als eine Tatgenese, die sich durch aktives Aufsuchen von Annäherungszielen und zustimmender, positiver Affektivität im Nachtatverhalten auszeichnet. Im ersten Fall kann es zu einem Zusammenbruch oder Versagen der Problemlösemechanismen kommen, wie es anschaulich durch den strukturell-sozialen Krankheitsbegriff von Rasch (1999, vgl. Kap. 3.2.4) beschrieben wird. Dies macht Steuerungsfähigkeit unwahrscheinlicher. Im zweiten Fall kommen entsprechende Copingmechanismen erst gar nicht zur Anwendung bzw. sind als instrumentell für die Verwirklichung des Handlungsziels zu erachten, da Tat und Handlungsziel übereinstimmen (vgl. Scholz & Schmidt, 2008). Steuerungsfähigkeit liegt hier nahe.

4.3.2 Motivationale Aspekte des Tatverhaltens

Unter dem Überbegriff der motivationalen Tatverhaltensmerkmale lassen sich heterogene Konstrukte, die primär der Erschließung der Funktionalität[20] des gezeigten delinquenten Verhaltens dienen, einordnen. Auf deren Bedeutung ist bereits im Rahmen der handlungstheoretischen Ausführungen und deren Bedeutsamkeit für die Schuldfähigkeitsbegutachtung bei SASA im vorigen Kapitel hingewiesen worden. Dabei ist jedoch zunächst zu berücksichtigen, dass die Identifizierung von Motiven an sich ein erkenntnistheoretisches Problem darstellt – Motive sind nicht beobachtbar, allenfalls kann man die innere Verarbeitung aus dem Zusammenfallen von beobachtbaren Anreizen und darauf folgendem Verhalten erschließen. Dabei handelt es sich jedoch um korrelative

---

[20] Funktionalität ist ein lerntheoretisches Konzept, das die Einbettung von Verhaltensweisen in auslösende und aufrechterhaltende Bedingungen beschreibt. In diesem Zusammenhang bezieht sich die Funktionalität auf die dem Tatverhalten vorausgehenden Stimuli oder die unmittelbar nachfolgenden Konsequenzen (vgl. Kap. 4.3.1). Diese werden als Teil des Bedingungsgefüges der Tatgenese erachtet und erleichtern motivationale Schlussfolgerungen. Für eine Dekulpation sind hierbei insbesondere negative Verstärkungsmechanismen (=Wegfall aversiver Reize) und Vermeidungsziele relevant (vgl. Kap. 4.3.1).

Inferenzen, die Kausalitätsschlüsse verbieten und die Gefahr tautologischer Zuschreibungen in sich bergen. Die Klassifikation wird dadurch erschwert, dass es sich im Rahmen der Schuldfähigkeitsbegutachtung um retrospektive und sozial tabuisierte Phänomene handelt.

Als eine hilfreiche Heuristik zur Erschließung motivationaler Zusammenhänge kann dabei die verhaltens- und plananalytische Betrachtungsweise, wie sie der kognitiv-behavioralen Therapie zugrunde liegt, herangezogen werden (vgl. Willutzki, 2000; Caspar, 2000a). Diese Art, Probleme zu konzipieren, kann auch in Analogie zu den beiden Schuldfähigkeitsachsen betrachtet werden: Die Achse zu den tatbezogenen Erlebens- und Verhaltensweisen entspricht der horizontalen Ebene der Verhaltensanalyse in Situationen, wohingegen die vertikale Ebene der Regeln und Pläne mit der Achse zu situationsübergreifenden Erlebens- und Verhaltensdispositionen korrespondiert (vgl. Bartling, Echelmeyer & Engberding, 1998).

Funktionalitäten von Tathandlungen. Eindeutig zu beobachten ist die Form der Tatausübung, ob als Einzeltäter, in Abstimmung mit Dritten oder in der Gruppe (vgl. Rasch, 1999, S. 176ff. zur sog. *Mittäterschaft*). Als noch gut beobachtbar ist das Ausmaß an aggressiver Überwindung von Widerständen einzuschätzen. Hier hat sich die Unterteilung in sog. *Hands-Off* und *Hands-On Delikte* bewährt (vgl. Hoyer, 2001), die sich auch auf andere Deliktformen als die der Sexualdelinquenz anwenden lässt. Schwerer zu beobachten hingegen ist das Vorliegen eines *sexuellen Motivationshintergrundes* in Bezug auf die Tatausführung. Hierfür ist eine genaue Kenntnis paraphiler Erlebens- und Verhaltensweisen (vgl. Berner, Hill, Briken & Kraus, 2004; Pfäfflin, 2004) notwendig, um die mitunter nicht direkt beobachtbare sexuelle Funktionalität an sich unauffälliger Verhaltensweisen erkennen zu können (bspw. Sammelhandlungen im Rahmen einer Fetischbildung, das Berühren von Körperteilen ohne eindeutige sexuelle Funktion, ritualisierte Handlungsdurchführungen und inszenatorische Ausübung von Macht/Gewalt bei sadistischen Entwicklungen).

Nicht beobachtbar und somit lediglich mittelbar zu erschließen sind letztlich klassisch motivationale Funktionalitäten, die dem Tathandeln zugrunde liegen. So unterscheidet Toch (1969) Aggressionstaten ohne Bereicherungs- und/oder sexuellen Hintergrund in einerseits Taten, die dem Selbstschutz und der Selbsterhaltung dienen (self preserving). Diese sind durch eine *reaktive* Anwendung von Gewalt gekennzeichnet, die dazu benutzt wird, den eigenen Ruf bzw. das Selbstkonzept zu verteidigen (vgl. die Ausführungen zu konfliktären und vermeidungsmotivationalen Aspekten in Kap. 4.3.1). Andererseits kann die Gewaltanwendung zur *aktiven* Durchsetzung eigener Bedürfnisse (needs promoting) herangezogen werden. Dabei wird die Aggression als Mittel, um andere Menschen zu manipulieren oder um einfach „nur Spaß" zu haben, verwendet (vgl. die Darstellung zu Annäherungszielen in Kap. 4.3.1).

Ferner lässt sich mit Feshbach (1964) aggressives Handeln in *instrumentelle vs. affektregulative (expressive) Aggression* differenzieren. Bei der instrumentellen Aggression ist die Schädigung des anderen letztlich Mittel zum Zweck, um ein anderes nicht aggressives Handlungsziel zu erreichen (vgl. Annäherungsziele in Kap. 4.3.1). Schädigungen und Schmerzzufügung sind nicht direkt angestrebt, werden aber auch nicht vermieden, sofern sie als zielführend erachtet werden. Die aggressiven Akte sind als „kurz erscheinende Wege zu Zielen, von denen meist zu wenig bekannt ist, ob sie nicht ohne Aggressionen besser erreicht werden könnten" (Selg, Mees & Berg, 1997, S. 130) oder als Abkürzung, um andere zu aufwendig erscheinende Wege umgehen zu können, zu betrachten.

Affektregulative Aggressionen hingegen dienen der Steuerung des Gefühlshaushalts, des Selbstwerts sowie zumeist der Beendigung aversiver Zustände, beruhen auf negativen Verstärkungsmechanismen und sind eher als Notfallreaktion und Signal der eigenen Überforderung in Problemsituationen und schwierigen Interaktionen zu werten (vgl. Vermeidungsziele in Kap. 4.3.1). Ihnen liegt abgesehen von einer diffusen Absicht, irgendwie den als unaushaltbar erlebten Zustand und/oder die Frustration zu beenden, oftmals kein explizites vorher fassbares oder geplantes Ziel zugrunde. Sie finden ihren finalen Ausdruck in der sog. Terminierungsreaktion (vgl. Dörner et al., 1983; Simons, 1988; Kap. 4.3.1). Feshbach (1964) bezeichnet diese Art von Aggression als expressiv, da sich in der Tathandlung der emotionale Zustand des Täters ausdrückt und erkennbar wird.

4.3.3 Progredienzaspekt des Tatverhaltens

Zur Schweregradbestimmung fortschreitender Verhaltensexzesse – nicht unbedingt nur sexueller Natur – im Rahmen forensisch relevanter Verhaltensphänomene liegt der Rückgriff auf das Konzept der progredienten psychopathologischen Entwicklung (vgl. Schorsch, 1988) nahe, ohne dass dieser jedoch unmittelbar Rückschlüsse auf die Schuldfähigkeit zulässt (vgl. Kap. 3.2.1). In Analogie zur Operationalisierung der Abgrenzung der Süchte vom Missbrauch in den modernen Diagnosesystemen ICD-10 und DSM-IV-TR ist das Ausmaß

a) der Dosissteigerung,
b) der Abnahme der erhofften Wirkung,
c) des Aufwands, der für die Bereitstellung betrieben wird,
d) der andauernden Beschäftigung damit
e) sowie der Aufgabe bisheriger sozialer Tätigkeiten und Bezüge

als ein Indikator für den Schweregrad eines Verhaltensexzesses zu bewerten. Man mag bezüglich des Suchtbegriffs anderer Meinung sein und das phänomenologisch orientierte Konzept fraglich finden (vgl. Kap. 3.2.1), nichtsdestotrotz entbehrt das beschriebene Syndrom zumindest im Zusammenhang mit sexuellen Erlebens- und Verhaltensweisen nicht seines klinischen Nutzens (Pfäfflin, 2004), wenn es um die Beschreibung leichterer vs. schwererer Verläufe geht. So ist auch Nedopil (2000a, S. 168) im Einklang mit dem BGH der Ansicht,

> dass wenn Sexualpraktiken zur eingeschliffenen Schablone werden, die sich durch abnehmende Befriedigung, zunehmende Frequenz, durch Ausbau des Raffinements und durch eine gedankliche Einengung auf diese Praktiken auszeichnet,

eine Beeinträchtigung der Steuerungsfähigkeit diskutiert werden könne. Die diesen Phänomenen entsprechenden Leitsymptome gruppiert Schorsch (1988, vgl. Tabelle 3-2) anhand der Datengrundlagen, auf denen die zugehörige Einschätzung basiert, in beobachtbare, explorierbare und interpretative Phänomene. Für diese Untersuchung eignen sich in besonderer Weise die ersten beiden Leitsymptomgruppen, da diese weniger stark auf vom Sachverständigen zu ziehende Schlussfolgerungen abstellen. Dementsprechend ist mit zunehmendem Auftreten von

a) Symptomverhaltenshäufung,
b) Ausgestaltung der Symptominszenierung,
c) Lockerung bzw. Verlust der sozialen Bindungen,
d) Okkupierung durch Symptomverhalten und
e) Verlust der reparativen Stabilisierungsfunktion des Symptomverhaltens

davon auszugehen, dass sich die Wahrscheinlichkeit einer Dekulpation erhöht. Der Begriff des Symptomverhaltens bezieht sich dabei auf das dem Straftatbestand zugrunde liegende Tathandeln und wird in der von Schorsch (1988) erweiterten, sich nicht nur auf Sexualdelinquenz bezüglichen Sichtweise, benutzt (vgl. Kap 3.2.1).

4.4 Von der Makro- zur Mikroebene der Schuldfähigkeitsbegutachtung – eine Zusammenfassung

An dieser Stelle wird eine kurze Zusammenfassung des innerhalb des Kap. 4 dargestellten Übergangs von der rahmentheoretischen Konzeption der Schuldfähigkeitsbegutachtung auf auf persönlichkeitspsychologischer Ebene beobacht- und operationalisierbare psychologische Konstrukte von unmittelbarer Relevanz für die Schuldfähigkeitsfrage eingefügt.

Das Vulnerabilitäts-Stress-Modell als allgemeines Rahmenmodell der Entstehung psychischer Störungen, legt die zentrale Bedeutung bewältigender Fähigkeiten für die Schuldfähigkeit nahe. Emotionale Stabilität vs. Neurotizismus fungiert in diesem Zusammenhang als übergeordneter protektiver bzw. Risikofaktor für die Entwicklung normkonformer vs. sozial-regelwidriger Problemlösungen (vgl. Kap. 4.1.1).

Die empirischen Persönlichkeitsfaktoren Seelische Gesundheit und Verhaltenskontrolle erlauben die Abbildung des gesamten Spektrums SASA-relevanter Phänomene in einer Circumplexstruktur, die saluto- und pathogenetische Perspektiven vereint. Insbesondere der Faktor Seelische Gesundheit als Fähigkeit zur Bewältigung innerer und äußerer Anforderungen ist dabei mit der Schuldfähigkeit in direkten Zusammenhang zu bringen, wohingegen für den Faktor Verhaltenskontrolle losgelöst von den zur Verfügung stehenden Bewältigungsmechanismen kein linearer Zusammenhang mit der Schuldfähigkeit zu erwarten ist (vgl. Kap. 4.1.2).

Ausgehend von den rechtlichen Anforderungen an den Sachverständigen innerhalb der Schuldfähigkeitsbegutachtung bei SASA, die Schweregradabschätzung beeinträchtigender Auffälligkeiten nicht ausschließlich am Tatverhalten zu belegen, wird eine zwei-axiale Ordnungsheuristik vorgeschlagen, die situationsübergreifende Erlebens- und Verhaltensdispositionen von tatbezogenen Erlebens- und Verhaltensweisen im Sinne einer state/trait-Konzeption unterscheidet. Diese korrespondiert mit der Konzeption des Vulnerabilitäts-Stress-Modells (vgl. Kap. 4.1.2).

Aus Sicht der situationsübergreifenden Erlebens- und Verhaltensdispositionen differenzieren insbesondere Bewältigungsfertigkeiten im Sinne von Problemlösungs-, Emotionsregulations- und Abwehrmechanismen, wie sie u. a. über die Struktur-Achse der Operationalisierten Psychodynamischen Diagnostik (Arbeitskreis OPD, 2001) erfasst werden können, zwischen Schuld- und vermindert Schuldfähigen bei SASA. Dissoziale Persönlichkeiten, wie sie über die Psychopathy Checklist-Revised (Hare, 1991) erhoben werden können, spielen in der Literatur bislang eine besondere Rolle für die Schuldfähigkeit. Ein direkter Zusammenhang ist dabei jedoch eher nicht zu vermuten (vgl. Kap. 4.2).

Bei den tatbezogenen Erlebens- und Verhaltensweisen spielen primär handlungstheoretisch begründete konfliktäre Entwicklungen im Tatverlauf vor dem Hintergrund reaktiv-vermeidender Motivationen eine Rolle für die verminderte Schuldfähigkeit. Dem entgegengesetzt ist eine instrumentell geprägte Tatgenese mit aktiv-annähernder Zielerreichung eher im Zusammenhang mit gegebener Schuldfähigkeit zu sehen. Das Ausmaß an Progredienz im Entwicklungsverlauf diverser Tathandlungen kann dabei für die Schweregradbestimmung nützliche Hinweise geben (vgl. Kap. 4.3).

5 Entwicklung empirisch basierter Schuldfähigkeitsmerkmale der sogenannten schweren anderen seelischen Abartigkeit

Ausgangssituation. Das Fehlen von einheitlichen Standards zur Schuldfähigkeitsbegutachtung hat in Deutschland dazu geführt, dass selbst innerhalb eines Gerichtsbezirks die Kriterien für die Beurteilung der Schuldfähigkeit von Fall zu Fall variieren (Eucker & Müller-Isberner, 2001). So sind aus psychowissenschaftlicher Sicht qualitätssichernde Aspekte bisher nicht ausreichend geklärt (Habermeyer & Saß, 2007) und nicht nur aus juristischen Blickwinkel stellt sich gerade beim Eingangsmerkmal SASA die Frage, welche psychischen Abweichungen erfasst, und wie deren Schweregrad zu beurteilen sei (vgl. Kap. 3). Bislang hängt eine Entscheidung über die Schuldfähigkeit eines Täters hinsichtlich des vierten Eingangsmerkmals primär von der subjektiven Einstellung bzw. Willkür des Sachverständigen und Richters ab, weil keine Einigkeit über die dafür heranzuziehenden Kriterien herrscht, die für die Zuordnung zur SASA ausschlaggebend sein sollen. Dieser Zustand, bei dem es eher vom Gutachter als vom Fall abzuhängen scheint, wie die Auswirkungen auf die Schuldfähigkeit bei SASA eingeschätzt werden, ist nicht nur aus wissenschaftlicher Sicht unbefriedigend, sondern gefährdet schlussendlich auch die rechtsstaatlichen Grundprinzipien der Rechtssicherheit und Anspruch auf Gleichheit vor dem Recht (vgl. Stange, 2003). Ebenso sei an dieser Stelle auf die sich zwar verbessernden, aber nichtsdestotrotz immer noch vorfindbaren, mitunter massiven Mängel in der Gutachtenabfassung hingewiesen (vgl. Konrad, 1995; Fegert et al., 2003; Foerster & Leonhardt, 2004).

Vor diesem Hintergrund ist der kürzlich unternommene interdisziplinäre Versuch, mittels der Einführung von Mindeststandards für die Schuldfähigkeitsbegutachtung (vgl. Boetticher et al., 2005; Kap. 2.3 und 3.3), begriffliche Unschärfen in diesem Feld zu klären und einheitliche Rahmenbedingungen und Orientierungsheuristiken zu schaffen, sehr zu begrüßen. Leider verbleibt diese Zusammenstellung auf der Ebene klinischer Erfahrungswerte und Lehrmeinungen, ohne dies einer auch nur ansatzweisen empirischen Überprüfung zu unterziehen. Einen Versuch, dieses Manko zu beheben, stellen die Arbeiten von Schmidt (2001), Scholz & Schmidt (2003), Schmidt et al. (2004) sowie Schmidt & Scholz (2006) dar, die einen wesentlichen Anteil der in der Literatur diskutierten Merkmale hinsichtlich ihrer Fähigkeit, Aussagen über die Schuldfähigkeit bei SASA zu ermöglichen, untersucht haben (vgl. Kap. 3.2.6 und 4.2.2). Die Ergebnisse lassen sich jedoch aufgrund ihrer kleinen Datenbasis, mangelnder Reliabilitätsprüfung und der starken Fokussierung auf Merkmale der gegebenen Schuldfähigkeit bisher lediglich eingeschränkt generalisieren.

5.1 Zielstellung

Angesichts der in Kap. 3 beschriebenen unbefriedigenden empirischen Grundlagen der Schuldfähigkeitsbegutachtung bei SASA stellt sich die Frage, wie der Begriff der SASA und die damit verbundenen Auswirkungen auf die Einsichts- und Steuerungsfähigkeit inhaltlich ausgefüllt werden kann, um objektivere und nachvollziehbarere Entscheidungen im Rahmen der Schuldfähigkeitsbegutachtung fällen zu können. Dementsprechend besteht das Hauptziel dieser Untersuchung darin,

a) von Sachverständigen konkret anwendbare Schuldfähigkeitsmerkmale zu erstellen,
b) die auf einer empirischen Datengrundlage beruhen,
c) möglichst zuverlässig zwischen Schuld- und vermindert Schuldfähigen bei SASA differenzieren,
d) hinsichtlich ihrer Leistungsfähigkeit anhand empirischer Kennwerte beschrieben und
e) in eine empirisch-persönlichkeitstheoretische Rahmenkonzeption der Schweregradbestimmung von Auswirkungen auf die Steuerungsfähigkeit eingebunden werden können.

Qualitative Teilziele. Die Entwicklung entsprechender Schuldfähigkeitsmerkmale auf empirischer Basis erfolgt anhand mehrerer Teilziele, die sich in qualitative und quantitative Zielstellungen aufteilen lassen. Ziel des ersten methodisch qualitativ ausgerichteten Schrittes ist die Erstellung einer skalierten Datengrundlage schuldfähigkeitsrelevanter Merkmale für die folgenden quantitativen Analysen.

a) Dafür ist es notwendig in einem ersten Schritt, eine Rahmentheorie der Schuldfähigkeit zu entwickeln, die es erlaubt, verschiedenste psychologische Konstrukte, die für die Beurteilung der Schuldfähigkeit bei SASA relevant sind, zu sammeln und zu integrieren (vgl. Kap. 4.1ff.).
b) Diese Konstrukte müssen anschließend im Hinblick auf die inhaltsanalytische Verwendbarkeit einer möglichst beobachtungsnahen Operationalisierung zugeführt werden (vgl. Kap. 5.3.1.1 bis 5.3.1.3; Anhang A; Anhang B).
c) Die Datengewinnung für die quantitativen Analyseschritte erfolgt schließlich anhand einer inhaltsanalytischen Auswertung von Schuldfähigkeitsgutachten unter Zuhilfenahme spezieller Analysesoftware (vgl. Kap. 5.3.1).

Quantitative Teilziele. Der zweite quantitativ-methodische Schritt hat die Erstellung der empirisch basierten Schuldfähigkeitsmerkmale zum Ziel, die dabei auf ihre Trennschärfe bezüglich der beiden Schuldfähigkeitsgruppen überprüft werden. Dazu sind

a) die inhaltsanalytisch gewonnenen Einzeldaten multivariat zu übergeordneten Schuldfähigkeitskategorien zusammenzufassen (vgl. Kap. 5.3.2),

b) psychometrische Kennwerte wie Zuverlässigkeit, Trennschärfe und Klassifikationsgüte der übergeordneten Schuldfähigkeitskategorien zu überprüfen (vgl. Kap. 5.3.2 und 5.3.3),
c) Analysen der Fehlklassifikationen durchzuführen, um etwaige systematische Fehlerquellen identifizieren zu können (vgl. Kap. 5.3.4).

Anwendungs- und theoriebezogene Teilziele. Abschließend ist die Ableitung einer empirisch basierten gutachterlichen Heuristik der Schuldfähigkeitsbegutachtung bei SASA als wichtigstes Hauptziel der Untersuchung vorzunehmen, sowie die Anbindung an die rahmentheoretische Schuldfähigkeitskonzeption zu gewährleisten. Diese ist über den Nachweis der statistisch bedeutsamen Differenzierung der beiden Schuldfähigkeitsgruppen anhand der postulierten Risiko- und protektiven Faktoren zu belegen. Im Rahmen dessen werden die Hypothesen, die sich aus der Circumplexstruktur von Seelischer Gesundheit und Verhaltenskontrolle ableiten lassen (vgl. Kap. 4.1.2), überprüft. Dabei wird angenommen, dass

a) der Persönlichkeitsfaktor Seelische Gesundheit einen direkten Einfluss auf die Schuldfähigkeit bei SASA hat. Dies zeigt sich in statistisch signifikanten Unterschieden zwischen Schuld- und vermindert Schuldfähigen hinsichtlich dieses Merkmals und entsprechend substantiellen positiven korrelativen Zusammenhängen.
b) der Persönlichkeitsfaktor Verhaltenskontrolle keinen linearen Einfluss auf die Schuldfähigkeit bei SASA hat. Dies ist durch fehlende statistisch signifikante Unterschiede zwischen Schuld- und vermindert Schuldfähigen hinsichtlich dieses Merkmals und entsprechend geringe korrelative Zusammenhänge zu belegen. Theoretisch lässt sich postulieren, dass der Persönlichkeitsfaktor Verhaltenskontrolle einen umgekehrt u-förmigen Einfluss auf die Schuldfähigkeit bei SASA ausübt, was anhand statistisch signifikanter Unterschiede zwischen Schuld- und vermindert Schuldfähigen hinsichtlich extremer vs. mittlerer Ausprägungen dieses Merkmals nachweisbar ist.

Ferner wird die in der Literatur vieldiskutierte Bedeutung dissozialer Erlebens- und Verhaltensweisen für die Schuldfähigkeitsbegutachtung überprüft. Dabei wird aufbauend auf den Befunden von Schmidt et al. (2004; vgl. Kap. 4.2.2) von folgenden Annahmen ausgegangen:

a) Eine direkte Auswirkung trait- und verhaltensbasierter Korrelate dissozialer Erlebens- und Verhaltensweisen auf die Schuldfähigkeit bei SASA ist nicht zu erwarten, was sich über nicht-signifikante Mittelwertsunterschiede hinsichtlich dieser Kategorien zwischen den Schuldfähigkeitsgruppen zeigen lässt.
b) Aus Sicht multivariater Zusammenhänge wird eine schwach moderierende Bedeutung dieses Konstrukts bezüglich der Schuldfähigkeit angenommen, die sich in entsprechend geringen Einflussgrößen im Rahmen des gewählten Ana-

lyseansatzes darstellen werden (vgl. Kap 5.3.3) und primär auf emotionsregulativen und inhibitorischen Fertigkeiten beruht (vgl. Kap. 4.2.2.2).

Grenzen des Außenkriteriums. Da für das Konstrukt der Schuldfähigkeit keine tatsächliche empirische Entsprechung existiert und diesem dementsprechend ein Zuschreibungsprozess zugrunde liegt (Steller, 2000), können lediglich entweder das Richterurteil oder die Sachverständigenempfehlung als Außenkriterium zur Validierung von entsprechenden Prädiktoren herangezogen werden. Das richterliche Votum zur Schuldfähigkeit beruht dabei nicht nur auf den sachverständig beschriebenen psychischen Gegebenheiten des Beschuldigten, sondern stellt auch auf rechtswissenschaftlich relevante Merkmale der Erheblichkeit und Strafzumessungsentscheidungen ab. Dies impliziert normative Einflussfaktoren, deren Bewertung keinesfalls in den psychowissenschaftlichen Kompetenzbereich fällt. Das Ziel dieser Untersuchung ist die Beschreibung psychologischer Voraussetzungen der Schuldfähigkeit. Das damit korrespondierende Außenkriterium beruht deshalb auf den von den Sachverständigen abgegeben Empfehlungen bezüglich der psychischen Auswirkungen auf die Schuldfähigkeit bei den von ihnen untersuchten Beschuldigten.

Es ist nicht Gegenstand dieser Arbeit, das Entscheidungsverhalten von Gutachtern im Umgang mit SASA zu untersuchen, was eine Betrachtung spezifischer Argumentationslinien und daraus resultierender Schlussfolgerungen der Sachverständigen vorausgesetzt hätte. In dieser Untersuchung liegt der Fokus auf zuvor theoretisch abgeleiteten und möglichst verhaltensnah operationalisierten potentiellen Unterscheidungsmerkmalen zwischen beiden Schuldfähigkeitsgruppen, die losgelöst vom spezifischen Vorgehen eines Sachverständigen betrachtet werden. Dabei wird nicht überprüft, ob und in welchem Umfang diese Merkmale von den einzelnen Sachverständigen für ihre Entscheidungsfindung herangezogen und/oder explizit diskutiert werden. Daraus ergibt sich für sämtliche im Folgenden auf die Schuldfähigkeitsfrage bezogenen Vorgehensweisen, Ergebnisse und Interpretationen, dass sich diese auf ein zugeschriebenes Expertenurteil beziehen und nicht die Frage der tatsächlichen, real nicht feststellbaren, Schuldfähigkeit zu lösen vermögen. Wenn im weiteren Verlauf von schuldfähigkeitsbezogenen Aspekten berichtet wird, ist diese Beschränkung im gewählten Kontrastgruppenansatz zu beachten.

5.2 Stichprobenbeschreibung

Die Datengrundlage dieser Untersuchung besteht aus N=94 Gutachten, die im Rahmen von Strafprozessen erstellt worden sind. Zentrale Fragestellung des Gerichts an die Sachverständigen war die Beurteilung der Schuldfähigkeit. Eingeschlossen wurden Gutachten, in denen das mögliche Vorliegen von SASA diskutiert wurde. Ausgeschlossen wurden diejenigen Gutachten, bei denen von den Sachverständigen über SASA hinaus andere Eingangsmerkmale als erfüllt angesehen wurden, so dass lediglich Gutachten mit dem Eingangsmerkmal SASA oder ohne jegliche Merkmale des §20 StGB Eingang in die Untersuchung fanden. Die Stichprobe setzt sich aus zwei größeren Teilstichproben zusammen.

Die kleinere Teilstichprobe von n=33 Gutachten ist die Datengrundlage, die den Untersuchungen von Schmidt (2001), Scholz & Schmidt (2003) bzw. Schmidt et al. (2004) zugrunde liegt. Hierbei handelt es sich um 27 von 274 Schuldfähigkeitsgutachten zu Tötungsdelikten aus Bayern und Nordrhein-Westfalen (vgl. Schmidt & Scholz, 2000) aus dem Jahr 1993, die den obigen Ein- und Ausschlusskriterien entsprachen. Weitere sechs Gutachten konnten dank der freundlichen Unterstützung einzelner Sachverständiger aus Nordrhein-Westfalen hinzugewonnen werden. Die größere Teilstichprobe besteht aus n=61 aus Bayern stammenden Gutachten der Jahre 1995 bis 2002.

Tabelle 5-1: Verteilung der Einzelbeiträge der einzelnen Sachverständigen an der Gesamtstichprobe

Anzahl der Gutachten je Sachverständigem	Einzelbeitrag (%)	Häufigkeit
1	1,1	23
2	2,1	1
3	3,2	3
4	4,3	3
5	5,3	2
8	8,5	1
10	10,6	1
20	21,3	1

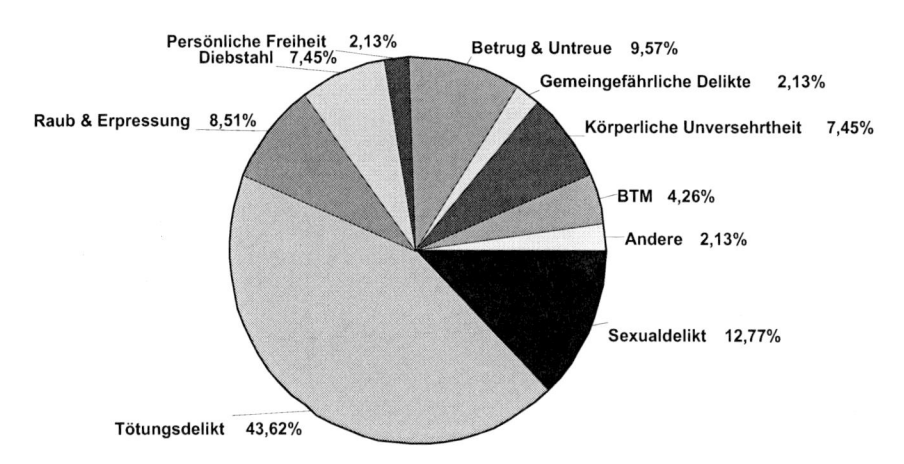

Persönliche Freiheit 2,13%
Diebstahl 7,45%
Betrug & Untreue 9,57%
Gemeingefährliche Delikte 2,13%
Raub & Erpressung 8,51%
Körperliche Unversehrtheit 7,45%
BTM 4,26%
Andere 2,13%
Sexualdelikt 12,77%
Tötungsdelikt 43,62%

Abbildung 5-1: Prozentuale Verteilung der Hauptdeliktgruppen in der Gesamtstichprobe.

Keine Diagnose 21,28%

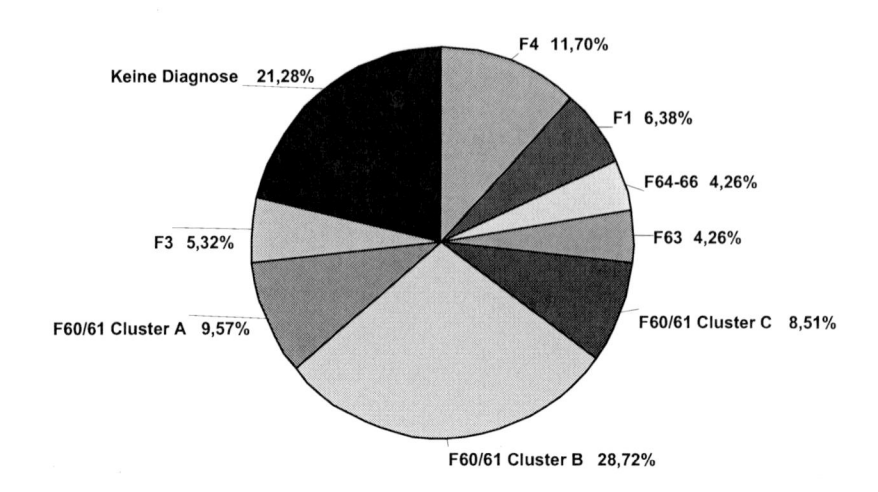

F4 11,70%

F1 6,38%

F64-66 4,26%

F3 5,32%

F63 4,26%

F60/61 Cluster A 9,57%

F60/61 Cluster C 8,51%

F60/61 Cluster B 28,72%

Abbildung 5-2: Prozentuale Häufigkeiten der Hauptdiagnosen (ICD-10) in der Gesamtstichprobe.

5.2.1 Gruppenvergleich der Basisdaten der Stichprobe

Der Frauenanteil in der untersuchten Stichprobe beträgt 13,8% (n=13). Dieser Wert liegt etwa im Mittelfeld zwischen den für den Erhebungszeitraum 2004 angegebenen 23,6% weiblichen Tatverdächtigen (Polizeiliche Kriminalstatistik, 2006), 8,1% Frauen in Untersuchungshaft und 4,9% weiblichen Strafgefangenen nach Verurteilung (Statistisches Bundesamt Deutschland, 2006).

In Tabelle 5-2 sind soziodemographische, forensische und psychopathologische Grunddaten für die Gesamtstichprobe im Gruppenvergleich dargestellt. Die Anteile Schuld- und vermindert Schuldfähiger sind in der Gesamtstichprobe mit je 47 Fällen gleichverteilt[21].

Stichprobenmatching. Inferenzstatistische Überprüfungen zeigen, dass sich die beiden Schuldfähigkeitsgruppen hinsichtlich der wesentlichen soziodemographischen und forensischen Merkmale nicht überzufällig voneinander unterscheiden (Alter, Bildung, IQ, Familienstand, Partnerschaft, Deliktart, Vorstrafenzahl und Vorliegen der konstella-

---

[21] Unter dem Eingangskriterium SASA ist die Exkulpation als extremer Ausnahmefall zu betrachten und in der Literatur nicht vorgesehen (vgl. Kap. 3.3.1).

tiven Faktoren Alkohol und Drogen). Es finden sich lediglich Unterschiede für das Geschlecht (Frauen werden in der vorliegenden Stichprobe eher dekulpiert) und Staatsangehörigkeit (Ausländer werden hier eher als schuldfähig eingeschätzt). Hinsichtlich der differentiellen Behandlung des weiblichen Geschlechts lässt sich vermuten, dass Frauen, die einer Schuldfähigkeitsbegutachtung zugeführt werden, im Vergleich zu männlichen Straftätern eher schwerere Auffälligkeiten hinsichtlich ihrer Erlebens- und Verhaltensweisen aufweisen, da schwere weibliche Delinquenz empirisch betrachtet ein seltenes Phänomen darstellt, und von daher ein Selektionsbias angenommen werden kann.

Tabelle 5-2: Gruppenvergleich innerhalb der Gesamtstichprobe nach soziodemographischen, forensischen und psychopathologischen Merkmalen (N=94).

Merkmal	Ausprägung	verminderte Schuldfähigkeit	Schuldfähigkeit	Statistischer Unterschied Test, Prüfgröße, (df), Signifikanz
Geschlecht	männlich	37	44	χ^2=4,374 (1)*
	weiblich	10	3	
Staatsangehörigkeit	deutsch	40	28	χ^2=7,656 (1) **
	ausländisch	7	19	
Alter M(SD)		33,2 (±11,7)	33,6 (±12,1)	t=-0,164 (92) ns.
IQ (z-Werte in Klassen) M(SD)		.13 (±.77)	.09 (±.55)	U=1078 ns.
Schulabschluss	keiner	8	8	χ^2=1,266 (4) ns.
	Sonderschule	1	0	
	Hauptschule	18	18	
	Realschule	12	11	
	Abitur	8	10	
Ausbildungsgrad	keiner	22	25	χ^2=1,991 (2) ns.
	Berufsausbildung	21	21	
	Studium	4	1	
Arbeitsplatz	arbeitslos/haushaltführend	24	24	χ^2=1,991 (3) ns.
	angestellt	18	14	
	selbstständig	3	7	
	in Rente	2	2	
Familienstand	ledig	29	22	χ^2=3,532 (3) ns.
	verheiratet	11	17	
	geschieden	6	8	
	verwitwet	1	0	
Partnerschaft	Single	24	19	χ^2=1,414 (2) ns.
	getrennt lebend	8	12	
	zusammen lebend	15	16	
Kinderzahl M(SD)		0,45 (±0,67)	0,89 (±1,32)	t=-2,056 (92) **

Merkmal	Ausprägung	verminderte Schuldfähigkeit	Schuldfähigkeit	Statistischer Unterschied Test, Prüfgröße, (df), Signifikanz
Hauptdelikt	Sexualdelikt	6	6	χ^2=9,564 (9) ns.
	Tötungsdelikt	21	20	
	Raub & Erpressung	6	2	
	Diebstahl	5	2	
	Persönliche Freiheit	0	2	
	Betrug & Untreue	4	5	
	Gemeingefährliche Delikte	1	1	
	Körperliche Unversehrtheit	3	4	
	BTM	0	4	
	Andere	1	1	
Anzahl Vorstrafen M(SD)		1,53 (±2,99)	1,77 (±3,05)	t=-0,375 (92) ns.
Einschlägige Vorstrafen	nein	36	11	χ^2=0,000 (1) ns.
	ja	11	11	
Todesfolge	nein	31	32	χ^2=0,048 (1) ns.
	ja	16	15	
Diagnosegruppe	keine	0	20	χ^2=38,891 (8) **
	F3	4	1	
	Pers.stör. Cluster A	6	3	
	Pers.stör. Cluster B	15	12	
	Pers.stör. Cluster C	8	0	
	F63	3	1	
	F64-66	4	0	
	F1	1	5	
	F4	6	5	
Anzahl Diagnosen M(SD)		1,57 (±0,72)	0,77 (±0,81)	t=5,120 (92) **
F1x Diagnose (auch komorbid) vorliegend?	nein	41	41	χ^2=0,448 (1) ns.
	ja	4	6	
Persönlichkeitsstörung (auch komorbid) vorliegend?	nein	12	31	χ^2=15,474 (1) **
	ja	35	16	
Konstellativer Faktor Alkohol/Drogen	nicht vorhanden	33	29	χ^2=4,925 (2) ns.
	leicht beeinflusst	8	16	
	schwer beeinflusst	6	2	

Anmerkung: Signifikanzniveau: * = p≤0,05; ** = p≤0,01; ns. = nicht signifikant; df = Freiheitsgrade; χ^2 = Chi-Quadrat-Test; t = t-Test für unabhängige Stichproben; U = Mann-Whitney-U Test für unabhängige Stichproben.

Für den Effekt der Staatsangehörigkeit lässt sich keine unmittelbar nahe liegende Hypothese finden. Ausländer werden seltener psychowissenschaftlich begutachtet und deutlich seltener in den Maßregelvollzug eingewiesen, als es ihrem tatsächlichem Anteil an verurteilten Straffälligen entspricht (vgl. Kröber, 2005). Möglicherweise spielen hier sprachliche und interkulturelle Verständnis- und Interpretationsprobleme im Rahmen der gutachterlichen Interaktion mit den Delinquenten (nicht selten über Dolmetscher) eine Rolle, sowie auch oftmals nur spärlich vorliegende und widersprüchliche Ermittlungsergebnisse zum Tatverlauf bzw. mangelnde Anknüpfungstatsachen (institutionelle Epikrisen, Zeugnisse etc.). Einen weiteren Einflussfaktor könnten veränderliche kriminalpolitische Rahmenbedingungen darstellen, denen auch Sachverständige unterworfen sind. Empirisch lässt sich gegenüber Ausländern ein im Untersuchungszeitraum dieser Arbeit deutlich gestiegenes gesamtgesellschaftliches Strafbedürfnis sowie eine erhöhte Punitivität innerhalb der Strafverfolgung feststellen (vgl. Pfeiffer, Windzio & Kleimann, 2004).

Psychopathologische Basisdaten. Hinsichtlich psychopathologischer Basisdaten lassen sich erwartungsgemäß Unterschiede zwischen beiden Gruppen finden. So zeigt sich, dass die vermindert Schuldfähigen durchschnittlich eine größere Anzahl von Diagnosen aufweisen sowie überproportional mehr Diagnosen aus dem Kapitel F6 Persönlichkeits- und Verhaltensstörungen zugeschrieben bekommen – egal ob als Haupt- oder komorbide Diagnosen[22]. Dies entspricht den gesetzlichen Rahmenbedingungen der §§ 20, 21 StGB, die die größere Störungsbelastung dieser Gruppe zur Voraussetzung machen. Darüber hinaus zeigt sich für die schuldfähigen Täter dieser Stichprobe eine höhere mittlere Kinderzahl, die auf das anzunehmende bessere zwischenmenschliche und partnerschaftliche Funktionsniveau aufgrund verringerter psychopathologischer Belastung dieser Gruppe zurückzuführen ist – namentlich die geringere Anzahl an Persönlichkeitsstörungen und die geringere Anzahl an Diagnosen (vgl. Walter & Dammann, 2006). Die Anzahl der Diagnosen aus dem Bereich der Störungen aufgrund psychotroper Substanzen ist in beiden Gruppen jedoch gleichverteilt.

5.3 Auswertungsmethodik

Die dieser Untersuchung zugrunde liegende Auswertungsstrategie lässt sich anhand der Zielstellung (vgl. Kap. 5.1) wie auch der verwendeten Methoden der Datenauswertung in zwei große Blöcke einteilen: a) Qualitative Analyseschritte mit dem Ziel der Gewinnung schuldfähigkeitsrelevanter Daten (vgl. Kap. 5.3.1), die im zweiten Schritt b) mittels quantitativen Methoden im Hinblick auf ihre Fähigkeit untersucht werden, schuldfähige von vermindert schuldfähigen Straftätern zu unterscheiden (vgl. Kap. 5.3.2 bis 5.3.4). Abschließend wird der Versuch unternommen anhand der Ergebnisse generelle Schlussfolgerungen hinsichtlich einer empirisch basierten Begutachtungsheuristik zu ziehen und deren Stärken und Grenzen vor dem Hintergrund persönlichkeitspsychologischer Theorien zu Seelischer Gesundheit und Verhaltenskontrolle (vgl. Becker, 1995) zu bewerten (vgl. Kap. 5.3.5).

---

[22] Es fällt die Häufung der Persönlichkeitsstörungen aus dem Cluster C in der Gruppe der Dekulpierten auf. Der Unterschied hinsichtlich der Verteilung der einzelnen Cluster zwischen den Gruppen ist jedoch statistisch nicht signifikant – unabhängig von der Betrachtung der Haupt- oder auch komorbid vorliegenden Diagnose einer Persönlichkeitsstörung.

Begriffsklärung. Mit dem Begriff der *Indikatoren* werden all diejenigen Aspekte, Charakteristika, Kennzeichen, Facetten oder Konstrukte bezeichnet, die nach Literaturlage bzw. theoriegeleitet Relevanz für die Frage der Schuldfähigkeit bei SASA besitzen (sollten; vgl. Kap. 3 und 4). Die Bezeichnung *Kategorie* wird für die mittels statistischer Gruppierungsalgorithmen aggregierten Zusammenfassungen dieser Indikatoren verwendet. Von *Schuldfähigkeitsmerkmalen* wird gesprochen, wenn sich einzelne Kategorien auch empirisch als trennscharf und schuldfähigkeitsrelevant herausgestellt haben.

5.3.1 Qualitative Analyse – Skalierende Strukturierung

Skalierende Strukturierung. Der gesamte qualitative Teil der Datenauswertung ist in Form einer sog. Skalierenden Strukturierung (Mayring, 1997; vgl. Abbildung 5-3) erfolgt. Dies ist eine inhaltsanalytische Technik, die nicht zusammenfassend oder explikativ arbeitet, sondern zum Ziel hat,

> bestimmte Aspekte aus dem Material herauszufiltern, unter vorher festgelegten Ordnungskriterien einen Querschnitt durch das Material zu legen *oder das Material aufgrund bestimmter Kriterien einzuschätzen* (ebd., S. 58, Hervorhebung durch den Verfasser).

Dabei wird versucht, anhand zuvor erstellter Operationalisierungen das Ausmaß bzw. den Ausprägungsgrad der fraglichen Konstrukte in den Gutachten inhaltsanalytisch zu erschließen und zu belegen.

Kategoriensystem. Grundlage aller qualitativen Analyseschritte ist die Erstellung eines operationalisierten Kategoriensystems, das für jeden verwendeten Indikator festlegt, welchen dem Gutachtentext zu entnehmenden Phänomenen, welche Ausprägung der Skalierung entspricht. Als Analyseeinheiten werden in dieser Untersuchung die einzelnen Gutachten aus der Stichprobe bezeichnet. Als Einschätzungsdimensionen fungieren die Indikatoren, die gemäß der in Kap. 4.1.2 dargestellten Ordnungsheuristik anhand zweier Schuldfähigkeitsachsen eingeteilt sind:

a) Situationsübergreifende Erlebens- und Verhaltensdispositionen, die im Sinne von traits zu betrachten sind (vgl. Abbildung 5-4).
b) Tatbezogene Erlebens- und Verhaltensmerkmale, die eher als states konzipiert sind (vgl. Abbildung 5-5).

Darüber hinaus sind Indikatoren gebildet worden zur Erfassung der beiden persönlichkeitspsychologischen Superfaktoren Seelische Gesundheit und Verhaltenskontrolle (Becker, 1995; vgl. Abbildung 5-6; Kap. 4.1.2). Diese heuristische Unterteilung ist als vorläufig zu betrachten. Sie dient lediglich der Verdeutlichung der theoriebasierten Ableitung der einzelnen Indikatoren. Eine Neuordnung auf empirischer Grundlage ist Ziel der weiteren quantitativen Analyseschritte. Damit diese Zusammenfassung mehrerer Einzelindikatoren zu empirisch basierten Schuldfähigkeitskategorien möglichst stabile und disjunkte Ergebnisse von hoher interner Konsistenz liefert, ist bei der Erstellung des Kategoriensystems weitestgehend auf die Erfüllung der bei Kuckartz (1999, S. 87ff) genannten Kriterien zu achten:

a) Unabhängigkeit der einzelnen Indikatoren
b) Eindeutigkeit der Definitionen der Indikatoren
c) Ausschließlichkeit, d.h. jeder Indikator darf nur einmal im Kategoriensystem vorkommen
d) Eindimensionalität des einzelnen Indikators
e) Ableitung aus theoretischem Bezugsrahmen der Forschungsfrage
f) Vollständigkeit im Hinblick auf die Forschungsfrage
g) Beachtung von Reliabilitätsaspekten

```
┌─────────────────────┐   ┌─────────────────────┐   ┌─────────────────────┐
│ 1. Bestimmung der   │──▶│ 2. Festlegung der   │──▶│ 3. Aufstellen von   │
│ Analyseeinheiten    │   │ Einschätzungs-      │   │ Kodierregeln und    │
│                     │   │ dimensionen         │   │ Operationalisierung │
│                     │   │                     │   │ der Ankerpunkte     │
│                     │   │                     │   │ für die Skalierung  │
└─────────────────────┘   └─────────────────────┘   └─────────────────────┘
```

Erarbeitung eines Kategoriensystems

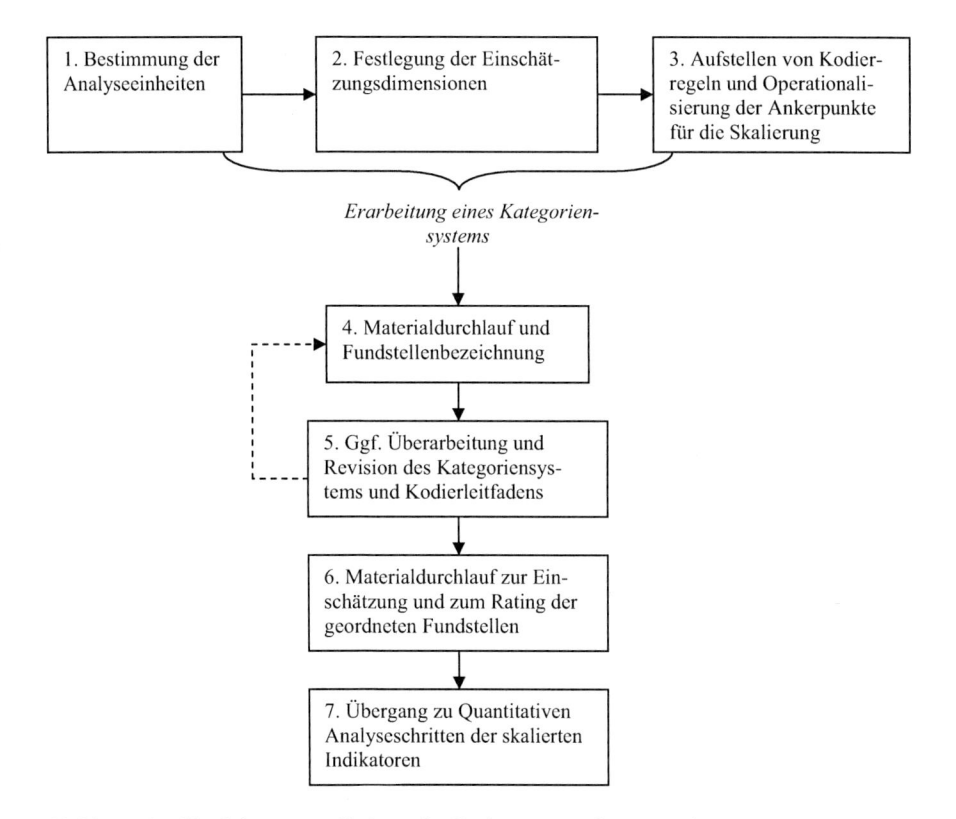

```
┌─────────────────────────────────┐
│ 4. Materialdurchlauf und        │
│ Fundstellenbezeichnung          │
└─────────────────────────────────┘
              │
              ▼
┌─────────────────────────────────┐
│ 5. Ggf. Überarbeitung und       │
│ Revision des Kategoriensys-     │
│ tems und Kodierleitfadens       │
└─────────────────────────────────┘
              │
              ▼
┌─────────────────────────────────┐
│ 6. Materialdurchlauf zur Ein-   │
│ schätzung und zum Rating der    │
│ geordneten Fundstellen          │
└─────────────────────────────────┘
              │
              ▼
┌─────────────────────────────────┐
│ 7. Übergang zu Quantitativen    │
│ Analyseschritten der skalierten │
│ Indikatoren                     │
└─────────────────────────────────┘
```

Abbildung 5-3: Ablaufschema einer Skalierenden Strukturierung adaptiert nach Mayring (1997).

Materialdurchlauf. Anhand der im Kategoriensystem operationalisierten Indikatoren erfolgt die Durchsicht der einzelnen Schuldfähigkeitsgutachten mit dem Ziel, jene Stellen im Text zu kennzeichnen, die Repräsentationen der Indikatoren darstellen. Bei diesem Materialdurchlauf wird das jeweilige Gutachten Zeile für Zeile durchgegangen, und die Textstellen, die einem Indikator entsprechen oder diesen inhaltlich symbolisieren, werden diesem zugeordnet bzw. mit diesem kodiert (Fundstellenbezeichnung). Der Vorgang der Kodierung geschieht in dieser Untersuchung manuell unter Zuhilfenahme des rechnerbasierten Textanalysesystems winMAX99pro (Kuckartz, 1998). Auf den Einsatz traditioneller diktionärsbasierter Programme zur automatischen Kodierung durch den Rechner wie z.B. Textpack PC (Züll, Mohler & Geis, 1991) ist aus Gründen der Validität verzichtet worden. Eine auf inhaltlicher Ebene kontextfreie Vercodung mittels Suchalgorithmen, die lediglich Buchstabenfolgen analysieren und bei denen den Indikatoren lediglich zuvor definierte Zeichenketten zugeordnet werden, hätte das Auffinden psychologisch komplexer Konstrukte in den Gutachtentexten verunmöglicht. Auf eine inhaltliche Interpretation der in den Textstellen manifest oder latent vorhandenen Indikatoren durch den Auswerter vor dem Hintergrund der in den Gutachten enthaltenen Gesamtinformation ist für diese Forschungsfrage nicht zu verzichten (vgl. Kuckartz, 1999). Dies wirft jedoch gleichzeitig die Frage nach der Reliabilität der erstellten Ergebnisse auf, worauf in Kap. 5.3.2 eingegangen wird.

Kategorienrevision. Während der ersten Materialdurchläufe sind die Operationalisierungen des Kategoriensystems auf ihre Auffindbarkeit im Text zu überprüfen und evtl. durch neue Erkenntnisse bzw. Verbesserungen theoriegeleitet zu modifizieren, um sie den in den Texten beobachtbaren Phänomenen besser anzupassen oder um weitere induktiv gewonnene Indikatoren zu ergänzen. Selbstverständlich sind dabei die anhand der alten Operationalisierungen erstellten Kodierungen jeweils neu auf ihre weitere Passung zu überprüfen (iteratives Vorgehen). In dieser Untersuchung sind aufgrund der Vorerfahrungen aus den Studien von Schmidt (2001) und Scholz & Schmidt (2003) derlei Änderungen nicht mehr notwendig gewesen.

Rating. Damit die aufwändige Verwaltung der Fundstellen rechnergestützt durch winMAX99pro erfolgen kann, müssen alle Gutachtentexte in digitalisierter Form oder als Textdokumente in eine für das Programm bearbeitbare Form umgewandelt werden. Dieses übernimmt dann die umfangreichen Datenbankfunktionen, die für den letzten Schritt der Skalierenden Strukturierung notwendig sind. Hierbei werden, um zu einer Gesamteinschätzung bzw. dem abschließenden Rating für einen Indikator zu gelangen, für jeden Einzelindikator fallweise alle mit diesem Code versehenen Textstellen aufgelistet. Aus der Summe der aufgelisteten Einzelbelege wird vom Untersucher anhand der Operationalisierung der Skalenwert für den einzelnen Indikator eingeschätzt. Für diese Untersuchung wurden dabei insgesamt rund 12.000 Textstellen gesichtet. Endprodukt ist eine Datenmatrix, die aus den einzelnen Gutachten und den skalierten Ausprägungen der Einzelindikatoren besteht. Diese stellt die Grundlage für die in Kap. 5.3.2 bis Kap. 5.3.5 beschriebenen quantitativen Analyseschritte dar, die die Zusammenfassung und

Reduktion aller Indikatoren zu übersichtlichen Schuldfähigkeitsmerkmalen bei SASA auf zwei Achsen zum Ziel haben.

Skalierung. Innerhalb der Skalierenden Strukturierung sind insgesamt 73 Indikatoren einzuschätzen. Die Skalierung erfolgt dabei an einer einheitlich dreifach gestuften Skala. Dabei kann ein Score von -1, 0 oder 1 vergeben werden. Die innere Logik der Skalierung folgt einem Prinzip von Risiko- und protektiven Faktoren.

a) Ein Score von -1 stellt aus theoretischer Perspektive einen Risikofaktor hinsichtlich der in Kap. 4 dargestellten Konstrukte dar (synonym könnte auch von auffälliger, pathogener oder inflexibler Ausprägung gesprochen werden).
b) Demgegenüber steht ein Wert von 1 für eine Ausprägung, die hinsichtlich der geschilderten Konstrukte protektive Auswirkungen hat (synonym salutogene, adaptive, flexible Wertigkeit).
c) Ein Wert von 0 repräsentiert eine nicht eindeutige Zwischenkategorie, die sowohl protektive als auch Vulnerabilitätsanteile im Sinne der Rahmentheorie der Schuldfähigkeit bei SASA beinhaltet.

Diese dreistufige Skalierung folgt den gängigen Ratingsystemen in forensischen Kontexten (vgl. z.B. Hare, 1991; Müller-Isberner et al., 1998; Müller-Isberner, Cabeza & Eucker, 2000). Die entsprechende Operationalisierung der Einzelindikatoren ist im Kodierleitfaden in Anhang A wiedergegeben. Einen Kurzüberblick über die einzelnen Indikatoren und ihren theoretischen Hintergrund gibt Kap. 5.3.1.1 bis Kap. 5.3.1.3.

Skalenniveau. Bezüglich des Skalenniveaus ist anzumerken, dass im Sinne von Bortz (1993, S. 27) von einer sog. „per fiat Messung" bei unter strengen Gesichtspunkten lediglich ordinalen Daten ausgegangen wird, für die die entsprechenden intervallskalierten Ratingskalen im Rahmen der Skalierenden Strukturierung mit den operationalen Definitionen des Kategoriensystems konstruiert sind. Die Annahme des niedrigeren Skalenniveaus hätte differenzierende Indexbildungen und weiterführende multivariate Analyseschritte verunmöglicht, was mit einem erheblichen Informationsverlust hinsichtlich der Beziehungen der einzelnen Variablen zueinander einherginge. Hinter dieser liberalen Auffassung steht die Überzeugung, dass die Bestätigung von Forschungsüberlegungen durch die Annahme eines falschen Skalenniveaus eher erschwert wird. Lässt sich eine Annahme empirisch bestätigen, ist dies zumeist als ein Beleg für die Richtigkeit der skalentheoretischen Annahme zu werten (vgl. Bortz & Döring, 2006, S. 70).

5.3.1.1 Kategoriensystem – Kurzbeschreibung der Indikatoren der Schuldfähigkeitsachse zu situationsübergreifenden Erlebens- und Verhaltensdispositionen

Für die folgende Darstellung der zugrunde liegenden Konstrukte der Indikatoren des Kategoriensystems gilt, dass die genaue Operationalisierung aller Einzelindikatoren dem Anhang A entnommen werden kann. Die Gruppierung der Indikatoren der ersten Achse folgt im Wesentlichen der von Scholz & Schmidt (2003) erstellten Systematik und dient lediglich heuristischen Ordnungsprinzipien. Sie ist für diese Untersuchung entsprechend der in Kap. 4 dargestellten Überlegungen erweitert und modifiziert worden. Die Indikatoren zur Erfassung situationsübergreifender Erlebens- und Verhaltensdispositionen setzen sich aus Bereichen psychischer Funktionen zusammen, die hauptsächlich mit habituellem Interaktionsverhalten, intrapsychischer Verarbeitung der daran beteiligten Vorgänge sowie auch dissozialen Phänomenen und Impulsivität assoziiert sind (vgl. Abbildung 5-4). Eine ausführliche Beschreibung der zugrunde gelegten Konstrukte ist in den Kap. 3.2 und 4.2 erfolgt, so dass an dieser Stelle nur eine Kurzbeschreibung erfolgt, um die Nachvollziehbarkeit der Untersuchungsmethodik zu gewährleisten.

(Selbst)Reflexive Fähigkeiten und Identität. Die in die Gruppe (selbst)reflexiver Fähigkeiten und Identität eingehenden Indikatoren gehen zurück auf Merkmale der Dimensionen Selbst- und Objektwahrnehmung und Selbststeuerung der Struktur-Achse der OPD (Arbeitskreis OPD, 2001) sowie auf kognitiv-behaviorale Theoriebildungen der Diagnostik von Persönlichkeitsstörungen (Beck et al., 1999; Fydrich, 2001) und haben im wesentlichen schema- (vgl. Stein, 1992; Pretzer & Beck, 2005) bzw. objektbeziehungstheoretische Konzeptionen der Repräsentation von Selbst- und Fremdbildern zum Inhalt (vgl. Kernberg & Caligor, 2005; vgl. Kap. 4.2.1.1).

Beziehungsverhalten. Die unter der Gruppe Beziehungsverhalten zusammengefassten Aspekte beruhen auf Konstrukten des Schuldfähigkeitsmerkmals Verhaltensregeln zum Schutz von Beziehungen nach Scholz & Schmidt (2003), dem interpersonellen Verhaltensfaktor, wie er von Cooke & Michie (2001) im dreifaktoriellen Modell der PCL-R (Hare, 1991) als arrogant-täuschendes Verhalten spezifiziert wird, sowie sicheren und unsicheren Bindungsstilen nach Bartholomew & Horowitz (1991), für die in unzähligen Untersuchungen Zusammenhänge mit psychischen Auffälligkeiten (vgl. z.B. Cassidy & Shaver, 1999) sowie auch neuerdings erstmals mit Persönlichkeitsstörungen (Meyer & Pilkonis, 2005) belegt werden konnten. Diese überlappen sich teilweise mit Konstrukten der Dimensionen Bindung und Kommunikation der Struktur-Achse der OPD (Arbeitskreis OPD, 2001). Ferner ist diese Kategorie noch erweitert worden um basale psychosoziale Kompetenzen, wie die Fähigkeit, arbeiten zu gehen, und das Eingebundensein in ein soziales Netzwerk. Insgesamt handelt es sich bei diesen Indikatoren um Facetten von Interaktionsverhaltensweisen (vgl. Kap. 3.2.6; 4.2.1.1).

Frühe Verhaltensauffälligkeiten. Unter frühen Verhaltensauffälligkeiten sind Indikatoren gruppiert, die das Ausmaß von hauptsächlich bereits früh auftretenden entwicklungspsychopathologischen Symptomen erfassen und dem gleichnamigen Schuldfähigkeitsmerkmal bei Scholz & Schmidt (2003) entsprechen. Die einzelnen Indikatoren gehen dabei auf die PCL-R Items „Frühe Verhaltensprobleme", „Jugenddelinquenz" sowie „Widerruf juristischer Auflagen" zurück und sind um die Klassifikation in internalisierende vs. externalisierende Störungen (Petermann & Scheithauer, 1998) erweitert worden (vgl. Kap. 3.2.6; 4.2.2).

Introspektion und Schwingungsfähigkeit. Die Gruppe Introspektion und Schwingungsfähigkeit stellt eine modifizierte Version des Schuldfähigkeitsmerkmals Differenzierung unterschiedlicher Emotionen und Schwingungsfähigkeit nach Scholz & Schmidt (2003) unter Hinzufügung des zweiten Faktors gestörter und oberflächlicher Affektivität des dreifaktoriellen Modells der PCL-R (Hare, 1991) von Cooke & Michie (2001) dar. Hierbei geht es um Fähigkeiten, eigene Emotionen wahrzunehmen, sowie diese im Umgang mit anderen ausdrücken zu können. Diese sind notwendig, um Nähe und Distanz flexibel und regulierbar zu gestalten (vgl. Kap. 3.2.6; 4.2.2).

Indikatoren zur Erfassung situationsübergreifender Erlebens- und Verhaltensdispositionen

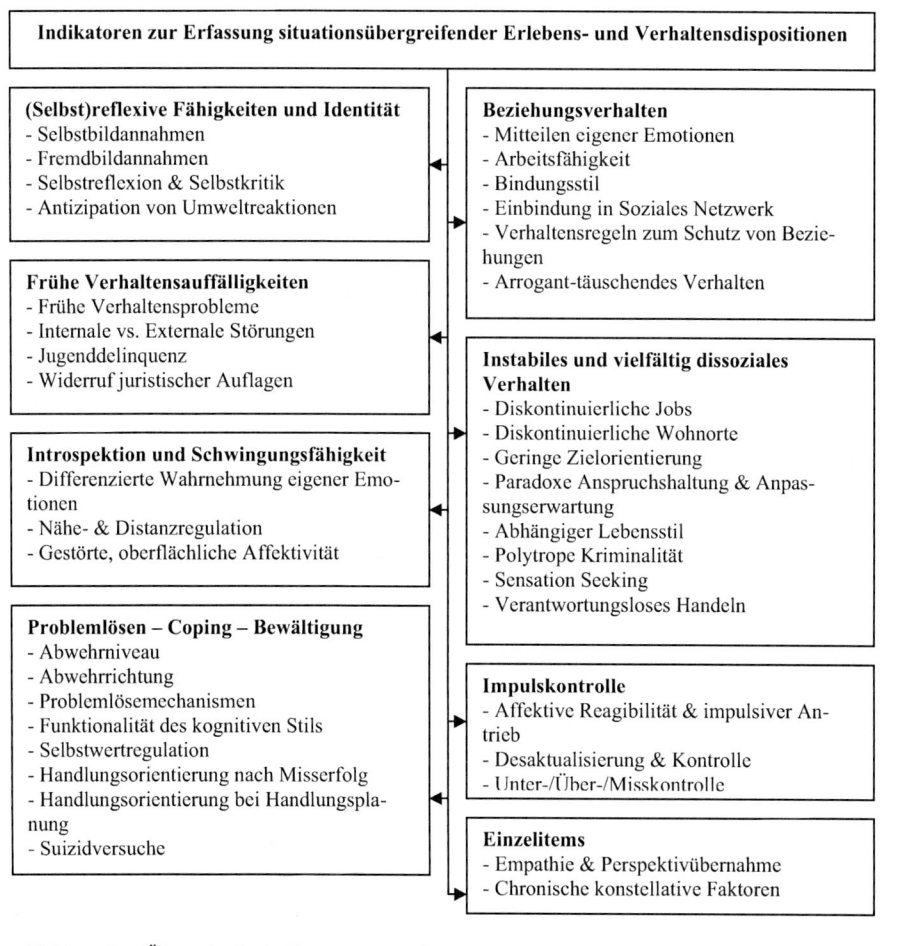

(Selbst)reflexive Fähigkeiten und Identität - Selbstbildannahmen - Fremdbildannahmen - Selbstreflexion & Selbstkritik - Antizipation von Umweltreaktionen	Beziehungsverhalten - Mitteilen eigener Emotionen - Arbeitsfähigkeit - Bindungsstil - Einbindung in Soziales Netzwerk - Verhaltensregeln zum Schutz von Beziehungen - Arrogant-täuschendes Verhalten
Frühe Verhaltensauffälligkeiten - Frühe Verhaltensprobleme - Internale vs. Externale Störungen - Jugenddelinquenz - Widerruf juristischer Auflagen	Instabiles und vielfältig dissoziales Verhalten - Diskontinuierliche Jobs - Diskontinuierliche Wohnorte - Geringe Zielorientierung - Paradoxe Anspruchshaltung & Anpassungserwartung - Abhängiger Lebensstil - Polytrope Kriminalität - Sensation Seeking - Verantwortungsloses Handeln
Introspektion und Schwingungsfähigkeit - Differenzierte Wahrnehmung eigener Emotionen - Nähe- & Distanzregulation - Gestörte, oberflächliche Affektivität	
Problemlösen – Coping – Bewältigung - Abwehrniveau - Abwehrrichtung - Problemlösemechanismen - Funktionalität des kognitiven Stils - Selbstwertregulation - Handlungsorientierung nach Misserfolg - Handlungsorientierung bei Handlungsplanung - Suizidversuche	Impulskontrolle - Affektive Reagibilität & impulsiver Antrieb - Desaktualisierung & Kontrolle - Unter-/Über-/Misskontrolle
	Einzelitems - Empathie & Perspektivübernahme - Chronische konstellative Faktoren

Abbildung 5-4: Übersicht der Indikatoren zur Erfassung situationsübergreifender Erlebens- und Verhaltensweisen mit Relevanz für SASA im Sinne von trait-Konzeptionen.

Impulskontrolle. Die Gruppe Impulskontrolle umfasst Indikatoren, die mit der Regulation impulsiver Verhaltendispositionen assoziiert sind (vgl. Herpertz & Saß, 1997b; Herpertz, 2001) sowie dem Zusammenbruch von selbstregulativen Fähigkeiten (Baumeister & Heatherton, 1996). Diese werden auch für die Dimension Selbststeuerung der Struktur-Achse der OPD beschrieben (Arbeitskreis OPD, 2001; vgl. Kap. 4.2.1.1; 3.2.6).

Problemlösen – Coping – Bewältigung. Die Indikatoren, die unter der Gruppe Problemlösen – Coping – Bewältigung zusammengefasst sind, stellen eine um emotionsregulative Kompetenzen erweiterte Version des äußerst trennscharfen Schuldfähigkeitsmerkmals „Problemlösen – Copingverhalten - Abwehrmechanismen" von Scholz & Schmidt (2003) dar. Hierbei handelt es sich um Konstrukte, die der Erfassung von Art und Ausmaß eingesetzter Abwehrmechanismen dienen wie die Dimension Abwehr der Struktur-Achse der OPD (Arbeitskreis OPD, 2001) und der für die weitere Forschung vorgeschlagenen Abwehr-Funktions-Achse des DSM-IV-TR (vgl. Saß et al., 2003, S. 882ff.; Perry et al., 1998). Weitere Konstrukte dienen der differentiellen Erfassung von Problemlösemechanismen, die sich als geeignet für die Vorhersage von Persönlichkeitsstörungen erwiesen haben (Bijttebier & Vertommen, 1999) sowie sog. kognitiven Stilen (vgl. Pretzer & Beck, 2005). Hinzugefügt wurde noch das Konstrukt der Handlungs- vs. Lageorientierung (Kuhl, 1994; 1998) und der Indikator Suizidversuche, als Hinweis auf gescheiterte Konfliktlösestrategien (vgl. Kap. 4.2.1; 3.2.6).

Einzelindikatoren. Als Einzelindikatoren wurden „Empathie & Perspektivübernahme" (Scholz & Schmidt, 2003) sowie das sog. Positivmerkmal „Chronische konstellative Faktoren" von Saß (1987) mit aufgenommen. Die gesamten Indikatoren zur Erfassung situationsübergreifender Erlebens- und Verhaltensdispositionen stellen eine facettenreiche Auffächerung der von Saß (1987) als „Psychopathologische Disposition der Persönlichkeit" und „Hervorgehen der Tat aus neurotischen Konflikten bzw. Primordialsymptomatik" bezeichneten Merkmale einer beeinträchtigten Schuldfähigkeit dar (vgl. Kap. 3.2.5; 3.2.6).

5.3.1.2 Kategoriensystem – Kurzbeschreibung der Indikatoren der Schuldfähigkeitsachse Tatbezogene Erlebens- und Verhaltensweisen

Die in Form einer zweiten Achse zusammengefassten Indikatoren zur Erfassung tatbezogener Erlebens- und Verhaltensweisen stellen eine Neuschöpfung für diese Untersuchung dar, die gegenüber der Arbeit von Scholz & Schmidt (2003) den Tatbezug der Schuldfähigkeitsmerkmale stärken soll (vgl. Kap. 4.1.2). Hierbei wurde unter Rückgriff auf das Schuldfähigkeitsmerkmal „Geplantes Vorgehen im Vorfeld und während der Tat" von Scholz & Schmidt (2003) eine Neugruppierung anhand der Tatphasen (Vor-, Tat- und Nachtatphase) sowie motivationaler und progredienter Tatverhaltensmerkmale vorgenommen (Abbildung 5-5). Eine ausführliche Beschreibung tatrelevanter Konzeptionen ist in Kap. 4.3 dargelegt. An dieser Stelle folgt lediglich eine der methodischen

Transparenz dienende Kurzbeschreibung, die auf den entsprechend dargestellten theoretischen Hintergründen basiert.

Progrediente Entwicklung der Taten. Die Gruppe Progrediente Entwicklung der Taten beruht auf den Leitsymptomen des von Schorsch (1988) für den forensischen Bereich dargestellten allgemeinen Schemas progredienter psychopathologischer Entwicklungen. Dieses ist nicht nur geeignet, deliktische Karrieren vor paraphilem Hintergrund zu beschreiben, sondern anwendbar auf jegliche Formen exzessiver Erlebens- und Verhaltensweisen, die mit deliktischem Handeln verbunden sein können (vgl. Kap. 4.3.3).

Indikatoren zur Erfassung tatbezogener Erlebens- und Verhaltensweisen

Progrediente Entwicklung der Taten
- Symptomverhaltenshäufung
- Ausgestaltung der Symptominszenierung
- Lockerung bzw. Verlust der sozialen Bindung
- Zunehmende Okkupierung durch Symptomverhalten
- Verlust der reparativen Stabilisierungsfunktion des Symptomverhaltens

Tatphase
- Planmäßiges Vorgehen
- Komplexität der Tat
- Lang hingezogenes Tatgeschehen
- Vorsorge gegen Entdeckung
- Fähigkeit zu warten

Nachtatphase
- Verdeckungshandlungen
- Ich-Syntonie vs. Ich-Dystonie
- Neutralisationstechniken
- Opferempathie

Motivationale Tatverhaltensmerkmale
- Ausmaß eingesetzter Aggressivität
- Reaktives vs. Initiatives Tatverhalten
- Sexueller Hintergrund bei Tatausführung
- Instrumentalität vs. Affektregulation
- Gemeinschaftliche Tatbegehung

Vortatphase
- Tatvorbereitungen
- Innere Auseinandersetzungen mit Strebungen zur Tat
- Gegenregulationsversuche
- Einengung der Lebensführung
- Stereotypisierung des Verhaltens
- Emotionale Labilisierung
- Konflikthäufung
- Aktuelle konstellative Faktoren
- Bekanntheitsgrad des Opfers

Einzelitems
- Alternative Verhaltensweisen unter vergleichbaren Umständen

---

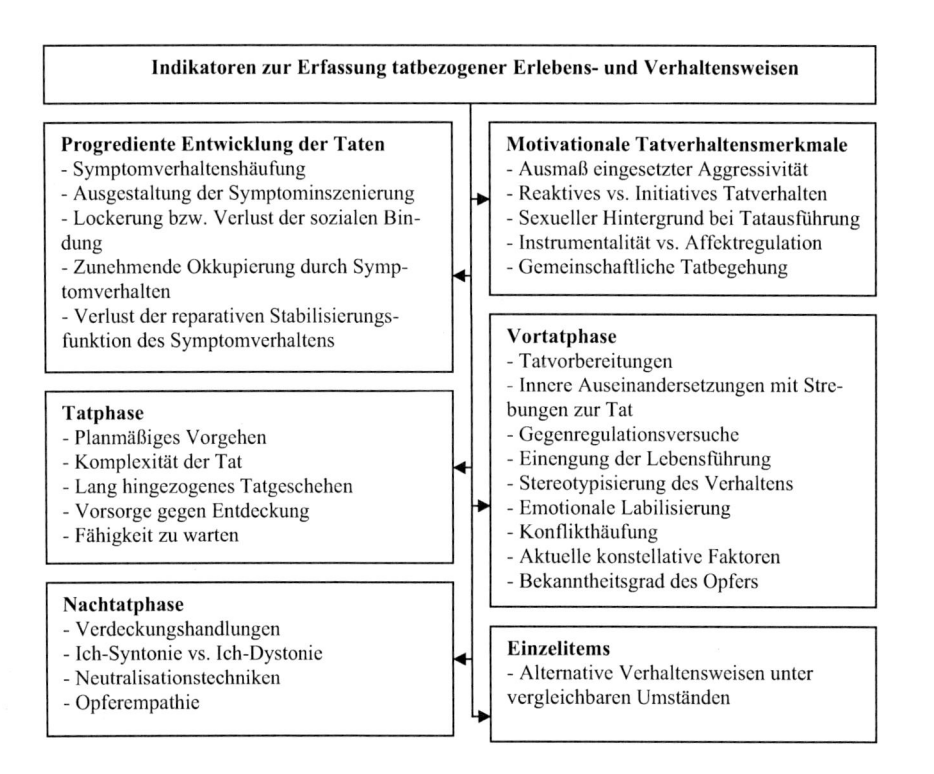

Abbildung 5-5: Übersicht der tatbezogenen Erlebens- und Verhaltensweisen mit Relevanz für SASA im Sinne von state-Konzeptionen.

Motivationale Tatverhaltensmerkmale. Unter dem Oberbegriff motivationaler Tatverhaltensmerkmale sind heterogene Konstrukte zusammengefasst, die der Erfassung der Funktionalität des Tatverhaltens dienen können. Hierbei geht es um die Unterscheidung von Hands-On vs. Hands-Off Delikten als Gradmesser für die Aggressivität bei der Deliktbegehung (Hoyer, 2001) und um reaktives vs. aktiv-initiatives sowie instrumentelles vs. affektregulatives Handeln. Ferner wird ein potentieller sexueller Motivationszusammenhang der Taten erfasst und ob es sich um ein Einzel- oder Gruppendelikt handelt (vgl. Rasch, 1999, S. 176ff.; Kap. 4.3.2).

Vortatphase. Die Gruppe der Erlebens- und Verhaltensweisen, die der Vortatphase zugeordnet worden sind, beinhalten Aspekte des weiteren sowie unmittelbaren Tatanlaufs. So finden sich hier Konstrukte, die auf Raschs (1982, 1991) strukturell-sozialen Krankheitsbegriff zurückgehen, wie auch auf Positiv- und Negativmerkmale der Schuldfähigkeit bei SASA, wie Saß (1987) sie beschrieben hat. Ferner ist an dieser Stelle regulatives Handeln im Sinne von Über-, Unter- oder Fehlregulation während des Tatanlaufs (vgl. Blackburn, 1993, S. 238ff.; Baumeister & Heatherton, 1996; Nedopil, 1996; Davey et al., 2005) sowie der Bekanntheitsgrad des Opfers von Interesse (vgl. Kap. 4.3.1; 3.2.4; 3.2.5).

Tatphase. In die Gruppe der Indikatoren zur eigentlichen Tatphase sind Aspekte geplanten Tathandelns des Negativmerkmals für Schuldfähigkeit bei SASA (Saß, 1987) eingegangen. Sie beziehen sich auf ein planmäßiges und kontrolliertes Umsetzen der Tat unter Berücksichtigung situationaler Erfordernisse und Schwierigkeiten. Im Vergleich zur Konzeption bei Scholz & Schmidt (2003) ist hierbei der Fokus jedoch enger auf unmittelbar tatrelevantes Handeln gelegt worden (vgl. Kap. 4.3.1; 3.2.5).

Nachtatphase. Die Gruppe der Nachtatphase umfasst Erlebens- und Verhaltensweisen, die das sich der eigentlichen Tat anschließende Verhalten beschreiben, wie beispielsweise den Einsatz von Neutralisationstechniken (Schahn, Dinger & Bohner, 1995), das Ausmaß von Opferempathie, den Grad der Ego-Syntonie des gezeigten Tatverhaltens sowie den möglichen Einsatz von Verdeckungshandlungen (vgl. Kap. 4.3.1; 3.2.5).

Einzelindikator. Als Einzelindikator wurde schließlich noch die Fähigkeit des Täters berücksichtigt, unter der Tat vergleichbar belastenden Umständen auf alternative Verhaltensweisen zurückzugreifen (vgl. Saß, 1987). Zusammenfassend stellen die Indikatoren zur Erfassung tatbezogener Erlebens- und Verhaltensweisen nach Tatphasen geordnete Merkmale unmittelbar deliktrelevanter handlungs- und emotionsregulativer Kompetenzen dar, die um motivationale Aspekte erweitert worden sind. Diese sind in ihrer Aufgliederung der Einzelbestandteile breiter gefächert ist als die ursprüngliche Konzeption der Positiv- und Negativmerkmale von Saß (1987; vgl. 4.3).

5.3.1.3 Kategoriensystem – Kurzbeschreibung der Indikatoren zur Erfassung der Persönlichkeitsfaktoren Seelische Gesundheit und Verhaltenskontrolle

Die Indikatoren zur Erfassung der beiden von Becker (1988, 2000) empirisch aus klassischen psychodiagnostischen Persönlichkeitsinventaren ermittelten varianzstarken Persönlichkeitssuperfaktoren Seelische Gesundheit und Verhaltenskontrolle (vgl. Kap. 4.1.2) sind samt ihrer faktoriellen Binnenstruktur in Abbildung 5-6 dargestellt und beruhen auf den Operationalisierungen von Becker (1995, S. 34ff.). Die genauen Operationalisierungen der genannten Konstrukte finden sich in Anhang B.

Indikatoren zur Erfassung von *Seelischer Gesundheit* und *Verhaltenskontrolle*

Seelische Gesundheit   **Verhaltenskontrolle**

Seelisch-körperliches Wohlbefinden
- Sinnerfülltheit
- Selbstvergessenheit
- Beschwerdefreiheit

Selbstaktualisierung
- Expansivität
- Autonomie

Selbst- und fremdbezogene Wertschätzung
- Selbstwertgefühl
- Liebesfähigkeit

Kontrolliertheit
- Normorientierung
- Ordnungsstreben
- Zuverlässigkeit
- Arbeitsorientierung
- Zukunfts- & Vernunftorientierung

- Sparsamkeit

Spontaneität
- Ausgelassenheit
- Erlebnishunger
- Hedonismus

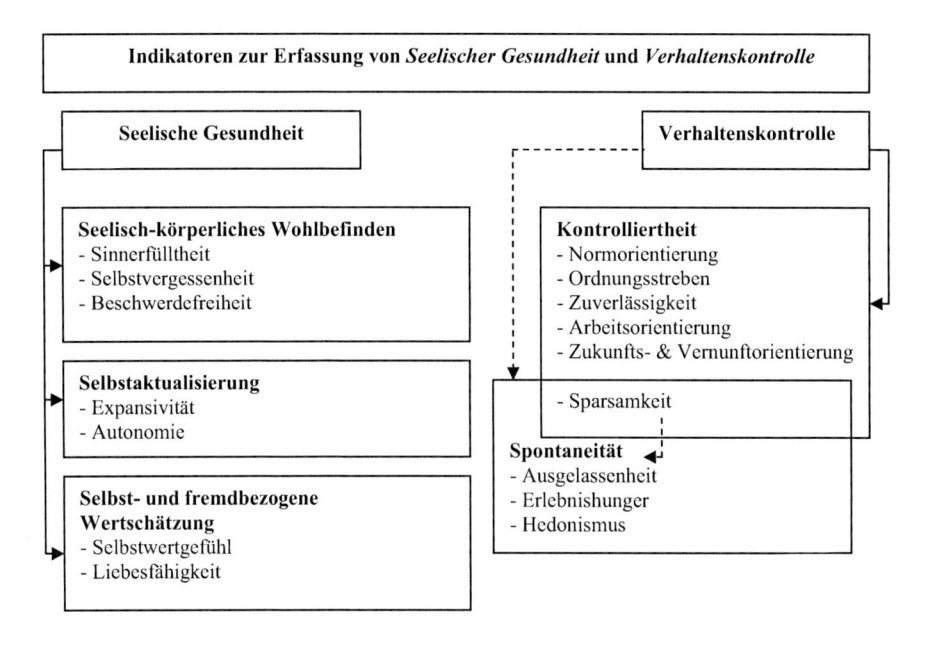

Abbildung 5-6: Übersicht der Indikatoren zur Erfassung von Seelischer Gesundheit und Verhaltenskontrolle nach Becker (1995, S. 37ff.). Alle durchgezogen dargestellten Zusammenhänge sind positiver Art, gestrichelte stellen negative Verbindungen dar (vgl. Abbildung 4-1 und Abbildung 4-2).

5.3.2 Quantitative Analyse – Aggregation zu Schuldfähigkeitskategorien

Clusteranalytisches Vorgehen. Grundlage der Bildung von aggregierten Schuldfähigkeitskategorien ist das Klassifikationsproblem, eine vorgegebene Menge von schuldfähigkeitsbezogenen Indikatoren in möglichst intern homogene und extern voneinander separierbare Klassen oder Cluster einzuteilen. Insbesondere Clusteranalysen stellen hierfür geeignete Verfahren dar (vgl. Eckes & Roßbach, 1980), da sie im Gegensatz zu faktorenanalytischen Ansätzen als heuristische Verfahren mit geringeren statistischen Grundvoraussetzungen gelten können. So ist z.B. die in den meisten faktorenanalytischen Anwendungen implizierte Annahme der Orthogonalität der Faktoren bei den Clusteranalysen nicht gefordert.

Ein wesentliches Charakteristikum clusteranalytischer Ansätze ist die gleichzeitige Heranziehung aller Indikatoren zur Gruppenbildung. Die Grundannahme dabei ist, dass der Datensatz eine immanente Ordnung, eine Struktur oder ein System von Ähnlichkeitsbeziehungen aufweist (Heterogenitätshypothese). Unbekannt ist jedoch, wie viele solcher Cluster existieren, wodurch sie sich unterscheiden und welche Indikatoren in welcher Anzahl diese bilden. Die Tatsache der fehlenden a priori Klassifikation des Datensatzes legt nahe, dass die clusteranalytische Auswertung hauptsächlich als Werkzeug der Datenexploration zu betrachten ist (vgl. Hand, 1989). Die wichtige Entscheidung über die optimale Clusterzahl, die letztlich als Schuldfähigkeitskategorien für die weiteren Untersuchungsschritte fungieren sollen, ist anhand der folgenden zwei Entscheidungsregeln gefällt worden:

a) *Inhaltlich-theoretische Passung der Schuldfähigkeitskategorien:* Die einzelnen Kategorien müssen theoretisch sinnvolle Einheiten repräsentieren. Ihr Umfang und Inhalt sollte eindeutig interpretierbar sein, was bedeutet, dass ein Auflösungsgrad zu wählen ist, der einerseits genügend fein ist, um theoretisch sinnvoll abgrenzbare Einheiten ersichtlich werden zu lassen. Andererseits sollte dieser grob genug sein, dass nicht zu viele Subcluster im Sinne marginaler Facetten eines übergeordneten Konstrukts erzeugt werden.

b) *Überschaubarkeit der Schuldfähigkeitskategorien:* Ziel der Untersuchung soll eine überschaubare Anzahl von Kategorien sein, die Sachverständigen eine handhabbare Unterstützung bei der Beantwortung der Frage nach Vorliegen von SASA bietet. In der Praxis überschaubare Kategorienlisten sollten nicht mehr als ca. 10 bis 15 Einzelkriterien umfassen, ohne dabei eine Zersplitterung in kleinste Unterkonstrukte mangelnder praktischer Relevanz mit sich zu bringen.

Das statistische Auswertungsrationale der clusteranalytischen Aggregation der Indikatoren zu Schuldfähigkeitsmerkmalen (vgl. Abbildung 5-7) gründet sich auf einen Vorschlag von Backhaus, Erichson, Plinke & Weiber (2003), die eine vorgeschaltete Elimination von sog. Ausreißern[23] empfehlen. Die Verwendung hierarchischagglomerativer Clusteralgorithmen beruht auf der fehlenden a priori Einteilung in eine sinnvolle Anzahl von Clustern. Die Clusterung wird für jede Schuldfähigkeitsachse getrennt vorgenommen (vgl. Abbildung 5-4; Abbildung 5-5), um später die Beiträge tatbezogener und situationsübergreifender Merkmale sowohl getrennt als auch gemeinsam bestimmen zu können (vgl. Kap. 5.3.3).

Proximitätsmaß. Der Wahl des verwendeten Proximitätsmaßes kommt bei clusteranalytischen Verfahren eine besondere Rolle zu. Gemäß Eckes et al. (1980) werden der Zugang zur Lösung eines Klassifikationsproblems und die Brauchbarkeit der gewonnenen Ergebnisse in entscheidendem Ausmaß von der Art der operationalen Definition des zunächst sehr vagen Ähnlichkeits- oder Unähnlichkeitskonzepts bestimmt. Für die Wahl

---

[23] Ausreißer stellen Indikatoren dar, die sich im Vergleich zu den anderen untersuchten Indikatoren gänzlich unähnlich darstellen und dadurch zu einer negativen Beeinflussung des clusteranalytischen Fusionierungsprozesses beitragen.

eines geeigneten Proximitätsmaßes ist die inhaltliche Fragestellung entscheidend (Bortz, 1993), da sie festlegt, welchen Ähnlichkeitsaspekten Priorität zugemessen wird. Sneath & Sokal (1973) empfehlen die Verwendung des simpelsten Koeffizienten, der für das Datenmaterial gewählt werden kann, da dies das unter Umständen schwierige Unterfangen der Interpretation der Ergebnisse erleichtern kann. In dieser Untersuchung lassen sich beide Empfehlungen integrieren, da das simpelste Proximitätsmaß mit dem inhaltlich passenden zusammenfällt. Es wird daher durchgängig auf das City-Block-Distanzmaß zurückgegriffen.

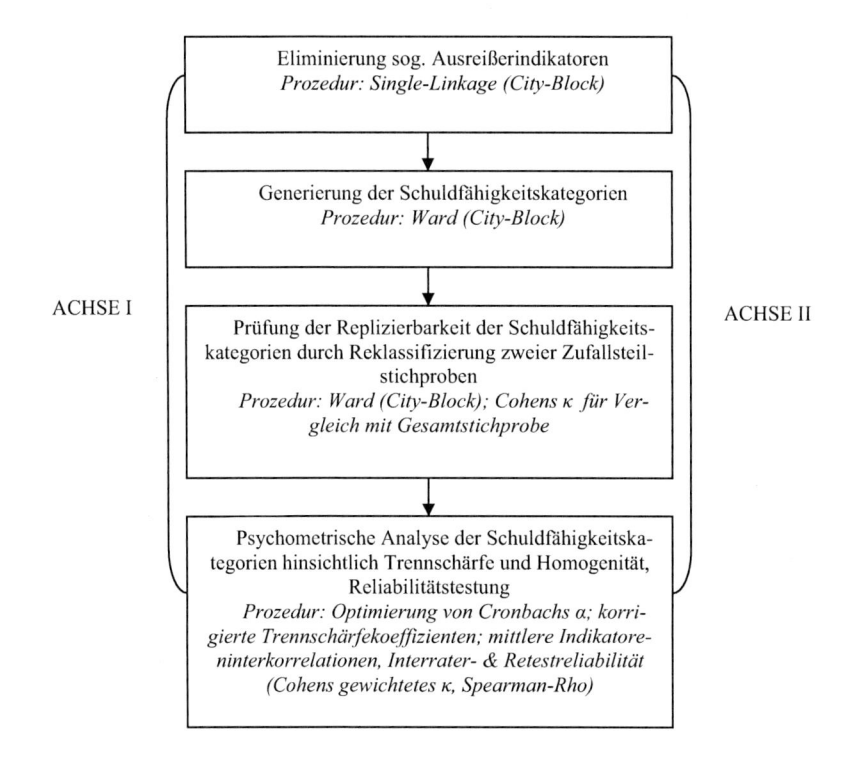

```
                    ┌─────────────────────────────────────────┐
                    │    Eliminierung sog. Ausreißerindikatoren│
                    │    Prozedur: Single-Linkage (City-Block) │
                    └─────────────────────────────────────────┘
                                        │
                                        ▼
                    ┌─────────────────────────────────────────┐
                    │ Generierung der Schuldfähigkeitskategorien│
                    │       Prozedur: Ward (City-Block)       │
                    └─────────────────────────────────────────┘
                                        │
ACHSE I                                 ▼                           ACHSE II
                    ┌─────────────────────────────────────────┐
                    │ Prüfung der Replizierbarkeit der Schuldfähigkeits-
                    │ kategorien durch Reklassifizierung zweier Zufallsteil-
                    │                stichproben
                    │ Prozedur: Ward (City-Block); Cohens κ für Ver-
                    │          gleich mit Gesamtstichprobe
                    └─────────────────────────────────────────┘
                                        │
                                        ▼
                    ┌─────────────────────────────────────────┐
                    │ Psychometrische Analyse der Schuldfähigkeitska-
                    │ tegorien hinsichtlich Trennschärfe und Homogenität,
                    │              Reliabilitätstestung
                    │ Prozedur: Optimierung von Cronbachs α; korri-
                    │ gierte Trennschärfekoeffizienten; mittlere Indikatore-
                    │ ninterkorrelationen, Interrater- & Retestreliabilität
                    │       (Cohens gewichtetes κ, Spearman-Rho)
                    └─────────────────────────────────────────┘
```

Abbildung 5-7: Auswertungsrationale der Gewinnung aggregierter Schuldfähigkeitskategorien.

Für die Verwendung eines Distanzmaßes gegenüber einem Ähnlichkeitsmaß spricht, dass hinsichtlich des Untersuchungsziels der absolute Abstand zwischen den Indikatoren von Interesse ist, und die Unähnlichkeit dann als umso größer anzusehen ist, wenn zwei Indikatoren weit entfernt voneinander zu liegen kommen. Der primäre Ähnlichkeitsaspekt ist nicht im niveau-unabhängigen Gleichlauf zweier Profile zu sehen (vgl.

Backhaus et al., 2003). Inhaltlich lässt sich die Verwendung des City-Block-Distanzmaßes daraus ableiten, dass es sich bei der Berechnung der Distanzen zwischen den Indikatoren um einen Fähigkeitsvergleich handelt – analog zur Gesamtwürdigung der festgestellten Fähigkeiten und Auffälligkeiten durch den Sachverständigen. Deswegen macht es Sinn, davon auszugehen, dass weniger flexibel ausgeprägte Fähigkeiten eines Indikators durch stärker flexibel ausgeprägte Skills eines anderen Indikators ausgeglichen werden können. Genau dies leistet das City-Block-Distanzmaß (vgl. Everitt, 1993). Da aufgrund mangelnder empirischer Grundlagen im Sinne der einfachsten Kombinationsannahme von einer Gleichgewichtung aller Indikatoren im Hinblick auf die Schuldfähigkeitsfrage auszugehen ist, ist das City-Block-Maß den Euklidischen Distanzen vorzuziehen (vgl. Meiser & Humburg, 1996, S. 281).

Ausreißerselektion. Die Selektion unbrauchbarer Indikatoren erfolgt mittels der von Backhaus et al. (2003) als für die Entdeckung von Ausreißern empfohlenen Single-Linkage-Clusteranalyse. Da dieses Vorgehen aufgrund der mathematischen Eigenschaften des Fusionierungsalgorithmus dazu neigt, „viele kleine und wenige große Gruppen zu bilden (kontrahierendes Verfahren), bilden die kleinen Gruppen einen Anhaltspunkt für die Identifikation von „Ausreißern" in der Objektmenge" (ebd., S. 357f). Diese lassen sich im Verlauf der Fusionierung anhand des Dendrogramms leicht an der späten Zusammenfassung mit anderen Indikatoren identifizieren.

Fusionierungsalgorithmus. Um aus der so von verzerrenden Indikatoren befreiten Restmenge schuldfähigkeitsbezogener Merkmale die weiter zu untersuchenden Schuldfähigkeitskategorien zu bilden, wird auf den Fusionierungsalgorithmus nach Ward zurückgegriffen. Dieser hat sich aufgrund seiner Eigenschaft, sowohl die interne Homogenität (im Sinne einer möglichst kleinen Summe quadrierter Intra-Cluster-Distanzen der Einzelcluster zu ihren Zentroiden) als auch die externe Heterogenität (als möglichst große Summe gewichteter quadrierter Inter-Cluster-Distanzen der Zentroide zum Gesamt-Zentroiden aller Objekte) zu optimieren, als sehr robust im Aufdecken von Merkmalsgruppierungen gezeigt (vgl, Kuiper & Fisher, 1975; Blashfield, 1976; Mojena, 1977; Milligan, 1980). Insofern gilt der Ward-Algorithmus als konservatives Verfahren, das zur Bildung ungefähr gleich großer Gruppen neigt.

Replizierbarkeit. Der gleiche Fusionierungsalgorithmus kommt bei der Überprüfung der Replizierbarkeit der gefundenen Clusterstruktur zum Einsatz, um Artefakte von stabilen Strukturen in den Daten unterscheiden zu können[24]. Hierbei ist die Gesamtstichprobe unter Verwendung der korrespondierenden SPSS-Funktion zufällig in zwei gleich große Teilstichproben geteilt worden. Diese werden analog des beschriebenen Vorgehens ebenfalls einer Clusterung mittels Ward-Algorithmus und City-Block-Distanzmaß unterzogen (vgl. Eckes, et al., 1980; Bortz, 1993). Im Anschluss daran wird je eine neue, auf einer Teilstichprobe beruhende Gruppierung, in einer der Gesamtlösung ent-

---

[24] Auf einen zusätzlichen Vergleich der Clusterung der Gesamtstichprobe mit den Ergebnissen anderer Fusionierungsalgorithmen und Distanzmaße wird verzichtet, nachdem sich bei Schmidt (2001) nur marginale Unterschiede in den Ergebnissen fanden.

sprechenden Clusterzahl mit der ursprünglichen anhand der Gesamtstichprobe errechneten Einteilung verglichen. Dabei kommt Cohens κ-Koeffizient als Übereinstimmungsmaß zur Anwendung.

Psychometrische Eigenschaften. Anschließend folgt eine Analyse der psychometrischen Eigenschaften der erzeugten Clusterstruktur für die Gesamtstichprobe. Dafür werden berechnet:

a) Cronbachs α als Maß für die interne Konsistenz der einzelnen Cluster,
b) die jeweiligen part-whole korrigierten Trennschärfen der einzelnen Indikatoren sowie
c) die durchschnittlichen Interkorrelationen der einzelnen Indikatoren als Index der mittleren Übereinstimmung bzw. Homogenität einer Schuldfähigkeitskategorie.

Eine Optimierung wird dabei anhand des Konsistenzkriteriums (α-Maximierung) vorgenommen – sollte sich ein Indikator stark negativ auf die Messgenauigkeit der Schuldfähigkeitskategorie auswirken, so ist dieser zu entfernen.

Reliabilitätsprüfung. Um Einschätzungen hinsichtlich einer zuverlässigen Messbarkeit der übergeordneten Konstrukte der einzelnen Schuldfähigkeitskategorien zu erhalten, wird eine Analyse der Retestreliabilität sechs Monate nach Durchführung der letzten Inhaltsanalyse an den Gutachten durchgeführt. Dazu werden vom Autor erneute Skalierende Strukturierungen von sechs (6,3% der Stichprobe) zufällig ausgewählten Gutachten (drei aus jeder Schuldfähigkeitsgruppe) vorgenommen und jeweils mittlere Spearman-Rangkorrelationen zur Prüfung der Konsistenz bzw. durchschnittliche gewichtete κ-Koeffizienten (quadrierte Gewichtung) nach Cohen zur Übereinstimmung der Beurteilungen berechnet (vgl. Bortz, Lienert & Boehnke, 2000, S. 465). Zur Bestimmung der Interraterreliabilität werden die sechs ausgewählten Gutachten durch eine Diplom-Psychologin mit mehrjähriger Berufspraxis in einer Maßregelvollzugseinrichtung sowie Erfahrung in der Schuldfähigkeitsbegutachtung eingeschätzt. Es werden die gleichen Koeffizienten bestimmt.

5.3.3 *Quantitative Analyse – Überprüfung der Diskriminations- und Klassifikationsleistung anhand binär logistischer Regressionen und ROC-Analysen*

Univariate Prüfung. Für einen ersten Überblick der Ausprägungen der einzelnen Schuldfähigkeitskategorien beider Schuldfähigkeitsgruppen werden die entsprechenden Mittelwertsunterschiede für unabhängige Stichproben berechnet. Ebenso werden die zugehörigen Effektstärken mitgeteilt, die als Gütemaß der Diskriminationsfähigkeit der

Schuldfähigkeitsgruppen interpretiert werden können[25]. Dies entspricht einer univariaten Betrachtungsweise, die keinerlei Aussagen über die Kombinierbarkeit einzelner trennscharfer Kategorien zulässt. Alle Berechnungen beruhen dabei auf der anhand der Indikatorenzahl gemittelten Summe der Indikatoreneinzelwerte für die jeweiligen Schuldfähigkeitskategorien, wie sie aus den Clusteranalysen für beide Achsen resultieren. Um multivariat begründete Aussagen über geeignete Kategorienkombinationen zu erhalten, die zwischen den Gruppen Schuld- und vermindert Schuldfähiger differenzieren zu vermögen, werden die aus den taxonomischen Analyseschritten gewonnenen Schuldfähigkeitskategorien klassifikatorisch mit strukturen-prüfenden Verfahren geprüft. Hierbei interessiert neben der Wahrscheinlichkeit der Gruppenzuordnung insbesondere, welche der einzelnen Schuldfähigkeitskategorien in welchem Ausmaß einer trennscharfen Unterscheidung der beiden Schuldfähigkeitsgruppen zuträglich sind.

```
┌─────────────────────────────┐         ┌─────────────────────────────┐
│ Trennscharfe Schuldfähig-   │         │ Trennscharfe Schuldfähig-   │
│      keitsmerkmale Achse I  │         │      keitsmerkmale Achse II │
│         Prozedur:           │         │         Prozedur:           │
│  Binär logistische Regression│         │  Binär logistische Regression│
│    (Ausschluss rückwärts)   │         │    (Ausschluss rückwärts)   │
└─────────────────────────────┘         └─────────────────────────────┘
```

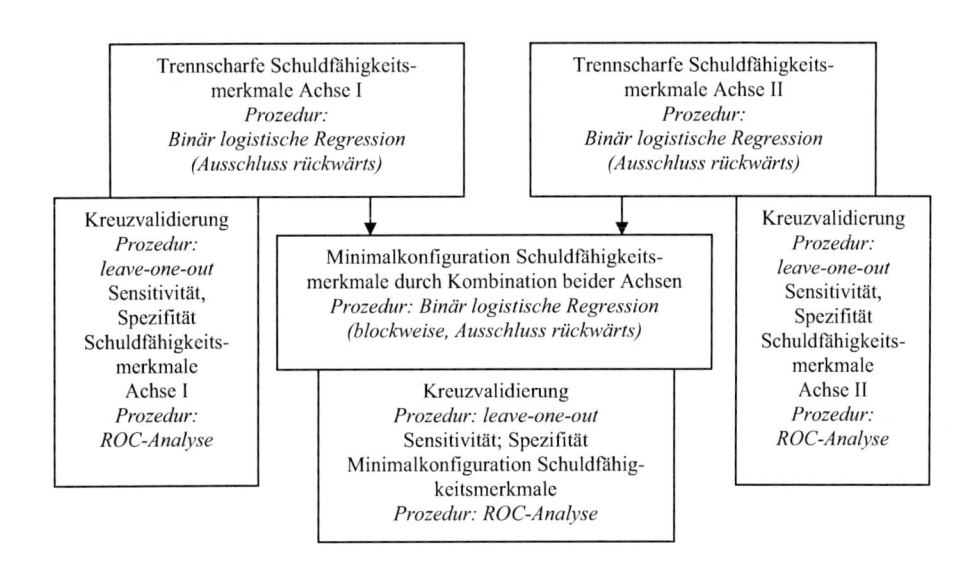

┌──────────────────┐ ┌───┐ ┌──────────────────┐
│ Kreuzvalidierung │ │ Minimalkonfiguration Schuldfähigkeits- │ │ Kreuzvalidierung │
│   Prozedur: │ │ merkmale durch Kombination beider Achsen│ │   Prozedur: │
│ leave-one-out   │ │ Prozedur: Binär logistische Regression │ │ leave-one-out   │
│   Sensitivität, │ │   (blockweise, Ausschluss rückwärts)   │ │   Sensitivität, │
│   Spezifität   │ ├───┤ │   Spezifität   │
│ Schuldfähigkeits-│ │   Kreuzvalidierung   │ │ Schuldfähigkeits-│
│   merkmale   │ │   Prozedur: leave-one-out   │ │   merkmale   │
│   Achse I   │ │   Sensitivität; Spezifität   │ │   Achse II   │
│   Prozedur: │ │   Minimalkonfiguration Schuldfähig-   │ │   Prozedur: │
│   ROC-Analyse   │ │   keitsmerkmale   │ │   ROC-Analyse   │
│   │ │   Prozedur: ROC-Analyse   │ │   │
└──────────────────┘ └───┘ └──────────────────┘

Abbildung 5-8: Überblick des binär logistischen Analyserationales.

Dadurch, dass in dieser Untersuchung die von den Sachverständigen nahe gelegte Empfehlung hinsichtlich der Schuldfähigkeit in nominal-dichotomer Form als externes Kriterium fungiert (abhängige Variable), bieten sich zur Bestimmung der Zugehörigkeitswahrscheinlichkeiten binäre logistische Regressionen mit den Schuldfähigkeitskategorien als unabhängige Variablen an. Dieses Vorgehen lässt sich damit begründen, dass sich die Ausprägungen der Schuldfähigkeitskategorien mittelbar auf die Wahrschein-

---

[25] Hierbei werden die Mittelwerte der vermindert Schuldfähigen von denen der Schuldfähigen subtrahiert und an der Quadratwurzel der addierten Gruppenvarianzen normiert (vgl. Bortz & Döring, 2006).

lichkeit der Sachverständigenempfehlungen auswirken. In diesem Sinne lässt sich folgender Zusammenhang postulieren: Je geringer die Ausprägung der zu Schuldfähigkeitskategorien zusammengefassten Erlebens- und Verhaltensweisen, desto höher die Wahrscheinlichkeit einer empfohlenen Dekulpation durch den Gutachter (vgl. Backhaus et al., 2003, S. 426). Der wesentliche Vorteil gegenüber Diskriminanzanalysen besteht hierbei in der größeren Robustheit dieses multivariaten Verfahrens. So müssen nicht die Voraussetzungen der Multinormalverteilung der unabhängigen Variablen sowie die Gleichheit der Varianz-Kovarianzmatrizen in den untersuchten Gruppen erfüllt werden (vgl. Backhaus et al., 2003). Die Abfolge der einzelnen Auswertungsschritte ist schematisch in Abbildung 5-8 dargestellt.

Theoretische Modellpassung. Die Passung eines logistischen Regressionsmodells zur untersuchten Fragestellung trennscharfer Schuldfähigkeitsmerkmale lässt sich formal folgendermaßen begründen: Da das zugrunde gelegte Modell auf dem s-förmigen Verlauf einer logistischen Funktion beruht (vgl. Backhaus et al. 2003, S. 424), differenziert dieses besonders gut im mittleren Bereich der untersuchten Ausprägungen. Hier haben kleine Unterschiede große Auswirkungen auf die zugehörige Wahrscheinlichkeit der Gruppenzuordnung. In den Randbereichen der Verteilung haben unterschiedliche Ausprägungen der unabhängigen Variablen kaum noch nennenswerten Einfluss, da die resultierenden Wahrscheinlichkeiten hier nahezu asymptotisch verlaufen.

Auf die Frage der Feststellung von Schuldfähigkeit bei SASA lässt sich dies folgendermaßen übertragen: Für einen Sachverständigen ist es eine vergleichsweise einfachere Aufgabe, eindeutig zu dekulpierende von eindeutig schuldfähigen Straftätern zu unterscheiden. Schwierigkeiten macht die Differenzierung in den Übergangsbereichen der Schuldfähigkeit bei weniger klar ausgeprägten Erlebens- und Verhaltensbesonderheiten, die weniger eindeutig zu interpretieren sind. Dies ist vergleichbar mit dem Mittelfeldproblem der Kriminalprognose. Prognosen, die auf extrem Ausprägungen der in Betracht gezogenen Prognosekriterien beruhen, sind mit größerer Treffsicherheit zu stellen, als solche, die auf dem breiten Bereich mittlerer Ausprägungen basieren (vgl. Dahle, 2005, S. 17f.).

Entwicklung der Schuldfähigkeitsmerkmale. In dieser Untersuchung werden in einem ersten Schritt, die beiden Achsen zu a) situationsübergreifenden Erlebens- und Verhaltensdispositionen und b) tatbezogenen Erlebens- und Verhaltensweisen getrennt binär logistischen Regressionsanalysen unterzogen, um die Klassifikationsleistung der einzelnen Achsen getrennt bestimmen zu können. Hierbei werden zunächst alle Schuldfähigkeitskategorien einer Achse in einem Block in das Regressionsmodell aufgenommen, um dann statistisch nicht signifikant ($p \geq 0,1$) zur Modellgüte beitragende Regressoren anhand des Likelihood-Quotienten-Tests zu entfernen (vgl. Baltes-Götz, 2005). Die so gewonnenen trennscharfen Schuldfähigkeitskategorien können somit als Schuldfähigkeitsmerkmale betrachtet werden. Zur besseren Interpretation der Ergebnisse werden die

Odds-Ratios[26] bzw. die Effekt-Koeffizienten als Maß der Einflussgröße der einzelnen Schuldfähigkeitskategorien mitgeteilt. Die Güte des Gesamtmodells wird anhand Nagelkerkes-R^2 dargestellt, die Güte der Anpassung über eine Analyse der Klassifikationsergebnisse und des Hosmer-Lemeshow-Tests. Eine mögliche Überdetermination des Modells im Sinne zu vieler erklärender Variablen wird über die Wald-Statistik ausgeschlossen.

Minimalkonfiguration. Um die Diskriminationsfähigkeit beider Achsen in kombinierter Form zu prüfen, wird in einem zweiten Schritt eine weitere binäre logistische Regression berechnet. Dazu werden dem Regressionsmodell blockweise die aus den vorigen Überprüfungen der Einzelachsen gewonnenen trennscharfen Schuldfähigkeitsmerkmale hinzugefügt. Erneut wird jeder Block analog dem beschriebenen Vorgehen von statistisch nicht signifikant die Modellgüte beeinflussenden Schuldfähigkeitsmerkmalen bereinigt. Ziel ist eine verdichtete Minimalkonfiguration von aussagekräftigen Schuldfähigkeitsmerkmalen, die die in der Gutachtenstichprobe abgegebenen Schuldfähigkeitsempfehlungen optimal vorhersagen.

Effektstärken. Für alle drei errechneten Regressionsmodelle zur Vorhersage der Schuldfähigkeitsgruppen wird anhand der zugehörigen mittleren Wahrscheinlichkeiten der jeweiligen Gruppenzugehörigkeit die Effektstärke (s.o.) angegeben. Diese kann als Maß der Güte der Trennung zwischen den beiden Schuldfähigkeitsgruppen interpretiert werden.

Ausreißer. Auf eine Elimination von Ausreißern mittels z-standardisierter Residuen wird absichtlich verzichtet, da es sich hier um eine angewandte individualdiagnostische Einschätzung von Einzelfällen handelt und auch in der Praxis mit extrem merkmalsuntypischen Fällen gerechnet werden muss. Von daher interessiert das Vorhersageverhalten des regressionsanalytischen Modells insbesondere im Umgang mit Fehlklassifikationen und tendenziell eher uneindeutigen Vorhersagen, die in weiteren Analyseschritten einer genaueren Betrachtung unterzogen werden (vgl. Kap. 5.3.4.).

Kreuzvalidierung. Alle drei errechneten Regressionsmodelle werden einer Kreuzvalidierung zur verzerrungsfreien Schätzung des Vorhersagefehlers unterzogen. Ausgangspunkt für dieses Vorgehen ist das Problem, dass Vorhersageregel (Regressionsmodell) und Überprüfung des Vorhersagefehlers (Rate der Fehlklassifikationen) an der gleichen Stichprobe ermittelt werden. Dies führt regelhaft zur progressiven Überschätzung der Vorhersageleistung. Zur realistischen Einschätzung der zu überprüfenden Entscheidungsfunktionen werden innerhalb der Kreuzvalidierung nach leaving-one-out Methode Teilstichproben gezogen, bei denen jeweils ein Fall der Gesamtstichprobe ausgeschlossen ist. Die Überprüfung wird zu allen N=94 Teilstichproben mit dem je-

---

[26] Im Kontext binär logistischer Regressionen gibt die sog. Odds-Ratio die Stärke eines Zusammenhangs zwischen Prädiktor und Ereignis wieder. Sie steht für den Faktor, um den sich die Wahrscheinlichkeit eines vorherzusagenden Ereignisses verändert, wenn der entsprechende Prädiktor um eine Maßeinheit erhöht wird.

weils verbleibenden Einzelelement vorgenommen. Daraus lässt sich nach Efron (1983) der Schätzfehler (auch als Optimismus bezeichnet) bestimmen, der insbesondere bei kleineren Stichproben ins Gewicht fallen kann. Dies geschieht über die Differenz von wahrer und scheinbarer Fehlerrate. Die wahre Fehlerrate wird dabei anhand der Kreuzvalidierung via leave-one-out Methode geschätzt. Sie entspricht dem Durchschnitt der Fehler, die entstehen, wenn jede Beobachtungseinheit einmal als Teststichprobe und gleichzeitig jeweils der Rest als Lernstichprobe benutzt wird. Die scheinbare Fehlerrate resultiert aus den ursprünglichen Berechnungen der Regressionsmodelle. Alle Koeffizienten werden dabei als Prozentangaben dargestellt.

Sensitivität und Spezifität. Zur weiteren Bestimmung der Klassifikationsgüte hinsichtlich des Verhältnisses von Sensitivität (Anteil der richtig als positiv erkannten Sachverhalte an der Gesamtheit der in Wirklichkeit positiven Sachverhalte – in diesem Fall Schuldfähige) und Spezifität (Anteil der richtig als negativ erkannten Sachverhalte an der Gesamtheit der in Wirklichkeit negativen Sachverhalte – in diesem Fall vermindert Schuldfähige) werden ROC-Analysen für die drei einzelnen Regressionsmodelle durchgeführt. Die Fläche unter der ROC-Kurve (AUC-Koeffizient) ist ein Maß der Vorhersagevalidität der jeweiligen Modelle (vgl. Rice & Harris, 1995).

5.3.4 Analyse der Fehlklassifikationen

Um die Leistung der errechneten Regressionsgleichungen besser spezifizieren zu können, ist es sinnvoll, auch deren Grenzen zu analysieren. Das Vorhersageverhalten bei fehlklassifizierten Fällen ist dabei von besonderem Interesse. Welche Schuldfähigkeitsmerkmale in welcher Ausprägung können dazu beitragen, dass die Regressionen fehlschlagen? Ist dies ein regelhaftes Auftreten von Fehlvorhersagen und wenn ja, wie lassen sich diese Gesetzmäßigkeiten nutzen, um Fehleinschätzungen zu verhindern bzw. zu korrigieren?

Fehlklassifikationen. Als Fehlklassifikationen werden in dieser Untersuchung alle regressionsanalytisch getroffenen Gruppenvorhersagen bezeichnet, bei denen die errechnete Gruppenzugehörigkeit anhand der jeweiligen verwendeten Schuldfähigkeitsmerkmale nicht mit dem ursprünglichen Sachverständigenurteil hinsichtlich der Schuldfähigkeitsfrage übereinstimmt. Hierbei werden zwei Gruppen fehlklassifizierter Fälle verwendet:

a) Eine *progressive Gruppendefinition*, der alle abweichenden Gruppenvorhersagen der Minimalkonfiguration zugrunde liegen.
b) Eine *konservative Gruppendefiniton*, die alle Fälle beinhaltet, die entweder durch Achse I (situationsübergreifende Erlebens- und Verhaltensdispositionen) oder durch Achse II (tatbezogene Erlebens- und Verhaltensweisen) oder durch die Minimalkonfiguration fehlklassifiziert worden sind.

Mittelwertsunterschiede. In einem ersten Schritt werden hierzu die Mittelwertsunterschiede zwischen den Gruppenzuordnungen anhand der Schuldfähigkeitskategorien für beide Fehlklassifikationsgruppen berechnet. Diese können Auskunft geben über die Ausprägungen von besonderen Erlebens- und Verhaltensweisen, die unter Verwendung der errechneten Regressionsgleichungen zu Schwierigkeiten der Schuldfähigkeitsgruppenvorhersage führen.

Vorhersage der Vorhersagbarkeit. Ein zweiter Schritt hat zum Ziel zu überprüfen, ob es möglich ist, die Genauigkeit der regressionsanalytischen Gruppenvorhersagen anhand von korrespondierenden Korrelaten vorherzusagen (vgl. Ghiselli, 1960). Dazu ist es notwendig, zunächst eine Messgröße für die Genauigkeit der Schuldfähigkeitsvorhersage zu definieren. In dieser Untersuchung wird dafür ein Residualkoeffizient auf der Grundlage des Abstands zum Cutoffwert von 0,5 für die Gruppenzuordnung herangezogen. Dieser wird nach der folgenden Formel gebildet:

$$1- | (0{,}5 - \text{Wahrscheinlichkeit der Gruppenvorhersage aus Regression}) |$$

Formel 1: Residualkoeffizient auf der Grundlage des Abstands zum gruppenbildenden Cutoff.

Er kann als Unzuverlässigkeitsmaß interpretiert werden – je größer der Abstand vom Cutoff desto kleiner der Koeffizient. Dieser kann Werte im Bereich von 0,5 bis 1 annehmen, wobei die Richtung keine Rolle spielt. Der Koeffizient bildet die der binär logistischen Regressionsanalyse zugrunde gelegte Logik ab, dass Wahrscheinlichkeiten nahe 0 oder 1 eine sicherere Gruppenzuordnung nahe legen als mittlere Ausprägungen. In einem abschließenden Schritt werden Korrelationen mit sowohl den ursprünglichen Schuldfähigkeitsmerkmalen als auch weiteren Maßen aus der Untersuchung überprüft, die als systematische Prädiktoren für die Güte der Schuldfähigkeitsvorhersage herangezogen werden können („Vorhersage der Vorhersagbarkeit"; vgl. Ghiselli, 1960, S.3).

5.3.5 Überprüfung des Zusammenhangs der Persönlichkeitsfaktoren Seelische Gesundheit und Verhaltenskontrolle mit den Schuldfähigkeitsempfehlungen

Zusammenhangsüberprüfung. Für die Analyse von etwaigen Zusammenhängen mit den Schuldfähigkeitsgruppen werden die einzelnen Indikatoren zur Seelischen Gesundheit und Verhaltenskontrolle entsprechend ihrer von Becker angegebenen Faktorstruktur auf den Ebenen von Super- und Subfaktoren aggregiert (Becker, 1995, S. 37 und S. 40; vgl. Abbildung 5-6). Anschließend werden Mittelwertsunterschiede der Schuldfähigkeitsgruppen sowohl auf Ebene der Superfaktoren Seelische Gesundheit und Verhaltenskontrolle sowie der zugehörigen Subfaktoren Seelisch-körperliches Wohlbefinden, Selbstaktualisierung, Selbst- und fremdbezogene Wertschätzung, Kontrolliertheit und Spontaneität berechnet. Korrelative Zusammenhänge mit den Schuldfähigkeitsempfehlungen der Sachverständigen und den Schuldfähigkeitskategorien sowie psychopathologischen Basisdaten der Stichprobe werden ebenfalls überprüft. Nach explorativer graphischer Inspektion (Stem-and-Leaf-Diagramm) der Verteilung des Persönlichkeitsfaktors Verhaltenskontrolle über die Schuldfähigkeitsgruppen wird zur Testung des postulierten umgekehrt u-förmigen Zusammenhangs dieses Persönlichkeitsfaktors mit der Schuldfähigkeit (vgl. Kap. 4.1.2; Kap. 5.1) mittels eines χ^2-Quadrat-Tests die Verteilung von mittleren vs. extremen Ausprägungen hinsichtlich der Verhaltenskontrolle in den beiden Schuldfähigkeitsgruppen auf statistische signifikante Abweichungen geprüft.

Korrespondenzanalyse. Von besonderem Interesse im Zusammenhang mit der Einbettung der Schuldfähigkeitsvorhersage in einen persönlichkeitspsychologischen Hintergrund ist das Verhältnis von Schuldfähigkeit, Persönlichkeitsfaktoren und klassischem, stark diagnoseabhängigen Ansatz. Hierbei interessiert das dimensionale Zusammenspiel der entsprechend möglichen Gruppierungen. Ein zur Visualisierung komplexer Zusammenhänge auf nominal-qualitativer Ebene besonders geeignetes Verfahren ist die Korrespondenzanalyse (vgl. Backhaus et al., 2003). Diese ermöglicht die multidimensionale grafische Darstellung entsprechend komplizierter tabellarischer Übersichten. In dieser Untersuchung werden die Persönlichkeitsfaktoren Seelische Gesundheit und Verhaltenskontrolle im Verhältnis zu den Diagnosegruppen korrespondenzanalytisch abgebildet. Die inferenzstatistische Absicherung erfolgt über den χ^2-Quadrat-Test.

5.4 Empirisch basierte Schuldfähigkeitsmerkmale – die Ergebnisse der quantitativen Auswertungsmethodik

Im Folgenden werden die Ergebnisse der quantitativen Auswertungsschritte dieser Untersuchung dargestellt. Diese beruhen grundlegend auf den Ergebnissen der qualitativen Analysen im Rahmen des inhaltsanalytischen Vorgehens der Auswertung der einzelnen Sachverständigengutachten, das in Kap. 5.3.1 ausführlich beschrieben wurde. Aufgrund des iterativen Charakters der Arbeitsschritte einer Skalierenden Strukturierung, die schlussendlich zum Vorliegen einer quantitativ auswertbaren Datenmatrix führt, ist die Erstellung eines operationalisierten Kategoriensystems sowohl Vorbedingung als auch Ziel des qualitativen Forschungsdesigns der vorliegenden Arbeit. Aus Gründen der Nachvollziehbarkeit ist die Darstellung des Kategoriensystems bereits in Kap. 5.3.1.1 bis 5.3.1.3 sowie im Anhang A und B erfolgt.

5.4.1 Aggregation von Schuldfähigkeitskategorien

Hauptergebnis der qualitativen Auswertungsschritte und Grundlage aller folgenden Untersuchungsschritte sind die mittels Skalierender Strukturierung quantifizierten Schuldfähigkeitsindikatoren, die auf den rund 12.000 codierten Textsegmenten in 94 Gutachten beruhen. Diese sind wie bereits in den Kap. 4.1.2, 5.3.1.1. und 5.3.1.2 dargestellt in Form von zwei Achsen konzipiert worden. Alle folgend dargestellten Ergebnisse beruhen auf dieser Datenmatrix und den daraus resultierenden Berechnungen. Um die in Folge abgebildeten Diagramme besser nachvollziehen zu können, werden in Tabelle Anhang C-2 für beide Achsen getrennt die Indikatoren samt zugehöriger Variablennamen in den Auswertungsdiagrammen aufgelistet.

5.4.1.1 Schuldfähigkeitskategorien der Achse I – Situationsübergreifende Erlebens- und Verhaltensdispositionen

Selektion unbrauchbarer Indikatoren. Zuerst wurden mittels Single-Linkage-Clusteranalysen und City-Block-Distanzmaßen sog. Ausreißer (vgl. Kap. 5.3.2) bestimmt. Hierbei zeigten sich im Fusionierungsprozess (vgl. Abbildung 5-9) aufgrund der späten Zusammenfassung mit anderen Indikatoren folgende vier Merkmale als für die weitere Analyse ungeeignet, da sie den Vereinigungsprozess unnötig verzerrt hätten: Suizidversuche, Nähe- und Distanzregulation, Chronische konstellative Faktoren sowie Abhängiger Lebensstil. Diese Indikatoren sind aus weiteren Berechnungen ausgeschlossen worden.

Der Indikator Suizidversuche hat das Auftreten und die Ernsthaftigkeit von Selbstmordversuchen zum Inhalt und wäre als ein Merkmal problemlösender Kompetenzen zu erwarten gewesen. Eine Ähnlichkeit zu verwandten Konstrukten hat sich empirisch in dieser Untersuchung nicht feststellen lassen. Ähnlich verhält es sich mit dem Indikator Chronische konstellative Faktoren, der das Ausmaß anhaltender Belastungsfaktoren wie Arbeitslosigkeit, Schulden, Obdachlosigkeit etc. erfasst. Auch diese wären als Gradmesser habitueller Problembelastung zu werten, die über ein situatives Ausmaß hinaus besteht. Hierfür lässt sich ebenfalls keine Ähnlichkeit mit plausiblen Konstrukten konstatieren. Die Fähigkeit im interpersonellen Kontakt flexibel und adäquat mit Nähe- und Distanz umzugehen ist das Charakteristikum des Indikators Nähe- und Distanzregulation. Dieser wäre gemäß Scholz & Schmidt (2003) im Zusammenhang mit der Wahrnehmung und Mitteilung eigener Emotionen zu erwarten gewesen. Auch für diesen Indikator lässt sich keine erkennbare Ähnlichkeit mit verwandten Konstrukten feststellen. Schließlich zeigt sich für den Indikator Abhängiges Verhalten, der ein ausgeprägtes und vorsätzliches Abhängigbleiben von wichtigen Bezugspersonen im Sinne einer parasitären Beziehungsgestaltung zum Inhalt hat, ebenfalls keine weitere Ähnlichkeit. Theoretisch wäre eine Verwandtschaft mit dissozialen Erlebens- und Verhaltensweisen im Sinne des Psychopathy-Konstrukts (Hare, 1991) zu erwarten gewesen.

Generierung der Schuldfähigkeitskategorien. Mit dem durch Ausschluss von vier Ausreißern auf 34 Indikatoren reduzierten Merkmalssatz ist die finale Berechnung der Schuldfähigkeitskategorien durchgeführt worden. Hierbei kam eine Clusteranalyse mittels Ward-Algorithmus und City-Block-Distanzmaß zum Einsatz. Es ergeben sich acht Cluster, die im Sinne der dargestellten Auswahlkriterien von Schuldfähigkeitskategorien gut interpretierbar sind (vgl. Kap. 5.3.2).

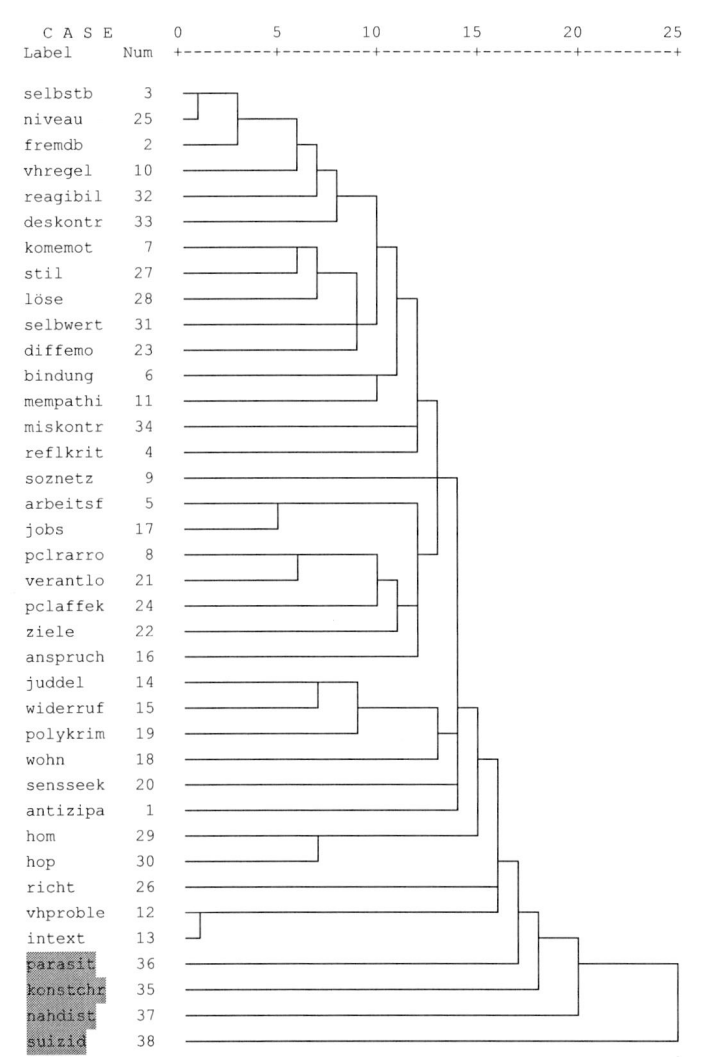

```
                  Rescaled Distance Cluster Combine

   C A S E      0         5        10        15        20        25
  Label    Num  +---------+---------+---------+---------+---------+

  selbstb    3   ─┐
  niveau    25   ─┘─┐
  fremdb     2   ───┤
  vhregel   10   ───┤
  reagibil  32     ─┤
  deskontr  33   ───┤
  komemot    7   ─┐ │
  stil      27   ─┤ │
  löse      28   ─┘ │
  selbwert  31   ───┤
  diffemo   23   ───┤
  bindung    6   ───┤
  mempathi  11   ───┤
  miskontr  34   ───┤
  reflkrit   4   ───┤
  soznetz    9   ───┤
  arbeitsf   5   ─────┐
  jobs      17   ─────┤
  pclrarro   8   ─────┤
  verantlo  21   ─────┤
  pclaffek  24   ───────┤
  ziele     22   ───────┤
  anspruch  16   ─────────┤
  juddel    14   ─────────┤
  widerruf  15   ─────────┤
  polykrim  19   ─────────┤
  wohn      18   ─────────┤
  sensseek  20   ─────────┤
  antizipa   1   ─────────┤
  hom       29   ─┐       │
  hop       30   ─┘───────┤
  richt     26   ─────────┤
  vhproble  12   ─┐       │
  intext    13   ─┘       │
  parasit   36   ─────────┤
  konstchr  35   ─────────┤
  nahdist   37   ─────────┤
  suizid    38   ─────────┘
```

Abbildung 5-9: Baumdiagramm des Fusionierungsprozesses (Single-Linkage, City-Block) zur Selektion unbrauchbarer Indikatoren der Achse I – Situationsübergreifende Erlebens- und Verhaltensdispositionen. Die Bedeutung der Variablenlabel kann Tabelle Anhang C-2 entnommen werden. Eliminierte Indikatoren sind grau hervorgehoben.

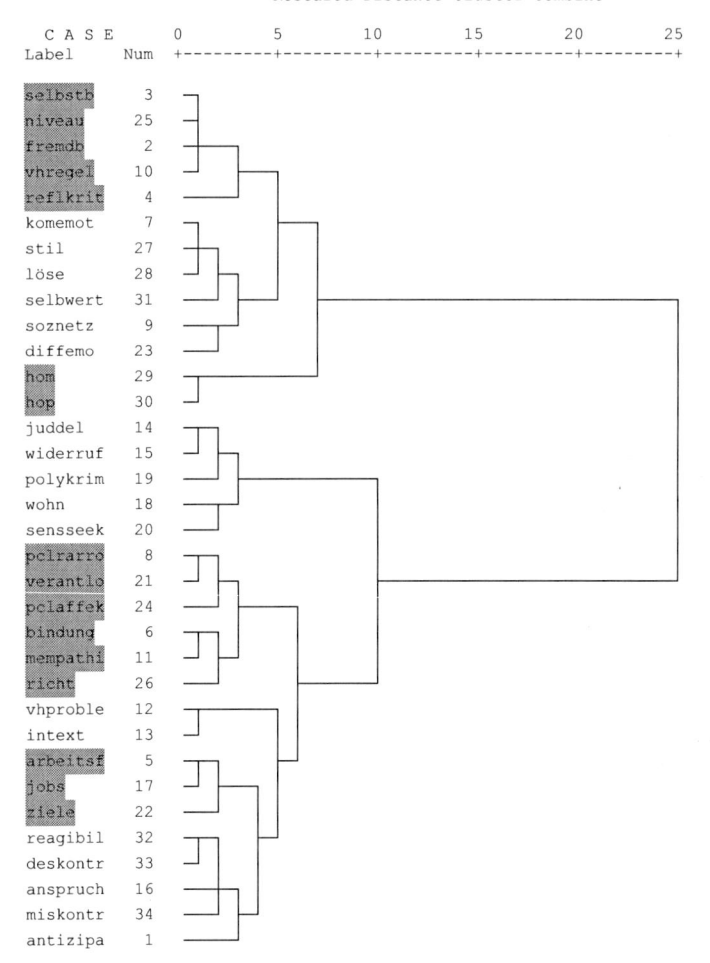

```
                        Rescaled Distance Cluster Combine

     C A S E        0         5        10        15        20        25
     Label    Num   +---------+---------+---------+---------+---------+

     selbstb    3
     niveau    25
     fremdb     2
     vhregel   10
     reflkrit   4
     komemot    7
     stil      27
     löse      28
     selbwert  31
     soznetz    9
     diffemo   23
     hom       29
     hop       30
     juddel    14
     widerruf  15
     polykrim  19
     wohn      18
     sensseek  20
     pclrarro   8
     verantlo  21
     pclaffek  24
     bindung    6
     mempathi  11
     richt     26
     vhproble  12
     intext    13
     arbeitsf   5
     jobs      17
     ziele     22
     reagibil  32
     deskontr  33
     anspruch  16
     miskontr  34
     antizipa   1
```

Abbildung 5-10: Baumdiagramm des Fusionierungsprozesses (Ward, City-Block) zur Generierung der Schuldfähigkeitskategorien für Achse I – Situationsübergreifende Erlebens- und Verhaltensdispositionen. Die Bedeutung der Variablenlabel kann Tabelle Anhang C-2 entnommen werden. Die wechselnden Hervorhebungen der Variablenlabel geben die Clusterzugehörigkeit wieder.

Der Verlauf des Fusionierungsprozesses ist Abbildung 5-10 zu entnehmen. Deutlich erkennbar ist die Zweiteilung in einerseits problemlösende, konfliktbewältigende und emotionsregulierende Kompetenzen (obere Hälfte mit den ersten drei Clustern) sowie andererseits dissozial-impulsive Verhaltensauffälligkeiten (untere Hälfte mit den fünf letzten Clustern). Es folgt eine kurze Darstellung der acht gefundenen Schuldfähigkeitskategorien und ihrer inhaltlichen Zusammensetzung, die in Kap. 6.1.1 um ausführliche gutachtenbezogene Gesichtspunkte ergänzt wird. Die genauen Operationalisierungen der konstituierenden Indikatoren sind dem Anhang A zu entnehmen.

Einseitige vs. differenzierte Selbst- und Fremdannahmen. Diese Schuldfähigkeitskategorie bildet im wesentlichen Merkmale ab, die das Selbst in seinen Beziehungen zu den Objekten kennzeichnen und die eine funktionale Ausgestaltung interpersoneller Kontakte gewährleisten (vgl. Kernberg & Caligor, 2005). Aus kognitiv-behavioraler Sicht ist von Repräsentationen der Selbst- und Fremdbilder zu sprechen, wie sie in der Schematheorie abgehandelt werden und fundamentale Funktionen und Auswirkungen für und auf das Interaktionsverhalten haben (vgl. Pretzer & Beck, 2005). Im Einzelnen sind dies die Ausgestaltung von Fremd- und Selbstbildannahmen, die Fähigkeit zur Selbstreflexion und Selbstkritik, die Art der wirksamen Verhaltensregeln zum Schutz von Beziehungen sowie das Niveau der eingesetzten Abwehr- und Konfliktbewältigungsmechanismen (vgl. Kap. 4.2.1).

Passiv-vermeidendes vs. aktiv-adaptives Problemlösen. Diese Schuldfähigkeitskategorie hat Problemlösungskompetenzen im engeren Sinne zum Inhalt. Hierbei geht es um den Erhalt des Selbstwerts in Konfliktsituationen sowie die Fähigkeit, sich Unterstützung zu holen. Grundlegend dafür ist die Fähigkeit zur differenzierten Wahrnehmung und Mitteilung eigener Emotionen sowie auch Kompetenzen der Selbstwertregulation. Dies wird erleichtert durch die Funktionalität des kognitiven Stils und weiterhin durch aktiv-adaptive Problemlösemechanismen. Ferner besteht die Notwendigkeit der Einbindung und Aufrechterhaltung eines Sozialen Netzwerks.

Lage- vs. Handlungsorientierung. Der Kern dieser Schuldfähigkeitskategorie sind emotionsregulative Fähigkeiten der Handlungs- im Gegensatz zur Lageorientierung. Es handelt sich hierbei um ein empirisch gut belegtes Persönlichkeitskonstrukt (vgl. Kuhl, 1994, 1998), das auf das Ausmaß von Handlungsorientierung nach Misserfolgen und bei der Handlungsplanung abstellt (vgl. Kap. 4.2.1).

Dissoziale vs. normorientierte Verhaltensweisen. Diese Schuldfähigkeitskategorie zeichnet sich aus durch primär behaviorale Dissozialität und Auffälligkeit im Sinne des chronisch instabilen und antisozialen Verhaltensfaktors der Psychopathy Checklist-Revised gemäß Hare (1991). Kennzeichnend hierfür sind das Ausmaß von Jugenddelinquenz, mögliche Widerrufe von juristischen Auflagen, häufig wechselnde diskontinuierliche Wohnorte gepaart mit einem erhöhten Sensation-Seeking-Behavior sowie polytroper Kriminalität.

Externalisierend-egozentrische vs. prosozial-reziproke Affektivität. Im Sinne des trait-orientierten Faktors selbstsüchtigen, gefühl- und gewissenlosen Verhaltens des Psychopathy-Konstrukts (Hare et al., 1990) ist diese Schuldfähigkeitskategorie gekennzeichnet durch das Ausmaß einer egozentrisch-arroganten Haltung Dritten gegenüber. Diese zeichnet sich aus durch arrogant-täuschendes Verhalten, verantwortungsloses Handeln, einer oberflächlichen gestörten Affektivität bei gleichgültiger Bindung, geringer Empathiefähigkeit und einer vornehmlich interpersonell-externalisierenden Richtung der Abwehr, die sich in massiven Entwertungen und Übergriffen äußert.

Frühes Problemverhalten vs. unauffällige Entwicklung. Diese Schuldfähigkeitskategorie umfasst mit den Indikatoren Frühe Verhaltensauffälligkeiten und Internale vs. externale Störungen Ausrichtung und Ausmaß biographisch bereits früh auftretender Erlebens- und Verhaltensauffälligkeiten.
Fehlangepaßte vs. längerfristige Arbeits- und Zielorientierung. Inhalt dieser Schuldfähigkeitskategorie sind Kompetenzen, die zu einer adaptiven und perspektivischen Gestaltung der eigenen Zukunft beitragen. Hierzu gehören das Ausmaß der Anpassung und Gestaltung der eigenen Arbeitsbedingungen im Sinne von Arbeitsfähigkeit, die Anzahl von Arbeitsplatzwechseln im Sinne diskontinuierlicher Jobs sowie die Fähigkeit zur Zielorientierung.
Impulsiv-explosibles Verhalten vs. Impulskontrolle und Selbststeuerung. In dieser Schuldfähigkeitskategorie sind Indikatoren zusammengefasst, die mit der Ausübung von Impulskontrolle bzw. deren Zusammenbruch assoziiert sind. Dazu zählen die Art und der Umfang affektiver Reagibilität, die Fähigkeit zur Desaktualisierung und Kontrolle, das Ausmaß von Unter-, Über- oder Fehlregulation sowie die Ausprägung der eigenen Anspruchshaltung und Anpassungserwartung. Weiterhin gehört hierzu auch die Antizipation von Umweltreaktionen.

5.4.1.2 Schuldfähigkeitskategorien der Achse II – Tatbezogene Erlebens- und Verhaltensweisen

Die Gliederung dieses Abschnitts folgt dem des vorigen Kapitels. Zuerst wird der Fusionsprozess, der zur Identifikation von Ausreißern führte, dargestellt, anschließend die Zusammenfassung der übrig gebliebenen Schuldfähigkeitsindikatoren zu entsprechenden Kategorien und deren inhaltliche Beschreibung und Benennung.
Selektion unbrauchbarer Indikatoren. Im Verlauf des Fusionierungsprozesses (vgl. Abbildung 5-11) stellen sich die beiden Indikatoren Gegenregulationsversuche sowie Gemeinschaftliche Tatbegehung als klare Ausreißer heraus. Sie werden aus der weiteren Untersuchung ausgeschlossen. Der Indikator Gemeinschaftliche Tatbegehung hat den Modus der Tatbegehung zum Inhalt, ob als Einzeltäter oder in Gemeinschaft. Da sich die Schuldfähigkeit innerhalb einer Gruppe von Tätern durchaus unterschiedlich darstellen kann, ist ein sinnvoller theoretisch begründbarer Zusammenhang mit anderen Konstrukten fraglich gewesen. Der Indikator Gegenregulationsversuche, der das Auftreten von gegensteuernden Maßnahmen seitens des Täters im Sinne von Über-, Unter- oder Fehlregulation als Ausdruck von Impulsivität (vgl. die Ergebnisse zur Schuldfähigkeitskategorie Impulskontrolle und Selbststeuerung der Achse I) im konkreten Tatverhalten beinhaltet, erweist sich ebenfalls als maximal unähnlich im Vergleich mit den restlichen Indikatoren und ist von daher auszuschließen.
Aus theoretischen Gründen wird der potentiell ebenfalls zu entfernende Indikator Instrumentalität vs. Affektregulation beibehalten – die besondere Bedeutung emotionsregulativer Aspekte zeigt sich in den Ergebnissen der Achse I mit drei Schuldfähigkeits-

kategorien zu diesen Konstrukten (s.o.; vgl. Kap. 4.2.1 und 4.3.2). Ein Verzicht auf diese Komponente bei der Betrachtung des unmittelbaren Tatverhaltens ist als nicht sinnvoll erachtet worden.

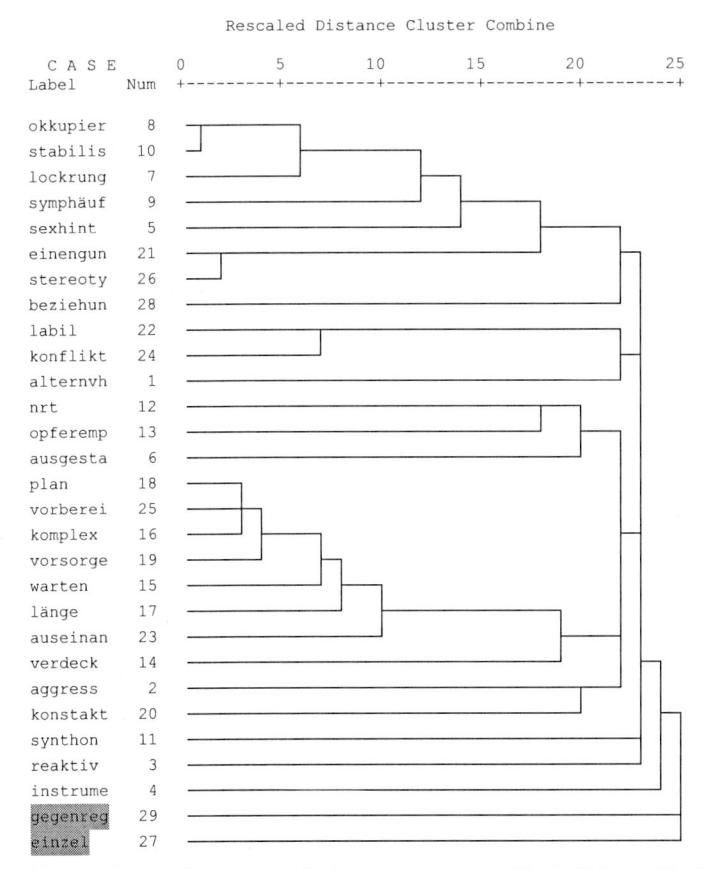

```
                  Rescaled Distance Cluster Combine

    C A S E     0         5        10        15        20        25
    Label    Num  +---------+---------+---------+---------+---------+

    okkupier   8   ─┐
    stabilis  10   ─┘ ┌─────────────────────────────┐
    lockrung   7   ───┘                             │
    symphäuf   9   ─────────────────────┐           │
    sexhint    5   ─────────────────────┘           │
    einengun  21   ─┐                               │
    stereoty  26   ─┘                               │
    beziehun  28   ─────────────────────────────────┘
    labil     22   ───┐
    konflikt  24   ───┘
    alternvh   1   ───────────────────────────────────────┐
    nrt       12   ───────────────────────────┐           │
    opferemp  13   ───────────────────────────┘           │
    ausgesta   6   ─────┐                                 │
    plan      18   ─────┘                                 │
    vorberei  25   ─────┐                                 │
    komplex   16   ─────┘                                 │
    vorsorge  19   ─────────┐                             │
    warten    15   ─────────┘                             │
    länge     17   ─────────────────┐                     │
    auseinan  23   ─────────────────┘                     │
    verdeck   14   ─────────────────────┐                 │
    aggress    2   ─────────────────────┘                 │
    konstakt  20   ─────────────────────────┐             │
    synthon   11   ─────────────────────────┘             │
    reaktiv    3   ─────────────────────────────┐         │
    instrume   4   ─────────────────────────────┘         │
    gegenreg  29   ─────────────────────────────────┐     │
    einzel    27   ─────────────────────────────────┘     │
```

Abbildung 5-11: Baumdiagramm des Fusionierungsprozesses (Single-Linkage, City-Block) zur Selektion unbrauchbarer Indikatoren der Achse II – Tatbezogene Erlebens- und Verhaltensweisen. Die Bedeutung der Variablenlabel kann Tabelle Anhang C-2 entnommen werden. Eliminierte Indikatoren sind grau hervorgehoben.

Generierung der Schuldfähigkeitskategorien. Mit den verbleibenden 27 Indikatoren ergaben sich bei der endgültigen Gruppierung zu Schuldfähigkeitskategorien fünf den Auswahlkriterien aus Kap. 5.3.2 entsprechende Cluster. Der Verlauf des Fusionierungsprozesses ist dem Baumdiagramm in Abbildung 5-12 zu entnehmen. Deutlich ersichtlich ist die Dreiteilung in eine breite Gruppe ähnlicherer Cluster, die sich hinsichtlich der emotionalen Labilisierung des Tatverhaltens, der Regulation dessen und der Beziehung zum Opfer beschreiben lässt (mittlere drei Cluster), sowie zwei diesen relativ unähnlichen Kategorien, die das Ausmaß progredienten Tatverhaltens (erstes Cluster) oder das Planungsniveau (letztes Cluster) charakterisieren. Es wird eine kurze Darstellung der fünf berechneten Schuldfähigkeitskategorien und ihrer inhaltlichen Zusammensetzung gegeben, die in Kap. 6.1.2 um ausführliche gutachtenbezogene Gesichtspunkte ergänzt wird. Die genauen Operationalisierungen der konstituierenden Indikatoren sind dem Anhang A zu entnehmen.

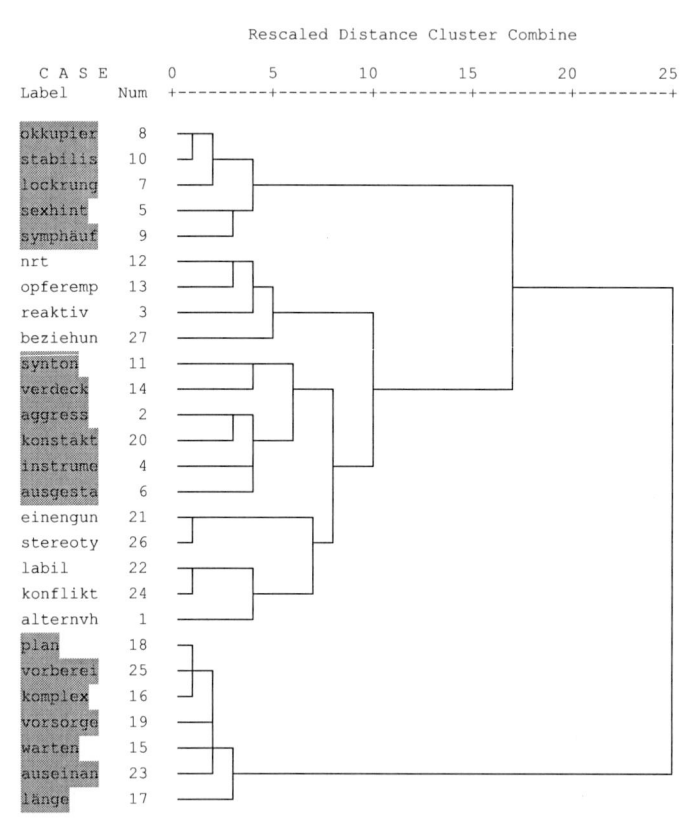

```
                      Rescaled Distance Cluster Combine

     C A S E      0         5        10        15        20        25
     Label   Num  +---------+---------+---------+---------+---------+

     okkupier   8   ┐
     stabilis  10   ┘─┐
     lockrung   7     ├──────────┐
     sexhint    5   ┐─┤          │
     symphäuf   9   ┘ ┘          │
     nrt       12   ┐─┐          │
     opferemp  13   ┘ ├─┐        │
     reaktiv    3     ┘ │        │
     beziehun  27       ┤        │
     synton    11   ┐─┐ │        │
     verdeck   14   ┘ ├─┤        │
     aggress    2     ┘ │        │
     konstakt  20       ┤        │
     instrume   4       │        │
     ausgesta   6       │        │
     einengun  21   ┐─┐ │        │
     stereoty  26   ┘ ├─┤        │
     labil     22   ┐─┤ │        │
     konflikt  24   ┘ │ │        │
     alternvh   1     ┘ ┘        │
     plan      18   ┐─┐          │
     vorberei  25   ┘ ├─┐        │
     komplex   16   ┐─┤ │        │
     vorsorge  19   ┘ │ ├────────┘
     warten    15     ┘ │
     auseinan  23       │
     länge     17       ┘
```

Abbildung 5-12: Baumdiagramm des Fusionierungsprozesses (Ward, City-Block) zur Generierung der Schuldfähigkeitskategorien für Achse II – Tatbezogene Erlebens- und Verhaltensweisen. Die Bedeutung der Variablenlabel kann Tabelle Anhang C-2 entnommen werden. Die wechselnden Hervorhebungen der Variablenlabel geben die Clusterzugehörigkeit wieder.

Progredientes vs. nicht-progredientes Tatverhalten. Diese Schuldfähigkeitskategorie bildet Kriterien sog. progredienter psychopathologischer Entwicklungen ab (vgl. Schorsch, 1988). Dabei handelt es sich im Einzelnen um das Vorhandensein von Belegen für einen sexuellen Hintergrund der Tatbegehung, um das Ausmaß einer Symptomverhaltenshäufung, mögliche Lockerungen bzw. Verluste der sozialen Bindungen sowie den Grad der Okkupierung durch das Symptomverhalten und einen potentiellen Verlust der reparativen Stabilisierungsfunktion dessen.

Ausgeprägte vs. geringe Beziehungsnahme zum Opfer. Kern dieser Schuldfähigkeitskategorie sind Verhaltensweisen, die auf die Beziehung zum Opfer schließen lassen. Dazu zählen der Bekanntheitsgrad des Opfers, die Ausprägung der gezeigten Opferempathie, die Unterscheidung in reaktive vs. initiative Tatbegehung sowie das Ausmaß eingesetzter Neutralisationstechniken zur Rechtfertigung der Tat.

Affektregulativ-egodystone vs. instrumentell egosyntone Tatbegehung. Bei dieser Schuldfähigkeitskategorie handelt es sich um Erlebens- und Verhaltensweisen, die Aufschluss geben, über die Zielgerichtetheit und die Handlungskontrolle während der Tatgestaltung. Sie gibt Auskunft über den Grad an Ich-Syntonie vs. Ich-Dystonie und der Instrumentalität des Tathandelns, den Einsatz von Verdeckungshandlungen in der Nachtatphase, das Ausmaß eingesetzter Aggressivität bei der Durchführung und die Ausgestaltung der Tatinszenierung. Ferner hat sie das Vorliegen von aktuellen konstellativen Faktoren zum Inhalt.

Labilisierung vs. emotionale Stabilität im Vorfeld der Tat. Diese Schuldfähigkeitskategorie beinhaltet hauptsächlich Erlebens- und Verhaltensweisen, die von Rasch (1982, 1991) unter dem sog. strukturell-sozialen Krankheitsbegriff gefasst werden. Im Zentrum stehen hier die verminderte Handlungskompetenz einer Person und das Herausfallen aus den gewohnten sozialen Bezügen im Verlauf der Tatgenese im engeren Sinne (Vortatphase, Tatanlauf bis zur Tat). Dies wird erhoben anhand der Indikatoren zur Einengung der Lebensführung, Stereotypisierung des Verhaltens, Emotionalen Labilisierung, einer potentiellen Konflikthäufung (auch außerhalb des Delinquenzbereichs) sowie Möglichkeiten zu Alternativverhalten unter ähnlich belastenden Bedingungen wie zur Tat.

Ungeplant-chaotisches vs. geplant-organisiertes Tatverhalten. Kennzeichen dieser Schuldfähigkeitskategorie ist die Erfassung des Ausmaßes an Planungshandeln, das im Vorfeld und bei der Tatbegehung vom Täter gezeigt wird. Dazu werden Indikatoren herangezogen, die planmäßiges Vorgehen, Tatvorbereitungen, die Komplexität der Tat, Vorsorgeversuche gegen Entdeckung, die Fähigkeit zu warten, sowie die Länge des Tathandelns und innere Auseinandersetzung mit Strebungen zur Tat beschreiben.

5.4.2 Replizierbarkeit der Schuldfähigkeitskategorien

Um Artefakte von stabilen empirischen Strukturen, die den empirischen Daten zugrunde liegen, unterscheiden zu können, fand eine Überprüfung hinsichtlich der Replizierbarkeit der Schuldfähigkeitskategorien unter Verwendung von zufälligen Teilstichproben statt (vgl. Kap. 5.3.2). Die sich daraus ergebenden Übereinstimmungsmaße werden in Tabelle 5-3 dargestellt. Das Ausmaß der Übereinstimmung ist als gut zu bezeichnen und kann somit als deutlicher Hinweis auf die Stabilität der gefundenen Struktur der Schuldfähigkeitskategorien gewertet werden.

Tabelle 5-3: *Übersicht der Übereinstimmungsmaße nach Replikation der Gruppierung anhand zufälliger Stichprobenhälften*

	Achse I – Situationsübergreifende Erlebens- und Verhaltensdispositionen	Achse II – Tatbezogene Erlebens- und Verhaltensweisen
Übereinstimmung Teilstichprobe 1	.76***	.77***
Übereinstimmung Teilstichprobe 2	.71***	.81***
Mittlere Übereinstimmung	.74	.79

Anmerkung: Das verwendete Übereinstimmungsmaß ist Cohens κ; *** p≤.001.

5.4.3 Psychometrische Kennwerte der Schuldfähigkeitskategorien beider Achsen

Psychometrische Kennwerte. In Tabelle 5-4 und Tabelle 5-5 sind die psychometrischen Kennwerte für beide Achsen aufgelistet. Es wird deutlich, dass die Messgenauigkeit der Schuldfähigkeitskategorien von Achse I in einem durchgängig gutem bis sehr gutem Bereich liegen. Betrachtet man die mittleren Interkorrelationen der Indikatoren als Maß der Breite der erfassten Konstrukte, ist festzuhalten, dass die Kategorien passivvermeidendes vs. aktiv-adaptives Problemlösen und dissoziale vs. normorientierte Verhaltensweisen eher heterogene Gruppen von Erlebens- und Verhaltensdispositionen umfassen, während die beiden kleinsten Kategorien Lage- vs. Handlungsorientierung sowie fehlangepasste vs. längerfristige Arbeits- und Zielorientierung erwartungsgemäß homogene Konstrukte enthalten. Insgesamt beträgt die mittlere Interkorrelation der Schuldfähigkeitskategorien dieser Achse untereinander r_{inter}=.41. Dies spiegelt die aus dem Fusionierungsprozess erwartbare Ähnlichkeit wieder, die sich aufgrund der Zweiteilung in zwei eher homogene Merkmalsgruppen ergibt (vgl. Abbildung 5-10).

Für Achse II ist zu konstatieren, dass die drei Schuldfähigkeitskategorien progredientes vs. nicht-progredientes Tatverhalten, Labilisierung vs. emotionale Stabilität im Vorfeld der Tat und ungeplant-chaotisches vs. geplant-organisiertes Tatverhalten einer der Achse I vergleichbaren Messgenauigkeit höherer Güte zugeordnet werden können. Lediglich die beiden Kategorien affektregulativ-egodystone vs. instrumentell egosyntone Tatbegehung und ausgeprägte vs. geringe Beziehungsnahme zum Opfer – die beide gleichzeitig auch als deutlich inhomogen zu gelten haben – fallen gerade noch zufriedenstellend aus. Von den anderen Kategorien bilden die Indikatoren für das ungeplantchaotische vs. geplant-organisierte Tatverhalten homogene Erlebens- und Verhaltensweisen ab, im Vergleich zu den eher breiter gefassten Indikatoren der Kategorien Labilisierung vs. emotionale Stabilität im Vorfeld der Tat und progredientes vs. nichtprogredientes Tatverhalten.

Tabelle 5-4: Überblick der psychometrischen Kennwerte für die Schuldfähigkeitskategorien der Achse I samt zugehöriger Indikatoren. α = Cronbachs Alpha (Messgenauigkeit); r_{it} = part-whole korrigierte Trennschärfe; r_{ij} = mittlere Korrelation der Indikatoren einer Schuldfähigkeitskategorie.

Achse I – Situationsübergreifende Erlebens- und Verhaltensdispositionen				
Schuldfähigkeitskategorie	α	Indikatoren	r_{it}	r_{ij}
einseitige vs. differenzierte Selbst- & Fremdannahmen	.86	Fremdbildannahmen	.73	.55
		Selbstbildannahmen	.76	
		Selbstreflexion und Selbstkritik	.50	
		Verhaltensregeln zum Schutz von Beziehungen	.67	
		Abwehrniveau	.75	
passiv-vermeidendes vs. aktiv-adaptives Problemlösen	.82	Mitteilen eigener Emotionen	.66	.42
		Funktionalität des kognitiven Stils	.58	
		Problemlösemechanismen	.61	
		Selbstwertregulation	.63	
		Soziales Netzwerk	.47	
		Differenzierte Wahrnehmung eigener Emotionen	.52	
Lage- vs. Handlungsorientierung	.83	Handlungsorientierung nach Misserfolg	.71	.71
		Handlungsorientierung bei Handlungsplanung	.71	
dissoziale vs. normorientierte Verhaltensweisen	.79	Jugenddelinquenz	.55	.43
		Widerruf bedingter Entlassung	.58	
		Polytrope Kriminalität	.67	
		Diskontinuierliche Wohnorte	.54	
		Sensation Seeking	.50	
externalisierend-egozentrische vs. prosozial-reziproke Affektivität	.88	Arrogant-täuschendes Verhalten Verantwortungsloses Handeln	.78 .70	.54
		Gestörte Affektivität	.68	
		Bindungsstil	.67	
		Empathiefähigkeit	.65	
		Richtung der Abwehr	.60	
frühes Problemverhalten vs. unauffällige Entwicklung	.91	Frühe Verhaltensprobleme	.85	.85
		Internalisierende vs. Externalisierende Störungen	.85	
fehlangepasste vs. längerfristige Arbeits- und Zielorientierung	.87	Arbeitsfähigkeit	.81	.68
		Diskontinuierliche Jobs	.74	
		Ziele	.68	
impulsiv-explosibles Verhalten vs. Impulskontrolle und Selbststeuerung	.84	Affektive Reagibilität	.74	.51
		Desaktualisierung und Kontrolle	.78	
		Unter-, Über-, Fehlregulation	.61	
		Paradoxe Anspruchshaltung und Anpassungserwartung	.70	
		Antizipation von Umweltreaktionen	.43	

Die mittlere Interkorrelation der Schuldfähigkeitskategorien von Achse II fällt – wie nach den Ergebnissen des Fusionierungsprozess mit einer deutlichen Dreiteilung bei fünf Clustern zu erwarten – mit r_{inter} = -.02 äußerst inhomogen aus. Dies lässt sich dahingehend interpretieren, dass mittels Achse II deutlich voneinander verschiedene Facetten des Tatverhaltens erfasst werden (vgl. Abbildung 5-12). Die mittlere Interkorrelation aller Schuldfähigkeitskategorien beider Achsen untereinander beträgt r_{inter} = .21 und spricht dafür, dass es insgesamt gelungen ist, weitgehend voneinander unabhängige Schuldfähigkeitskategorien zu bilden (vgl. Anhang C).

Tabelle 5-5: *Überblick der psychometrischen Kennwerte für die Schuldfähigkeitskategorien der Achse II samt zugehöriger Indikatoren.* α = *Cronbachs Alpha (Messgenauigkeit);* r_{it} = *part-whole korrigierte Trennschärfe;* r_{ij} = *mittlere Korrelation der Indikatoren einer Schuldfähigkeitskategorie*

Achse II – Tatbezogene Erlebens- und Verhaltensweisen				
Schuldfähigkeitskategorie	α	Indikatoren	r_{it}	r_{ij}
progredientes vs. nicht-progredientes Tatverhalten	.80	Zunehmende Okkupierung des Erlebens	.76	.47
		Verlust der reparativen Stabilisierungsfunktion	.79	
		Lockerung bzw. Verlust der sozialen Bindung	.45	
		Sexueller Hintergrund	.35	
		Symptomverhaltenshäufung	.69	
ausgeprägte vs. geringe Beziehungsnahme zum Opfer	.51	Neutralisationstechniken	.28	.22
		Opferempathie	.44	
		Reaktive vs. initiative Deliktbegehung	.24	
		Beziehung zum Opfer	.49	
affektregulativ-egodystone vs. instrumentell egosyntone Tatbegehung	.53	Ich-Syntonie vs. Ich-Dystonie	.31	.19
		Verdeckungshandlungen	.22	
		Ausmaß eingesetzter Aggressivität	.34	
		Aktuelle konstellative Faktoren	.31	
		Instrumentalität vs. Affektregulation	.32	
		Ausgestaltung der Symptominszenierung		
Labilisierung vs. emotionale Stabilität im Vorfeld der Tat	.76	Einengung der Lebensführung	.58	.39
		Stereotypisierung des Verhaltens	.53	
		Emotionale Labilisierung	.59	
		Konflikthäufung	.56	
		Alternativerhalten	.39	
ungeplant-chaotisches vs. geplant-organisiertes Tatverhalten	.93	Planmäßiges Vorgehen	.90	.65
		Tatvorbereitungen	.84	
		Komplexität der Tat	.84	
		Vorsorge gegen Entdeckungen	.75	
		Fähigkeit zu Warten	.75	
		Innere Auseinandersetzung mit Strebungen zur Tat	.70	
		Länge der Tathandlung	.65	

Anmerkung: Aus Gründen einer verbesserten Messgenauigkeit ist der grau hervorgehobene Indikator Ausgestaltung der Symptominszenierung aus der Schuldfähigkeitskategorie Instrumentelle Tatbegehung entfernt worden.

Um die Messgenauigkeit der einzelnen Schuldfähigkeitskategorien zu verbessern, ist lediglich der Indikator Ausgestaltung der Symptominszenierung zu entfernen gewesen, da er die Homogenität der Schuldfähigkeitskategorie affektregulativ-egodystone vs. instrumentell egosyntone Tatbegehung deutlich verschlechtert hat (in Tabelle 5-5 grau dargestellt). Hierbei handelt es sich um einen Indikator, der ursprünglich zur Beschreibung von Tatverhalten im Rahmen progredienter Entwicklungen (vgl. Schorsch, 1988, vgl. Kap. 3.2.1; 4.3.3) entwickelt wurde. Er beschreibt Verhaltensweisen, die zum Zwecke der Intensivierung des eigenen Erlebens im Sinne von Steigerung oder Verfeinerung der eingesetzten Mittel eingesetzt werden. Diese stehen im Gegensatz zu indifferenten oder gar Unannehmlichkeiten minimierenden Vorgehensweisen eines Täters. Der Grund für die Verschlechterung der Messgenauigkeit ist darin zu sehen, dass sich in dieser Untersuchung nur eine geringe Varianz in der Stichprobe hinsichtlich dieses Indikators ergeben hat. Nur ein geringer Anteil der Täter erfüllte dieses Kriterium, der überwiegende Anteil verhielt sich dem eigentlichen Tatverlauf gegenüber eher indifferent im Hinblick auf eine Maximierung des eigenen Erlebens.

Reliabilitätsuntersuchungen. In Tabelle 5-6 sind die Ergebnisse der Reliabilitätsprüfung durch den Verfasser und eine unabhängige Diplom-Psychologin (vgl. Kap. 5.3.2.) wiedergegeben. Mit durchschnittlichen Werten der Retestübereinstimmung von .85 für Achse I und .88 für Achse II ist von einer sehr guten zeitlichen Stabilität und Replizierbarkeit der Ratings auszugehen. Die mittlere Übereinstimmung zwischen zwei unterschiedlichen Ratern ist mit Werten von .76 und .81 für beide Schuldfähigkeitsachsen als gut zu bewerten.

Tabelle 5-6: Übersicht der Ergebnisse der Reliabilitätsuntersuchungen.

Durchschnittliche	Achse I – Situationsübergreifende Erlebens- und Verhaltensdispositionen	Achse II – Tatbezogene Erlebens- und Verhaltensweisen
Retestreliabilität		
Gewichtetes Kappa	.85	.88
Spearman-Rho	.83	.85
Interraterreliabilität		
Gewichtetes Kappa	.76	.81
Spearman-Rho	.74	.82

5.4.4 Die Diskriminations- und Klassifikationsleistung der Schuldfähigkeitsmerkmale

Es stellt sich die Frage, in welchem Maße und welcher Kombination die errechneten Schuldfähigkeitskategorien geeignet sind zur Differenzierung zwischen den beiden Schuldfähigkeitsgruppen beizutragen. Die Untersuchungsergebnisse für die zu diesem Zwecke durchgeführten binär logistischen Regressionen und die ROC-Analysen werden im Folgenden sowohl für beide Schuldfähigkeitsachsen getrennt als auch für die kombinierte Minimalkonfiguration zur Feststellung von Schuldfähigkeit dargestellt.

5.4.4.1 Trennschärfe der Achse I – Situationsübergreifende Erlebens- und Verhaltensdispositionen

Univariate Mittelwertsvergleiche. Um einen Überblick (vgl. Kap. 5.3.3) über die Unterschiede der Schuldfähigkeitsgruppen hinsichtlich der errechneten Schuldfähigkeitskategorien zu erhalten, sind die entsprechenden Mittelwertsunterschiede in Abbildung 5-13 dargestellt. Es zeigen sich überzufällige Gruppenunterschiede der Mittelwerte für die Merkmale einseitige vs. differenzierte Selbst- und Fremdannahmen, passiv-vermeidendes vs. aktiv-adaptives Problemlösen, Lage- vs. Handlungsorientierung sowie impulsiv-explosibles Verhalten vs. Impulskontrolle und Selbststeuerung. Die zugehörigen Effektstärken sind Tabelle 5-7 zu entnehmen.

Tabelle 5-7: Übersicht der Effektstärken für die einzelnen Schuldfähigkeitskategorien von Achse I – Situationsübergreifende Erlebens- und Verhaltensdispositionen.

Schuldfähigkeitskategorie	d	Konfidenzintervall$_{95\%}$	
		Untergrenze	Obergrenze
einseitige vs. differenzierte Selbst- & Fremdannahmen	.80	.38	1.22
passiv-vermeidendes vs. aktiv-adaptives Problemlösen	1.48	1.02	1.93
Lage- vs. Handlungsorientierung	1.54	1.08	2.00
frühes Problemverhalten vs. Unauffälligkeit	.35	-.06	.76
dissoziale vs. normorientierte Verhaltensweisen	-.12	-.53	.28
externalisierend-egozentrische vs. prosozial-reziproke Affektivität	-.06	-.46	.34
fehlangepaßte vs. längerfristige Arbeits- und Zielorientierung	.20	-.21	.60
impulsiv-explosibles Verhalten vs. Impulskontrolle & Selbststeuerung	.82	.40	1.24

Anmerkung: d = Cohens d (Effektstärke), Konfidenzintervall$_{95}$ = mit 95prozentiger Wahrscheinlichkeit liegt die dargestellte Effektstärke im angegebenen Bereich.

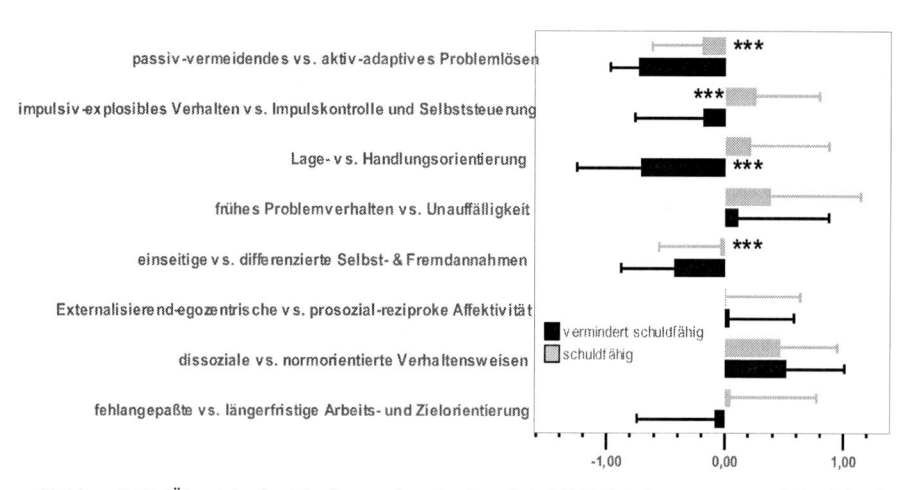

Abbildung 5-13: Übersicht der Mittelwerte der einzelnen Schuldfähigkeitskategorien von Achse I für die Gruppen der Schuld- und vermindert Schuldfähigen. Die Fehlerbalken entsprechen der Standardabweichung. *** p ≤ .001 (t-Test für unabhängige Stichproben).

Auffallend ist, dass es sich im Wesentlichen um emotionsregulative und konfliktbewältigende Fähigkeiten handelt, die in einer univariaten Betrachtungsweise für sich einzeln genommen zu einer statistisch signifikanten Trennung zwischen den Gruppen Schuld- und vermindert Schuldfähiger beitragen, während in Bezug auf die Schuldfähigkeitskategorien zu dissozial-impulsiven Erlebens- und Verhaltensdispositionen lediglich das Konstrukt der Impulsivität einen Beitrag zur Differenzierung zu leisten vermag. Dissozialität im engeren Sinne für sich genommen ist somit kein Prädiktor, der bei der Klärung der Schuldfähigkeitsfrage weiterhilft (vgl. Kap. 4.2.2). Die Effektstärken stützen dieses Bild – alle signifikant trennscharfen Schuldfähigkeitskategorien können mit Effektstärken[27] von d$\geq$.8 nach den Konventionen von Cohen (1988) als groß bezeichnet werden, wohingegen die nicht diskriminierenden Kategorien allesamt deutlich schwach ausfallen.

Multivariate Analysen. Um Aussagen über tatsächlich trennscharfe Schuldfähigkeitsmerkmale zu erhalten, sind binär logistische Regressionen mit dem externen Kriterium der Schuldfähigkeitseinschätzungen durch die Sachverständigen als abhängige Variable und den Schuldfähigkeitskategorien als unabhängige Variablen berechnet worden. Ziel war es, eine maximale Vorhersagbarkeit der Schuldfähigkeitsempfehlung mit einem minimalen Kategoriensatz zu gewährleisten (vgl. Kap. 5.3.3).

Ein insgesamt vier Schuldfähigkeitsmerkmale umfassendes Modell mit den Kategorien passiv-vermeidendes vs. aktiv-adaptives Problemlösen, Lage- vs. Handlungsorientierung, externalisierend-egozentrische vs. prosozial-reziproke Affektivität und impulsiv-explosibles Verhalten vs. Impulskontrolle und Selbststeuerung stellt sich als optimal heraus (vgl. Tabelle 5-8).

Tabelle 5-8: Übersicht der wichtigsten Kennwerte der einzelnen Schuldfähigkeitsmerkmale für Achse I - Situationsübergreifende Erlebens- und Verhaltensdispositionen im binär logistischen Regressionsmodell.

Schuldfähigkeitsmerkmal	Regressionskoeffizient	Wald	odds
passiv-vermeidendes vs. aktiv-adaptives Problemlösen***	6,276	10,44	531,59
Lage- vs. Handlungsorientierung*	1,242	4,76	3,46
externalisierend-egozentrische vs. prosozial-reziproke Affektivität**	-3,620	7,29	0,03
impulsiv-explosibles Verhalten vs. Impulskontrolle und Selbststeuerung**	2,926	7,03	18,66
Konstante***	3,489	11,10	32,76

Anmerkung: * p$\leq$.05, ** p$\leq$.01, *** p$\leq$.001; Wald = Prüfgröße der Wald-Statistik hinsichtlich des Einflusses eines Schuldfähigkeitsmerkmals (df=1); odds = Erhöhung des Schuldfähigkeitsmerkmals um eine Einheit steigert oder senkt die Wahrscheinlichkeit von Schuldfähigkeit um den angegebenen Faktor in Abhängigkeit vom zugehörigen Regressionskoeffizienten.

Mit einem Nagelkerke-R^2 von NR=.746 ist die Modellgüte als sehr gut zu bezeichnen[28]. Demnach lassen sich über die errechneten vier Schuldfähigkeitsmerkmale knapp

---

[27] Eine Effekstärke von d=1 bedeutet, dass die Mittelwerte der untersuchten Gruppen eine Standardabweichung auseinander liegen.
[28] Nagelkerkes R^2 ist ein Maß für die Güte des Modells im Sinne seiner Passung zu den empirischen Daten. Es kann zwischen 0 und 1 zu liegen kommen und gibt den Anteil der erklärten Varianz wieder.

75% der Varianz aufklären, bei einer erreichten Vorhersagegüte von 90,4 % richtiger Klassifikationen (vgl. Tabelle 5-9). Die Klassifikationsgüte liegt somit erheblich über der Zufallswahrscheinlichkeit von 50% (vgl. Abbildung 5-14). Auch das Ergebnis des Hosmer-Lemeshow-Test[29] (χ^2=10,181; df=8; p=.253) belegt die Modellgültigkeit. Das Ausmaß der mittleren Trennung zwischen beiden Schuldfähigkeitsgruppen lässt sich mit einer überaus großen Effektstärke von d=2,90 (Konfidenzintervall$_{95\%}$ = 2,32 – 3,48) angeben. Die mittlere Interkorrelation der einzelnen Schuldfähigkeitsmerkmale beträgt r_{inter}=.33 (vgl. Anhang C), was für nicht gänzlich voneinander unabhängige Konstrukte spricht.

Tabelle 5-9: Klassifizierungstabelle der Schuldfähigkeitsmerkmale der Achse I – Situationsübergreifende Erlebens- und Verhaltensdispositionen.

beobachtet	vorhergesagt		
	verm. schuldf.	schuldfähig	Treffer (%)
verm. schuldf.	43 (42)	4 (5)	91,5 (89,4)
schuldfähig	5 (5)	42 (42)	89,4 (89,4)
Gesamttreffer (%)			90,4 (89,4)

Anmerkung: In Klammern sind die Werte nach Kreuzvalidierung wiedergegeben.

Die Kreuzvalidierung nach leaving-one-out Methode (vgl. Kap 5.3.3) ergibt eine geschätzte wahre Fehlerrate von 10,6%, womit der Schätzfehler (Optimismus) für die Vorhersageleistung von Achse I 1% beträgt. Dies bedeutet, dass die kreuzvalidierte wahre Trefferquote der berechneten Schuldfähigkeitsmerkmale bei 89,4% liegt. Dem Regressionsmodell für Achse I kommt somit eine sehr gute Vorhersagekraft zu. Eine Betrachtung des Einzelbeitrags (=odds-ratios) der Schuldfähigkeitsmerkmale zur Gruppendifferenzierung (vgl. Tabelle 5-8) zeigt die herausragende Rolle der Kategorie passiv-vermeidendes vs. aktiv-adaptives Problemlösen als positiver Prädiktor für Schuldfähigkeit. Weniger starken, ebenfalls positiven Einfluss üben die Merkmale Lage- vs. Handlungsorientierung sowie impulsiv-explosibles Verhalten vs. Impulskontrolle und Selbststeuerung aus. Das Vorliegen dissozialer Persönlichkeitsmerkmale übt zwar einen statistisch nachweisbaren, im Vergleich zu den anderen Einflussfaktoren jedoch äußerst geringen Einfluss auf die Schuldfähigkeit aus. Hier gilt: Ein Anstieg des Vorhandenseins von externalisierend-egozentrischer vs. prosozial-reziproker Affektivität um eine Einheit, führt zu einer Steigerung der Wahrscheinlichkeit von Schuldfähigkeit von lediglich um den Faktor 0,03 (vgl. Tabelle 5-8). Das Merkmal Interpersonelle Konfliktbewältigung, das sich auf Mittelwertsebene als trennscharf dargestellt hat, erweist sich nicht als trennscharf im Sinne eines multivariaten Zusammenhangs mit der Schuldfähigkeitsempfehlung durch die Sachverständigen.

---

[29] Der Hosmer-Lemeshow-Test prüft die Nullhypothese, dass zwischen den vorhergesagten und den beobachteten Werten kein statistisch signifikanter Unterschied besteht.

Sensitivität und Spezifität. Eine ROC-Analyse (vgl. Kap. 5.3.3) der Vorhersagekraft der mittels binär logistischer Regression berechneten Schuldfähigkeitsmerkmale der Achse I liefert einen überaus guten Wert für die Fläche unter Kurve[30] von AUC = .95 (p≤.001). Die Schuldfähigkeitsmerkmale von Achse I sind als äußerst vorhersagekräftig für sowohl Schuldfähige (Sensitivität) als auch vermindert Schuldfähige (Spezifität) einzustufen (vgl. Abbildung 5-14). Es ist somit von prädiktiver Validität dieser Schuldfähigkeitsachse auszugehen.

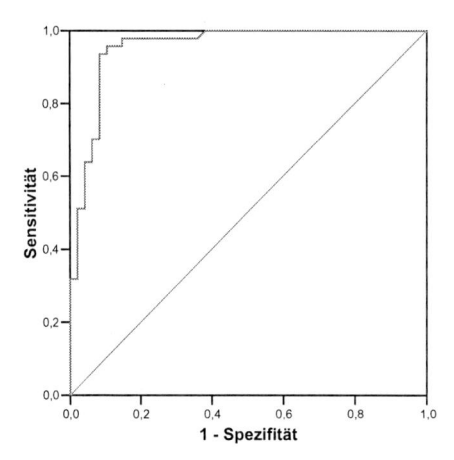

Abbildung 5-14: Verhältnis der Trefferquote von Schuld- zu vermindert Schuldfähigen (ROC-Kurve) anhand der Zugehörigkeitswahrscheinlichkeiten nach binär logistischer Regression der Schuldfähigkeitskategorien von Achse I - Situationsübergreifende Erlebens- und Verhaltensdispositionen.

5.4.4.2 Trennschärfe der Achse II – Tatbezogene Erlebens- und Verhaltensweisen

Univariate Mittelwertsvergleiche. In Abbildung 5-15 sind die Mittelwertsunterschiede der Schuldfähigkeitsgruppen hinsichtlich der Schuldfähigkeitskategorien dargestellt (vgl. Kap. 5.3.3). Die zugehörigen Effektstärken sind Tabelle 5-10 zu entnehmen. Schuldfähige Straftäter unterscheiden sich von dekulpierten Delinquenten hinsichtlich tatbezogener Erlebens- und Verhaltensweisen anhand des Ausmaßes an progredientem vs. nicht-progredientem Tatverhalten, Labilisierung vs. emotionaler Stabilität bei Tatbegehung und affektregulativ-egodystoner vs. instrumentell-egosyntoner Tatbegehung. Somit sind es hauptsächlich motivationale Merkmale hinsichtlich der Intensivierung des Taterlebens sowie emotionsregulative Kompetenzen, die das Verhältnis von Instrumentalität des Tathandelns und der Konfliktbelastung zum Tatzeitpunkt beschreiben, die auf

---

[30] Der AUC-Wert kann zwischen 0 und 1 liegen. Ein Wert von 0,5 gibt eine prädiktive Vorhersagevalidität an, die sich im Zweigruppenfall auf Zufallsniveau befindet.

Mittelwertebene für sich genommen zwischen den beiden Schuldfähigkeitsgruppen trennen. Interessant und unerwartet ist der Befund, dass ungeplant-chaotisches vs. geplant-organisiertes Tatverhalten beider Gruppen nicht überzufällig voneinander abweicht. Die Betrachtung der Effektstärken stützt dieses Ergebnis: Alle signifikant trennscharfen Schuldfähigkeitskategorien weisen gemäß den Konventionen von Cohen (1988) mittlere Effektstärken vor, wohingegen die nicht diskriminierenden Kategorien allesamt nahezu keinen Effekt aufweisen.

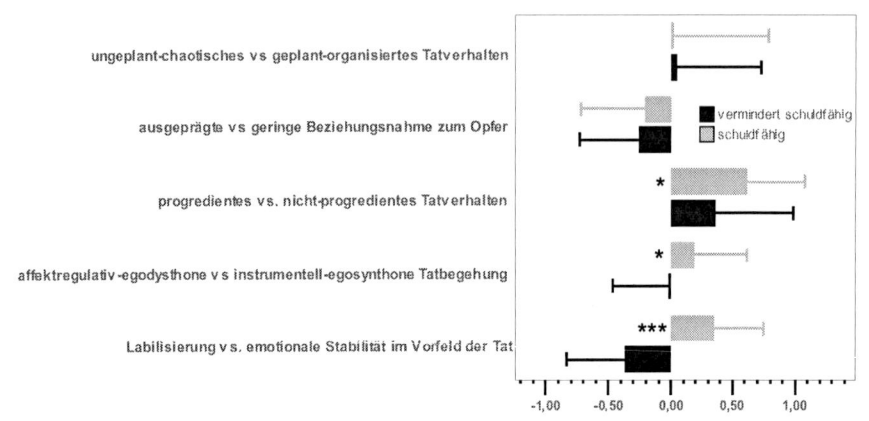

*Abbildung 5-15: Übersicht der Mittelwerte der einzelnen Schuldfähigkeitskategorien von Achse II - Tatbezogene Erlebens- und Verhaltensweisen für die Gruppen der Schuld- und vermindert Schuldfähigen. Die Fehlerbalken entsprechen einer Standardabweichung. * $p \leq .05$; *** $p \leq .001$ (t-Test für unabhängige Stichproben).*

Tabelle 5-10: Übersicht der Effektstärken für die einzelnen Schuldfähigkeitskategorien von Achse II – Tatbezogene Erlebens- und Verhaltensweisen.

Schuldfähigkeitskategorie	d	Konfidenzintervall $_{95\%}$	
		Untergrenze	Obergrenze
progredientes vs. nicht-progredientes Tatverhalten	.47	.06	.88
ausgeprägte vs. geringe Beziehungsnahme zum Opfer	.09	-.32	.49
Labilisierung vs. emotionale Stabilität im Vorfeld der Tat	1.67	1.20	2.14
ungeplant-chaotisches vs. geplant-organisiertes Tatverhalten	-.04	-.44	.37
affektregulativ-egodystone vs. instrumentell-egosyntone Tatbegehung	.48	.07	.89

Anmerkung: d = Cohens d (Effektstärke), Konfidenzintervall = mit 95prozentiger Wahrscheinlichkeit liegt die dargestellte Effektstärke im angegebenen Bereich.

Multivariate Analysen. Als tatsächlich trennscharfe Schuldfähigkeitsmerkmale der Achse II – Tatbezogene Erlebens- und Verhaltensweisen stellen sich nach binärer logistischer Regression (vgl. Kap. 5.3.3) die drei Kategorien progredientes vs. nicht-progredientes Tatverhalten, Labilisierung vs. emotionale Stabilität im Vorfeld der Tat und affektregulativ-egodystone vs. instrumentell-egosyntone Tatbegehung heraus (vgl. Tabelle 5-11). Das darauf basierende Modell ist in der Lage 84% der Fälle richtig zuzuordnen (vgl. Tabelle 5-12) und liegt damit deutlich über Zufallsniveau. Die Modellgüte ist mit einem Nagelkerke R2 von NR=.595 als gut zu bezeichnen – insgesamt werden durch die drei Schuldfähigkeitsmerkmale von Achse II knapp 60% der Gesamtvarianz in der Stichprobe aufgeklärt. Der Hosmer-Lemeshow-Test (χ^2=11,329; df=8; p=.184) legt die Gültigkeit des errechneten Modells nahe, da die Nullhypothese der Gleichheit von vorhergesagten und beobachteten Daten nicht verworfen werden kann. Das Ausmaß der mittleren Trennung zwischen beiden Schuldfähigkeitsgruppen lässt sich mit einer überaus großen Effektstärke von d=1,99 (Konfidenzintervall$_{95\%}$ = 1,50 – 2,49) angeben. Die mittlere Interkorrelation der Schuldfähigkeitsmerkmale dieser Achse beträgt r_{inter}=.04, was dafür spricht, dass eher voneinander unabhängige Konstrukte erfasst werden (vgl. Anhang C).

Tabelle 5-11: Übersicht der wichtigsten Kennwerte der einzelnen Schuldfähigkeitsmerkmale für Achse II – Tatbezogene Erlebens- und Verhaltensweisen im binär-logistischen Regressionsmodell.

Schuldfähigkeitsmerkmal	Regressionskoeffizient	Wald	odds
progredientes vs. nicht-progredientes Tatverhalten*	1,393	5,53	4,03
Labilisierung vs. emotionale Stabilität im Vorfeld der Tat***	3,637	22,32	37,97
affektregulativ-egodystone vs. instrumentell-egosyntone Tatbegehung*	1,422	4,05	4,15
Konstante	-0,814	3,40	0,44

Anmerkung: * p≤.05, *** p≤.001; Wald = Prüfgröße der Wald-Statistik hinsichtlich des Einflusses eines Schuldfähigkeitsmerkmals (df=1); odds = Erhöhung des Schuldfähigkeitsmerkmals um eine Einheit steigert oder senkt die Wahrscheinlichkeit von Schuldfähigkeit um den angegebenen Faktor in Abhängigkeit vom Vorzeichen des zugehörigen Regressionskoeffizienten.

Tabelle 5-12: Klassifizierungstabelle der Schuldfähigkeitsmerkmale der Achse II – Tatbezogene Erlebens- und Verhaltensweisen.

	vorhergesagt		
beobachtet	verm. schuldf.	schuldfähig	Treffer (%)
verm. schuldf.	39 (38)	8 (9)	83,0 (80,9)
schuldfähig	7 (9)	40 (38)	85,1 (80,9)
Gesamttreffer (%)			84,0 (80,9)

Anmerkung: In Klammern sind die Werte nach Kreuzvalidierung wiedergegeben. Abweichungen vom Text sind rundungsbedingt.

Die Kreuzvalidierung nach leaving-one-out Methode (vgl. Kap 5.3.3) ergibt eine geschätzte wahre Fehlerrate von 19,2%, womit der Schätzfehler (Optimismus) für die Vorhersageleistung von Achse II 3,2% beträgt. Dies bedeutet, dass die kreuzvalidierte wahre Trefferquote der berechneten Schuldfähigkeitsmerkmale bei 80,8% liegt. Dem Regressionsmodell für Achse I kommt somit eine gute Vorhersagekraft zu.

Die Betrachtung der Einzelbeiträge der Schuldfähigkeitsmerkmale zur Schuldfähigkeitsklassifikation zeigt die Kategorie Labilisierung vs. emotionale Stabilität im Vorfeld der Tat als besten Prädiktor für Schuldfähigkeit. Weniger starkes Gewicht üben die Merkmale progredientes vs. nicht-progredientes Tatverhalten sowie affektregulativ-egodystone vs. instrumentell-egosyntone Tatbegehung aus. Alle Schuldfähigkeitsmerkmale dieser Achse, die sich bereits univariat als trennscharf zeigten, sind im optimierten Modell vertreten und wirken sich positiv auf die Schuldfähigkeit aus.

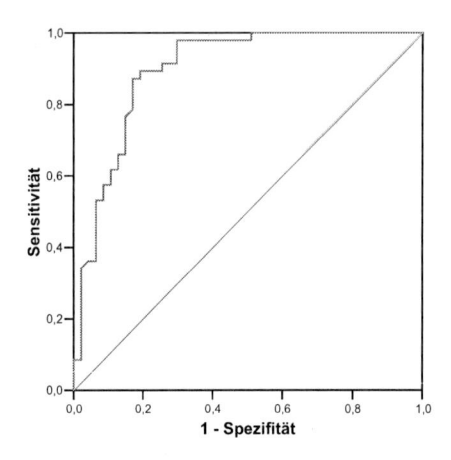

Abbildung 5-16: Verhältnis der Trefferquote von Schuld- zu vermindert Schuldfähigen (ROC-Kurve) anhand der Zugehörigkeitswahrscheinlichkeiten nach binär logistischer Regression der Schuldfähigkeitskategorien von Achse II – Tatbezogene Erlebens- und Verhaltensweisen.

Sensitivität und Spezifität. Die ROC-Analyse (vgl. Kap. 5.3.3, Abbildung 5-16) der aus dem Regressionsmodell resultierenden Wahrscheinlichkeiten der Schuldfähigkeitsgruppen ergibt mit einer Fläche unter der Kurve von AUC = .90 ($p \leq .001$) einen überaus guten Wert. Auch in diesem Fall ist davon auszugehen, dass die drei Schuldfähigkeitsmerkmale von Achse II in Kombination sowohl sensitiv für die Vorhersage Schuldfähiger als auch spezifisch für die korrekte Differenzierung verminderter Schuldfähigkeit einzustufen sind.

5.4.5 Minimalkonfiguration von Schuldfähigkeitsmerkmalen der Achsen I und II

Beide Schuldfähigkeitsachsen korrelieren deutlich miteinander ($r=.79$; $p \leq .01$). Somit stellen sich die beiden Schuldfähigkeitsachsen als verwandte Dimensionen der Schuldfähigkeit heraus (vgl. Abbildung 5-17). Um die Ökonomie des Vorgehens zu steigern, ist zu prüfen, ob eine kombinierte Minimalkonfiguration mit möglichst wenigen Schuldfähigkeitsmerkmalen beider Achsen möglich ist, die zu vergleichbar guten Vorhersagen wie Achse I (vgl. Kap. 5.4.4.1) und Achse II (vgl. Kap. 5.4.4.2) für sich genommen führt oder die Vorhersagegenauigkeit potentiell noch steigern kann. Dazu werden alle Schuldfähigkeitskategorien beider Achsen gleichzeitig erneut einer binär-logistischen Regression mit blockweisem Rückwärtsausschluss unterzogen (vgl. Kap. 5.3.3).

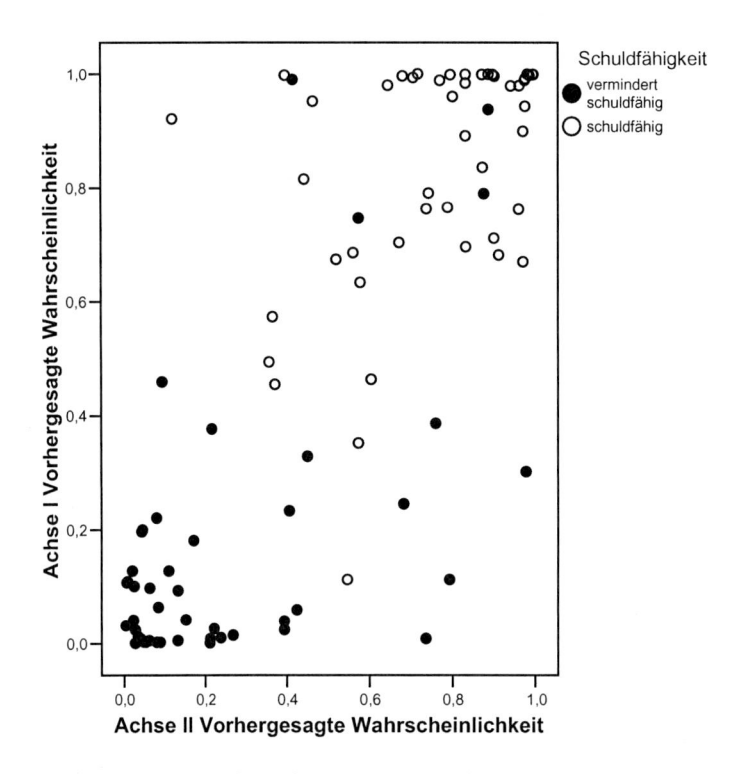

Abbildung 5-17: Streudiagramm der vorhergesagten Wahrscheinlichkeiten der Zugehörigkeit zu einer Schuldfähigkeitsgruppe in Abhängigkeit von den beiden Schuldfähigkeitsachsen I und II.

Multivariate Analyse. Es ergibt sich eine Minimalkonfiguration von fünf Schuldfähigkeitsmerkmalen (vgl. Tabelle 5-13). Mittels der Schuldfähigkeitsmerkmale passivvermeidendes vs. aktiv-adaptives Problemlösen, Lage- vs. Handlungsorientierung, externalisierend-egozentrische vs. prosozial-reziproke Affektivität, impulsiv-explosibles Verhalten vs. Impulskontrolle und Selbststeuerung sowie progredientem vs. nichtprogredientem Tatverhalten lassen sich 90,4% richtige Zuordnungen zu den Schuldfähigkeitsgruppen (vgl. Tabelle 5-14) erstellen, bei einer im Vergleich zum bisher stärksten Modell von Achse I um knapp vier Prozent gestiegenen Varianzaufklärung von 78% (Nagelkerke R2 von NR=.782). Die Trefferquote liegt damit über der, der beiden

Schuldfähigkeitsachsen für sich genommen. Der Hosmer-Lemeshow-Test ($\chi2=4,592$; df=8; p=.800) führt ebenfalls zu einer Bestätigung der Modellgültigkeit. Das Ausmaß der mittleren Trennung zwischen beiden Schuldfähigkeitsgruppen lässt sich mit einer überaus großen Effektstärke von d=2,95 (Konfidenzintervall95% = 2,37 – 3,53) angeben. Dies wird unmittelbar ersichtlich in der grafischen Darstellung der regressionsanalytisch berechneten Zugehörigkeitswahrscheinlichkeiten der beiden Schuldfähigkeitsgruppen (vgl. Abbildung 5-18).

Tabelle 5-13: Übersicht der wichtigsten Kennwerte der einzelnen Schuldfähigkeitsmerkmale für die Minimalkonfiguration beider Schuldfähigkeitsachsen im binär-logistischen Regressionsmodell.

Schuldfähigkeitsmerkmal	Regressionskoeffizient	Wald	odds
passiv-vermeidendes vs. aktiv-adaptives Problemlösen**	5,722	7,64	305,61
Lage- vs. Handlungsorientierung*	1,229	3,82	3,42
externalisierend-egozentrische vs. prosozial-reziproke Affektivität**	-4,836	9,14	0,01
impulsiv-explosibles Verhalten vs. Impulskontrolle und Selbststeuerung**	4,176	9,33	65,10
progredientes vs. nicht-progredientes Tatverhalten*	1,883	4,85	6,58
Konstante*	2,219	3,87	9,196

Anmerkung: * p≤.05, ** p≤.01; Wald = Prüfgröße der Wald-Statistik hinsichtlich des Einflusses eines Schuldfähigkeitsmerkmals (df=1); odds = Erhöhung des Schuldfähigkeitsmerkmals um eine Einheit steigert oder senkt die Wahrscheinlichkeit von Schuldfähigkeit um den angegebenen Faktor in Abhängigkeit vom Vorzeichen des zugehörigen Regressionskoeffizienten.

Tabelle 5-14: Klassifizierungstabelle der Minimalkonfiguration beider Schuldfähigkeitsachsen.

	vorhergesagt		
beobachtet	verm. schuldf.	schuldfähig	Treffer (%)
verm. schuldf.	43 (41)	4 (6)	91,5 (87,2)
schuldfähig	5 (5)	42 (42)	89,4 (89,4)
Gesamttreffer (%)			90,4 (88,3)

Anmerkung: In Klammern sind die Werte der Kreuzvalidierung wiedergegeben.

Die Kreuzvalidierung nach leaving-one-out Methode (vgl. Kap 5.3.3) ergibt eine geschätzte wahre Fehlerrate von 11,7%, womit der Schätzfehler (Optimismus) für die Vorhersageleistung der Minimalkonfiguration 2,1% beträgt. Dies bedeutet, dass die kreuzvalidierte wahre Trefferquote der berechneten Schuldfähigkeitsmerkmale bei 88,3% liegt. Dem Regressionsmodell der Minimalkonfiguration kommt somit eine sehr gute Vorhersagekraft zu, die vergleichbar ist mit der der ersten Schuldfähigkeitsachse für sich allein genommen.

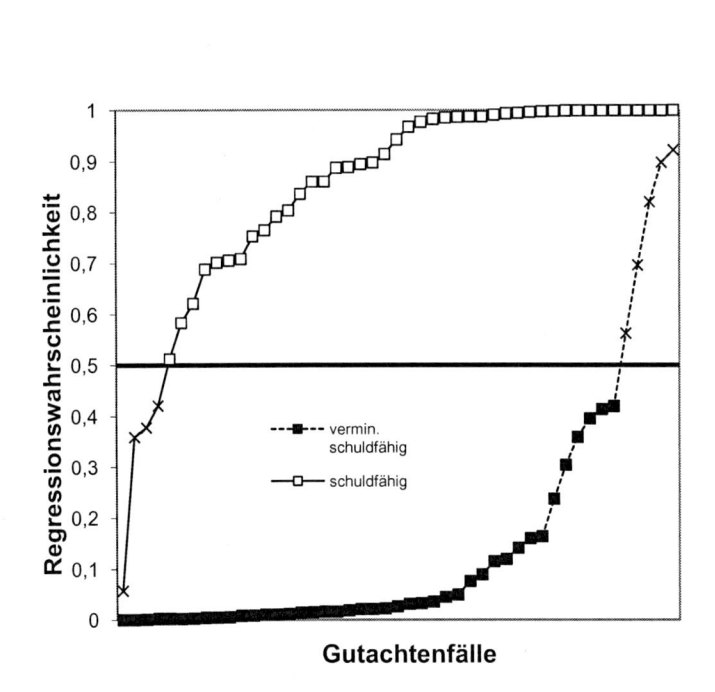

Abbildung 5-18: Verteilung der Regressionswahrscheinlichkeiten gemäß Minimalkonfiguration (mit X sind die entsprechenden Fehlklassifikationen der jeweiligen Gruppen bei einem Cut-Off-Wert von 0,5 gekennzeichnet).

Gewichtung der Merkmale. Insgesamt stellen sich die Schuldfähigkeitsmerkmale der komplett in die Minimalkonfiguration eingegangen Achse I – Situationsübergreifende Erlebens- und Verhaltensdispositionen als die den tatzeitbezogenen Merkmalen überlegenen Prädiktoren heraus. Somit kommt den trait-bezogenen Merkmalen schuldfähigkeitsrelevanter Aspekte bei der Beurteilung von SASA durch die Sachverständigen eine ausschlaggebende Rolle zu. Insbesondere gilt dies für die Kategorien passiv-vermeidendes vs. aktiv-adaptives Problemlösen und impulsiv-explosibles Verhalten vs. Impulskontrolle und Selbststeuerung, die die größte Gewichtung für die Vorhersage der Schuldfähigkeitsgruppen in diesem Modell mit sich bringen. Weniger bedeutsame Rollen spielen die Schuldfähigkeitsmerkmale Lage- vs. Handlungsorientierung sowie progredientes vs. nicht-progredientes Tatverhalten. Das Merkmal Externalisierend-egozentrische vs. prosozial-reziproke Affektivität spielt allenfalls in statistischer Hinsicht eine Rolle – trägt aber ähnlich wie schon in Kap. 5.4.4.1 festgestellt in praktischer Hinsicht nicht zur Entscheidungsfindung bei (eine Erhöhung der Ausprägung dieses Merkmals um eine Einheit senkt die Wahrscheinlichkeit von Schuldfähigkeit um den Faktor 0,01).

Interkorrelationen. Für die Minimalkonfiguration ergibt sich eine mittlere Interkorrelation aller konstituierenden Schuldfähigkeitsmerkmale von $r_{inter}=.26$, was für eine eher heterogene Erfassung von Erlebens- und Verhaltensweisen spricht. Dies belegt eine wünschenswerte weitgehende Unabhängigkeit der einzelnen Schuldfähigkeitsmerkmale voneinander. Die entsprechenden Interkorrelationen sind Anhang C zu entnehmen. *Sensitivität und Spezifität.* Die Vorhersagekraft der Schuldfähigkeitsmerkmale der Minimalkonfiguration stellt sich in der ROC-Analyse (vgl. Kap. 5.3.3) der resultierenden Gruppenwahrscheinlichkeiten mit einer Fläche unter der Kurve von AUC = .96 ($p \leq .001$) ebenfalls entsprechend gut dar (vgl. Abbildung 5-19). Auch für die Minimalkonfiguration von insgesamt fünf Schuldfähigkeitsmerkmalen ist von einer äußerst guten prädiktiven Validität bei der Vorhersage von schuld- (Sensitivität) und vermindert schuldfähigen Beschuldigten auszugehen.

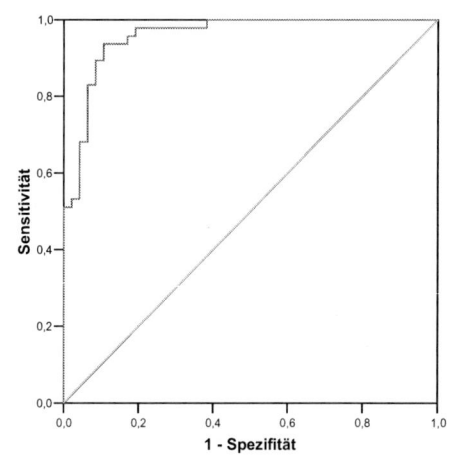

Abbildung 5-19: Verhältnis der Trefferquote von Schuld- zu vermindert Schuldfähigen (ROC-Kurve) anhand der regressionsanalytischen Zugehörigkeitswahrscheinlichkeiten aus der Minimalkonfiguration.

5.4.6 Analyse der Fehlklassifikationen

Mittelwertsunterschiede. Sowohl für die konservative (n=21; 22,3%) als auch die progressive (n=9; 9,2%) Fehlklassifikationsdefinition[31] finden sich keine überzufälligen Mittelwertsunterschiede (Mann-Whitney-U-Test für unabhängige Stichproben), so dass davon auszugehen ist, dass sich die fehlklassifizierten Fälle anhand der Schuldfähigkeitskategorien beider Achsen nicht systematisch von den richtig Vorhergesagten unterscheiden.

---

[31] *Konservativ:* Fehlklassifikationen, die sich aus Achse I, Achse II oder der Minimalkonfiguration ergeben haben. *Progressiv:* Fehlklassifikation der Minimalkonfiguration (vgl. Kap. 5.3.4).

Vorhersage der Vorhersagbarkeit. Um die Genauigkeit der gemachten Vorhersagen samt eventueller Einflussgrößen zu überprüfen, ist ein Unzuverlässigkeitsmaß anhand des in Kap. 5.3.4 aufgestellten Koeffizienten berechnet worden. Dieses korreliert in geringem Umfang sowohl mit den progressiven (r_{pbis}=.35; $p \leq .001$) als auch mit den konservativen Fehlklassifikationen (r_{pbis}=.45; $p \leq .001$) bei gleichzeitiger Unabhängigkeit vom vorherzusagenden Kriterium – der Schuldfähigkeitseinschätzung der Sachverständigen. Es ist somit ein geringer Vorhersageeffekt in der Richtung anzunehmen, dass je näher die Wahrscheinlichkeit der Schuldfähigkeitsgruppenvorhersage an den Cutoff-Wert von 0,5 rückt, desto eher mit einer Fehlklassifikation zu rechnen ist. Dies ist entspricht der Logik des binär-logistischen Regressionsansatzes, dessen Vorhersagegenauigkeit mit zunehmender Annäherung an die Randwahrscheinlichkeiten steigt. Darüber hinaus finden sich keinerlei korrelative Zusammenhänge bzw. Mittelwertsunterschiede zwischen dem Unzuverlässigkeitsmaß und den Schuldfähigkeitskategorien beider Achsen sowie sämtlichen forensischen, soziodemographischen und psychopathologischen Basisdaten der Untersuchungsstichprobe. Demnach ist davon auszugehen, dass sich kein systematisch nutzbarer Zusammenhang mit den in dieser Untersuchung erhobenen Variablen finden lässt, mittels dessen eine Abschätzung der Prädiktionsgüte („Vorhersage der Vorhersagbarkeit"; Ghiselli, 1960) vorzunehmen wäre. Die Nähe der aus den logistischen Regressionen resultierenden Ergebnisse zu den eindeutigen Randwahrscheinlichkeiten von 0 und 1 ist somit der beste Prädiktor der Zuverlässigkeit der statistischen Vorhersage in der Schuldfähigkeitsfrage, was für eine umfassende Varianzaufklärung durch die Schuldfähigkeitsmerkmale spricht.

5.4.7 Die Persönlichkeitsfaktoren Seelische Gesundheit und Verhaltenskontrolle im Verhältnis zur Schuldfähigkeitseinschätzung durch die Sachverständigen

Mittelwertsunterschiede und Zusammenhangsmaße. Nach Berechnung der inhaltsanalytisch erhobenen Persönlichkeitsfaktoren Seelische Gesundheit (Cronbachs α=.71) und Verhaltenskontrolle (Cronbachs α=.93) sowie zugehöriger Subfaktoren entsprechend der bei Becker (1995) dargestellten Faktorstruktur ergeben sich die in Abbildung 5-20 wiedergegebenen Mittelwertsunterschiede. Lediglich der Faktor Seelische Gesundheit sowie dessen Subfaktoren tragen zu einer statistisch signifikanten Unterscheidung zwischen den beiden Schuldfähigkeitsgruppen bei. Für den Faktor Verhaltenskontrolle sowie die damit assoziierten Faktoren lässt sich dies nicht bestätigen. Dementsprechend bilden sich die Korrelationen mit Schuldfähigkeitsempfehlung der Sachverständigen ab (vgl. Tabelle 5-15).
Somit lässt sich einerseits die Hypothese bestätigen, dass das Konstrukt Seelische Gesundheit in Zusammenhang mit der Schuldfähigkeitsempfehlung der Gutachter steht. Je eher ein Straftäter in der Lage ist, selbstaktualisierende Handlungen vorzunehmen, sich selbst und andere wertzuschätzen, und je wohler er sich in seelischer und körperli-

cher Hinsicht fühlt, desto eher ist von Schuldfähigkeit auszugehen (vgl. Kap. 5.1). Andererseits findet sich auch für die Hypothese Bestätigung, dass das Ausmaß der Verhaltenskontrolle als linear wirksamer Mittler zwischen Gehemmtheit und Zügellosigkeit keinerlei Zusammenhang mit der Schuldfähigkeitsempfehlung aufweist.

Tabelle 5-15: *Korrelationen der Persönlichkeitsfaktoren mit der Schuldfähigkeitsempfehlung durch die Sachverständigen (r_{pbis}= punktbiseriale Korrelation).*

Faktor	r_{pbis}
Seelische Gesundheit	.64**
Seelisch-körperliches Wohlbefinden	.59**
Selbst- & Fremdwertschätzung	.38**
Selbstaktualisierung	.41**
Verhaltenskontrolle	-.08
Kontrolliertheit	-.05
Spontaneität	.10

Anmerkung: ** $p \leq .01$

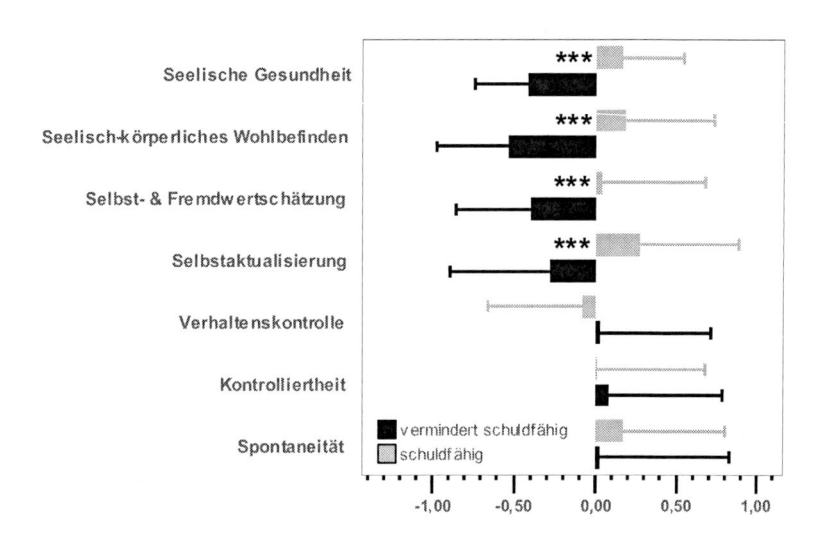

Abbildung 5-20: Übersicht der Mittelwertsunterschiede zwischen den Gruppen Schuld- und vermindert Schuldfähiger für die persönlichkeitspsychologischen Konstrukte nach Becker (1995). Fehlerbalken entsprechen der Standardabweichung. *** $p \leq .001$ *(t-Test für unabhängige Stichproben).*

Eine Überprüfung der Zusammenhänge mit den einzelnen Schuldfähigkeitskategorien ergibt die in Tabelle 5-16 dargestellten Korrelationskoeffizienten. Es zeigen sich substantielle Korrelationen von Seelischer Gesundheit mit den Schuldfähigkeitsmerkmalen der Minimalkonfiguration, die zur besten Vorhersage der Schuldfähigkeit beitragen (vgl. Kap. 5.4.5), wohingegen sich für Verhaltenskontrolle dies nur in geringem Ausmaß feststellen lässt. Diese hängt primär mit den Schuldfähigkeitsmerkmalen zusammen, die mit Dissozialität assoziert sind und zu einer Unterscheidung der Schuldfähigkeitsgruppen nicht beitragen (vgl. Kap 5.4.4).

Tabelle 5-16: Korrelationen der Schuldfähigkeitskategorien beider Achsen mit den Persönlichkeitsfaktoren Seelische Gesundheit und Verhaltenskontrolle.

Schuldfähigkeitskategorie	$r_{Seelische\ Gesundheit}$	$r_{Verhaltenskontrolle}$
einseitige vs. differenzierte Selbst- & Fremdannahmen	.42**	.50*
passiv-vermeidendes vs. aktiv-adaptives Problemlösen	.68**	.21*
Lage- vs. Handlungsorientierung	.76**	-.32*
frühes Problemverhalten vs. Unauffälligkeit	.20	.52**
dissoziale vs. normorientierte Verhaltensweisen	-.07	.70**
externalisierend-egozentrische vs. prosozial-reziproke Affektivität	-.04	.70**
fehlangepasste vs. längerfristige Arbeits- und Zielorientierung	.19	.74**
impulsiv-explosibles Verhalten vs. Impulskontrolle und Selbststeuerung	.36**	.63**
progredientes vs. nicht-progredientes Tatverhalten	.12	.00
ausgeprägte vs. geringe Beziehungsnahme zum Opfer	.12	.31**
Labilisierung vs. emotionale Stabilität im Vorfeld der Tat	.72**	-.12
ungeplant-chaotisches vs. geplant-organisiertes Tatverhalten	-.02	-.12
affektregulativ-egodystone vs. instrumentell-egosyntone Tatbegehung	.27**	-.13

Anmerkung: * p≤.05; ** p≤.01

Zusammenhänge mit psychopathologischen Basisdaten. Für den Faktor Verhaltenskontrolle lassen sich keinerlei Zusammenhänge mit psychopathologischen Basismaßen der Stichprobe finden. Seelische Gesundheit hingegen korreliert jeweils negativ mit dem Vorhandensein einer Persönlichkeitsstörungsdiagnose (r_{pbis}=-.38; p≤.01) und der Anzahl vergebener Diagnosen (r=-.50; p≤.01). Ein systematischer Zusammenhang mit dem Vorkommen von Sucht/Missbrauchsdiagnosen lässt sich nicht herstellen. Das Streudiagramm nach Schuldfähigkeits- und Diagnosegruppen gibt die Zusammenhänge grafisch sehr gut sichtbar wieder (vgl. Abbildung 5-21). Deutlich sichtbar wird die Korrelation zwischen Seelische Gesundheit und Schuldfähigkeit (je ausgeprägter, desto schuldfähiger) sowie der mangelnde lineare Zusammenhang von Verhaltenskontrolle und den Schuldfähigkeitsgruppen (s.u.). Auf Ebene der Hauptdiagnosen ist der negative Zusammenhang mit den Persönlichkeitsstörungsdiagnosen erkenntlich (je seelisch gesünder, desto weniger Persönlichkeitsstörungen als Hauptdiagnose).

Persönlichkeitsfaktoren, Diagnosegruppen und Schuldfähigkeit. Um den Zusammenhang zwischen den Persönlichkeitsfaktoren Seelische Gesundheit und Verhaltenskontrolle sowie den einzelnen Diagnosegruppen grafisch noch weiter zu verdeutlichen, sind die vier Felder aus Abbildung 5-21 anhand der dimensionalen Ausprägungen in eine Vierfeldermatrix gruppiert (Seelische Gesundheit hoch/niedrig vs. Verhaltenskontrolle hoch/niedrig) und zusammen mit den Diagnosegruppen korrespondenzanalytisch ausgewertet worden[32].

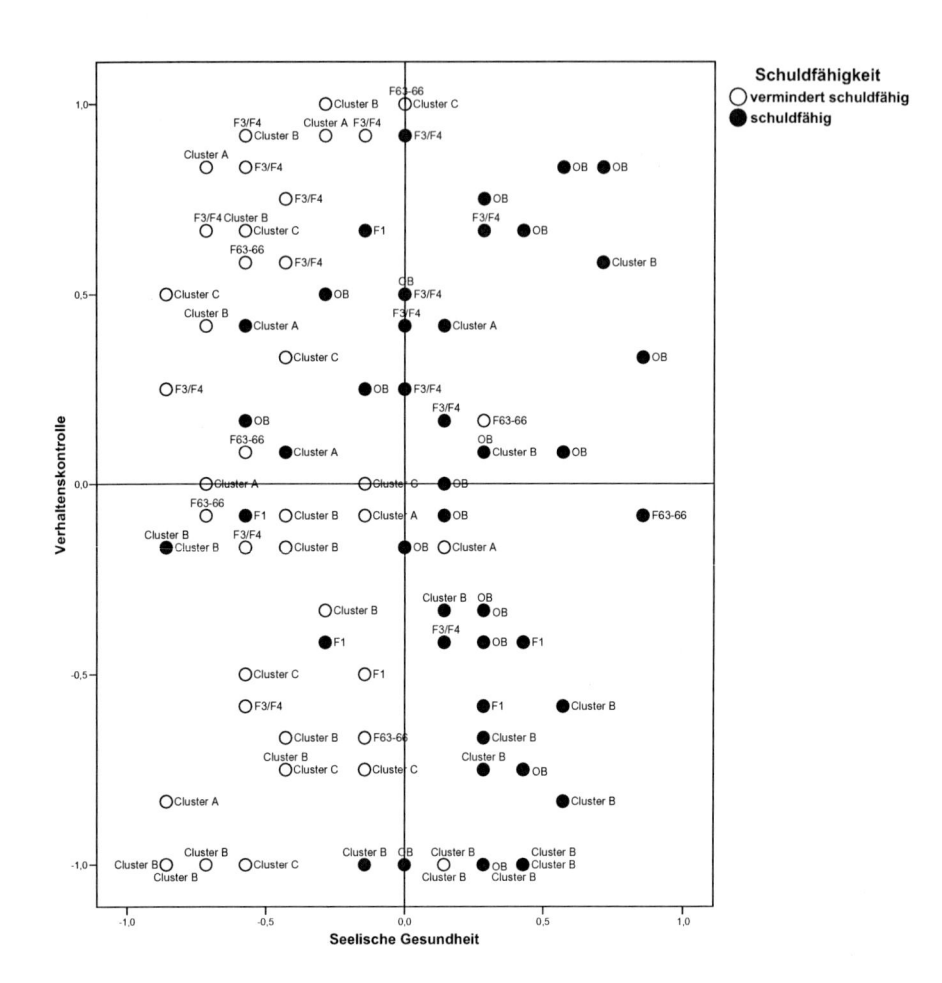

Abbildung 5-21: Streudiagramm von Seelische Gesundheit und Verhaltenskontrolle gruppiert nach Diagnosen und Schuldfähigkeitsgruppen.

---

[32] Eine dieser Einteilung entsprechende rotierte Darstellung (vgl. Kap. 4.1.2, Abbildung 4-3) der beiden unabhängigen Persönlichkeitsfaktoren ergibt eine Aufteilung von Sozial Angepassten vs. Zügellose und Selbstaktualisierende vs. Gehemmte.

Die sich daraus ergebende Verteilung im persönlichkeitsdimensionalen Raum ist in Abbildung 5-22 wiedergegeben ($\chi2=53,8$; df=24; p≤.001). Bei der Betrachtung fallen vier Cluster von Diagnosegruppen auf:

a) Eher *sozial angepasste Straftäter*, die sich sowohl durch hohe Seelische Gesundheit als auch hohe Verhaltenskontrolle auszeichnen und keinerlei psychische Störung vorweisen.
b) *Gehemmte Delinquente* (niedrige Seelische Gesundheit, erhöhte Verhaltenskontrolle), die primär Diagnosen aus dem Bereich affektiver Störungen sowie Cluster A und C der Persönlichkeitsstörungen vorweisen.
c) *Zügellose Straftäter* (geringere Seelische Gesundheit, niedrige Verhaltenskontrolle) mit Diagnosen aus dem Bereich der Störungen durch psychotrope Substanzen, Impulskontrollstörungen und Cluster B Persönlichkeitsstörungen.
d) Eine *Restgruppe* von Straftätern mit Störungen der Geschlechtsidentität, der Sexualpräferenz und in Verbindung mit der sexuellen Entwicklung sowie Neurotischen, Belastungs- und somatoformen Störungen, die ebenfalls geringere Werte für Seelische Gesundheit aufweisen, sich gegenüber den zügellosen Straftätern jedoch durch eine hohe Verhaltenskontrolle auszeichnen.

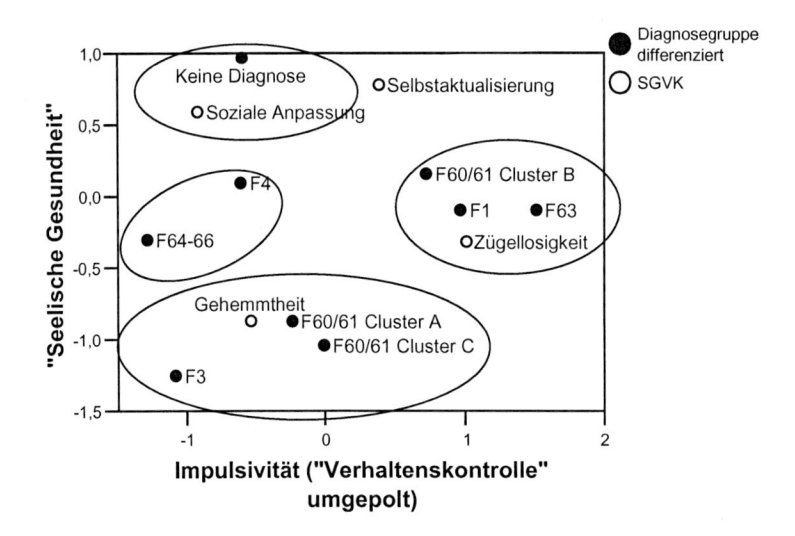

Abbildung 5-22: Korrespondenzanalytische Verteilung (symmetrische Normalisierung) der Diagnosegruppen und der rotierten Faktorenlösung von Seelischer Gesundheit und Verhaltenskontrolle (SGVK) nach Becker (1995, S. 51; vgl. Kap. 4.1.2).

Abhängig vom Ausmaß Seelischer Gesundheit lassen sich nun die hypothetischen Vorhersagen der Schuldfähigkeit für die jeweiligen Diagnosegruppen überprüfen (vgl. Tabelle 5-2, Zeile Diagnosegruppe).

- Alle eher *sozial angepassten Straftäter* ohne Diagnosen der Gruppe a) (n=20) werden erwartungsgemäß bei hoher Seelischer Gesundheit als schuldfähig eingeschätzt.
- Gruppe b) der *gehemmten Delinquenten* mit geringer Seelischer Gesundheit und Diagnosen aus Cluster A und C der Persönlichkeitsstörungen bzw. mit affektiven Störungen (n=22) wird dementsprechend bis auf vier Fälle dekulpiert. Dabei fällt die Seelische Gesundheit der vermindert Schuldfähigen signifikant geringer aus als die der Schuldfähigen (Mann-Whitney-U Test für unabhängige Stichproben, p≤.05, einseitige Testung).
- Gruppe c) der *zügellosen* Straftäter mit mittlerer Seelischer Gesundheit und Störungen aus dem Bereich der Cluster B Persönlichkeitsstörungen sowie der Abhängigkeits- und Impulskontrollstörungen (n=37) erscheint in der Schuldfähigkeitseinschätzung problematischer, da sowohl Dekulpationen als auch keinerlei Einschränkungen diesbezüglich etwa gleich häufig festgestellt werden. Hypothesenkonform zeigen sich jedoch statistisch signifikant geringere Ausprägungen an Seelischer Gesundheit für die Dekulpierten (Mann-Whitney-U Test für unabhängige Stichproben, p≤.001).
- Gruppe d) der Straftäter ebenfalls mittelgradiger Seelischer Gesundheit bei jedoch hoher Verhaltenskontrolle mit Störungen der Geschlechtsidentität, der Sexualpräferenz und in Verbindung mit der sexuellen Entwicklung sowie Neurotischen-, Belastungs- und somatoformen Störungen (n=15) zeigt auch ein Mischbild hinsichtlich der Schuldfähigkeitsempfehlungen, wobei hier jedoch die Dekulpation überwiegt. Dekulpierte Straftäter weisen dabei signifikant geringere Werte für Seelische Gesundheit auf (Mann-Whitney-U Test für unabhängige Stichproben, p≤.05).

Verhaltenskontrolle und Schuldfähigkeit. Abschließend erfolgt eine genauere Betrachtung des Zusammenhangs von Verhaltenskontrolle und Schuldfähigkeit, die über die weiter oben dargestellten linearen Zusammenhangsmaße hinausgeht. Ausgangspunkt dafür ist die in Kap. 4.1.2 abgeleitete Hypothese, dass ein mittleres Ausmaß an Verhaltenskontrolle Voraussetzung für eine flexible Selbstregulation ist und eher für Schuldfähigkeit spricht, als Extremausprägungen dieses Merkmals, die zum Zusammenbruch der Selbstregulation bei Über- und Unterkontrolle führen (vgl. Baumeister & Heatherton, 1996; Davey et al., 2005), was eher eine Dekulpation nahe legt. Dies entspräche einem umgekehrt u-förmigen Zusammenhang. Ein erster Beleg dafür lässt sich Abbildung 5-21 entnehmen: Eine größere Anzahl der vermindert Schuldfähigen liegt in den Extrembereichen der Verhaltenskontrolle, wohingegen im mittleren Bereich verstärkt die Schuldfähigen anzutreffen sind. Eine andere Darstellung der Häufigkeitsverteilung dieses Persönlichkeitsmerkmals in Abhängigkeit von den Schuldfähigkeitsgruppen verdeutlicht dies (vgl. Tabelle 5-17). Definiert man alle Werte der Verhaltenskontrolle zwischen -0,5 und 0,5 als mittlere Ausprägung und die davon abweichenden Ausprägungen als Extremwerte (vgl. Tabelle 5-17), so ergibt sich eine statistisch signifikante Abweichung von der Gleichverteilungsannahme (χ^2=4,352; df=1; p≤.05) hinsichtlich mittlerer und Extremwerte der beiden Schuldfähigkeitsgruppen.

Tabelle 5-17: Stem & Leaf Diagramm der Häufigkeitsverteilung für den Persönlichkeitsfaktor Verhaltenskontrolle nach Becker (1995).

Verhaltenskontrolle			
vermindert schuldfähig		schuldfähig	
000000	-1.	000000	
555667778	-0.	556778	eher unterkontrolliert
00011113	-0.	000113334444	
0001234	0.	0000011223444	flexible Kontrolle
55556667889999	0.	5556667889	
000	1.		eher überkontrolliert

Anmerkung: Die Messwerte für die einzelnen Fälle ergeben sich aus der Tabelle wie folgt: Zahlen in den mittleren Spalten (sog. Stems; dunkelgrau unterlegt) entsprechen der jeweiligen Ausprägung von Verhaltenskontrolle vor dem Komma, die in den Spalten links und rechts davon angeordneten Zahlen (sog. Leafs) stehen für den Wert der Nachkommastelle der zugehörigen Schuldfähigkeitsgruppe. Jede einzelne Zahl eines Leafs entspricht einem Fall. Somit ergibt sich eine Spannbreite -1,0 ≤ x ≤ 1,0 für die vermindert Schuldfähigen und für die Schuldfähigen von -1,0 ≤ x ≤ 0,9.

6 Die Schuldfähigkeitsmerkmale der sogenannten schweren anderen seelischen Abartigkeit und deren Anwendung

Die in dieser Untersuchung auf empirischer Grundlage entwickelten Schuldfähigkeitsmerkmale beruhen auf einer retrospektiven inhaltsanalytischen Auswertung von 94 Schuldfähigkeitsgutachten. Die daraus resultierenden quantitativ gestuften Indikatoren sind mittels umfangreicher statistischer Verfahren aggregiert und in trennscharfe Schuldfähigkeitsmerkmale verwandelt worden. Anhand zweier Schuldfähigkeitsachsen lassen sich Aussagen hinsichtlich der Zugehörigkeitswahrscheinlichkeiten zu einer der beiden auf Expertenurteilen beruhenden Schuldfähigkeitsgruppen verminderter oder gegebener Schuldfähigkeit zum Tatzeitpunkt ableiten (vgl. Kap. 5).

6.1 Die Bedeutung der empirisch basierten Schuldfähigkeitsmerkmale für die Schuldfähigkeitsfrage

Das erste Hauptziel dieser Untersuchung bestand darin, eine Auswahl der in der Literatur als für die Schuldfähigkeitsbegutachtung bedeutsam erachteten Konstrukte auf ihre empirisch belegbare Bedeutsamkeit hin zu untersuchen. Hierbei ist auf eine zwei-axiale Ordnungsheuristik zurückgegriffen worden (vgl. Kap. 4.2 und 4.3). Diese beruht auf den rechtlichen Vorgaben der entwicklungsbezogenen Würdigung der Täterpersönlichkeit und deren Auswirkungen auf die Einsichts- und Steuerungsfähigkeit zum Tatzeitpunkt (vgl. Kap. 2.2 und 2.3). Ferner lässt sie sich in die rahmentheoretische Konzeption von Straffälligkeit als durch Bewältigungsmechanismen vermitteltes Handeln vor dem Hintergrund der Interaktion von Täterpersönlichkeit und Tatsituation im Vulnerabilitäts-Stress-Modell (vgl. Kap. 4.1) einbinden.

Die folgende Darstellung von Schuldfähigkeitsmerkmalen, die sich für die gutachterliche Anwendung als trennscharf herausgestellt haben, stützt sich primär auf die Ergebnisse der binär-logistischen Regressionsanalysen (vgl. Kap. 5.3.3). Diese stellen durch die Berücksichtigung multivariater Zusammenhänge, eine bessere Annäherung an die gutachterliche Situation dar, in der ebenfalls komplexe Merkmalskombinationen simultan zu erheben und zu bewerten sind. Die Betrachtung univariater Mittelwertsvergleiche allein, würde dieser Anforderung nicht gerecht werden. Beide Schuldfähigkeitsachsen haben sich hinsichtlich ihrer trennscharfen Inhalte mit 19 bzw. 15 Indikatoren als etwa gleich umfangreich herausgestellt und variieren in vergleichbarem Ausmaß (vgl. Abbildung 5-13; Abbildung 5-15).

6.1.1 Situationsübergreifende Erlebens- und Verhaltensdispositionen – die erste Schuldfähigkeitsachse

Diskriminations- und Vorhersageleistung. Von insgesamt acht übergeordneten Schuldfähigkeitskategorien zu situationsübergreifenden Copingfertigkeiten, Emotionsregulationsmechanismen sowie dissozialen Persönlichkeitsmerkmalen zeigen sich vier, primär bewältigende Merkmalscluster, als für die Unterscheidung zwischen schuld- und vermindert schuldfähigen Straftätern relevant (vgl. Tabelle 5-8):

a) Passiv-vermeidendes vs. aktiv-adaptives Problemlösen
b) Lage- vs. Handlungsorientierung
c) Impulsiv-explosibles Verhalten vs. Impulskontrolle und Selbststeuerung
d) Externalisierend-egozentrische vs. prosozial-reziproke Affektivität

Die Schuldfähigkeitsmerkmale dieser Achse sind grundsätzlich als stabile und replizierbare Strukturen zu bewerten (vgl. Kap. 5.4.2), die sich auch in zufällig halbierten Teilstichproben mit guter Übereinstimmung wiederfinden lassen und hinsichtlich ihrer psychometrischen Kennwerte (vgl. Tabelle 5-4) durchgängig als gut bis sehr gut zu werten sind. Sie sind in der Lage 75% der Varianz in der Stichprobe aufzuklären, was einen ersten Beleg für die große Bedeutsamkeit problemlösender und emotionsregulativer Konstrukte für die Schuldfähigkeitsfrage darstellt. Sowohl die Anzahl korrekter Klassifikationen (90%), die prädiktive Validität (AUC=.95) sowie die mittlere Effektstärke (d=2,9) für die Differenzierung zwischen den Schuldfähigkeitsgruppen sprechen für eine überaus gute Trennschärfe dieser vier Schuldfähigkeitsmerkmale, die auch einer Kreuzvalidierung standhalten (vgl. Kap. 5.4.4.1). Sie sind sowohl zeitstabil als auch beurteilerübergreifend reliabel zu erfassen (vgl. Kap. 5.4.3) und somit aus psychometrischer Sicht insgesamt als sehr überzeugend einzuschätzen.

6.1.1.1 Passiv-vermeidendes vs. aktiv-adaptives Problemlösen

Das Schuldfähigkeitsmerkmal passiv-vermeidendes vs. aktiv-adaptives Problemlösen setzt sich aus sieben verschiedenen Indikatoren zusammen, die ein breit gefasstes Spektrum problemlösender und emotionsregulativer Strategien beschreiben:

a) *Mitteilen eigener Emotionen* – Dieser Indikator bezieht sich auf die kommunikative Fähigkeit, eigene Emotionen und Befindlichkeiten in sozialen Beziehungen und Interaktionen in funktionaler Weise mitzuteilen. Dieser expressive Bewältigungsmechanismus ist als ein wesentlicher Bestandteil effektiver Emotionsregulation zu betrachten (vgl. Kap. 4.2.1). Schuldfähige Straftäter verfügen dabei über Fähigkeiten, ihr affektives Erleben aktiv in differenzierter Form metakommunikativ auszudrücken, wohingegen der vermindert schuldfähige Delinquent diesbezüglich auf passiv-vermeidende Strategien zurückgreift und sein Erleben gar nicht oder nur indirekt-implizit mitzuteilen in der Lage ist.

b) *Differenzierte Wahrnehmung eigener Emotionen* – Diese Fähigkeit beinhaltet introspektive Fertigkeiten, die eine weitere Voraussetzung erfolgreicher Emotionsregulation (vgl. Kap. 4.2.1) darstellen. So zeigen Schuldfähige einen selbstreflexiven Umgang mit der eigenen Gefühlswelt, der sich durch eine differenzierte Wahrnehmung eigenen Erlebens und einen uneingeschränkten Umgang mit sowohl positiven als auch negativen Gefühlen auszeichnet. Eine stark vereinseitigte auf negative Gefühlsqualitäten fokussierende bis aufgehobene Introspektion, die der zumeist erfolglosen Vermeidung unangenehmer Affektivität dient, spricht für den zu dekulpierenden Straftäter. Auffallend ist dabei die mangelnde Differenzierung zwischen den unterschiedlichen Qualitäten von Emotionen, die allenfalls auf der Ebene von groben Valenzen (gut/schlecht) stattfindet, sich aber auch in völliger Alexithymie (Sifneos, 1996) manifestieren kann.

c) *Funktionalität des kognitiven Stils* – Hierbei handelt es sich um habituelle Wahrnehmungs- und Bewertungsmuster von Sachverhalten, die eine funktionale Lösung von Problemen unterstützen bzw. behindern können. Schuldfähige Straftäter zeichnen sich dabei durch vergleichsweise funktionale Bewertungsmuster aus, während dekulpierte Straftäter einen verstärkt dysfunktionalen Kognitionsstil aufweisen (vgl. Pretzer & Beck, 2005; Tabelle 4-2).

d) *Problemlösemechanismen* – Dieser Indikator beschreibt den Umgang mit Problemsituationen. Dabei ist ein aktiv-adaptives Vorgehen ein grundlegender Prädiktor effizienter Problembewältigung (vgl. Kap. 4.2.1). Es zeichnet sich durch die konstruktive Auseinandersetzung mit Problemen, potentiellen Lösungsmöglichkeiten und deren Umsetzung unter Einbezug sozialer Unterstützung aus. Schuldfähige neigen dementsprechend häufiger dazu, dies umzusetzen. Vermindert Schuldfähige hingegen setzen auf rigide, inflexible und vermeidende Strategien, ohne sich dabei um soziale Unterstützung zu bemühen.

e) *Selbstwertregulation* – Diese Fähigkeit bezieht sich auf den Umgang mit selbstwertbedrohlichen Ereignissen. So ist der schuldfähige Täter in der Lage, durch funktionale selbstwertstützende Attributionen (vgl. Ellgring, 1998) einen kurzeitig bedrohten Selbstwert aufrechtzuerhalten bzw. selbstwertdienlich zu modulieren. Eine erhöhte Kränkbarkeit, Größenphantasien, Selbstentwertung und Selbstbestrafungen als Zeichen eines fragilen Selbstwerts mit großer Schwankungsbreite zwischen Selbstüberhöhung und -abwertung sind charakteristisch bei Dekulpierten anzutreffen. Dies spiegelt ein von der Situation losgelöstes übertriebenes oder habituell zu geringes Ausmaß emotionsregulativer Prozesse wider.

f) *Soziales Netzwerk* – Dieser Indikator beschreibt das Ausmaß des Eingebundenseins in ein supportives soziales Netzwerk bestehend aus Familienangehörigen, Freunden, Nachbarn und Arbeitskollegen, sowie die Bemühungen um dessen

Aufrechterhaltung. Soziale Unterstützung stellt eine wichtige zusätzliche Bewältigungsressource dar (vgl. Kap. 4.2.1; Perrez et al., 1998). Dabei ist ein bestehender Freundeskreis sowie die aktive Bemühung um diesen bei grundsätzlich kontaktsuchender Persönlichkeit als Hinweis auf den schuldfähigen Straftäter zu interpretieren, wohingegen Dekulpationen sich durch Vermeidung und totale Abbrüche von Kontakten sowie ausgeprägte Rückzugstendenzen im sozialen Netzwerk auszeichnen.

Zusammenfassend unterscheiden sich Straftäter der beiden Schuldfähigkeitsgruppen hinsichtlich ihrer Fähigkeit, Probleme zu lösen und ihre Emotionen zu regulieren im Ausmaß von Aktivität vs. Passivität, Expressivität vs. Suppressivität, annähernder vs. vermeidender Strategien sowie situationsbezogener Flexibilität vs. Rigidität (zunehmenden Einseitigkeit der angewandten Strategien).

6.1.1.2 Lage- vs. Handlungsorientierung

Das Schuldfähigkeitsmerkmal Lage- vs. Handlungsorientierung beruht auf den entsprechenden persönlichkeitspsychologischen Konstrukten von Kuhl (1994a; vgl. Kap. 4.2.1), die auf handlungstheoretischer Ebene Dispositionen im Umgang mit Handlungsabsichten beschreiben. Dabei wird je nach Fokussierung auf etwaige Lösungsmöglichkeiten oder wahrgenommene hinderliche Umstände (Lagen) zwischen Handlungs- und Lageorientierung unterschieden. Diese Orientierungsdispositionen wirken sich auf bewältigende Fertigkeiten aus. Dieses auf eine enge Klasse von Erlebens- und Verhaltensdispositionen abzielende Merkmal wird über folgende zwei Indikatoren erfasst (vgl. Kuhl, 1994b):

a) *Handlungsorientierung nach Misserfolg* – Bezieht sich auf den Umgang einer Person mit Misserfolgen und das daraus resultierende psychische Erleben. Schuldfähige weisen Tendenzen auf, Misserfolge funktional umzubewerten, zu vergessen oder aktiv aus dem Erleben verdrängen zu können. Dies zeigt sich in stärkerer Handlungsorientierung, die in unmittelbaren Verhaltensänderungen und funktionalen Lösungen resultiert. Das Aktivitätsniveau wird durch Misserfolge kaum beeinträchtigt. Dekulpierte Straftäter verharren demgegenüber in einer durch den Misserfolg ausgelösten Betonung aversiver Zustände und Konflikte. Dies zeigt sich in als unkontrollierbar erlebten Gedankenintrusionen, verstärktem Grübeln bei gleichzeitiger Überaktivität kognitiver Prozesse (vgl. Dörner, 2000). Das daraus resultierende Hilflosigkeits- und Drangerleben zum Handeln führt jedoch zu keiner Verhaltensänderung (Lageorientierung) und hat Passivität zur Folge, die den Einstieg in teufelskreisartige Aufschaukelungs- und Rückkopplungsprozesse darstellt.

b) *Handlungsorientierung bei Handlungsplanung* – Erfasst das Vorgehen und Erleben im Vorfeld von angestrebten Zielen und Absichtsbildungen. Auch hier ist verstärkte Handlungsorientierung, die an einer größeren Entscheidungsfreude und unmittelbarer Umsetzung von Handlungen ersichtlich wird, ein Kennzeichen für Schuldfähigkeit. Zögerliches und skrupulöses Verhalten, bei dem unangenehme Dinge aufgeschoben und nicht erledigt werden, tritt bei gleichzeitiger Problemfokussierung dagegen im Rahmen von Dekulpationen auf. Dies führt dazu, dass unangenehme Gefühlszustände nicht aktiv beendet werden können und zeigt sich in einer erhöhten Vermeidung und Ablenkbarkeit von lösungsrelevanten Aspekten (Lageorientierung).

Schuld und vermindert Schuldfähige lassen sich zusammenfassend vor allem durch ihre Fähigkeit unterscheiden, mittels aktiver Verhaltensänderungen, ihre Emotionen nachhaltig und funktional zu regulieren. Die Fertigkeit der handlungsorientierten Flexibilisierung situativ angepasster Verhaltensänderungen (im Vergleich zur lageorientierten Einseitigkeit) ist dabei von zentraler Bedeutung für die Feststellung von Schuldfähigkeit.

6.1.1.3 Impulsiv-explosibles Verhalten vs. Impulskontrolle und Selbststeuerung.

Das Schuldfähigkeitsmerkmal Impulsiv-explosibles Verhalten vs. Impulskontrolle und Selbststeuerung umfasst eine breite Kategorie von Erlebens- und Verhaltensdispositionen, die sich unter dem Begriff der selbstregulativen Verhaltenssteuerung fassen lassen. Es umfasst folgende für die Verhaltenskontrolle notwendigen Kompetenzen:

a) *Affektive Reagibilität* – Das Ausmaß, in dem Personen dazu tendieren, auf bestimmte Auslöser affektiv zu reagieren, ist eine wichtige differentielle Grundvoraussetzung der Verhaltenskontrolle. So stellt emotionale Stabilität (vs. Neurotizismus) auf temperamenteller Ebene einen fundamental vermittelnden Faktor zwischen Situation und ausgeübtem Verhalten dar (vgl. Kap. 4.1). Schuldfähige Straftäter zeigen eine langsame affektive Reagibilität, die sich in geringerer Irritier- und Erregbarkeit ausdrückt, während vermindert Schuldfähige eine stark in alle Richtungen schwankende affektive Erregbarkeit aufweisen, schnell zu irritieren sind und dies in hohem Ausmaße negativ bewerten.

b) *Desaktualisierung und Kontrolle* – Hierbei handelt es sich um die Fähigkeit, entgegen eigener Emotionen handeln zu können. Sie beruht darauf, dass das Erleben nicht unmittelbar handlungsrelevant umgesetzt wird und als kontrollierbar wahrgenommen werden kann. Schuldfähige Delinquenten zeigen diesbezüglich eine höhere Kontrollfähigkeit, insbesondere beim Belohnungsaufschub. Aversive Gefühle werden nicht unvermittelt in Handlungen umgesetzt. Bei dekulpierten Straftätern hingegen treten vermehrt Impulsdurchbrüche auf, die maßgeblich durch die unvermittelte Umsetzung motivationaler Bereitschaften getriggert sind. Gefühle steuern die Handlungen in einem solchen Ausmaß, das wider besseren Wissens unmittelbar agiert wird.

c) *Unter-, Über-, Fehlregulation* – Dieser Indikator beruht maßgeblich auf der Konzeption der Selbstregulation von Baumeister & Heatherton (1996), die mehrere mögliche Abläufe, die zu Kontrollverlusten führen können, beschreiben: Dies kann erstens durch ungeeignete Regulationsstrategien im Rahmen motivationaler Konflikte passieren, die zumeist darauf beruhen, Gefühle willentlich zu beeinflussen ohne entsprechend funktionale Verhaltensänderungen vorzunehmen oder an irrelevanten Erlebens – und Verhaltensweisen anzusetzen (*Fehlregulation*). Zweitens kann dies aufgrund eines Zusammenbruchs der Selbstregulationsfähigkeiten aufgrund zeitlich langanhaltender und überfordernder Kontrollversuche (*Überkontrolle*) geschehen (vgl. Davey et al., 2005). Drittens existiert *unterkontrolliertes* Verhalten, das sich durch das vorzeitige Aufgeben von Kontrollversuchen auszeichnet, welche als zu anstrengend oder nicht von der Person leistbar erlebt werden. Oftmals ist die Aufgabe der Selbstregulation durch ihre antizipierte Instrumentalität für das Erreichen persönlicher Ziele motiviert. Schuldfähige Straftäter zeichnen sich durch überwiegend längerdauernde Kontrollversuche und das Bemühen um anderweitige Lösungen aus, die dazu dienen, unerwünschte Reaktionen zu verhindern. Diese sind temporär zielführend und können später auch wieder aufgegeben werden, ohne dass dies zwangsläufig gravierende interpersonale Folgen nach sich zieht. Demgegenüber zeichnet sich das Verhalten vermindert Schuldfähiger eher durch stark über- bzw. missregulierte oder gar unterkontrollierte Verhaltensweisen aus, denen es an Flexibilität und situationaler Abstimmung mangelt.

d) *Paradoxe Anspruchshaltung und Anpassungserwartung* – Dieser Indikator entstammt der sog. dissozialen Charakterstruktur, wie sie bei Saß (1987, vgl. Kap. 3.2.5) beschrieben wird. Es handelt sich dabei um den Grad der Passung zwischen dem, was ein Individuum von seiner Umwelt erwartet, und dem, was es bereit ist, selber im Austausch mit dieser aufzuwenden. Eine dem sozialen Umfeld entsprechende Anpassungserwartung und Anspruchshaltung findet sich gehäuft im Rahmen von Schuldfähigkeit. Dekulpationen gehen mit paradoxen Anspruchshaltungen einher.

e) *Antizipation von Umweltreaktionen* – Beschreibt die Fähigkeit, der Vorwegnahme von Reaktionen Dritter auf das von einer Person selbst gezeigte Verhalten. Maßgeblich ist das Ausmaß, inwieweit dies auch handlungsleitend wirksam wird. So unterscheiden sich Schuldfähige durch eine Handlungsweise, die auf Kenntnis und Antizipation der Reaktionsweisen des Umfelds schließen lässt, während die Schlussfolgerungen vermindert Schuldfähiger weniger handlungsleitenden Charakter aufweisen. Dies kann bis zur Vermeidung antizipativer Vorgänge oder der völligen Unfähigkeit dazu reichen.

Die beiden Schuldfähigkeitsgruppen lassen sich zusammenfassend hinsichtlich ihrer Fähigkeiten unterscheiden, widersprüchliche intra- und extrapsychische Anforderungen flexibel zu kontrollieren, so dass Handlungsimpulse längerfristig kontrollierbar bleiben, und Belohnungsaufschub ermöglicht wird.

6.1.1.4 Externalisierend-egozentrische vs. prosozial-reziproke Affektivität

Das Schuldfähigkeitsmerkmal Externalisierend-egozentrische vs. prosozial-reziproke Affektivität stellt eine breite Klasse von Erlebens- und Verhaltensdispositionen dar. Sie umfasst hauptsächlich mit dissozialen Persönlichkeitsmerkmalen assoziierte Konstrukte sowie solche, die sich auf die interpersonelle Wahrnehmung und Beziehungsgestaltung auswirken. Der soziale Umgang mit Dritten steht dabei im Fokus und wird über fünf Indikatoren erfasst:

a) *Arrogant-täuschendes Verhalten* – Entspricht dem interpersonellen Verhaltensfaktor des Psychopathy-Konstrukts (vgl. Cooke & Michie, 2001; Kap. 4.2.2.1). Dieser zeichnet sich durch eine Instrumentalisierung des Interaktionspartners für eigene Zwecke bei primär narzißtisch überhöhten Selbstüberzeugungen aus. Ein Schuldfähigkeit begünstigender Interaktionsstil ist dabei durch eine oberflächlich-schlagfertige und grandios geprägte Beziehungsgestaltung charakterisiert, zu deren Zweck Manipulationen und Lügen eingesetzt werden, wohingegen zugewandt-prosoziales Verhalten tendenziell zur Dekulpation prädisponiert.

b) *Verantwortungsloses Handeln* – Ebenfalls ein der Psychopathy Checklist-Revised (Hare, 1991) entlehntes Item, dessen Fokus auf der Berücksichtigung der Interessen Dritter für das eigene Handeln liegt. Hierbei entspricht generell nicht an Folgen orientiertes Verhalten, das die Interessen Dritter vernachlässigt bzw. für diese sogar riskant werden kann, einer schuldfähigen Tatbegehung. Loyales Handeln, das von Pflichterfüllung zeugt und die Belange anderer miteinbezieht, ist dem zu dekulpierenden Straftäter zuzuordnen.

c) *Gestörte Affektivität* – Stellt den Faktor defizitären affektiven Erlebens innerhalb des Psychopathy-Konstrukts dar (vgl. Cooke & Michie, 2001). Die schuldfähige Persönlichkeit zeichnet sich dabei durch einen verstärkten Mangel an Bedauern und geringe Tiefe der Emotionen aus. Eine tiefergehende Affektivität, die Schuldgefühle zulässt, hingegen ist beim dekulpierten Straftäter zu finden.

d) *Bindungsstil* – Erfasst den die Beziehungsgestaltung dominierenden Bindungsstil (vgl. Bartholomew & Horowitz, 1991; Meyer & Pilkonis, 2005). Dieser lässt sich anhand der Ausprägung des Fremdbilds entlang eines Kontinuums vom sicheren Bindungsstil (pos. Fremd- und Selbstbilder) über ängstliche Bindungen (neg. Selbstbild, pos. Fremdbild), vermeidende Bindungen (neg. Selbst- und Fremdbild) bis hin zum gleichgültigen Bindungsstil (pos. Selbstbild, neg.

Fremdbild) konzipieren, wobei erstgenannter Pol dem vermindert Schuldfähigen und letztgenannter Pol dem schuldfähigen Straftäter zuzuordnen ist.
e) *Empathiefähigkeit* – Beinhaltet die Fähigkeiten, Emotionen bei anderen Personen wahrzunehmen und erkennen zu können (Außenfokus) sowie Zuständlichkeiten des Gegenübers auf sich übertragen zu können (Perspektivübernahme, Innenfokus). Schuldfähigkeit ist dabei gekennzeichnet durch Empathiemangel und Kaltherzigkeit sowie einer allenfalls für die Handlungsregulation aus instrumenteller Sicht günstigen, rein kognitiven Übernahme der anderen Perspektive (vgl. die sog. kognitive Dekonstruktion nach Baumeister, 1991; Ward et al., 1995). Verminderte Schuldfähigkeit zeichnet sich demgegenüber durch eine erkennende Emotionswahrnehmung aus, und die Übertragung dieser auf sich selbst, um sein eigenes Handeln selbstrelevanten Standards gemäß auszurichten.
f) *Richtung der Abwehr* – Aus der Dimension Abwehr der Struktur-Achse der OPD (Arbeitskreis OPD, 2001; Kap. 4.2.1.1) entlehnter Indikator, der die Ausrichtung der dominierenden Abwehrmechanismen zum Inhalt hat. Diese können intrapsychisch, ambivalent-wechselnd oder extrapsychisch ausgerichtet sein. Erstere sind selbstbezogen und sprechen für verminderte Schuldfähigkeit, letztere, primär über Verantwortungsexternalisierung arbeitend, treten verstärkt bei schuldfähigen Straftätern auf.

Zusammenfassend trägt dieses Schuldfähigkeitsmerkmal durch die Betonung der Fähigkeit zur reziproken Bezugnahme auf die Interessen von Interaktionspartnern und dem Interesse an einem sozialen Austausch mit anderen dazu bei, zwischen den beiden Schuldfähigkeitsgruppen zu differenzieren. Das zuerst etwas ungewöhnlich erscheinende Ergebnis, dass die prosozialeren Täter, die stärker in Beziehung treten, eher dekulpiert werden, ist vor dem Hintergrund dissozialer Verhaltensstrategien zu interpretieren. Dissoziale Persönlichkeiten benutzen ihr Gegenüber stärker als Mittel zur Bedürfnisbefriedigung (=Objektorientierung), das ganz im Sinne eigener Instrumentalitätserwartungen den egozentrischen Zielen untergeordnet wird. Dabei ist es aus Täterperspektive handlungstheoretisch günstig, eine Perspektivenübernahme zu vermeiden (vgl. Kunst, 2001), um nicht in Zielkonflikte verwickelt zu werden, die der ursprünglich rein egoistischen Zielerreichung hinderlich wären. Straftäter mit einem verstärkt prosozialen Beziehungsfokus (=Subjektorientierung) sind in der Lage, das Gegenüber mit seinen eigenen Absichten oder Wünschen wahrzunehmen, was der Entwicklung von Spannungsgefühlen aufgrund von Zielkonflikten Vorschub leisten kann (vgl. Kap. 6.2) und einen verstärkten Einsatz von Emotionsregulationsmechanismen zur Kontrolle dessen erforderlich macht (Inkonsistenzreduktion, vgl. Kap. 4.3.1; Grawe, 2005).
Die Wahrnehmung dissozialer Instrumentalisierungstendenzen scheint also von den Gutachtern im Zusammenhang mit den anderen Merkmalen gemäß der in Kap. 4.2.2.2 dargestellten Konvention, dissoziale Straftäter nicht zu dekulpieren, bewertet zu werden. Die Wahrnehmung subjektorientierterer Interaktionen trägt demgegenüber zur

Empfehlung verminderter Schuldfähigkeit bei. Dies kann durch die fehlende Passung zwischen dem motivational angestrebtem Ziel und dem durch die Straftat erreichtem Ergebnis erklärt werden, was als Hinweis auf Einschränkung der Steuerungsfähigkeit bei erhaltener Einsichtsfähigkeit interpretiert werden kann.

6.1.1.5 Gewichtung im Rahmen der Begutachtung

Das Schuldfähigkeitsmerkmal Passiv-vermeidendes vs. aktiv-adaptives Problemlösen ist sowohl auf Mittelwerts- als auch regressionsanalytischer Ebene als äußerst trennscharf für die Unterscheidung schuldfähiger und vermindert schuldfähiger Straftäter einzuschätzen (vgl. Kap. 5.4.4.1). Dies bildet sich in den vergleichsweise hohen Zusammenhängen (Odds-Ratio) zwischen Merkmal und Schuldfähigkeitsgruppe ab (vgl. Tabelle 5-8). Eine Erhöhung dieses Merkmals um einen Wertepunkt der Skalierung steigert die Wahrscheinlichkeit der Schuldfähigkeit um das etwa 530fache. Diese empirisch gefundene hohe Bedeutung der Problemlösemechanismen darf dabei jedoch nicht eins zu eins auf die Begutachtungssituation übertragen werden, da sie auf zwei methodische Rahmenbedingungen zurückzuführen ist.

So ist die Varianz dieses Merkmals im Vergleich zu den anderen Merkmalen geringer ausgeprägt (vgl. Abbildung 5-13), was nach dem regressionsanalytischen Modell dazu führt, das bereits kleine Veränderungen zu größeren Differenzierungen führen. Dies wirkt sich in extremer Form auf die Skalierung der Odds-Ratio aus (vgl. die Ausführungen zur Modellpassung in Kap. 5.3.3). Weiterhin ist zu berücksichtigen, dass die Odds-Ratios bei zunehmend interkorrelierten Merkmalen innerhalb von Regressionsanalysen sprunghaft ansteigen (vgl. Backhaus et al, 2003). Da es sich bei diesem Schuldfähigkeitsmerkmal um ein sehr breit gefasstes Konstrukt handelt, das in geringem bis mäßigem Zusammenhang mit den anderen in den anderen Schuldfähigkeitsmerkmalen erfassten Erlebens- und Verhaltensweisen steht (vgl. die Interkorrelationsmuster in Anhang C), ist die Stärke des Einflusses als eine stark progressive Schätzung zu erachten. Die zweifellos bedeutende Rolle lässt sich jedoch auch über die Effektstärke von d=1,5 belegen (vgl. Tabelle 5-7) sowie die damit konsistenten Ergebnisse im Rahmen der Minimalkonfiguration (vgl. Kap. 6.1.3). Die beiden Schuldfähigkeitsmerkmale Impulsiv-explosibles Verhalten vs. Impulskontrolle und Selbststeuerung (Odds-Ratio=19; vgl. Tabelle 5-8) sowie Lage- vs. Handlungsorientierung (Odds-Ratio=3; vgl. Tabelle 5-8) sind im Vergleich mit dem Merkmal Passiv-vermeidendes vs. aktiv-adaptives Problemlösen als weniger bedeutsam einzuschätzen, wobei auch diese Erlebens- und Verhaltensdispositionen zu einer signifikant besseren Varianzaufklärung in der Stichprobe beitragen. Die zugehörigen Effektstärken von respektive d=.8 und d=1,5 unterstreichen die jeweilige Bedeutsamkeit, wie auch die entsprechenden Einflussstärken innerhalb der Minimalkonfiguration (vgl. Kap. 6.1.3). Letztlich sind es jedoch die drei genannten Klassen von Verhaltensdispositionen gemeinsam, die in bedeutsamer Weise zur Varianzaufklärung und prädiktiven Validität in der Stichprobe beitragen (vgl. Abbildung 5-14).

Lage- vs. Handlungsorientierung ist gemäß dem Interkorrelationsmuster mit anderen Schuldfähigkeitsmerkmalen als eine relativ isolierte Facette schuldfähigkeitsrelevanter Erlebens- und Verhaltensweisen zu betrachten. Sie steht jedoch im Zusammenhang mit konfliktären Erlebensweisen und Entwicklungsverläufen im Tatvorfeld, wie sie über das Schuldfähigkeitsmerkmal Labilisierung vs. emotionale Stabilität im Tatvorfeld der tatbezogenen Schuldfähigkeitsachse erfasst werden (vgl. Anhang C; Kap. 6.1.2). Ein solches Verharren in und Betonen von aversiv erlebten Lagen und konfliktären Zuständen, sowie das gehäufte Auftreten von Konflikten und Schwierigkeiten im Tatvorfeld bedingen und potenzieren sich gegenseitig und erhöhen die Wahrscheinlichkeit einer in Kap. 4.3.1 beschriebenen eskalierenden Tatgenese.

Das Schuldfähigkeitsmerkmal Externalisierend-egozentrische vs. prosozial-reziproke Affektivität hingegen trägt lediglich im mathematisch-statistisch nachweisbaren Sinne zur Differenzierung der beiden Schuldfähigkeitsgruppen bei. Mit einer Odds-Ratio von 0,03 und einer Effektstärke auf univariater Ebene von d=-.1 bei nicht überzufällig voneinander abweichenden Mittelwerten (vgl. Abbildung 5-13) ist die geringere Auswirkung auf die Wahrscheinlichkeit von Schuldfähigkeit (vgl. Tabelle 5-8) praktisch zu vernachlässigen[33]. Dies steht im Einklang mit den Ergebnissen von Schmidt et al. (2004), die ebenfalls keinen Zusammenhang zwischen dem Faktor Selbstsüchtiges, gefühl- und gewissenloses Verhalten der Psychopathy Checklist-Revised (Hare, 1991) und der Schuldfähigkeitsempfehlung durch die Sachverständigen finden. Dieser hier replizierte Befund ist ein weiterer Beleg dafür, dass Dissozialität an sich in keinerlei (für die Begutachtungssituation nennenswertem) Zusammenhang mit der Schuldfähigkeitsfrage steht (vgl. Kap. 6.1.1.6).

Eine besondere Betrachtung lohnt sich für das auf regressionsanalytischer Ebene nicht trennscharfe Schuldfähigkeitsmerkmal Einseitige vs. differenzierte Selbst- und Fremdannahmen, da dies in univariater Sichtweise für die vermindert Schuldfähigen signifikant geringer ausgeprägt ist (vgl. Abbildung 5-13) und eine durchaus beachtliche Effektstärke von d=.8 vorweisen kann. Vor diesem Hintergrund ist dessen Bedeutsamkeit für die Schuldfähigkeitsbegutachtung nicht gänzlich zu verneinen. Diese primär auf psychotherapeutischen Annahmen zur Klassifikation und Behandlung von Persönlichkeitsstörungen (vgl. Fydrich, 2001; Rudolf & Grande, 2002; Kernberg & Caligor, 2005) beruhende Schuldfähigkeitskategorie umfasst die folgenden Indikatoren:

---

[33] Allenfalls bei gutachterlichen Entscheidungen, die im Sinne des regressionsanalytischen Modells uneindeutig ausfallen (nahe der Cutoff-Wahrscheinlichkeit von 0,5, vgl. Kap. 5.3.4) kann diesem Schuldfähigkeitsmerkmals Bedeutung zukommen. In der Begutachtungssituation entspricht dies primär in den uneindeutigeren Mittelbereichen ausgeprägten prädiktiven Bewältigungsfaktoren bei entsprechend stark oder geringen dissozialen Persönlichkeitseigenschaften (Mittelfeldproblematik).

a) *Selbstbildannahmen* – Beschreiben die dem Verhalten einer Person zugrunde liegenden habituell selbstbezogenen Annahmen und Bewertungen, und wie diese unter Belastung aufrechterhalten werden können. Schuldfähige Straftäter zeigen diesbezüglich ein konstanteres Identitätsgefühl über verschiedene Situationen hinweg und sind zu einer Differenzierung zwischen Ideal- und Realselbst fähig, was sich in realistischeren Erwartungen an die eigenen Möglichkeiten zeigt. Bei Dekulpationen ist das Selbstbild inkonstant und neigt zu abrupten Rollenwechseln, eine Integration der verschiedenen Rollenbilder kann kaum geleistet werden, wie auch die Differenzierung zwischen verschiedenen Selbstanteilen nicht erfolgt. Es überwiegen unrealistische Erwartungen an die eigenen Möglichkeiten.
b) *Fremdbildannahmen* – Beschreiben die verfestigten Wahrnehmungs- und Bewertungsheuristiken, die gegenüber Dritten relevant werden. Hierbei interessiert insbesondere deren Veränderung unter konfliktären Bedingungen. Schuldfähige Straftäter sind in der Lage, Interaktionspartner differenzierter wahrzunehmen und diese unter belastenden Umständen, realitätsangemessen und vielseitig zu bewerten bzw. ihnen gegenüber situationsangemessene Modifikationen bezüglich der Fremdbildannahmen vornehmen zu können. Demgegenüber neigen vermindert Schuldfähige dazu, undifferenzierte und einseitig idealisierende oder entwertende Sichtweisen Dritter zu entwickeln, die sich stabil und situativ kaum änderbar zeigen und einen verminderten Realitätsbezug aufweisen.
c) *Selbstreflexion und -kritik* – Beschreibt die Fähigkeit, vom aktuellen Erleben unabhängig über eigenes Erleben- und Verhalten nachdenken und dabei auf übergeordneter Ebene Bezüge herstellen sowie bewerten zu können. Schuldfähigkeit beruht dabei auf einem distanzierten Hinterfragen eigener Erlebens- und Verhaltensweisen, das zu selbstkritischen Korrekturen und der Ableitung von Handlungsregulativen befähigt. Bei vermindert schuldfähigen Tätern überwiegt eine selbstunkritische Wahrnehmung des eigenen Erlebens, die ohne Folgen für das eigene Handeln bleibt.
d) *Abwehrniveau* – Beschreibt das vorherrschende Integrationsniveau der Abwehr- und Bewältigungsmechanismen (vgl. Kap. 4.2.1). Schuldfähige zeichnen sich dabei durch dem Bereich der hochadaptiven bis leichten Vorstellungsverzerrung zuzuordnende Bewältigungsmechanismen aus, während die vermindert Schuldfähigen eher schwer vorstellungsverzerrende bis dysregulierte Abwehrmechanismen aufweisen (vgl. die Skala zur Erfassung der Abwehrmechanismen und Copingstile im DSM-IV-TR).
e) *Verhaltensregeln zum Schutz von Beziehungen* – Erfasst innerhalb von Beziehungen die Art und Weise, wie in schwierigen Situationen und Konflikten miteinander umgegangen wird. Dabei spricht das Erarbeiten, Aufstellen und Diskutieren von Verhaltensregeln, um Interaktionsverhalten transparent und vorhersehbar zu gestalten, für Schuldfähigkeit, wohingegen das Fehlen solcher Regeln

oder ein chronisches Ignorieren dieser bis hin zu erratischen Reaktionsweisen bei Dekulpationen vorzufinden sind.

Zusammenfassend kann diese Schuldfähigkeitskategorie bestehende Unterschiede zwischen schuldfähigen und dekulpierten Straftätern verdeutlichen, die sich in der Fähigkeit zur realitätsangemessenen und situativ auslenkbaren Wahrnehmung und Bewertung Dritter im zwischenmenschlichen Kontext abbilden. Zu sich selbst – auch unter Belastung – in bewertende Distanz gehen zu können, ist dabei von zentraler Bedeutung. Diese stark schematheoretisch (vgl. Stein, 1992; Young 1999; Sachse, 2003) beeinflusste Sichtweise hat sich im Bereich der primär SASA-relevanten Persönlichkeitsstörungen empirisch bewährt, um diagnostische Differenzierungen vorzunehmen (vgl. Kap. 4.2.1). Für die Schuldfähigkeitsbegutachtung zeigt sie sich bei Scholz & Schmidt (2003) ebenfalls als trennscharf und in dieser Untersuchung bestehen zumindest mittlere Unterschiede zwischen den Schuldfähigkeitsgruppen hinsichtlich der zugehörigen Schuldfähigkeitskategorie. Vor diesem Hintergrund ist also zumindest von nachgeordneter Relevanz auszugehen. Aus Sicht des Autors sollte bei Begutachtungen nicht auf die theoretisch gewinnbringenden Informationen für die Diskussion der Auswirkungen auf die Steuerungsfähigkeit verzichtet werden, die sich durch das Schuldfähigkeitsmerkmal Einseitige vs. differenzierte Selbst- und Fremdbilder erheben lassen.

Die Bedeutung der Schuldfähigkeitsmerkmale der ersten Schuldfähigkeitsachse zu situationsübergreifenden Erlebens- und Verhaltensdispositionen lässt sich wie folgt zusammenfassen:

- Die erste Schuldfähigkeitsachse zu *situationsübergreifenden Erlebens- und Verhaltensdispositionen* differenziert zwischen den beiden Schuldfähigkeitsgruppen primär anhand der Fähigkeiten von Tätern, Probleme und Konflikte situationsbezogen flexibel zu bewältigen (Passiv-vermeidendes vs. aktiv-adaptives Problemlösen), Emotionen über die Initiierung von Verhaltensänderungen funktional zu regulieren (Lage- vs. Handlungsorientierung) sowie Handlungsimpulse längerfristig in Einklang mit den Anforderungen der Umwelt zu bringen (Impulsiv-explosibles Verhalten vs. Impulskontrolle und Selbststeuerung).
- Nachgeordnete Bedeutung kommt bestehenden mittleren Unterschieden zwischen schuld- und vermindert schuldfähigen Straftätern zu, die sich im Realitätsbezug der selbst- und fremdbezogenen Wahrnehmung und Bewertung finden lassen (Einseitige vs. differenzierte Selbst- und Fremdannahmen).
- Dissoziale Erlebens- und Verhaltensweisen im engeren Sinne spielen nahezu keine Rolle für die Einschätzung der Schuldfähigkeit (vgl. Kasten 6-2).
- Alle Schuldfähigkeitsmerkmale der ersten Schuldfähigkeitsachse erfassen traits und habituelle Erlebens- und Verhaltensweisen, die über das zu beobachtende Delinquenzverhalten hinausgehen und eine dominante Rolle in

alltäglichen Belastungssituationen spielen. Anhand dieser kann auf empirischer Grundlage, zuverlässig und trennscharf zwischen schuld- und vermindert schuldfähigen Straftätern unterschieden werden.

Kasten 6-1: Die Bedeutung der empirisch basierten Schuldfähigkeitsmerkmale der Schuldfähigkeitsachse zu situationsübergreifenden Erlebens- und Verhaltensdispositionen.

6.1.1.6 Zur Rolle der Dissozialität für die Schuldfähigkeitsbegutachtung

Irrelevante Schuldfähigkeitskategorien. Als irrelevant für die Unterscheidung schuldfähiger von vermindert schuldfähigen Straftätern stellen sich die im Folgenden kurz beschriebenen trait-bezogenen Schuldfähigkeitskategorien dar:

a) *Frühes Problemverhalten vs. Unauffälligkeit* – In der Entwicklung bereits früh feststellbare Verhaltensauffälligkeiten und –probleme, egal ob internalisierender oder externalisierender Art, haben keinerlei Vorhersagekraft für die Schuldfähigkeit. Dies ist auf die für die Schuldfähigkeitsfrage entwicklungspsychologisch zu distale Verortung dieses Faktors zurückzuführen, der im Rahmen multi- und äquifinaler Entwicklungen als unspezifisch zu werten und allenfalls für die Beschreibung der biographischen Entwicklung der Persönlichkeit als relevant zu erachten ist.

b) *Dissoziale vs. normorientierte Verhaltensweisen* – Klassisch dissoziale Verhaltensweisen wie eine Geschichte polytroper Kriminalität mit frühem Beginn, Widerrufen bedingter Entlassungen, häufigen Wohnortwechseln und das Persönlichkeitsmerkmal des Sensation-Seeking (Zuckerman, 1983) lassen ebenfalls keine zuverlässig Unterscheidung zwischen den beiden Schuldfähigkeitsgruppen zu. Dies ist als weiterer Beleg gegen einen Zusammenhang von Dissozialität und Schuldfähigkeit zu werten (vgl. Kap. 4.2.2).

c) *Fehlangepasste vs. längerfristige Arbeits- und Zielorientierung* – Die dem dissozialen Verhaltensspektrum zuzuordnenden Fähigkeiten, sich in Arbeitsverhältnissen zu bewähren und längerfristige Zielsetzungen aufzustellen sowie verfolgen zu können, sind nicht geeignet, um darauf Vorhersagen der Schuldfähigkeit abzustellen.

Die Gemeinsamkeit dieser für die Schuldfähigkeitsfrage irrelevanten Erlebens- und Verhaltensdispositionen ist in der theoretischen Zugehörigkeit zum Kontext antisozialer und normabweichender Verhaltensweisen zu sehen. Es handelt sich hierbei insbesondere um die behavioralen Korrelate sozialer Devianz (Lilienfeld et al., 1997), die im heterogenen Feld devianter Phänomene anzutreffen sind (vgl. Kap. 4.2.2). Im Gegensatz zum äußerst schwach moderierenden Einfluss der trait-orientierten Persönlichkeitsmerkmale, wie sie über das Schuldfähigkeitsmerkmal Externalisierend-egozentrische vs. prosozial-reziproke Affektivität erfasst werden (vgl. Kap. 6.1.1), wirken sich die verhaltensbasierten Aspekte dissozialer Entwicklungen nicht auf die Zuordnung zu den beiden Schuldfähigkeitsgruppen aus. Es lassen sich keine signifikanten Mittelwertsunterschiede finden, und die zugehörigen Effektstärken sind gering bis vernachlässigenswert (vgl. Abbildung 5-13 und Tabelle 5-17).

Schmidt et al. (2004) konnten zeigen, dass entgegen der in der Praxis vorherrschenden Konvention, dissozialen Persönlichkeiten nicht das Ausmaß von SASA zuzumessen, was einer negativen Korrelation entspräche, kein Zusammenhang zwischen Schuldfähigkeitsempfehlung und dissozialen Erlebens- und Verhaltensweisen besteht (vgl. Kap. 4.2.2.2). Dies ist auf die Vermischung von rein sozialen Devianzphänomenen mit störungsbezogenen Auffälligkeiten der Emotions- und Verhaltensregulation zurückzuführen, die zu hohen Komorbiditäten Dissozialer Persönlichkeitsstörungen mit emotional-instabilen und impulskontrollgestörten Symptomatiken führen (vgl. Fiedler, 2001a). Dementsprechend zeigte sich ein als gering einzustufender Zusammenhang von Dekulpationen mit primär durch hohe Impulsivität/geringe Verhaltenskontrolle vermittelten Selbstregulationsstörungen innerhalb des behavioralen Faktors der PCL-R (Hare, 1991).

Diese Befunde werden gestützt durch die Ergebnisse dieser Untersuchung. So findet sich für behaviorale dissoziale Phänomene ebenfalls kein Einfluss auf die Zuordnung zu einer Schuldfähigkeitsgruppe. Für die emotional-instabilen Verhaltensauffälligkeiten dissozialer Persönlichkeiten hauptsächlich impulsiver Art (vgl. den interkorrelativen Zusammenhang mit den dissozialitätsbezogenen Schuldfähigkeitsmerkmalen und –kategorien in Anhang C; Kap. 4.2.2.2) lässt sich eine verstärkte Bedeutung für die Schuldfähigkeitsfrage über das Schuldfähigkeitsmerkmal Impulsiv-explosives Verhalten vs. Impulskontrolle und Selbststeuerung feststellen. Dadurch, dass dieses Merkmal weitestgehend auf den emotionsregulativen Kern und damit verbundene kognitive Aspekte fokussiert, steigert sich dessen Bedeutung im Vergleich zu den zuvor berichteten Befunden, die sich auf den stark mit sozialen Devianzphänomenen konfundierten verhaltensbasierten Faktor der PCL-R stützen. Die in dieser Untersuchung mathematisch zwar nachweisbare, jedoch in ihren Auswirkungen auf die Schuldfähigkeitsempfehlung praktisch zu vernachlässigende Rolle der persönlichkeitsorientierten Korrelate dissozialer Entwicklungen (vgl. Kap. 6.1.1), steht im Einklang mit den zuvor berichteten Befunden.

- Eine direkte Auswirkung dissozialer Erlebens- und Verhaltensweisen auf die Schuldfähigkeitseinschätzung der Sachverständigen ist nicht nachweisbar. Es fehlen signifikante Unterschiede zwischen den beiden Schuldfähigkeitsgruppen für die Schuldfähigkeitskategorien und –merkmale Frühes Problemverhalten vs. Unauffälligkeit, Dissoziale vs. normorientierte Verhaltensweisen, Fehlangepasste vs. längerfristige Arbeits- und Zielorientierung sowie Externalisierend-egozentrische vs. prosozial-reziproke Affektivität.
- Regressionsanalysen belegen einen äußerst schwachen, praktisch zu vernachlässigenden Einfluss trait-orientierter Korrelate dissozialer Persönlichkeiten

durch das Schuldfähigkeitsmerkmal Externalisierend-egozentrische vs. prosozial-reziproke Affektivität. Lediglich etwaige im Rahmen dissozialer Entwicklungen festzustellende defizitäre emotionsregulative und inhibitorische Dispositionen (vgl. Kap. 4.2.2.2), wie sie über die devianten Verhaltensbereiche hinaus durch das Schuldfähigkeitsmerkmal Impulsiv-explosibles Verhalten vs. Impulskontrolle und Selbststeuerung erfasst werden, leisten einen bedeutsamen Beitrag zur Unterscheidung zwischen schuld- und vermindert schuldfähigen Tätern (vgl. Kap. 6.1.1).

Kasten 6-2: Empirische Beantwortung der Frage zur Bedeutung dissozialer Erlebens- und Verhaltensweisen für die Schuldfähigkeitsbegutachtung bei SASA.

6.1.2 Tatbezogene Erlebens- und Verhaltensweisen – die zweite Schuldfähigkeitsachse

Diskriminations- und Vorhersageleistung. Drei der insgesamt fünf übergeordneten Schuldfähigkeitskategorien zu tatbezogenen handlungstheoretischen Grundlagen der Motivation und deren Umsetzung in Tathandeln stellen sich als trennscharf dar für die sachverständige Differenzierung von Schuldfähigkeit und Dekulpation (vgl. Tabelle 5-11):

a) Labilisierung vs. emotionale Stabilität im Vorfeld der Tat
b) Affektregulativ-egodystone vs. instrumentell-egosyntone Tatbegehung
c) Progredientes vs. nicht-progredientes Tatverhalten

Vergleichbar mit der ersten Schuldfähigkeitsachse stellen die tatbezogenen Schuldfähigkeitsmerkmale ebenfalls stabile und replikationsfähige Strukturen dar (vgl. Kap. 5.4.2). Die psychometrischen Kennwerte fallen etwas schlechter aus und sind als befriedigend bis gut zu bewerten (vgl. Tabelle 5-5). Die Retest- und Interraterreliabilitätswerte sind gut. Sie klären knapp 60% der Varianz in der Stichprobe auf, was im Vergleich zur ersten Schuldfähigkeitsachse geringer, aber immer noch substantiell ausfällt. Mit 81% richtigen Klassifikationen, einer prädiktiven Validität von AUC=.90 und einer mittleren Effektstärke von d=2 ist von einer sehr guten Vorhersagekraft und Trennschärfe auszugehen, was durch die Ergebnisse der Kreuzvalidierung bestätigt wird (vgl. Kap. 5.4.4.2).

6.1.2.1 Labilisierung vs. emotionale Stabilität im Vorfeld der Tat

Das Schuldfähigkeitsmerkmal Labilisierung vs. emotionale Stabilität im Vorfeld der Tat besteht aus fünf verschiedenen Indikatoren, die ein eher breit gefasstes Spektrum psychischer Belastungssymptome im Vorfeld der Tatbegehung erfassen, wie sie von Rasch (1999) im „strukturell-sozialen Krankheitsbegriff" dargestellt worden sind (vgl. Kap.

3.2.4). Sie spiegeln Situationsmerkmale des Tatvorfelds wider aus Sicht des zukünftigen Täters und geben Hinweise auf dessen situtationsbezogene Bewältigunsgversuche und deren Wirksamkeit.

a) *Einengung der Lebensführung* – Erfasst das Ausmaß von Veränderungen in der Lebensführung im Vorfeld der Tat. Dabei zeichnen sich schuldfähige Täter durch ein Aufrechterhalten ihrer bisherigen Lebensführung aus. Alle bisherigen Aktivitäten des Lebensvollzugs werden nach wie vor gleichermaßen beibehalten oder sogar erweitert und ausgedehnt. Demgegenüber geben Dekulpierte zunehmend ihre gewohnten Lebensvollzüge, Tätigkeiten und Beziehungen auf.

b) *Stereotypisierung des Verhaltens* – Beschreibt das Ausmaß zwischenmenschlicher Vielfältigkeit im Alltag und wie dieses sich im Vorfeld der Tat verändert. Für Schuldfähigkeit spricht dabei eine flexible Ausgestaltung der Freizeitaktivitäten und Arbeitswelt, wohingegen sich bei vermindert Schuldfähigen ein fortschreitend gleichförmiger Lebensvollzug bemerkbar macht. Ein zunehmend ritualisierter Alltag kann dies verdeutlichen. Abweichungen von der Gleichförmigkeit erzeugen Spannungserleben und werden deswegen vermieden. Die Lebensbezüge vereinseitigen erkennbar.

c) *Emotionale Labilisierung* – Beschreibt den vorherrschenden emotionalen Zustand des Täters im Vorfeld der Tatentwicklung und dessen mehr oder weniger erfolgreiche Bewältigung. Emotionale Stabilität bei geringer Belastung durch Konflikterleben und/oder schwierige soziale Situationen im Vorfeld der Tat zeichnet schuldfähige Straftäter aus. Vermindert Schuldfähige zeigen manifeste Labilisierungszeichen aufgrund stark erhöhtem Belastungserleben im Rahmen drängender, unbewältigter sozialer Konflikte. Sie fühlen sich den Umständen ausgeliefert und wissen dafür keine Lösung zu finden.

d) *Konflikthäufung* – Erfasst das Ausmaß der Akkumulation von sozialen Konflikten, denen sich der zukünftige Täter im Vorfeld der Tatentwicklung ausgesetzt sieht. Dies gilt insbesondere für Dilemmata außerhalb des Delinquenzbereichs. Bei Schuldfähigen sind kaum Konflikte und belastende Ereignissen zu finden, wohingegen eine zunehmende Häufung – auch in nicht delinquenzbezogenen Problembereichen – für verminderte Schuldfähigkeit charakteristisch ist.

e) *Alternativverhalten* – Beschreibt die Verfügbarkeit alternativer (bewältigender) Verhaltensweisen im Umgang mit anderen, der zur Straftat führenden vergleichbar belastenden Situationen und Umständen. Straftäter, die als schuldfähig bewertet werden, zeigen dabei verstärkt Verhaltensweisen auf kognitiver und Handlungsebene, die einen anderen und funktionaleren Umgang mit ähnlichen Situationen belegen (z.B. flexiblere, realitätsorientiertere Bewertungsmuster; aktive-annähernde Bewältigungsversuche). Demgegenüber zeigen dekulpierte Straftäter häufiger gleichartige und stereotyp ablaufende Bewältigungsreaktionen innerhalb der Straftat ähnlich stressreichen Interaktionen. Es überwiegt das Handeln nach dem Prinzip des „Mehr desselben".

Zusammengefasst lassen sich die beiden Schuldfähigkeitsgruppen anhand ihrer erlebten Stressbelastung und der Wahrnehmung, Bewertung und Bewältigung dieser unterscheiden. Hierbei ist ähnlich den zentralen Bewältigungsmerkmalen der ersten Schuldfähigkeitsachse (vgl. Kap. 6.1.1) das Ausmaß an Flexibilität im Umgang mit auch nicht delinquenzbezogenen Stressoren oder der Straftat ähnelnden Situationen im Tatvorfeld ausschlaggebend. Die Erlebens- und Verhaltensweisen des Schuldfähigkeitsmerkmals Labilisierung vs. emotionale Stabilität im Tatvorfeld können als Gradmesser konfliktärer Belastung und mangelnder Bewältigungsmöglichkeiten betrachtet werden.

6.1.2.2 Affektregulativ-egodystone vs. instrumentell-egosyntone Tatbegehung

Das Schuldfähigkeitsmerkmal Affektregulativ-egodystone vs. instrumentell-egosyntone Tatbegehung beschreibt auf sehr breiter Ebene Erlebens- und Verhaltensweisen, die die motivationalen Handlungsziele und Intentionen sowie die Bewertung der Stimmigkeit des gezeigten Tathandelns überwiegend in der Nachtatphase charakterisieren. Dieses Merkmal beruht verstärkt auf den in Kap. 4.3.1 und 4.3.2 beschriebenen handlungstheoretisch-motivationalen Grundlagen delinquenten Handelns und umfasst folgende fünf Indikatoren:

a) *Ich-Syntonie vs. Ich-Dystonie* – Bezieht sich auf die nach der Tat deutlich werdende Wertung des Tathandelns durch den Täter. Mit Schuldfähigkeit assoziiert ist dabei ein ich-synton erlebtes Tatverhalten, das sich in zustimmender Haltung und positiven nachträglichen Bewertungen äußert. Bei vermindert schuldfähigen Tätern findet sich eine ablehnende Bewertung der Tat. Die Einlassungen der Beschuldigten lassen das Erleben von Tatfremdheit, Unverständlichkeitsreaktionen und Inkompatibilität mit dem wahrgenommenen Selbst erkennen. Weitere egodystone Hinweise können krampfhafte Wiedergutmachungsversuche, Sich-Stellen-Wollen und Panik sein.

b) *Verdeckungshandlungen* – Beschreiben das Ausmaß nachträglicher Versuche, die Tat zu verdecken und die Ermittlungen zu erschweren, um die Chance zu erhöhen, nicht gefasst zu werden. Schuldfähige Täter zeigen diesbezüglich Handlungen und Vorsichtsmaßnahmen, die eine Entdeckung der Tat und daraus zu ziehende Rückschlüsse auf den Täter aus ihrer Sicht erschweren sollen. Dekulpationen zeichnen sich dadurch aus, dass belastende Beweise und Spuren unverändert zurückgelassen werden und nicht zu vernichten versucht werden. Mitunter werden absichtlich Spuren und Hinweise hinterlassen bzw. erzeugt, oder es erfolgen Kontaktaufnahmen mit ermittelnden Instanzen.

c) *Instrumentalität vs. Affektregulation* – Bezieht sich auf die Unterscheidung von sachdienlicher im Gegensatz zu emotionsregulierend-expressiver Funktionalität von Tathandlungen (vgl. Kap. 4.3.2) wie sie von Feshbach (1964) eingeführt wurde. Im ersteren, auf Schuldfähigkeit hindeutenden Fall, finden sich konkrete Hinweise auf einen rein instrumentellen Charakter des Delikts im Sinne von Bereicherung, Zeugenbeseitigung etc. Die Tat erfolgt als Mittel zur Befriedigung von Annäherungszielen und ist durch ihre funktionale Mittel-Ziel-Relation für zumeist nicht aggressive Handlungsintentionen gekennzeichnet. Vermindert schuldfähige Straftäter handeln demgegenüber primär expressiv, um aversive emotionale Zustände (Vermeidungsziele; vgl. Kap. 4.3.1) zu verhindern oder abzubauen. Die Delikte weisen zumeist stark appellative und selbstwertregulierende Handlungsaspekte auf.

d) *Ausmaß eingesetzter Aggressivität* – Charakterisiert den Schweregrad aufgewandter Aggressivität. Dabei kommt es darauf an, inwieweit durch die delinquenten Handlungen persönliche Grenzen des Opfers überwunden werden (Hands-Off-, Hands-On-, aggressiv-sadistisch ausgestaltete Delinquenz im Sinne von Overkillphänomenen). Für Schuldfähigkeit spricht dabei ein Vorgehen, das überwiegend ohne oder mit verhältnismäßiger körperlicher Aggression auskommt, wohingegen die übermäßige Anwendung körperlich-aggressiver Anteile bei verminderter Schuldfähigkeit auftritt.

e) *Aktuelle konstellative Faktoren* – Erfasst das Vorliegen aktueller konstellativer Faktoren im Rahmen der unmittelbaren Tatentwicklung wie z.B. hochgradige Ermüdungs- und Erschöpfungsphänomene, Unterzuckerung, Intoxikation oder gesteigerte affektive Erregungszustände. Schuldfähige Straftäter weisen diesbezüglich ein geringeres Ausmaß auf als vermindert Schuldfähige.

Zusammenfassend betrachtet differenziert dieses Schuldfähigkeitsmerkmal zwischen Schuld- und vermindert Schuldfähigen anhand der Funktionalität und Instrumentalität des gezeigten Tatverhaltens. Über die Passung des delinquenten Bewältigungsversuchs zum nachträglich vom Straftäter evaluierten Handlungsergebnis ergeben sich wertvolle Hinweise zur Einschätzung der Auswirkungen auf die tatzeitbezogene Steuerungsfähigkeit (vgl. Kap. 2.2.2).

6.1.2.3 Progredientes vs. nicht-progredientes Tatverhalten

Das Schuldfähigkeitsmerkmal Progredientes vs. nicht-progredientes Tatverhalten beruht auf einer Klasse von Erlebens- und Verhaltensweisen, die mit dem Konstrukt der progredienten psychopathologischen Entwicklung gemäß Schorsch (1988, vgl. Kap. 3.2.1 und 4.3.3) beschrieben werden. Dabei handelt es sich um fortschreitend extremere Handlungen im bevorzugten Delinquenzbereich. Dies zeigt sich durch gesteigerte delinquente Aktivität sowohl hinsichtlich der Frequenz als auch Intensität. Das Paradebeispiel dafür sind fortschreitende paraphile Entwicklungen (vgl. Kap. 3.3.2) wie sie insbesondere beim Sexuellen Sadismus oftmals vorliegen. Die zugehörigen Erlebens- und Verhaltenseisen lassen sich anhand der folgenden fünf Indikatoren erheben:

a) *Symptomverhaltenshäufung* – Beschreibt die Frequenz und Regelmäßigkeit, mit der die zu begutachtende Straftat ausgeführt wird. Schuldfähige Täter zeigen für das fragliche Delinquenzverhalten relevante Vorgänge in diesem Kontext zumeist zum ersten Mal oder weisen polytrope Straffälligkeitsmuster vor. Dekulpierte Straftäter hingegen imponieren durch ein zunehmend einschlägiges devianzbezogenes Verhalten, das gewisse Regelmäßigkeiten in seinem Ablauf erkennbar werden lässt.

b) *Lockerung bzw. Verlust der sozialen Bindung* – Erfasst die Auswirkungen delinquenten Handelns und Erlebens auf die sozialen Bindungen und Beziehungen. So ist der schuldfähige Täter bemüht, seine sozialen Aktivitäten aufrechtzuerhalten bzw. diese zu steigern ohne dabei deviantes Erleben und Verhalten auszubauen und zu erweitern bzw. zu verfeinern. Der Dekulpierte verzichtet darauf, seinen sonstigen nicht delinquenzbezogenen Tätigkeiten nachzukommen und vernachlässigt seine sozialen Beziehungen, um mehr Zeit für deviantes Erleben zur Verfügung zu haben.

c) *Zunehmende Okkupierung des Erlebens* – Bezieht sich auf das Ausmaß der Beschäftigung mit den bevorzugten Vorstellungen und Verhaltensweisen, die im Zusammenhang mit der Delinquenz stehen. Es geht dabei um das Verhältnis zwischen deviantem und nicht-deviantem Erleben. So vermeidet es der schuldfähige Straftäter, an deviante und delinquenzbezogene Inhalte zu denken, da diese für ihn unangenehm, nicht verführerisch und nur gering positiv besetzt sind. Es überwiegen verdrängende statt fetischartiger Erlebensprozesse. Eine Beschäftigung mit entsprechenden Inhalten findet nicht statt, da diese nicht mit Interesse und Faszination besetzt sind und keinerlei Raum im Erleben für sich beanspruchen. Demgegenüber widmet der vermindert schuldfähige Täter der erlebnisbezogenen Beschäftigung mit devianten Inhalten viel Zeit und Raum. Sein gedankliches Erleben ist in Zeiten nicht-devianter Handlungen von Gedanken an diese erfüllt bzw. gestört. Gedankendrängen (ich-dyston) oder eine Fetischbildung (ego-synton) sind erkennbar.

d) *Verlust der reparativen Stabilisierungsfunktion* – Umfasst Erlebens- und Bewertungsprozesse, die nach der Tat auftreten und erhoffte Ergebnisse und Intentionen betreffen. Ein Kennzeichen von Schuldfähigkeit ist es dabei, wenn ein Täter von seiner Tat erschüttert ist, ohne dass er dabei lustvolles Erleben zeigt oder eine selbstwertstabilisierende Wirkung verspürt bzw. sich dies im Rahmen einer erneuten Tatbegehung davon verspricht. Die Dekulpation wird wahrscheinlicher mit zunehmend erlebter Enttäuschung bezüglich der erlebten Auswirkungen der Tat hinsichtlich eines intensiveren Taterlebens. Der Täter denkt dabei über Korrekturmöglichkeiten nach und zeigt eingedenk seiner Delinquenzkarriere eine zunehmende Toleranzentwicklung, strebt jedoch danach, sein Erleben zu maximieren.

e) *Sexueller Hintergrund* – Beschreibt einen möglichen sexuellen Motivationshintergrund der Taten. Je weniger den Straftaten sexuelle Handlungsziele zugrunde liegen, desto wahrscheinlicher wird Schuldfähigkeit im Gegensatz zur Dekulpation bei verstärkt sexuellen Motivationsanteilen.

Dieses Schuldfähigkeitsmerkmal differenziert zwischen den Schuldfähigkeitsgruppen hauptsächlich durch die den Taten zugrunde liegende motivationale Fokusbildung. Dabei geht es um das Ausmaß, wie sehr die Taten um ihrer selbst willen und den damit verbundenen positiven Auswirkungen auf die eigene Affektivität begangen werden.

6.1.2.4 Gewichtung im Rahmen der Begutachtung

Unter den drei Schuldfähigkeitsmerkmalen der tatbezogenen Schuldfähigkeitsachse, die sich als trennscharf für die Vorhersage beider Schuldfähigkeitsgruppen herausgestellt haben, stellt sich Labilisierung vs. emotionale Stabilität als das mit der größten Einflussstärke heraus (odds=38; vgl. Tabelle 5-11). Dies verwundert nicht. Handelt es sich dabei doch um eine tatbezogene Facette bewältigenden Verhaltens, wie an den substantiellen Korrelationen mit den zentralen Schuldfähigkeitsmerkmalen Passivvermeidendes vs. aktiv-adaptives Problemlösen und Lage- vs. Handlungsorientierung der ersten Schuldfähigkeitsachse ersichtlich wird (vgl. Anhang C). Die geringe Interkorrelation der Schuldfähigkeitsmerkmale der tatbezogenen Schuldfähigkeitsachse untereinander (vgl. Kap. 5.4.4.2) belegt die realistische Schätzung der Einflussstärke. Diese zeigt sich dementsprechend in der Effektstärke von d=1,7 (vgl. Tabelle 5-10). Das Gewicht dieses Merkmals verleiht der handlungstheoretisch gut zu begründenden Relevanz einer Konfliktdimension für die Schuldfähigkeitsfrage eine empirische Grundlage (vgl. Kap. 4.3.1) und unterstützt die Überlegungen, die Raschs sog. strukturell-sozialen Krankheitsbegriff zugrunde liegen (vgl. Kap. 3.2.4).

Durch den Zusammenhang mit den bewältigenden Merkmalen der ersten Schuldfähigkeitsachse kann die Annahme gestützt werden, dass Bewältigungsfertigkeiten im Kontext des Vulnerabilitäts-Stress-Modells, von großer Bedeutung für die Schuldfähigkeitsfrage sind. Diese spielen eine zentrale Rolle innerhalb der Tatgenese als Mittler zwischen personalen Vulnerabilitätsdispositionen und Tatsituationsmerkmalen (vgl. Kap. 4.1). Im Konstrukt des Copingverhaltens kann somit offensichtlich der Schnittpunkt beider Schuldfähigkeitsachsen gesehen werden.

Die beiden restlichen Schuldfähigkeitsmerkmale Progredientes vs. nichtprogredientes Tatverhalten und Affektiv-egodystone vs. instrumentell-egosyntone Tatbegehung sind von ihrer Relevanz für die Vorhersage der Schuldfähigkeitsgruppen mit einer Odds-Ratio um etwa vier beide als gleichwertig (vgl. Tabelle 5-11), jedoch gegenüber dem Merkmal Labilisierung vs. emotionale Stabilität von nachgeordneter Bedeutung einzuschätzen. Die entsprechend mittelstark ausgeprägten Effektstärken (vgl. Tabelle 5-10) belegen dies zusätzlich. Bei beiden Merkmalen handelt es sich offensichtlich um eher eigenständige Facetten schuldfähigkeitsrelevanter Erlebens- und Verhaltensweisen, da diese mit keinem anderen Schuldfähigkeitsmerkmal in engerem Zusammenhang stehen (vgl. Anhang C).

Irrelevante Schuldfähigkeitskategorien. Auch auf der zweiten tatbezogenen Schuldfähigkeitsachse lassen sich für die Schuldfähigkeitsfrage irrelevante Schuldfähigkeitskategorien feststellen, die im Folgenden kurz zusammengefasst werden:

a) *Ausgeprägte vs. geringe Beziehungnahme zum Opfer* – Die Bezugnahme des Täters auf das Opfer charakterisierende Erlebens- und Verhaltensweisen, wie das Verhältnis zum Opfer, das Ausmaß gezeigter Opferempathie, der nachträgliche Einsatz von Neutralisationstechniken (vgl. Schahn et al, 1995) sowie eine reaktive vs. initiative Deliktbegehung, sind für die Schuldfähigkeitseinschätzung in dieser Untersuchung nicht geeignete Prädiktoren.

b) *Ungeplant-chaotisches vs. geplant-organisiertes Tatverhalten* – Die auf den Negativkriterien von Saß (1987, vgl. Kap. 3.2.5) beruhende Schuldfähigkeitskategorie hat sich weder univariat noch regressionsanalytisch als trennscharf herausgestellt. Komplexes und planmäßiges Vorgehen, das auf Vorbereitungen und der Fähigkeit, einen günstigen Moment abzuwarten beruht, sich ferner durch das Vorsorgen gegen eine potentielle Entdeckung bei Tatbegehung auszeichnet, sowie durch eine innere Auseinandersetzung mit Strebungen zur Tat und hinsichtlich der Länge des Tathandelns charakterisiert werden kann, ist für die Einschätzung der Schuldfähigkeit nicht geeignet.

Zweckrationales Handeln und Steuerungsfähigkeit. In Bestätigung des Befunds von Scholz & Schmidt (2003) hat sich gezeigt, dass planende Aktivitäten im Vorfeld und ein entsprechend umsichtiges Vorgehen während der Tat nicht geeignet sind, um Aussagen über die Schuldfähigkeit darauf abzustellen. Dies ist ein zunächst erstaunlicher Befund, da dieses Merkmal innerhalb der Literatur einen breiten Stellenwert einnimmt als Hinweis auf Schuldfähigkeit (vgl. Saß, 1987). Ferner ist eine „Kanonisierung" dessen in den kürzlich publizierten Mindeststandards erfolgt (vgl. Boetticher et al., 2005; Kap. 3.3.1). Dem stehen die Befunde dieser Untersuchung entgegen, die keinerlei überzufälligen Unterschied zwischen den Mittelwerten beider Schuldfähigkeitsgruppen aufweisen (Effektstärke d=0, vgl. Tabelle 5-10). Offensichtlich ist es so, dass sich bei empirischer Überprüfung dieses Merkmals, Planungskompetenz und umsichtiges Verhalten bei Tatbegehung im gleichen Umfang sowohl bei schuldfähigen als auch vermindert schuldfähigen Straftätern finden lassen (vgl. Hill et al., 2007). Die Ableitung intakter Steuerungsfähigkeit – als Hinweis dafür wird dieses Merkmal bevorzugt diskutiert (vgl. Kap. 3.3.1) – erscheint zwar plausibel, erweist sich aber empirisch als eine trügerische Option. Wie kommt es also dazu, dass ein Täter von Sachverständigen aufgrund erheblich eingeschränkter Steuerungsfähigkeit dekulpiert wird, obwohl er plant und dementsprechend vorgeht, eine günstige Gelegenheit abwartet und seine Tat von langer Hand vorbereitet hat?

Aus den untersuchten Gutachten, wie auch der Literatur zur Gewaltkriminalität geht hervor, dass die meisten Straftäter ihre Taten auf einem eher geringen Planungsniveau durchführen (vgl. Simons, 1988; Steck, 2005; Fischer, 2006; vgl. Abbildung 5-15), aber steuerungs- und deshalb schuldfähig handeln. Dementsprechend ließe sich mit Bezug auf die Abweichung von einer statistischen Norm (vgl. Kap. 3.1) die Behauptung aufstellen, eine wohlgeplante Tatdurchführung sei bereits ein Hinweis für auffälliges Verhalten. Tatsächlich deckt sich dies in speziellen psychopathologischen Erlebens- und Verhaltensbereichen mit klinischen Erfahrungswerten. Bestimmte psychische Störungen, sofern sie überhaupt zu forensisch relevantem Verhalten motivieren, prädisponieren unter Umständen zu sehr langfristigen und abwägenden Planungs- und Vorbereitungsprozessen, die sich auch in der Tatbegehung manifestieren.

Hierbei ist an Taten im Rahmen beispielsweise querulatorisch-fanatischer Entwicklungen und/oder vor dem Hintergrund paranoider Persönlichkeitsstörungen zu denken. Entsprechende Persönlichkeiten neigen mitunter dazu, einen ihnen eigene Akribie und Nachhaltigkeit an den Tag zu legen, insbesondere wenn sie sich idiosynkratischen Missionen verschreiben, die sie delinquent umzusetzen suchen. Eine weitere Gruppe von Tätern, die zu durchaus umfangreichen Planungsakten fähig ist, lässt sich im Bereich der narzißtischen Persönlichkeitsstörungen finden. Narzißtisch Persönlichkeitsgestörte können aufgrund anhaltend unbewältigbarer Kränkungserlebnisse zu sehr hinterhältigem und manipulativ-komplexem Handeln neigen.

Schließlich spielen planende Aspekte bei paraphilen Sexualdelikten eine prominente Rolle. So finden sich in Modellen zu Verhaltensprozessen, die die Wahrscheinlichkeit einer Sexualstraftat erhöhen (sog. Deliktzirkel, Verhaltensketten), Fokusbildungen zu den Planungsaktivitäten, der Vorwegnahme delinquenten Handelns in der Fantasie und der Umsetzung der Frage, wie die Tatumstände möglichst günstig zu gestalten sind (vgl. den Überblick bei Ward et al., 2006; S. 237ff.). Hierbei spielt die gerade von pädophilen Straftätern oftmals extrem kompetent beherrschte Strategie des sog. Groomings[34] eine besondere Rolle und setzt umfassende Planungskompetenzen voraus.

Die genannten psychischen Störungen können aufgrund der mit ihnen verbundenen motivationalen Auffälligkeiten durchaus geeignet sein, Dekulpationen zu rechtfertigen, trotz der feststellbaren hohen planerischen Aktivität. So steht das Schuldfähigkeitsmerkmal der Progredienten Tatbegehung einerseits in erwartbarem Zusammenhang mit

---

[34] Das sog. Grooming (vgl. Lang & Frenzel, 1988; Kaufman, Hilliker & Daleiden, 1996) ist eine Technik, die Sexualstraftäter benutzen, um ihre kindlichen Opfer in sexuelle Aktivitäten zu verwickeln. Es dient dem tatvorbereitenden Aufbau einer vertrauensvollen Beziehung mit dem kindlichen Opfer (via Internet, persönlichem Kontakt etc.) und der versichernden Beruhigung des Umfelds.

einer geplanten Tatbegehung (vgl. Anhang C) und wirkt sich andererseits trotzdem schuldfähigkeitsmindernd aus (s.o.). Es ist damit für die Schuldfähigkeitsfrage sinnvoller, auf entsprechende Auffälligkeiten hinsichtlich der beschriebenen relevanten Schuldfähigkeitsmerkmale bewältigender Art zu fokussieren, die als unabhängig von Planungskompetenzen gesehen werden können (vgl. Anhang C). Eine Auflösung von der Verknüpfung spontaner Tatbegehung/eingeschränkte Steuerungsfähigkeit vs. Tatplanung/Steuerungsfähigkeit wird durch die vorliegenden Befunde untermauert. Diese Betrachtungsweise entspricht zudem der rechtlichen Grundlage, dass Steuerungsfähigkeit nicht mit der Fähigkeit gleichzusetzen sei, zweckrational zu handeln und *äußere* Geschehensabläufe nach Erfahrungsregeln steuern zu können (Schreiber & Rosenau, 2004), wie es zweifelsohne von den oben beschriebenen Tätern beherrscht wird.

Die störungsbezogene Unangepasstheit der beschriebenen Tätergruppen ist in dysfunktionalen Bewertungen und Schemata zu suchen, die zu Einbußen hinsichtlich der Fähigkeit führen, bei der Wahl der Mittel für die Zielerreichung, den normativen Ansprüchen gerecht zu werden. Nicht das ursprüngliche Ziel, das sich im hinter der Straftat verbergenden Bedürfnis nach z.B. Orientierung, Kontrolle, Bindung, Lustgewinn, Unlustvermeidung, Selbstwerterhöhung und/oder Schutz (vgl. Grawe, 2005) sichtbar wird, stellt den „gestörten" Aspekt vermindert schuldfähigen Handelns dar, sondern der Weg, wie dies angestrebt und umgesetzt wird. Die dabei wirksamen Entscheidungsprozesse zwischen Alternativen können aus auf neuronalen Grundlagen beruhender konnektionistischer Sicht (vgl. Albert & Körner, 1996) aufgefasst werden als Suchprozess nach einer unter gegebenen Umständen möglichst optimalen Lösung zur Verwirklichung eigener Bedürfnisse. Als Randbedingungen der Suche können subjektive Präferenzen und Ziele des Entscheiders, sowie Zusammenhänge zwischen Merkmalen und (Handlungs-)Alternativen Berücksichtigung finden. Der so modellierte Entscheidungsprozess erreicht in der Regel einen Endzustand, der einander widersprechende Randbedingungen zu einer Entscheidung integriert, die diesen Randbedingungen optimal Rechnung trägt.

Ein hohes Ausmaß an Vermeidungszielen und motivationalen Konflikten (als Bedingungen psychischen Inkonsistenzerlebens sensu Grawe, 2004) kann dabei als sog. Störungsattraktor fungieren und führt zu verzerrten Randbedingungen innerhalb des Suchprozesses, die die Entscheidungskompetenz in klinisch auffälliger Weise beeinflussen (vgl. Berger, 2005). Daraus resultieren Selbstregulationsstörungen, die erhebliche Auswirkungen auf die Steuerungsfähigkeit zur Folge haben können (vgl. Kap. 4.3.1). Innerhalb dieser mehr oder weniger störungsbeeinflussten Selbstorganisationsprozesse ist die sog. normative Ansprechbarkeit (vgl. Kap. 2.1) für die Bewertung der Steuerungsfähigkeit ausschlaggebend. Sie wird erkennbar an den Entscheidungen für Handlungsalternativen (=Wahl der Mittel der Bedürfnisbefriedigung). Es geht dabei weniger darum, diese Ziele zweckrational und auf instrumentelle Art und Weise verfolgen und umsetzen zu können.

Dies lässt sich am Beispiel eines isoliert lebenden persönlichkeitsgestörten Delinquenten verdeutlichen: Aufgrund der Überzeugung, dass eine prominente weibliche

Person auf ihn positiv reagieren werde, wenn er ihre von ihm wahrgenommene Konkurrentin ausschalte, wird diese Konkurrentin nach längerer Planung angegriffen und verletzt (Motiv Bindung). Die Umsetzung wirkt „kontrolliert". Die Wahl des Mittels zur Bedürfnisbefriedigung (Entscheidung zur Tat) hingegen ist als Hinweis auf eine beeinträchtigte Steuerungsfähigkeit zu werten, da die nicht zielführende Handlungsvariante der Ausschaltung der Konkurrentin aus Mangel an alternativen Lösungsstrategien (mangelnde Fähigkeiten zur Kontaktaufnahme) trotz der bewussten Rechtswidrigkeit eines solchen Vorgehens handlungswirksam wird. Hieran wird auch deutlich, warum die situationsübergreifende Bewertung von Erlebens- und Verhaltensauffälligkeiten für die Schuldfähigkeitsbegutachtung eine prominente Rolle spielt.

Die soziale Ansprechbarkeit für selbstregulatives Verhalten steigt in dem Maße, wie es einer Person gelingt, das psychische System flexibel und frei von Inkonsistenz zu halten. So können Fries & Grawe (2006) meta-analytisch belegen, dass mit zunehmender Diskordanz und steigender Inkongruenz persönlicher Ziele das Ausmaß psychischer Belastungssymptome steigt. Kongruente Zielerreichung und Zielfortschritte hingegen hängen zusammen mit dem mit Schuldfähigkeit positiv assoziierten Persönlichkeitsfaktor Seelische Gesundheit (=Fähigkeit zur Bewältigung innerer und äußerer Belastungen, vgl. Kap. 4.1.2 und 5.4.7). Dies ist ein weiteres Indiz für die hohe Relevanz bewältigender und emotionsregulativer Fähigkeiten für die Schuldfähigkeitsfrage, wie sie durch diese Untersuchung empirisch belegt werden.

- Die zweite Schuldfähigkeitsachse zu tatbezogenen Erlebens- und Verhaltensweisen differenziert zwischen den beiden Schuldfähigkeitsgruppen anhand der Stressbelastung im Tatvorfeld und der Bewältigung dieser (Labilisierung vs. emotionale Stabilität im Tatvorfeld). Dies dient als Gradmesser konfliktärer Tatentwicklungen.
- Untergeordnete Bedeutung kommt der Funktionalität und Instrumentalität des Tatverhaltens für die angestrebte Bedürfnisbefriedigung (affektregulativegodystone vs. instrumentell-egosyntone Tatbegehung) sowie dem Ausmaß progredienter Entwicklungen (Progredientes vs. nicht-progredientes Tatverhalten) zu.
- Keinerlei Trennschärfe besitzen das Ausmaß der Beziehungsnahme zum Opfer und des geplant-zielgerichteten Vorgehens. Letzteres steht entgegen der gängigen Lehrmeinung bezüglich des Hinweischarakters von Planungshandeln für Steuerungsfähigkeit.
- Alle Schuldfähigkeitsmerkmale der zweiten Schuldfähigkeitsachse erfassen state- und situationsbezogene Merkmale der Tatentwicklung während der Vor-, Tat- und Nachtatphase des delinquenten Geschehens. Diese stellen eine empirisch begründete Merkmalskombination dar, die zuverlässig und trennscharf zwischen den beiden Schuldfähigkeitsgruppen unterscheidet.

Kasten 6-3: Die Bedeutung der empirisch basierten Schuldfähigkeitsmerkmale der Schuldfähigkeitsachse zu tatbezogenen Erlebens- und Verhaltensweisen.

6.1.3 Zur Kerndimension der Schuldfähigkeitsfrage

Da die beiden Schuldfähigkeitsachsen bezüglich ihrer Wahrscheinlichkeitsaussagen über die Zugehörigkeit zu den Schuldfähigkeitsgruppen substantiell miteinander korrelieren (vgl. Kap. 5.4.5) und somit nicht als unabhängig voneinander zu sehen sind, ist der Versuch unternommen worden, aus allen Schuldfähigkeitskategorien gleichzeitig diejenigen auszuwählen, die die beste Vorhersage der Schuldfähigkeit bei SASA ermöglichen (Minimalkonfiguration der Schuldfähigkeitsmerkmale). Dafür stellt sich eine Kombination von fünf Schuldfähigkeitsmerkmalen beider Achsen als geeignet heraus:

a) Passiv-vermeidendes vs. aktiv-adaptives Problemlösen
b) Impulsiv-explosibles Verhalten vs. Impulskontrolle und Selbststeuerung
c) Progredientes vs. nicht-progredientes Tatverhalten
d) Lage- vs. Handlungsorientierung
e) (Externalisierend-egozentrische vs. prosozial-reziproke Affektivität)

Mit einer Varianzaufklärung von 78%, einer kreuzvalidierten Trefferquote von 88% und einer prädiktiven Validität von AUC=.96 kommt dieser Kombination von Schuldfähigkeitsmerkmalen eine der ersten Schuldfähigkeitsachse vergleichbar sehr gute Vorhersagekraft zu. Der mittlere Effekt der Trennung zwischen beiden Schuldfähigkeitsgruppen fällt mit einer Effektstärke von knapp 3 hervorragend aus (vgl. Kap. 5.4.5).

Auffallend ist, dass die komplette erste Schuldfähigkeitsachse in das Vorhersagemodell eingegangen ist und von den tatbezogenen Schuldfähigkeitsmerkmalen nur noch das Ausmaß progredienter Erlebens- und Verhaltensweisen eine darüber hinausgehende Rolle für die Vorhersage der Sachverständigenempfehlung spielt. Das einflussstärkste Schuldfähigkeitsmerkmal der zweiten Achse Labilisierung vs. emotionale Stabilität im Vorfeld der Tat (vgl. Kap. 6.1.2) hingegen erweist sich in seinem Beitrag zur Varianzaufklärung den Schuldfähigkeitsmerkmalen der ersten Achse unterlegen. Dies kann auf die hohen Interkorrelationen mit den beiden Copingmerkmalen Passiv vermeidendes vs. aktiv-adaptives Problemlösen und Lage- vs. Handlungsorientierung zurückgeführt werden. Da alle drei Schuldfähigkeitsmerkmale Facetten bewältigenden Verhaltens erheben, sind die traitbezogenen Merkmale der ersten Achse offensichtlich spezifisch genug in der Erfassung erklärender Varianzanteile, sodass das situative Merkmal keinerlei weitere Information hinzuzufügen vermag.

Mit anderen Worten zeigt sich, dass die mit der Schuldfähigkeitsachse II erfassten tatbezogenen Erlebens- und Verhaltensweisen Epiphänomene der mit Achse I beschreibbaren situationsübergreifenden Vulnerabilitätsfaktoren darstellen. Somit ist vor allem von der grundsätzlichen Bedeutung bewältigender und emotionsregulativer Dispositionen für die Schuldfähigkeitsfrage bei SASA auszugehen, die gegenüber den tatbezogenen Erlebens- und Verhaltensweisen das größere Entscheidungsgewicht aufweisen – ohne eine Betrachtung dieser vollkommen überflüssig zu machen (s.u.). Das tatbezogene Schuldfähigkeitsmerkmal Progredientes vs. nicht-progredientes Tatverhalten kann in diesem Zusammenhang ebenfalls als eine Facette wiederholt angewandter Bewältigungsversuche betrachtet werden, da es seiner ursprünglichen Konzeption nach, der Vermeidung aversiver Gefühlzustände dient (vgl. Schorsch, 1988; Kap. 3.2.1).

Dies entspricht der situationsübergreifenden Sichtweise von SASA als einem charakteristischem Erlebens- und Verhaltensmuster der Lebensgestaltung (vgl. Kap. 2.3), dass sich nicht wie die Tiefgreifende Bewusstseinsstörung primär an einem singulären Tatgeschehen festmachen lässt. Entgegengesetzt zur Konzeption des zweiten Eingangsmerkmals äußert sich darin der hauptsächlich zwischenmenschlich wirksame, zeitüberdauernde Schweregrad der SASA. Interessanterweise sind es hierbei gerade die ungünstigen Problembewältigungs- und Copingmechanismen sowie die habituell instabile Selbstregulation, die den größten Einfluss auf die Sachverständigenempfehlungen haben (vgl. Tabelle 5-13). Verdeutlichen lässt sich die Wichtigkeit der tatüberdauernden dysfunktionalen Bewältigungsmechanismen dadurch, dass auch die schuldfähigen Straftäter sich mit ihrem Delikt für einen delinquenten Problemlösemechanismus entschieden haben. Berücksichtigte man nur diese Entscheidung, müsste jeder Straftäter dekulpiert werden, was der Konzeption von Schuldfähigkeit als normative Ansprechbarkeit entgegenstünde (vgl. Kap. 2.1).

Der Unterschied zwischen dekulpierten und schuldfähigen Straftätern ist in der situationsübergreifenden Fähigkeit, funktionale interpersonelle Problemlösungen verwirklichen zu können, zu sehen. Diese Kompetenz kann als Kerndimension der Schuldfähigkeit (nicht nur bei SASA) angesehen werden. Dahinter steckt die Frage nach (evtl. auch normabweichendem) Fähigkeitsgebrauch (bzw. aktiven Verzicht darauf) vs. Fähigkeitsverlust (vgl. Lammel, 2007). Dies deckt sich mit den Befunden von Scholz & Schmidt (2003). Theoretisch gilt dies auch für die anderen Eingangsmerkmale. Dies bleibt jedoch empirisch zu prüfen. Erste Belege für die Bedeutsamkeit stressbewältigender Merkmale vor dem Hintergrund einer Vulnerabilitäts-Stress- Konzeption lassen sich für die Tiefgreifende Bewusstseinsstörung bei Schiffer (2007) finden.

Gleichzeitig bedeutet dies nicht, dass die tatbezogene Sichtweise irrelevant ist. Da in der Schuldfähigkeitsbegutachtung die Bedeutung der psychischen Störung – wie rechtlicherseits gefordert – für die Tatbegehung darzulegen ist (vgl. Kap. 2.3), können die Schuldfähigkeitsmerkmale der zweiten Achse hierfür herangezogen werden. Wie in den Kapiteln 5.4.4.2 und 6.1.2 dargestellt, erweisen sich diese für sich genommen ebenfalls als trennscharf, so dass es ein Schuldfähigkeitsgutachten positiv qualifiziert, wenn es sich auf eine breitere und sichere Befundlage bezieht. Aus diesem Blickwinkel stellen die Merkmale der Minimalkonfiguration die ökonomischste Variante dar, wohingegen die Verwendung beider Schuldfähigkeitsachsen durch die Ausnutzung sich überlappender Varianzanteile als eine der Einzelfallbegutachtung angemessenere Vorgehensweise zu bevorzugen ist. Dadurch, dass die Schlussfolgerungen auf eine breitere Befundbasis abgestellt werden können, ist mehr Sicherheit für die Beantwortung der Schuldfähigkeitsfrage zu gewinnen (vgl. den letzten Schritt der Schuldfähigkeitsbegutachtung in

Kasten 2-7). Darüber hinaus ist die an den Sachverständigen gestellte Frage aus rechtlicher Perspektive nur unter Einbezug des tatbezogenen Erlebens des Täters zu beantworten. Die in Kap. 6.1.1.6 diskutierte Rolle dissozialer Persönlichkeitsstile erweist sich erneut mit einer Odds-Ratio von 0,01 als praktisch irrelevant, weswegen das entsprechende Schuldfähigkeitsmerkmal in der obigen Auflistung in Klammern dargestellt ist und im Folgenden für die Schuldfähigkeitsfrage nicht weiter diskutiert wird.

> Die Schuldfähigkeitsempfehlung der Sachverständigen lässt sich primär durch situationsübergreifende Inflexibilität und Vereinseitigung im Erleben- und Verhalten der begutachteten Straftäter vorhersagen. Dies ist als ein übergreifendes Kennzeichen psychischer Störungen zu interpretieren. So ist der allgemeine Nenner von psychischen Störungen darin zu sehen, das mit zunehmendem Schweregrad das Funktionsniveau (=Fähigkeit zur Lebensbewältigung) der Betroffenen sinkt, sowie die prämorbid differierende Vielseitigkeit in Erlebens- und Verhaltensprozessen abnimmt, um sich dem Störungsprozess entsprechend charakteristisch zu vereinseitigen (vgl. Caspar, 2000b).
> Insofern repräsentiert sich die in der Ausgestaltung der einzelnen Gutachten stark voneinander differerierende schulen- und theoriengebundene Sicht der unterschiedlichen Gutachter auf abstrakter Ebene als Heuristik, Schweregrade psychischer Störungen zu bestimmen und in ihren Auswirkungen auf die Funktionsfähigkeit der untersuchten Straftäter zu beschreiben. Dies hat in Widerspiegelung des gerichtlichen Auftrags (vgl. Kap. 2.2 und 2.3) auch tatbezogen zu geschehen. Dafür eignet sich die zweite Schuldfähigkeitsachse (vgl. Kap. 6.1.2).

Kasten 6-4: Grundlegende Dimensionen der Schuldfähigkeitsfrage.

6.2 Schuldfähigkeit als stressbewältigendes Handeln im Vulnerabilitäts-Stress-Modell

Die in Kap. 4.1 dargestellte Rahmenkonzeption der Schuldfähigkeit beruht auf den Annahmen des Vulnerabilitäts-Stress-Modells. Ausgangspunkt ist die Tatgenese vor dem Hintergrund prädisponierender Risikofaktoren (Vulnerabilitätsdispositionen) und situativ wirksamer Stressoren im Interaktionsgefüge des Täters (Person-Umwelt-Interaktion). Deren Auswirkungen auf die Steuerungsfähigkeit und Schuldfähigkeit wird im wesentlichen durch differentielle Unterschiede hinsichtlich der Fähigkeit, die resultierende Belastung zu bewältigen, moderiert (vgl. Kap. 6.1). Aus differentialpsychologischer Sicht stellen die beiden grundlegenden Persönlichkeitsfaktoren Seelische Gesundheit und Verhaltenskontrolle (Becker, 2000) zwei geeignete Konstrukte dar, um bewältigende und selbstregulative Fähigkeiten zu erfassen und in ein empirisch-psychologisches Persönlichkeitsmodell einzuordnen (Becker, 1995; Kap. 4.1.2). So bezieht sich Seelische Gesundheit auf die Fähigkeit zur Bewältigung externer und interner Anforderungen, Verhaltenskontrolle hingegen auf besonnenes, vorausschauendes und normorientiertes Handeln. Bezüglich des Zusammenhangs mit Schuldfähigkeit bei SA-SA sind folgende zwei Hypothesen abgeleitet worden (vgl. 4.1.2; Kap. 5.1):

a) Seelische Gesundheit wirkt sich positiv auf Schuldfähigkeit aus.
b) Verhaltenskontrolle wirkt sich in mittlerer (flexibler) Ausprägung positiv, in extremer Ausprägung (Über-/Unterkontrolle) negativ auf Schuldfähigkeit aus.

Der beschriebene Zusammenhang von Seelischer Gesundheit und Schuldfähigkeit ist in dieser Untersuchung als belegt zu betrachten. Er zeigt sich in substantiellen positiven Korrelationen mit der Schuldfähigkeitsempfehlung durch die Sachverständigen sowohl für den Faktor selbst als auch seine Facetten. Für den Faktor Verhaltenskontrolle lässt sich kein linearer Zusammenhang feststellen, wie anhand der nicht signifikanten Korrelationen auf Faktor- und Facettenebene ersichtlich wird (vgl. Tabelle 5-15 und Abbildung 5-20). Die Hypothese, dass ein mittleres Ausmaß an Verhaltenskontrolle adaptiv für die funktionale Bewältigung von Problemen ist und sich dadurch positiv auf die Schuldfähigkeit auswirkt, lässt sich ebenfalls bestätigen. In den Verteilungsdarstellungen (vgl. Abbildung 5-21 und Tabelle 5-17) finden sich vermehrt Schuldfähige in den mittleren Bereichen von Verhaltenskontrolle im Vergleich zu einer erhöhten Anzahl Dekulpierter in den Randbereichen.

Konstruktvalidität. Somit lassen sich die theoretisch abgeleiteten Zusammenhänge zwischen den Vorhersagen empirisch-persönlichkeitspsychologischer Konzeptionen zur Saluto- und Pathogenese (vgl. Becker, 1995; Fiedler, 1999) und der sachverständigen Beantwortung der Schuldfähigkeitsfrage bei SASA statistisch absichern, und deren Validität ist zu belegen. Ein weiterer Hinweis auf die Gültigkeit dessen ist das spezifische Interkorrelationsmuster (vgl. Tabelle 5-16), das sich zwischen Schuldfähigkeitskategorien und Persönlichkeitsfaktoren ergibt.

Die traitbezogenen Schuldfähigkeitskategorien der ersten Schuldfähigkeitsachse (situationsübergreifende Erlebens- und Verhaltensdispositionen) sind verstärkt mit Persönlichkeitsfaktoren assoziiert, während sich für die state-Achse zu tatbezogenen Erlebens- und Verhaltensweisen geringere Zusammenhänge finden lassen. Dies entspricht dem aus der differentiellen Psychologie bekannten Befund, dass trait-Maße untereinander enger assoziiert sind als mit state-Maßen. Die engere Assoziation der trait-Maße mit den Persönlichkeitsfaktoren in dieser Untersuchung belegt, dass die Operationalisierungen entsprechend der trait vs. state-Konzeption gelungen sind. Insbesondere zeigt sich über die geringen Zusammenhänge des Persönlichkeitsmerkmals Verhaltenskontrolle mit situativen Komponenten der zweiten Schuldfähigkeitsachse zu tatbezogenen Erlebens- und Verhaltensweisen, dass sich trotz hoher Verhaltenskontrolle auf trait-Ebene in der Interaktion mit situativen Einflüssen von der ursprünglichen Disposition abweichende states ergeben können. Dies zeigt sich in der forensischen Realität in den Taten überkontrollierter Straftäter, die sich durch allgemein hohe Verhaltenskontrolle auszeichnen, die jedoch situativ versagt und massive Gewaltdelikte zur Folge haben kann (vgl. Davey et al., 2005; Baumeister & Heatherton, 1996).

Die Konstruktvalidität spiegelt sich darüber hinaus in entsprechenden inhaltlichen Korrelationsmustern wieder (vgl. Tabelle 5-16). So laden coping-assoziierte Schuldfähigkeitskategorien verstärkt auf dem Faktor *Seelische Gesundheit*, ohne dabei substantielle Zusammenhänge mit dissozialen Erlebens- und Verhaltensdispositionen einzugehen. Ebenso spiegelt sich die bereits in Kap. 6.1.2 festgestellte Ähnlichkeit zwischen den bewältigenden trait-Schuldfähigkeitsmerkmalen und dem Schuldfähigkeitsmerkmal Labilisierung vs. emotionale Stabilität (vgl. Anhang C) in den hohen Korrelationen von Seelischer Gesundheit mit diesen Merkmalen. Dies verdeutlicht den ausgeprägten Anteil, den die Vulnerabilitätsdisposition an einer Labilisierung und Konflikthäufung im Vorfeld der Tat mit sich bringt.

Das Persönlichkeitsmerkmal *Verhaltenskontrolle* hingegen hängt stark mit dissozialen Erlebens- und Verhaltensdispositionen zusammen, wie auch mit emotionsregulativen Kompetenzen. Dabei zeigen sich hoch Verhaltenskontrollierte lageorientierter. Dieser Regulationsmechanismus ist mit geringer Effizienz und hohen psychischen Kosten verbunden (vgl. Kap. 4.2.1), was ein weiterer Beleg für die forensische Relevanz unflexibler Selbstregulation ist, und den umgekehrt u-förmigen Zusammenhang von Verhaltenskontrolle und Schuldfähigkeit andeutet.

Die substantielle Assoziation von Verhaltenskontrolle mit dem Schuldfähigkeitsmerkmal Impulsiv-explosibles Verhalten vs. Impulskontrolle und Selbststeuerung lässt sich über den gemeinsamen Kern selbstkontrollierender Fähigkeiten erklären. Diese sind jedoch innerhalb des Faktors Verhaltenskontrolle wesentlich weiter gefasst. Sie umfassen generelle traits wie Spontaneität und Kontrolliertheit. Das Schuldfähigkeitsmerkmal Impulsiv-explosibles Verhalten vs. Impulskontrolle erfasst hingegen affektive Erregbarkeit im engeren Sinne. Damit ist das Persönlichkeitsmerkmal Verhaltenskontrolle das allgemeinere und übergreifendere Konstrukt, das die Flexibilität im Umgang mit alltäglichen Anforderungen eher intrapsychischer Art zum Inhalt hat, wohingegen das Schuldfähigkeitsmerkmal Impulsiv-explosibles Verhalten vs. Impulskontrolle und Selbststeuerung Impulskontrolldurchbrüche und damit extremere Verhaltensphänomene im interpersonellen Kontext erfasst (vgl. die entsprechenden Operationalisierungen in Kap. 6.1.1).

Persönlichkeit und Psychopathologie. Die Rolle von Seelischer Gesundheit als Resilienzfaktor führt entsprechend des Vulnerabilitäts-Stress-Modells zur Annahme einer geringeren Störungsbelastung. Dies bestätigen die negativen Korrelationen mit der Gesamtdiagnosenzahl und der Diagnose einer Persönlichkeitsstörung (vgl. Kap. 5.4.7). Verhaltenskontrolle hingegen steht in keinerlei Zusammenhang mit der Störungsbelastung, da wie in Kap. 4.1.2 dargestellt, sowohl hohe als auch geringe Ausprägungen dieses Merkmals zu Störungssymptomatiken führen können, dies aber primär durch Seelische Gesundheit beeinflusst wird. Um dies zu berücksichtigen ist unter Verwendung der rotierten Faktorenlösung von Seelischer Gesundheit und Verhaltenskontrolle (vgl. Abbildung 4-3) eine korrespondenzanalytische Auswertung der Zusammenhänge zwischen den Persönlichkeitsdispositionen und den Diagnosegruppen durchgeführt worden (vgl. Abbildung 5-22). Interessant ist dabei das Ergebnis, dass selbstaktualisierende Personen nicht dazu neigen Straftaten zu begehen, was der Persönlichkeitseigenschaftskombination von hoher Seelischer Gesundheit und mittlerer (=flexibler) Verhaltenskontrolle einen protektiven Einfluss hinsichtlich der Entwicklung delinquenter Verhaltensweisen zuweist und den postulierten salutogenen Annahmen entspricht (vgl. Kap. 4.1.2).

Ferner lässt sich feststellen, dass der Persönlichkeitsfaktor Seelische Gesundheit einen besseren Prädiktor für die Sachverständigenempfehlung hinsichtlich der Schuldfähigkeitsfrage darstellt, als die Zugehörigkeit zu einer bestimmten Diagnosegruppe. Dies steht im Einklang mit den rechtlichen Rahmenbedingungen (vgl. Kap. 2.3) wie auch den einleitenden Hinweisen der operationalisierten Diagnosesysteme, dass aus der Zuordnung zu einer bestimmten Diagnosegruppe keinerlei forensische Schlussfolgerungen abgeleitet werden können. Dementsprechend stellen sich vor allem Diagnosen aus den Bereichen der Cluster B Persönlichkeitsstörungen, dem Missbrauch psychotroper Substanzen, den Neurotischen, Belastungs- und Somatoformen Störungen sowie den Störungen der Sexualpräferenz, Geschlechtsidentität und in Verbindung mit der sexuellen Entwicklung als problematisch bei der Einschätzung der Schuldfähigkeit heraus. Anhand des Faktors Seelische Gesundheit ist jedoch auch innerhalb der problematischen Diagnosegruppen noch eine differenzierte Unterscheidung der Schuldfähigkeitsgruppen möglich (vgl. Kap. 5.4.7).

> Für die Einschätzung der störungsbedingten Funktionseinbußen ist der Persönlichkeitsfaktor Seelische Gesundheit maßgeblich. Verhaltenskontrolle als Persönlichkeitsmerkmal spielt eine nachgeordnete Rolle und wird allenfalls in Extremausprägungen (Über- oder Unterkontrolle) relevant, wenn entsprechende Bewältigungsmechanismen fehlen (vgl. Abbildung 4-1). Die Relevanz grundlegender differentialpsychologischer Unterschiede, die aus salutogenetischen Theorieannahmen (vgl. Becker, 1995; Fiedler, 1999) ableitbar sind, ist somit empirisch belegbar (vgl. Kap. 4.1). Sie eröffnen über die Erfassung bewältigender Erlebens- und Verhaltensdispositionen eine integrative Betrachtungsweise innerhalb der Schuldfähigkeitsbegutachtung des vierten Eingangsmerkmals.

Kasten 6-5: Rahmentheoretische Einordnung der Schuldfähigkeitsfrage bei SASA in einen persönlichkeitspsychologischen Kontext.

6.3 Eine integrative Heuristik der Schuldfähigkeitsbegutachtung bei sogenannter schwerer anderer seelischer Abartigkeit

Abbildung 6-1 stellt den Versuch dar, die empirischen Befunde dieser Untersuchung in eine Heuristik der Schuldfähigkeitsbegutachtung bei SASA zu kanalisieren. Dabei wird in zwei Betrachtungsebenen unterschieden:

a) Die Ebene konkreter Beobachtungen hinsichtlich der diskutierten Schuldfähigkeitsmerkmale.
b) Die Meta-Ebene, die sich aus einer übergeordneten persönlichkeitspsychologischen Perspektive mit dem Zusammenhang zwischen Tatentwicklung und Täterpersönlichkeit vor dem Hintergrund der Täterbiographie auseinandersetzt.

Ebene der konkreten Begutachtung. Auf dieser Ebene ist die konkrete Einschätzung des Schweregrades der störungsbedingten Auswirkungen auf die Steuerungsfähigkeit des Straftäters zu beschreiben. Sie bezieht sich auf die in Kap. 6.1 dargestellten und diskutierten Schuldfähigkeitsmerkmale. Diese sind vom Sachverständigen mit den Erkenntnismitteln seiner Wahl zu erheben und entsprechend ihrer Operationalisierungen (vgl. Kap. 6.1; Anhang A) zu bewerten. Anhand der Schuldfähigkeitsmerkmale kann eine Einordnung des Straftäters auf den durch diese aufgespannten Dimensionen erfolgen. Dabei können die prototypisch zu verstehenden Darstellungen in Abbildung 6-1 als Orientierungshilfen fungieren.

Im Sinne des zweistufigen Vorgehens der Schuldfähigkeitsbegutachtung (vgl. Kap. 2.2) geben die situationsübergreifenden Erlebens- und Verhaltensdispositionen der ersten Schuldfähigkeitsachse primär Auskunft über den Schweregrad der störungsbedingten Beeinträchtigungen. Die zweite Schuldfähigkeitsachse hat über die tatbezogenen Erlebens- und Verhaltensweisen vor allem für die Auswirkungen auf Steuerungsfähigkeit relevante Phänomene zum Inhalt. Eine strikte Trennung beider Aspekte (Schweregrad, Auswirkungen auf die Steuerungsfähigkeit) ist jedoch konzeptuell nicht möglich, da für die jeweilige Beurteilung die gleichen Aspekte von Intensität und Chronizität maßgeblich werden (vgl. Kap. 2.2.2 und 3.3).

Keinesfalls sind die genannten Schuldfähigkeitsmerkmale als Testnormen zu verstehen, weswegen von einem Gebrauch der theoretisch anwendbaren logistischen Regressionsgleichungen zur Berechnung von Zugehörigkeitswahrscheinlichkeiten zu einer der beiden Schuldfähigkeitsgruppen unbedingt abgeraten wird. Ebenfalls wird vor der Anwendung der empirisch bestimmten numerischen Gewichte, wie sie sich in den Odds-Ratios niederschlagen dringend gewarnt. Die abschließende sachverständige Bewertung der Befunde kann vor dem Hintergrund der in Kap. 6.1 beschriebenen relativen Gewichtungen vorgenommen werden.

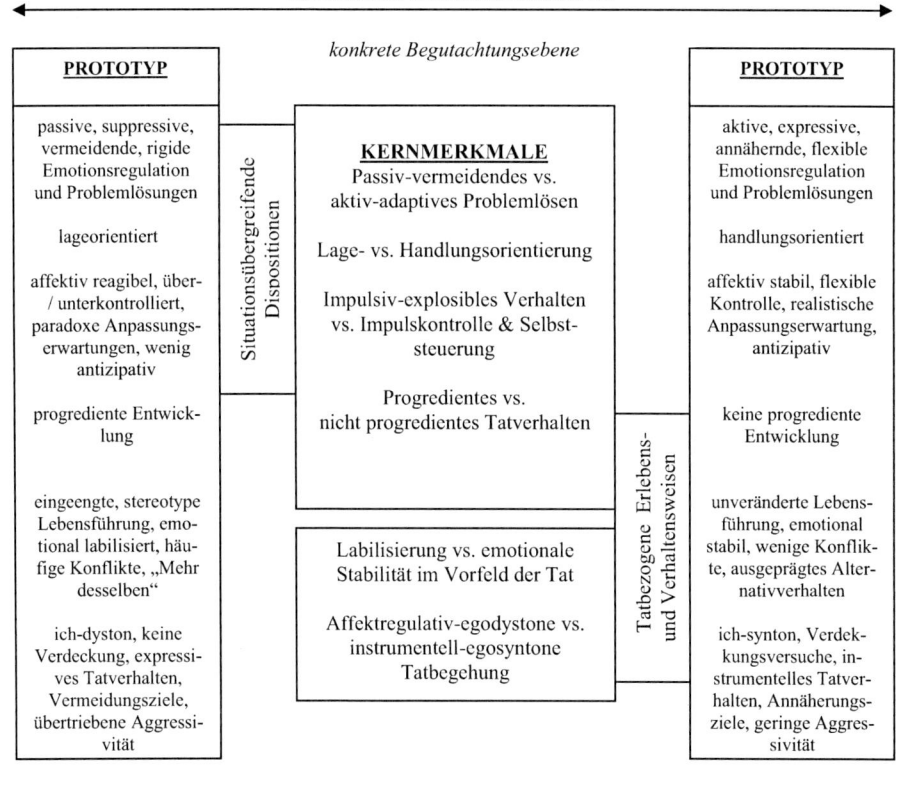

verminderte Schuldfähigkeit			Schuldfähigkeit
←	zunehmende Wahrscheinlichkeit für		→

PROTOTYP		konkrete Begutachtungsebene		PROTOTYP
passive, suppressive, vermeidende, rigide Emotionsregulation und Problemlösungen	Situationsübergreifende Dispositionen	**KERNMERKMALE** Passiv-vermeidendes vs. aktiv-adaptives Problemlösen		aktive, expressive, annähernde, flexible Emotionsregulation und Problemlösungen
lageorientiert		Lage- vs. Handlungsorientierung		handlungsorientiert
affektiv reagibel, über-/unterkontrolliert, paradoxe Anpassungserwartungen, wenig antizipativ		Impulsiv-explosibles Verhalten vs. Impulskontrolle & Selbststeuerung		affektiv stabil, flexible Kontrolle, realistische Anpassungserwartung, antizipativ
progrediente Entwicklung		Progredientes vs. nicht progredientes Tatverhalten	Tatbezogene Erlebens- und Verhaltensweisen	keine progrediente Entwicklung
eingeengte, stereotype Lebensführung, emotional labilisiert, häufige Konflikte, „Mehr desselben"		Labilisierung vs. emotionale Stabilität im Vorfeld der Tat		unveränderte Lebensführung, emotional stabil, wenige Konflikte, ausgeprägtes Alternativverhalten
ich-dyston, keine Verdeckung, expressives Tatverhalten, Vermeidungsziele, übertriebene Aggressivität		Affektregulativ-egodystone vs. instrumentell-egosyntone Tatbegehung		ich-synton, Verdeckungsversuche, instrumentelles Tatverhalten, Annäherungsziele, geringe Aggressivität

← →

Risikofaktor   *Meta-Ebene der Tatgenese*   **protektiver Faktor**

hohe/geringe Verhaltenskontrolle   mittelgradig-flexible Verhaltens-
(Becker, 1995)   kontrolle (Becker, 1995)

dysfunktionale Bewältigungs-   funktionale Bewältigungsmechanismen   mechanismen

Persönlichkeitsfaktor
Seelische Gesundheit (Becker, 1995)
↑
diathetische & psychosoziale Vulnerabilität x situative Stressoren

Abbildung 6-1: Heuristische Übersicht der wirksamen persönlichkeitspsychologischen Resilienz- und Risikofaktoren im Zusammenhang mit den für die sachverständige Beantwortung der Schuldfähigkeitsfrage konkret relevanten Schuldfähigkeitsmerkmalen.

Die Schuldfähigkeitsmerkmale können somit innerhalb der vom Sachverständigen bevorzugten theoretischen Verortung seiner Vorgehensweise und Erkenntnismittel als orientierender Anker dienen. Sie ermöglichen die Überprüfung der eigenen Hypothesen und Schlussfolgerungen im Rahmen der sachverständigen Tätigkeit. Ein Vorteil dieser Vorgehensweise ist in der empirischen Fundierung der verwendeten Schuldfähigkeitsmerkmale zu sehen. Hierbei ist nochmals zu betonen, dass diese als Orientierungshilfen zu verstehen sind und keinesfalls eine auf sachverständigem Know-How und klinisch-forensischer Kompetenz basierende Untersuchungsplanung und Hypothesenbildung ersetzen können. Schuldfähigkeitsbegutachtung ist mehr als die Abarbeitung von Checklisten. So wenig wie aus klinischen Diagnosen an sich Auswirkungen auf die Steuerungsfähigkeit abzuleiten sind, können aus den Auswirkungen auf die Steuerungsfähigkeit und dem damit korrespondierenden Vorliegen oder Fehlen von Schuldfähigkeitsmerkmalen, Rückschlüsse auf die Art der Diagnose gezogen werden. Auch für die Feststellung oder den Ausschluss klinischer Störungsbilder sollte deshalb entsprechender Sachverstand und Störungswissen vorhanden sein, wie es für die kontextbezogene Interpretation des Zusammenhangs von Tathandeln und Störungsphänomenen unabdingbar ist und von psychologischen Sachverständigen idealerweise, jedoch nicht zwingend notwendig, über eine klinische Approbation nachgewiesen werden kann.

Meta-Ebene der Tatgenese. Die persönlichkeitspsychologische Meta-Ebene der Tatgenese dient der biographisch ausgerichteten Beschreibung der Persönlichkeitsentwicklung des Straftäters aus übergeordneter Perspektive von Saluto- und Pathogenese (vgl. Becker, 1995; Fiedler, 1999; vgl. Kap. 4.1.2). Dabei liegt der Fokus vor allem auf der Entwicklung von Bewältigungsfertigkeiten im Umgang mit internen und externen Belastungsfaktoren, wie sie sich in der Entwicklung des Persönlichkeitsmerkmals Seelische Gesundheit manifestieren und sich auf die Selbstregulationskompetenz auswirken (Persönlichkeitsfaktor Verhaltenskontrolle). Diese Basiskompetenzen menschlicher Existenz entwickeln sich im Zusammenspiel diatetischer und psychosozialer Prädispositionen mit umweltbezogenen Stressoren und werden im Vulnerabilitäts-Stress-Modell beschrieben. Dabei können die sich entwickelnden habituellen persönlichen (Problem)Erlebens- und (Problem)Verhaltensweisen als Versuch der Bewältigung einschneidender Lebensereignisse oder zwischenmenschlicher Krisen bewertet werden. Dieser hat zum Ziel, die eigene Vulnerabilität zu minimieren. Diese Bewältigungsversuche erklären in Abhängigkeit von ihrer Passung zu wechselnden psychosozialen Umweltbedingungen Permanenz und Variabilität (un)angepasster Persönlichkeitsstile (vgl. Fiedler, 2001a, S. 156ff.), die schlussendlich im Umfeld der unmittelbaren Tatgenese verhaltenswirksam werden (vgl. Kap. 4.3.1).

Die Herstellung einer Verbindung zwischen entwicklungspsychologischen Rahmenbedingungen und der störungsbedingten Auswirkungen auf die Steuerungsfähigkeit während der Tathandlung stellt die Schnittstelle der beiden dargestellten Ebenen der Schuldfähigkeitsbegutachtung dar (vgl. Abbildung 6-2) und ist notwendig, um den Tatbezug der festgestellten Auffälligkeiten des Straftäters sicherzustellen (vgl. Kap. 2.2.2).

Als Anknüpfungspunkt dafür eignen sich insbesondere die Schuldfähigkeitsmerkmale der zweiten Schuldfähigkeitsachse zu den tatbezogenen Erlebens- und Verhaltensweisen (im unteren Teil der konkreten Begutachtungsebene in Abbildung 6-1 dargestellt). Diese können mittels syllogistischer Urteilsbildung (vgl. Abbildung 6-2) mit den Schuldfähigkeitsmerkmalen der ersten Achse kombiniert werden und so zur Beantwortung der Fragestellung herangezogen werden.

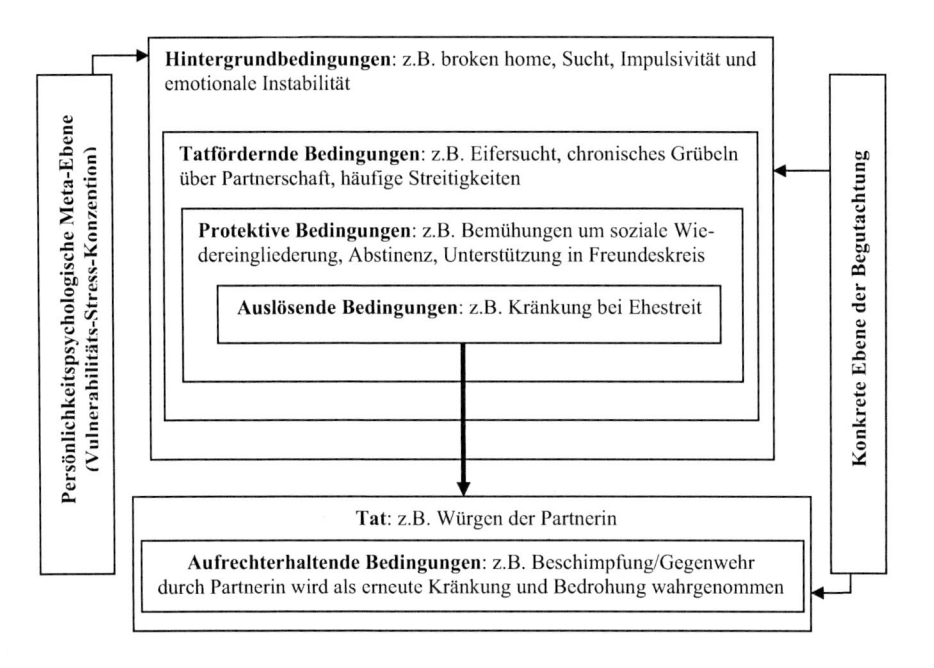

```
┌─────────────────────────────────────────────────────────────────────┐
│  Persönlichkeitspsychologische Meta-Ebene                           │
│  (Vulnerabilitäts-Stress-Konzention)                                │
│                                                                     │
│    Hintergrundbedingungen: z.b. broken home, Sucht, Impulsivität    │
│    und emotionale Instabilität                                      │
│                                                                     │
│    Tatfördernde Bedingungen: z.B. Eifersucht, chronisches Grübeln   │
│    über Partnerschaft, häufige Streitigkeiten                       │
│                                                                     │
│    Protektive Bedingungen: z.B. Bemühungen um soziale Wieder-       │
│    eingliederung, Abstinenz, Unterstützung in Freundeskreis         │
│                                                                     │
│    Auslösende Bedingungen: z.b. Kränkung bei Ehestreit              │
│                                                                     │
│    Tat: z.b. Würgen der Partnerin                                   │
│    Aufrechterhaltende Bedingungen: z.B. Beschimpfung/Gegenwehr      │
│    durch Partnerin wird als erneute Kränkung und Bedrohung          │
│    wahrgenommen                                                     │
│                                                                     │
│                          Konkrete Ebene der Begutachtung            │
└─────────────────────────────────────────────────────────────────────┘
```

Abbildung 6-2: Syllogistische Urteilsbildung und Zusammenspiel der Begutachtungsebenen am Beispiel einer Partnertötung (in Anlehnung an Scholz & Schmidt, 2008).

Ein weiterer theoretisch interessanter Schwerpunkt, der sich aus der Betrachtung der persönlichkeitspsychologischen Entwicklungsperspektive ergibt, betrifft das Verhältnis von habituellen Annäherungs- und Vermeidungszielen im Motivationsgefüge des Straftäters. Aus handlungstheoretischer Sicht sind Annäherungsziele die psychisch günstigere Variante, da sie zu gesteigertem Wohlbefinden und psychischer Gesundheit beitragen. Demgegenüber führt ein Überwiegen von Vermeidungszielen zu erhöhter psychischer Inkonsistenz, die mit negativerer Affektivität, höherer Symptombelastung und interpersonellen Problemen assoziiert ist (vgl. Grawe, 2004). Entsprechend postuliert Becker (1995), dass hohe Ausprägungen in Seelischer Gesundheit mit einer verringerten Dominanz von Vermeidungszielen einhergehen (vgl. Kap. 4.1.2). Es existieren neuro-

wissenschaftliche Gründe, warum es zu diesem Assoziationsmuster kommt – Vermeidungsziele gehen mit erhöhter psychischer Funktionsbeeinträchtigung und volitionalen Defiziten einher (vgl. Berger, 2005, S. 113ff.; Fries & Grawe, 2006). Die Nähe zu störungsbedingten Auswirkungen auf die Steuerungsfähigkeit wird deutlich.
Das mittels der Plananalyse (vgl. Willutzki, 2000, Caspar, 2000a) hinsichtlich der Dominanz von Annäherungs- oder Vermeidungszielen beschreibbare habituelle Motivationsgefüge des Straftäters ist somit für die Schuldfähigkeitsbegutachtung sinnvoll zu nutzen. Auf der Ebene der Schuldfähigkeitsfrage ist ein vermeidungsmotiviertes Begehen von Straftaten eher im Bereich verminderter Schuldfähigkeit zu erwarten, während das Dominieren von Annäherungszielen innerhalb delinquenten Handelns einen Hinweis auf schuldfähiges Handeln darstellt (vgl. Kap. 4.3.1).

- Der Nutzen der Schuldfähigkeitsmerkmale für die konkrete Begutachtungssituation ist in der empirischen Fundierung, der Trennschärfe, den Gewichtungshinweisen sowie der dimensionalen Ausformulierung zu sehen, die als Orientierungsrahmen bei der Untersuchungsplanung, der Abfassung und Strukturierung des Gutachtens sowie der tatbezogenen Entscheidungsfindung der Schuldfähigkeitsfrage herangezogen werden können. Es hat sich gezeigt, dass die Schuldfähigkeitsmerkmale generell einsetzbar sind und keinerlei systematischen Verzerrungstendenzen unterliegen bzw. zu charakterisierbaren Fehlklassifikationen führen (vgl. Kap. 5.4.6).
- Der Vorteil einer Sichtweise auf Meta-Ebene ist in der Loslösung von schulenspezifischer Theoriengebundenheit zu sehen, die es ermöglicht, eine gerade dem Richter als psychowissenschaftlichen Laien kommunizierbare Struktur der eigenen sachverständigen Tätigkeit zu liefern, die sich wesentlich durch beobachtbare und phänomenologisch beschreibbare Erlebens- und Verhaltensweisen auszeichnet. Gleichzeitig steigt dadurch die Transparenz der gutachterlichen Entscheidungsfindung, ohne dass der einzelne Gutachter in seinem Vorgehen eingeschränkt wird.
- Es wird deutlich, dass mit den Schuldfähigkeitsmerkmalen kein Absolutheitsanspruch zur Kanonisierung einer spezifischen Begutachtungsstrategie zur Schuldfähigkeitsprüfung bei SASA erhoben werden soll, sondern dass es sich um heuristische Leitlinien handelt, die einen empirisch qualifizierbaren Bezugsrahmen wiedergeben. Damit gehen sie über den bisherigen Forschungsstand hinaus (vgl. Kap. 3) und leisten einen wichtigen Beitrag zur erfahrungswissenschaftlichen Fundierung angewandter psychowissenschaftlicher Tätigkeit innerhalb des Strafrechts. Die Vereinbarkeit von empirisch verankerten Schuldfähigkeitsmerkmalen und idiographischem Vorgehen wird vom Sachverständigen durch ein hypothesenbasiertes und transparentes Vorgehen, das Widersprüche und Diskrepanzen in ihrer Bedeutung aufklärt, sichergestellt.
- Ein Gebrauch der logistischen Regressionsgleichungen zur Bestimmung der Klassifikationswahrscheinlichkeiten und eine Verwendung der tatsächlichen

numerischen Gewichtungen ist nicht sinnvoll und ersetzt nicht die abschließende sachverständige Urteilsfindung. Es handelt sich hierbei nicht um ein normiertes testdiagnostisches Verfahren. Von einer solchen Verwendung wird abgeraten.

Kasten 6-6: Nutzen und Grenzen der integrativen Heuristik der Schuldfähigkeitsbegutachtung bei SASA.

6.4 Methodenkritik, offene Fragen und zukünftige Forschungsdesiderate

Mit der hier vorliegenden Untersuchung liegt in Fortführung der Arbeiten von Schmidt (2001) und Scholz & Schmidt (2003) eine empirische Studie vor, die eine Anzahl der derzeit angewandten und kanonisierten sowie zusätzliche Merkmale für die Schuldfähigkeitsbegutachtung analysiert hat. Diese sind erstmals an einer größeren Stichprobe überprüft und hinsichtlich ihrer psychometrischen Eigenschaften und Differenzierungsfähigkeit untersucht worden. Sie wurden innerhalb der Stichprobe kreuzvalidiert, sollten aber unabhängig davon an weiteren Stichproben unter Verwendung einer größeren Anzahl von Beurteilern erneut untersucht werden, um weitergehende Aussagen bezüglich der Generalisierbarkeit und Anwendbarkeit treffen zu können. Dabei wäre ein prospektives Vorgehen zu bevorzugen, das die Konkordanzprüfung von Begutachtungsvorgehensweisen ohne und mit Einbezug der hier dargestellten Vorgehensweise ermöglicht, wobei die paarweisen Gutachter blind bezüglich der jeweiligen Schlussfolgerungen des anderen sein sollten.

Darüber hinaus ist einschränkend anzumerken, dass durch die Vorauswahl der untersuchten Konzepte, lediglich Aussagen über die untersuchten Konstrukte getroffen werden können. Über inkrementelle Vorhersageleistungen potentieller anderer psychologischer Konstrukte lassen sich keinerlei Aussagen treffen, so dass an dieser Stelle keine abschließende Konzeptualisierung der SASA vorgenommen werden kann, sondern allenfalls von der Fundierung eines Vulnerabilitäts-Stress-Ansatzes als sachverständige Entscheidungsheuristik auszugehen ist. Es handelt sich hierbei um retrospektiv getroffene Aussagen, die auf den Verhaltensschilderungen und Befunden von Gutachtern beruhen, die ihrerseits einer Vielzahl von Verzerrungen unterliegen können. Gutachten sind immer auf ein gewisses Ziel hin konstruiert worden und stellen kein vollständiges Abbild der Realität dar. Dieses Vorgehen ist der fehlenden empirischen Feststellbarkeit der Zuschreibung Schuldfähigkeit geschuldet.

Ferner besteht ein spezieller Forschungsbedarf im Hinblick auf eine grundlagenbasierte Theorie der Steuerungsfähigkeit und den Auswirkungen von psychischen Störungen auf handlungstheoretische Kompetenzen im Spannungsfeld von Selbstkontrolle und Selbstregulation. Hierzu wäre eine experimentelle Überprüfung von aus der Vulnerabilitäts-Stress-Konzeption abgeleiteten Hypothesen insbesondere unter Einbezug konnektionistischer Modellbildungen zur Selbstorganisation und –regulation (vgl. Carver &

Scheier, 2002; Berger, 2005) als erkenntnisträchtig zu erachten. Ebenfalls weiterführend kann die experimentelle Beschäftigung mit sozialpsychologischer Forschungstradition entstammenden Modellen sein. Hierbei wäre an die Differenzierung zwischen reflexiver und impulsiver Verhaltenssteuerung im Rahmen von Zwei-Prozess-Modellen zu denken, unter Einbezug von motivationalen Konstrukten wie z.b. Annäherungs- und Vermeidungszielen oder Inkonsistenzerleben (vgl. Grawe, 2004, Strack & Deutsch, 2004). Diese könnten insbesondere auch auf tatbezogene Entscheidungsprozesse bei Sexualstraftätern ausgedehnt werden (vgl. Gannon, Polaschek & Ward, 2005), deren Gruppe durch die neuen repressiveren gesetzlichen Entwicklungen verstärkt in den Fokus von Behandlung und Sicherung gerückt worden ist.

Ein interdisziplinärer Zusammenschluss von Forschungsbemühungen wäre aus forensischer Perspektive sinnvollerweise anzustreben und theoretisch fruchtbar. Vor dem bedauernswerten Stellenwert, den die universitäre Verankerung der deutschen Rechtspsychologie momentan fristet, sind kurzfristige Fortschritte hinsichtlich Forschung und/oder der Verbesserung universitär vermittelter gutachterlicher Kompetenzen kaum zu erwarten. Inwieweit dies den postgradualen Qualifizierungsbemühungen umzusetzen gelingt, und welchen praktischen Stellenwert deren Zertifizierung in Zukunft – insbesondere für den Bereich der psychologischen Schuldfähigkeitsbegutachtung – haben wird, bleibt abzuwarten.

7 Zusammenfassung

Angesichts der Bedeutung und Tragweite gutachterlicher Einschätzungen der Schuldfähigkeit unter dem Eingangsmerkmal der sog. schweren anderen seelischen Abartigkeit (SASA), erscheint es verwunderlich, dass systematische Grundlagenforschung und eine wissenschaftlich fundierte Methodenentwicklung zu diesem Gebiet gutachterlicher Tätigkeit bisher nur in Ansätzen erfolgt sind. Insbesondere das Fehlen empirisch gesicherter Schuldfähigkeitsmerkmale leistet einem Rückgriff auf in beliebiger Form kombinierte, idiosynkratisch geprägte Lehrmeinungen und Erfahrungswerte Vorschub. Es beeinträchtigt u.U. die Rechtssicherheit in einem Feld, in dem Menschen weitreichenden Entscheidungen bezüglich der ihnen zuzumutenden Maßnahmen unterworfen sind.

Vor diesem Hintergrund beschäftigt sich diese Untersuchung mit den rechtlichen Rahmenbedingungen der Schuldfähigkeitsbegutachtung bei SASA und den bisher entwickelten entscheidungsorientierten Begutachtungsheuristiken. Ziel ist es, einen Vorschlag für eine empirisch basierte gutachterliche Vorgehensweise zu entwickeln, welche mit den dargestellten Hintergrundbedingungen vereinbar ist.

Die Schuldfähigkeitsbegutachtung bei SASA wird dabei über ein Vulnerabilitäts-Stress-Modell konzipiert, innerhalb dessen Bewältigungsfähigkeiten eine zentrale verhaltensregulative Rolle einnehmen. Daraus werden auf einer meta-theoretischen Betrachtungsebene Hypothesen entwickelt, die sich aus dem Persönlichkeitsmodell von Becker (1995) bezüglich der zwei varianzstarken Persönlichkeitsfaktoren Seelische Gesundheit und Verhaltenskontrolle ableiten lassen. Seelische Gesundheit sollte demnach in einem direkten Zusammenhang mit Schuldfähigkeit stehen, wohingegen Verhaltenskontrolle in extremen Ausprägungen mit verminderter Schuldfähigkeit assoziiert sein müsste. Dies stellt die Anbindung an eine persönlichkeitspsychologische Rahmentheorie im Spannungsfeld von Saluto- und Pathogenese dar. Auf der konkreten Begutachtungsebene wird ein zwei-axiales Begutachtungssystem vorgestellt, das sowohl situationsübergreifende als auch tatbezogene Erlebens- und Verhaltensweisen berücksichtigt. Dadurch können sowohl personale als auch situationale Faktoren für die Schuldfähigkeitsbegutachtung nutzbar gemacht werden.

Die empirische Absicherung erfolgt anhand umfangreicher Inhaltsanalysen von 94 Schuldfähigkeitsgutachten mittels eines umfassenden Kategoriensystems, das aus der Literatur zur Schuldfähigkeitsbegutachtung und den zuvor dargestellten Konzeptionen erstellt worden ist. Quantitative Methoden werden für die Aggregation von Schuldfähigkeitsmerkmalen herangezogen, die anschließend hinsichtlich ihrer Trennschärfe und psychometrischen Güte analysiert werden. Die Ergebnisse zeigen, dass mittels der empirisch basierten Schuldfähigkeitsmerkmale die Differenzierung von Schuldfähigen und Dekulpierten mit hoher prädiktiver Validität gelingt. Das Merkmal geplanter Tatbegehungsweisen, welches vielfach als Hinweis auf Schuldfähigkeit diskutiert wird, stellt sich als nicht trennscharf heraus. Ferner lassen sich die Hypothesen aus dem persönlichkeitspsychologischen Modell bestätigen. Prototypen schuld- und vermindert schuldfähiger Straftäter lassen sich ableiten. Zusammenfassend stellen sich funktionale Bewältigungsmechanismen als zentraler protektiver Faktor für die Schuldfähigkeitseinschätzung durch Sachverständige heraus. Die Rolle annäherungs- vs. vermeidungsmotivierter Tatentwicklungen für die Schuldfähigkeitsbegutachtung wird betont. Abschließend wird eine entsprechende Begutachtungsheuristik auf empirischer Grundlage dargestellt.

Literaturverzeichnis

Albert, D. & Körner, C. (1996). Entscheidungs- und Willensfreiheit in konnektionistischen Modellen. In M. v.- Cranach & K. Foppa (Hrsg.). *Freiheit des Entscheidens und Handelns. Ein Problem der nomologischen Psychologie.* (S. 219-233). Heidelberg: Asanger.

Albrecht, H.-J. (2001). Das deutsche Konzept der verminderten Schuldfähigkeit in Deutschland und Lösungen im ausländischen Strafrecht. In H.-L. Kröber & H.-J. Albrecht (Hrsg.). *Verminderte Schuldfähigkeit und psychiatrische Maßregel.* (S.7-32). Baden-Baden: Nomos.

Andrews, D. A. & Bonta, J. (1998). *The Psychology of Criminal Conduct* (2nd ed.). Cincinnati: Anderson.

Antonowicz, D. H. & Ross, R. R. (2005). Social problem-solving deficits in offenders. In M. McMurran & J. McGuire (eds.). *Social problem solving and offending. Evidence, evaluation and evolution.* (S. 91-102). Chichester: Wiley.

Arbeitskreis OPD. (2001). *OPD Operationalisierte Psychodynamische Diagnostik. Grundlagen und Manual* (3. Aufl.). Bern: Huber.

Aronson, E., Wilson, T. D. & Akert, R. M. (2004). *Sozialpsychologie* (4. Aufl.). München: Pearson.

Backhaus, K., Erichson, B., Plinke, W. & Weiber, R. (2003). *Multivariate Analysemethoden. Eine anwendungsorientierte Einführung* (10. Aufl.). Berlin: Springer.

Baltes-Götz, B. (2005). *Logistische Regressionsanalyse mit SPSS.* Unveröffentlichtes Manuskript des Universitätsrechenzentrums der Universität Trier, http://www.uni-trier.de/urt/user/baltes/docs/logist/logist.pdf vom 25.04.2006.

Banse, R. & Greenwald, A. G. (2007). Commentary – Personality and Implicit Social Cognition: Past, present and Future. *European Journal of Personality*, 21, 371-382.

Bartholomew, K. & Horowitz, L. M. (1991). Attachment-styles among adults: A test of a four category model. *Journal of Personality and Social Psychology*, 61, 226-244.

Bartling, G., Echelmeyer, L. & Engberding, M. (1998). *Problemanalyse im therapeutischen Prozess* (4. Aufl.). Stuttgart: Kohlhammer.

Basdorf, C. & Mosbacher, A. (2007). Die Auswirkungen von Persönlichkeitsstörungen auf die Schuldfähigkeit aus der Sicht der (neueren) höchstrichterlichen Rechtsprechung – Voraussetzungen/Rechtsfolgen/Fehlerquellen. In M. Lammel, W. Felber, S. Sutarski & S. Lau (Hrsg.). *Forensische Begutachtung bei Persönlichkeitsstörungen.* (S. 111-139). Berlin: Medizinisch Wissenschaftliche Verlagsgesellschaft.

Baumeister, R. F. (1991). *Escaping the Self.* New York: Basic Books.

Baumeister, R. F. & Heatherton. T. F. (1996). Self-Regulation Failure: An Overview. *Psychological Inquiry*, 7, 1-15.

Beck, A. T. (2000). *Prisoners of hate. The cognitive basis of anger, hostility and violence.* New York: Perennial.

Beck, A. T., Freeman, A. et al. (1999). *Kognitive Therapie der Persönlichkeitsstörungen* (4.Aufl.). Weinheim: Psychologie Verlags Union.

Becker, P. (1988). Seelische Gesundheit und Verhaltenskontrolle: zwei replizierbare, varianzstarke Persönlichkeitsfaktoren. *Zeitschrift für Differentielle und Diagnostische Psychologie*, 9, 13-28.

Becker, P. (1995). *Seelische Gesundheit und Verhaltenskontrolle.* Göttingen: Hogrefe.

Becker, P. (2000). Die „Big Two" Seelische Gesundheit und Verhaltenskontrolle: zwei orthogonale Superfaktoren höherer Ordnung? *Zeitschrift für Differentielle und Diagnostische Psychologie*, 21, 113-124.

Becker, P. & Mohr, A. (2005). Psychometrische Argumente für die Verwendung untransformierter Skalenwerte im Inventar zur Erfassung interpersonaler Probleme (IIP-D). *Zeitschrift für Klinische Psychologie und Psychotherapie: Forschung und Praxis*, 34, 205-214.

Bellak, L., Hurvich, M. & Gediman, H. (1973). *Ego Functions in Schizophrenics, Neurotics and Normals*. New York: Wiley.

Berger, T. (2005). *Die Dynamik psychischer Störungen. Strukturen und Prozesse aus der Perspektive konnektionistischer Modelle*. Dissertation, Freiburger Dokumentenserver, http://www.freidok.uni-freiburg.de/volltexte/1968/ vom 29.03.2007.

Berner, W., Hill, A., Briken, P. & Kraus, C. (2004). Störungen der Sexualpräferenz – Paraphilien. In G. Kockott & E.-M. Fahrner (Hrsg.). *Sexualstörungen* (S. 107-152). Stuttgart: Thieme.

Bijttebier, P. & Vertommen, H. (1999). Coping strategies in relation to personality disorders. *Personality and Individual Differences*, 26, 847-856.

Birbaumer, N. (2004). Hirnforscher als Psychoanalytiker. In C. Geyer (Hrsg.). *Hirnforschung und Willensfreiheit. Zur Deutung der neuesten Experimente.* (S. 27-29). Frankfurt a. M.: Suhrkamp.

Blackburn, R. (1993). *The Psychology of Criminal Conduct. Theory, Research and Practice*. New York: Wiley.

Blashfield, R. K. (1976). Mixture model tests of cluster analysis. Accuracy of four agglomerative hierarchical methods. *Psychological Bulletin*, 83. 377-385.

Boetticher, A., Nedopil, N., Bosinski, H. A. G. & Saß, H. (2005). Mindestanforderungen für Schuldfähigkeitsgutachten. *Neue Zeitschrift für Strafrecht*, 25, 57-62.

Böhle, A. (1989). Die psychoanalytische Begutachtung von Delinquenten mit Persönlichkeitsstörungen. In H. Beck-Mannagetta & K. Reinhardt (Hrsg.). *Psychiatrische Begutachtung im Strafverfahren unter besonderer Berücksichtigung der Psychodynamik.* (S. 39-67). Frankfurt, Neuwied: Metzner.

Bortz, J. (1993). *Statistik für Sozialwissenschaftler* (4. Aufl.). Berlin: Springer.

Bortz, J. & Döring, N. (2006). *Forschungsmethoden und Evaluation für Sozialwissenschaftler* (4. Aufl.). Berlin: Springer.

Bortz, J., Lienert, G. A. & Boehnke, K. (2000). *Verteilungsfreie Methoden in der Biostatistik* (2. Aufl.). Berlin, Heidelberg: Springer.

Bossong, B. (1999). *Stress und Handlungskontrolle: Die volitionale Kompetenz bei der Bewertung und Bewältigung aversiver Erfahrungen*. Göttingen: Hogrefe

Brandtstädter, J. & Renner, G. (1990). Tenacious goal pursuit and flexible adjustment: Explication and age-related analysis of assimilative and accomodative strategies of coping. *Psychology and Aging*, 5, 58-67.

Bühringer, G. (2004). Wenn Arbeiten, Einkaufen oder Glücksspielen pathologisch eskalieren: Impulskontrollstörung, Sucht oder Zwangshandlung? *Verhaltenstherapie*, 14, 86-88.

Carver, C. S. (2005). Impulse and Constraint. Perspectives From Personality Psychology, Convergence With Theory in Other Areas, and Potential for Integration. *Personality and Social Psychology Review*, 9, 312-333.

Carver, C. S. & Scheier, M. F. (1998). *The self-regulation of behavior*. Hillsdale: Lawrence Erlbaum.

Carver, C.S. & Scheier, M.F. (2002). Control Processes and Self-Organization as Complementary Principles Underlying Behavior. *Personality and Social Psychology Review*, 6, 304-315.

Caspar, F. (2000a). Das Bindeglied zwischen allgemeinem Wissen und dem hilfesuchenden Menschen: Diagnostik in der Verhaltenstherapie aus der Sicht von Plananalyse und allgemeiner Psychotherapie. In A.-R. Lairaiter (Hrsg.). *Diagnostik in der Psychotherapie.* (S. 143-163). Wien: Springer.

Caspar, F. (2000b). Therapeutisches Handeln als individueller Konstruktionsprozess. In J. Margraf (Hrsg.). *Lehrbuch der Verhaltenstherapie Band 1 – Grundlagen, Diagnostik, Verfahren, Rahmenbedingungen* (2. Aufl.). (S. 155-166). Berlin: Springer.

Cassidy, J. & Shaver, P. R. (1999). *Handbook of attachment: Theory, research, and clinical applications*. New York: Guilford.

Cecchin, G., Lane, G. & Ray, W. A. (1996). *Respektlosigkeit* (2. Aufl.). Heidelberg: Carl Auer.

Cierpka, M., Grande, T., Stasch, M., Oberpracht, C., Schneider, W., Schüssler, G., Heuft, G., Dahlbender, R., Schauenburg, H. & Schneider, G. (2001). Zur Validität der Operationalisierten Psychodynamischen Diagnostik (OPD). *Psychotherapeut*, 46, 122-133.

Cohen, J. (1988). *Statistical Power Analysis for the Behavioral Sciences* (2nd ed.). New York: Academic Press.

Cronbach, L. J. & Gleser, G. C. (1965). *Psychological tests and personnel decisions* (2nd ed.). Urbana: University of Illinois Press.
Cooke, D. J. & Michie, C. (1997). An item response theory analysis of the Hare Psychopathy Checklist. *Psychological Assessment*, 9, 3-13.
Cooke, D. J. & Michie, C. (2001). Refining the Construct of Psychopathy: Towards a Hierarchical Model. *Psychological Assessment*, 13, 171-188.
Dahle, K.-P. (2005). *Psychologische Kriminalprognose. Wege zu einer integrativen Methodik für die Beurteilung der Rückfallwahrscheinlichkeit bei Strafgefangenen*. Herbolzheim: Centaurus.
Davey, L., Day, A. & Howells, K. (2005). Anger, over-control and serious violent offending. *Aggression and Violent Behavior*, 10, 624-635.
Dessecker, A. (2001a). Rechtsgrundlagen der Sanktionierung "gefährlicher" Straftäter. In G. Rehn, B. Wiscka, F. Lösel & M. Walter (Hrsg.). *Behandlung "gefährlicher" Straftäter – Grundlagen, Konzepte, Ergebnisse*. (S. 11-25). Herbolzheim: Centaurus.
Dessecker, A. (2001b). Die Maßregel nach §63 StGB bei verminderter Schuldfähigkeit – eine Beurteilung aus strafrechtlicher und empirischer Sicht. In H.-L. Kröber & H.-J. Albrecht (Hrsg.). *Verminderte Schuldfähigkeit und psychiatrische Maßregel*. (S.129-146). Baden-Baden: Nomos.
Dilling, H, Mombour, W. & Schmidt, M. H. (2004). *Internationale Klassifikation psychischer Störungen. ICD-10 Kapitel V (F)* (5. Aufl.). Bern: Huber.
Dinger-Broda, A. & Speight, I. (2000). Allgemeinpsychologische und sozialpsychologische Grundlagen von Psychotherapie. In W. Senf & M. Broda (Hrsg.). *Praxis der Psychotherapie* (2. Aufl.). (S. 41-53). Stuttgart: Thieme.
Dölling, D. (2007). Zur Willensfreiheit aus strafrechtlicher Sicht. *Forensische Psychiatrie, Psychologie, Kriminologie*, 1, 59-62.
Dörner, D. (1985). Verhalten, Denken und Emotion. In L. H. Eckensberger & E. D. Lantermann (Hrsg.). *Emotion und Reflexivität*. (S. 157-181). München: Urban & Schwarzberg.
Dörner, D. (2000). *Die Logik des Misslingens - Strategisches Denken in komplexen Situationen* (13. Aufl.). Reinbek bei Hamburg: Rowohlt.
Dörner, D., Reither, F. & Stäudel, T. (1983). Emotion und problemlösendes Denken. In H. Mandl & G. L. Huber (Hrsg.). *Emotion und Kognition*. (S. 61-84). München: Urban & Schwarzenberg.
Eckes, T. & Roßbach, H. (1980). *Clusteranalysen*. Stuttgart: Kohlhammer.
Efron, B. (1983). Estimating the error rate of a prediction rule: Improvement on crossvalidation. *Journal of the American Statistical Association*, 78, 316-331.
Egan, V., Kavanagh, B. & Blair, M. (2005). Sexual Offenders Against Children: The Influence of Personality and Obsessionality on Cognitive Distortions. *Sexual Abuse: Journal of Research and Treatment*, 17, 223-240.
Egg, R. (2000). Zur Kriminalität der Sexualstraftäter. In W. de Boor, B. Haffke & C. Lange-Joest (Hrsg.). *Was tun mit den Sexualstraftätern? Schriftenreihe des Instituts für Konfliktforschung Heft 20*. (S. 7-29). Köln: Wienand.
Ellgring, H. (1998). Sozialpsychologische Aspekte. In U. Baumann & M. Perrez (Hrsg.). *Lehrbuch Klinische Psychologie – Psychotherapie* (2. Aufl.). (S. 246-264). Bern: Hans Huber.
Elsner, K. (2003). Der Krankheitsbegriff im Spannungsfeld psychologischer Theorien. In W. De Boor, I. A. Rode & H. Kammeier (Hrsg.). *Neue Diskussionen um die "schwere andere seelische Abartigkeit", §20 StGB. Der Krankheitsbegriff und seine strafrechtlichen Folgen. Schriftenreihe des Instituts für Konfliktforschung Heft 24*. (S. 61-75). Münster: Lit.
Endres, J. (1998). Psychologische und psychiatrische Konzepte der "tiefgreifenden Bewußtseinsstörung" nach §§ 20, 21 StGB. *Strafverteidiger*, 18, 674-682.
Endres, J. (2000). Die Diagnostik des Andershandelnkönnens und die Unfreiheit der psychologischen Diagnostik: Empirische Befunde und kritische Anmerkungen zur Begutachtung der Schuldfähigkeit. *Praxis der Rechtspsychologie*, 10, 6-20.
Epstein, S. (1990). Cognitive-experiential self-theory. In L. Pervin, (Ed.). *Handbook of personality: Theory and research*. (S. 165-192). New York: Guilford.
Eucker, S. & Müller-Isberner, R. (2001). Ein verhaltenstherapeutisches stationäres Behandlungskonzept. *Werkstattschriften für Forensische Psychiatrie und Psychotherapie*, 8, 97-114.

Everitt, B. S. (1993). *Cluster Analysis*. London: Edward Arnold.
Eysenck, H. J. (1998). Personality and Crime. In T. Millon, E. Simonsen, M. Birket-Smith & R. D. Davis (eds.). *Psychopathy. Antisocial, Criminal, and Violent Behavior*. (S. 40-49). New York: Guilford Press.
Farmer, R. F. (2000). Issues in the assessment and conceptualization of personality disorders. *Clinical Psychology Review*, 20, 823-851.
Fegert, J. M., Rebernig, E., Schnoor, K., König, C., Schläfke, D. & Häßler, F. (2003). Bestandsaufnahme und Qualitätssicherung der forensisch-psychiatrischen Gutachtertätigkeit in Mecklenburg-Vorpommern. Ergebnisse. In F. Häßler, E. Rebernig, K. Schnoor, D. Schläfke & J. M. Fegert (Hrsg.). *Forensische Kinder-, Jugend- und Erwachsenenpsychiatrie. Aspekte der forensischen Begutachtung*. (S. 19-38). Stuttgart: Schattauer.
Fehlenberg, D. (2000). Schwierigkeiten bei der Begutachtung von Persönlichkeitsgestörten. *Recht & Psychiatrie*, 18, 105-112.
Feshbach, S. (1964). The function of aggression and the regulation of aggressive drive. *Psychological Review*, 71, 257-272.
Fiedler, P. (1999). Salutogenese und Pathogenese. In R. Oerter, C. v. Hagen, G. Röper & G. Noam (Hrsg.). *Klinische Entwicklungspsychologie*. (S. 314-334). Weinheim: BeltzPVU.
Fiedler, P. (2001a). *Persönlichkeitsstörungen* (5. Aufl.). Weinheim: BeltzPVU.
Fiedler, P. (2001b). Paraphilien und sexuelle Delinquenz: Zum Problem der Übergänge zwischen Normalität und Abweichung. *Werkstattschriften für Forensische Psychiatrie und Psychotherapie*, 8, 1-12.
Fischer, M. (2005). Die Tötung im sozialen Nahraum aus handlungstheoretischer Perspektive. In B. Bojack & H. Akli (Hrsg.). *Die Tötung eines Menschen. Perspektiven, Erkenntnisse, Hintergründe*. (S. 89-106). Frankfurt: Verlag für Polizeiwissenschaft.
Fischer, M. (2006). *Vergleich krimineller Handlungen mit und ohne Gewaltanwendung hinsichtlich Tatplanung, Tatablauf und Nachtatverhalten*. Dissertation, Konstanzer Online-Publikations-System (KOPS), http://www.ub.uni-konstanz.de/kops/volltexte/2006/1946/pdf/diss_fischer.pdf vom 26.02.2007.
Flor, H. & Hermann, C. (2006). Neuropsychotherapie bei chronischen Schmerzen: Veränderung des Schmerzgedächtnisses durch Verhaltenstherapie. *Verhaltenstherapie*, 16, 86-95.
Foerster, K. (1991). Die forensisch-psychiatrische Beurteilung persönlichkeitsgestörter Straftäter. In H. Schütz, H. J. Kaatsch & H. Thomsen (Hrsg.). *Medizinrecht - Psychopathologie - Rechtsmedizin*. (S. 189-195). Berlin, Heidelberg: Springer.
Foerster, K. & Heck, C. (1991). Zur Quantifizierung der sogenannten schweren anderen seelischen Abartigkeit. *Monatsschrift für Kriminologie und Strafrechtsreform*, 74, 49-53.
Foerster, K. & Leonhardt, M. (2004). Fehlermöglichkeiten im psychiatrischen Gutachten. In K. Foerster & U. Venzlaff (Hrsg.). *Psychiatrische Begutachtung* (4. Aufl.). (S. 43-50). München: Urban & Fischer.
Foerster, K. & Venzlaff, U. (2004). Die Erstattung des Gutachtens. In K. Foerster & U. Venzlaff (Hrsg.). *Psychiatrische Begutachtung* (4. Aufl.). (S. 31-42). München: Urban & Fischer.
Foerster, K. & Winckler, P. (2004). Forensisch-psychiatrische Untersuchung. In K. Foerster & U. Venzlaff (Hrsg.). *Psychiatrische Begutachtung* (4. Aufl.). (S. 17-30). München: Urban & Fischer.
Forstmeier, S. & Rüddel, H. (2005). Zur Überlegenheit von Selbstregulation über Selbstkontrolle in Psychotherapie und psychosomatischer Rehabilitation. *Verhaltenstherapie*, 15, 158-166.
Fries, A. & Grawe, K. (2006). Inkonsistenz und psychische Gesundheit: Eine Metaanalyse. *Zeitschrift für Psychiatrie, Psychologie und Psychotherapie*, 54, 133-148.
Fydrich, T. (2001). Motivorientiertes Indikations- und Interventionsmodell für die kognitive Verhaltenstherapie bei Persönlichkeitsstörungen (MIIM). *Psychotherapie*, 6, 247-255.
Gamefski, N., Kraaij, V. & van Etten, M. (2005). Specifity of relations between adolescents' cognitive emotion regulation strategies and internalizing and externalizing psychopathology. *Journal of Adolescence*, 28, 619-631.
Gannon, T. A., Polaschek, D., L. L., Ward, T. (2005). Social Cognition and Sex Offenders. In M. McMurran & J. McGuire (eds.). *Social problem solving and offending. Evidence, evaluation and evolution*. (S. 223-248). Chichester: Wiley.

Gauggel, S. (2006). Neuropsychotherapie. Anmerkungen eines Neuropsychologen. *Verhaltenstherapie*, 16, 133-138.

Gebsattel, V. E. v. (1954). Zur Psychopathologie der Sucht. In V. E. v. Gebsattel (Hrsg.). *Prolegomena einer medizinischen Anthropologie*. Heidelberg: Springer.

Geyer, C. (2004). *Hirnforschung und Willensfreiheit. Zur Deutung der neuesten Experimente*. Frankfurt a. M.: Suhrkamp.

Ghiselli, E. E. (1960). The prediction of predictability. *Educational and Psychological Measurement*, 20(1), 3-8

Giese, H. (1962). Leitsymptome sexueller Perversionen. In H. Giese (Hrsg.). *Psychopathologie der Sexualität*. (S.420-470). Stuttgart: Enke.

Grann, M., Langström, N., Tengström, A. & Stalenheim, E. G. (1998). Reliability of File-Based Retrospective Ratings of Psychopathy with the PCL-R. *Journal of Personality Assessment*, 70, 416-426.

Grawe, K. (2004). *Neuropsychotherapie*. Göttingen: Hogrefe.

Grawe, K. (2005). Allgemeine Psychotherapie. In F. Petermann & H. Reinecker (Hrsg.). *Handbuch der Psychologie Band 1. Klinische Psychologie und Psychotherapie*. (S. 294-310). Göttingen: Hogrefe.

Grawe, K.. Grawe-Gerber, M., Heiniger, B., Ambühl, H & Caspar, F. (1996). Schematheoretische Fallkonzeption und Therapieplanung. In F. Caspar (1996). *Psychotherapeutische Problemanalyse*. (S. 189-224). Tübingen: DGVT Verlag.

Greene, A. F., Coles, C. J. & Johnson, E. H. (1994). Psychopathology and anger in interpersonal violence offenders. *Journal of Clinical Psychology*, 50, 906-912.

Gretenkord, L. (2000). Aspekte der Schuldfähigkeitsbegutachtung aus der Sicht eines psychologischen Praktikers. *Praxis der Rechtspsychologie*, 10, 25-31.

Gross, J. (1998). The emerging field of emotion regulation: An integrative review. *Review of General Psychology*, 2, 271-299.

Gross, J. (2002). Emotion regulation: Affective, cognitive and social consequences. *Psychophysiology*, 39, 281-291.

Gross, J. & Thompson, R. A. (2007). Emotion Regulation: Conceptual Foundations. In J. Gross (ed.). *Handbook of Emotion Regulation*. (S. 3-24). New York: Guilford.

Grütering, T. & Schauenburg, H. (2000). Die Erfassung psychodynamisch relevanter Persönlichkeitsmerkmale - Vergleich zweier klinischer Instrumente: Karolinska Psychodynamic Profile (KAPP) und OPD - Strukturachse. In M. Bassler (Hrsg.). *Leitlinien in der stationären Psychotherapie: Pro und Kontra*. (S. 115-136). Gießen: Psychosozial Verlag.

Habermeyer, E. (2004a). Buchbesprechung zu Scholz, O. B. & Schmidt, A. F., Schuldfähigkeit bei schwerer anderer seelischer Abartigkeit. Psychopathologie – gutachterliche Entscheidungshilfen. W. Kohlhammer GmbH, Stuttgart, 2003. *Monatsschrift für Kriminologie & Strafrechtsreform*, 87, 411-413.

Habermeyer, E. (2004b). Typische Fallstricke bei der Begutachtung von Persönlichkeitsstörungen. *Persönlichkeitsstörungen – Theorie und Therapie*, 8, 85-92.

Habermeyer, E. & Saß, H. (2007). Die Mindeststandards der Schuldfähigkeitsbegutachtung aus psychiatrischer Sicht. *Forensische Psychiatrie, Psychologie, Kriminologie*, 1, 10-14.

Hand, D. J. (1989). *Discrimination and Classification* (3.Aufl.). Chichester, New York, Brisbane: John Wiley & Sons.

Hanson, R. K. & Bussière, M. T. (1998). Predicting relapse: A meta-analysis of sexual offender recidivism studies. *Journal of Consulting and Clinical Psychology*, 66, 348-362.

Hare, R. D. (1991). *The Hare Psychopathy Checklist - Revised*. Toronto: Multi-Health Systems, Inc.

Hare, R. D. (1998). Psychopaths and Their Nature: Implications for the Mental Health and Criminal Justice Systems. In T. Millon, E. Simonsen, M. Birket-Smith & R. D. Davis (eds.). *Psychopathy. Antisocial, Criminal, and Violent Behavior*. (S. 188-212). New York: Guilford Press.

Hare, R. D., Harpur, T. J., Hakstian, A.R., Forth, A. E., Hart, S. D. & Newman, J. P. (1990). The revised psychopathy Checklist: Reliability and factor structure. *Psychological Assessment: A Journal of Consulting and Clinical Psychology*, 2, 338-341.

Harpur, T. J., Hare, R. D. & Hakstian, A. R. (1989). A two-factor conceptualization of psychopathy: Construct validity and implications for assessment. *Psychological Assessment*, 1, 6-17.

Hart, S. D. & Hare, R. D. (1989). Discriminant validity of the Psychopathy Checklist in a forensic psychiatric population. *Psychological Assessment*, 1, 211-218.

Hartmann, J., Hollweg, M. & Nedopil, N. (2001). Quantitative Erfassung dissozialer und psychopathischer Persönlichkeiten bei der strafrechtlichen Begutachtung. *Nervenarzt*, 72, 365-370.

Hautzinger, M. (1994). Action control in the context of psychopathological disorders. In J. Kuhl & J. Beckmann (Eds.). *Volition and personality. Action versus state orientation.* (S. 209-215). Göttingen: Hogrefe.

Heckhausen, H. (1989). *Motivation und Handeln* (2. Aufl.). Berlin: Springer.

Hentig, H. v. (1956). *Der Mord.* Tübingen: Mohr.

Herpertz, S. (2001). *Impulsivität und Persönlichkeit. Zum Problem der Impulskontrollstörungen.* Stuttgart: Kohlhammer.

Herpertz, S. C. & Habermeyer, E. (2004). „Psychopathy" als Subtyp der antisozialen Persönlichkeit. *Persönlichkeitsstörungen – Theorie und Therapie*, 8, 73-83.

Herpertz, S. & Saß, H. (1997a). Psychopathy and Antisocial Syndromes. *Current Opinion in Psychiatry*, 10, 436-440.

Herpertz, S. & Saß, H. (1997b). Impulsivität und Impulskontrolle. *Nervenarzt*, 68, 171-183.

Herrmann, C. & Wortman, C. B. (1985). Action control and the coping process. In J. Kuhl & J. Beckmann (Eds.). *Action control. From cognition to behavior.* (S. 151-180). Berlin: Springer.

Hill, A., Ujeyl, M., Briken, P., Habermann, N. & Berner, W. (2007). Schuldfähigkeit bei sexuellen Tötungsdelikten. Vortrag 22. Münchener Herbsttagung der AGFP, 11.-13.10.2007

Hilsenroth, M. J., Callahan, K. L. & Eudell, E. M. (2003). Further Reliability, Convergent and Discriminant Validity of Overall Defensive Functioning. *Journal of Nervous and Mental Disease*, 191, 730-737.

Hoff, P. (2001). Psychiatrische Möglichkeiten zur Abgrenzung verminderter Schuldfähigkeit unter besonderer Berücksichtigung der operationalen Diagnostik. In H.-L. Kröber & H.-J. Albrecht (Hrsg.). *Verminderte Schuldfähigkeit und psychiatrische Maßregel.* (S.69-85). Baden-Baden: Nomos.

Hornsveld, R. H. J. & De Kruyk, C. (2005). Forensic psychiatric outpatients with sexual offences: Personality characteristics, aggression and social competence. *Psychology, Crime and Law*, 11, 479-488.

Horowitz, L. M. & Wilson, K. R. (2005). Interpersonal Motives and Personality Disorders. In S. Strack (Ed.). *Handbook of personology and psychopathology.* (S. 495-510). Hoboken: Wiley.

Hoyer, J. (2001). Kategorisierung von gefährlichen Sexualdelinquenten nach psychodiagnostischen Merkmalen. *Werkstattschriften für Forensische Psychiatrie und Psychotherapie*, 8, 13-31.

Jakobs, G. (1991). *Strafrecht, Allgemeiner Teil, 2.* Berlin: de Gruyter.

Janzarik, W. (2000). Handlungsanalyse und forensische Bewertung seelischer Devianz. *Nervenarzt*, 71, 181-187

John, O. P., Angleitner, A. & Ostendorf, F. (1988). The lexical approach to personality: A historical review of trait taxonomic research. *European Journal of Personality*, 2, 171-205.

Kahlert, T. & Lamparter, U. (1979). Tötungsdelikte bei Jugendlichen und Heranwachsenden. Daten zur Entwicklung der Täter und zur Dynamik der Tat aus einem auslesefreien Kollektiv. *Monatsschrift für Kriminologie und Strafrechtsreform*, 62, 206-217.

Kaufman, K. L., Hilliker, D. R. & Daleiden, E. L. (1996). Subgroup differences in the modus operandi of adolescent sexual offenders. *Child Maltreatment*, 1, 17-24.

Kernberg, O. F. & Caligor, E. (2005). A Psychoanalytic Theory of Personality Disorders. In M. F. Lenzenweger & Clarkin, J. F. (Eds.). *Major theories of personality disorder* (2. ed.). (S. 114-156). New York: Guilford.

Kleining, G. (1991). Methodologie und Geschichte qualitativer Sozialforschung. In U. Flick et al. (Hrsg.). *Handbuch qualitative Sozialforschung: Grundlagen, Konzepte, Methoden und Anwendungen.* (S. 11-22). München: PsychologieVerlagsUnion.

Konrad, N. (1995). *Der sogenannte Schulenstreit: Beurteilungsmodelle in der forensischen Psychiatrie.* Bonn: Psychiatrie-Verlag.

Kraiker, C. & Pekrun, R. (1998). Emotionsstörungen: Intervention. In U. Baumann & M. Perrez (Hrsg.). *Lehrbuch Klinische Psychologie – Psychotherapie* (2. Aufl.). (S. 687-698). Bern: Hans Huber.

Kring, A. M. & Werner, K. H. (2004). Emotion Regulation and Psychopathology. In P. Philippot & R. S. Feldman (Eds.). *The regulation of emotion.* (S. 359-385). Mahwah: Lawrence Erlbaum.

Krampen, G. (2001). Differenzialdiagnostik sowie allgemeine und differenzielle Psychotherapie pathologischer Aggressivität. *Report Psychologie*, 26, 540-558.

Kraus, C., Dammann, G., Rothgordt, J. & Berner, W. (2004). Persönlichkeitsstörungen und Persönlichkeitsorganisation bei Sexualdelinquenten. *Recht & Psychiatrie*, 22, 95-104.

Kröber, H.-L. (1995). Konzepte zur Beurteilung der "schweren anderen seelischen Abartigkeit". *Nervenarzt*, 66, 532-541.

Kröber, H.-L. (1997). Strafrechtliche Begutachtung von Persönlichkeitsstörungen. *Persönlichkeitsstörungen - Theorie und Therapie*, 4, 161-171.

Kröber, H.-L. (2001a). Psychiatrische Beurteilung der unbefristeten Maßregel nach §63StGB bei verminderter Schuldfähigkeit. In H.-L. Kröber & H.-J. Albrecht (Hrsg.). *Verminderte Schuldfähigkeit und psychiatrische Maßregel.* (S.147-168). Baden-Baden: Nomos.

Kröber, H.-L. (2001b). Die psychiatrische Diskussion um die verminderte Zurechnungs- und Schuldfähigkeit. In H.-L. Kröber & H.-J. Albrecht (Hrsg.). *Verminderte Schuldfähigkeit und psychiatrische Maßregel.* (S. 33-68). Baden-Baden: Nomos.

Kröber, H.-L. (2004). Die Hirnforschung bleibt hinter dem Begriff strafrechtlicher Verantwortlichkeit zurück. In C. Geyer (Hrsg.). *Hirnforschung und Willensfreiheit. Zur Deutung der neuesten Experimente.* (S. 103-110). Frankfurt a. M.: Suhrkamp.

Kröber, H.-L. (2005). Probleme bei der Begutachtung ausländischer Rechtsbrecher. In H.-L. Kröber & M. Steller (Hrsg.). *Psychologische Begutachtung im Strafverfahren* (2. Aufl.). (S. 119-131). Darmstadt: Steinkopff.

Kröber, H.-L., Faller, U. & Wulf, J. (1994). Nutzen und Grenzen standardisierter Schuldfähigkeitsbegutachtung. *Monatsschrift für Kriminologie und Strafrechtsreform*, 77, 339-352.

Krohne, H. W. (1997). Streß und Stressbewältigung. In R. Schwarzer (Hrsg.). *Gesundheitspsychologie* (2. Aufl.). (S. 267-283). Göttingen: Hogrefe.

Krümpelmann, J. (1976). Die Neugestaltung der Vorschriften über die Schuldfähigkeit durch das Zweite Strafrechtsreformgesetz vom 4. Juli 1969. *Zeitschrift für Strafrechtswissenschaft*, 88, 6-39.

Kuckartz, U. (1998). *WinMax. Textanalysesystem für die Sozialwissenschaften.* Opladen: Westdeutscher Verlag.

Kuckartz, U. (1999). *Computergestützte Analyse qualitativer Daten: Eine Einführung in Methoden und Arbeitstechniken.* Opladen: Westdeutscher Verlag.

Kuhl, J. (1994a). A theory of action and state orientations. In J. Kuhl & J. Beckmann (Eds.). *Volition and personality. Action versus state orientation.* (S. 9-45). Göttingen: Hogrefe.

Kuhl, J. (1994b). Action versus state orientation: Psychometric properties of the Action-Control-Scale (ACS-90). In J. Kuhl & J. Beckmann (Eds.). *Volition and personality. Action versus state orientation.* (S. 47-59). Göttingen: Hogrefe.

Kuhl, J. (1998). Wille und Persönlichkeit: Funktionsanalyse der Selbststeuerung. *Psychologische Rundschau*, 49, 61-77.

Kuhl, J. (2001). *Motivation und Persönlichkeit.* Göttingen: Hogrefe.

Kuiper, F. K. & Fisher, L. (1975). A Monte-Carlo comparison of six clustering procedures. *Biometrics*, 31, 777-783.

Kunst, H. (2001). Prozesse der Aufmerksamkeits(ab)lenkung bei Sexualstraftätern – ein Informationsverarbeitungsansatz. *Werkstattschriften für Forensische Psychiatrie und Psychotherapie*, 8, 33-50.

Kury. H. & Obergfell, J. (2003). Kriminalitätsfurcht und ihre Ursachen. *Sicherheit und Kriminalität*, 53, 9-18.

Lackner, K. & Kühl, K. (2001). *Strafgesetzbuch mit Erläuterungen* (24. Aufl.). München: C. H. Beck.

Lammel, M. (2001). Die erheblich verminderte Schuldfähigkeit. In H.-L. Kröber & H.-J. Albrecht (Hrsg.). *Verminderte Schuldfähigkeit und psychiatrische Maßregel* (S.87-127). Baden-Baden: Nomos.
Lammel, M. (2007). Der Weg von der schweren anderen seelischen Abartigkeit zur verminderten Steuerungsfähigkeit – Der zweite Qualifizierungsschritt im Rahmen der Begutachtung. In M. Lammel, W. Felber, S. Sutarski & S. Lau (Hrsg.). *Forensische Begutachtung bei Persönlichkeitsstörungen.* (S. 79-109). Berlin: Medizinisch Wissenschaftliche Verlagsgesellschaft.
Lang, R. A. & Frenzel, R. R. (1988). How sex offenders lure children. *Annals of Sex Research*, 1, 303-317.
Lauth, G. (1998). Störungen des Denkens, Problemlösens: Ätiologie/Bedingungsanalyse. In U. Baumann & M. Perrez (Hrsg.). *Lehrbuch Klinische Psychologie – Psychotherapie* (2. Aufl.). (S. 645-654). Bern: Hans Huber.
Lauth, G. W. & Naumann, K. (2005). Denken und Problemlösen. In F. Petermann & Reinecker, H. (Hrsg.). *Handbuch der Psychologie Band 1. Klinische Psychologie und Psychotherapie.* (S. 52-59). Göttingen: Hogrefe.
Laws, D. R. (1989). *Relapse Prevention with Sex Offenders.* New York: Guilford.
Lazarus, R. S. & Folkman, S. (1984). *Stress, appraisal and coping.* New York: Springer.
Lempp, R. (1977). *Jugendliche Mörder. Eine Darstellung an 80 vollendeten und versuchten Tötungsdelikten von Jugendlichen und Heranwachsenden.* Bern: Huber.
Lenzenweger, M., Clarkin, J., Kernberg, O & Foelsch, P. (2001). The Inventory of Personality Organization: psychometric properties, factorial composition, and criterion relations with affect, aggressive dyscontrol, psychosis proneness, and self domains in a nonclinical sample. *Psychological Assessment*, 13, 577-591.
Lewin, K. (1946). Action research and minority problems. *Journal of Social Issues*, 2, 34-46.
Leygraf, N. (1992). Persönlichkeitsstörungen in der psychiatrischen Begutachtung. In T. Payk (Hrsg.). *Dissozialität. Psycxhiatrische und forensische Aspekte.* (S. 119-125). Stuttgart: Schattauer.
Leygraf, N. (2002). Die Beurteilung der Schuldfähigkeit bei Tötungsdelikten. In R. Egg (Hrsg.). *Tötungsdelikte – mediale Wahrnehmung, kriminologische Erkenntnisse, juristische Aufarbeitung.* (S. 225-240). Wiesbaden: KrimZ.
Libet, B. (1985). Unconscious cerebral initiative and the role of conscious will in voluntary action. *Behavioral and Brain Sciences*, 8, 529-566.
Libet, B. (2004). Haben wir einen freien Willen? In C. Geyer (Hrsg.). *Hirnforschung und Willensfreiheit. Zur Deutung der neuesten Experimente.* (S. 268-289). Frankfurt a. M.: Suhrkamp.
Lilienfeld, S. O., Purcell, C. & Jones-Alexander, J. (1997). Assessment of antisocial behavior in adults. In D. M. Stoff, J. Breiling & J. Maser (Eds.). *Handbook of antisocial behavior.* (S. 22-35). New York: Wiley.
Lingiardi, V., Lonati, C., Delucchi, F., Fossati, A., Vanzulli, L. & Maffei, C. (1999). Defense mechanisms and personality disorders. *Journal of Nervous and Mental Disease*, 187, 224-228.
Livesley, W. J., Jackson, D. N. & Schroeder, M. L. (1992). Factorial structure of traits delineating personality disorders in clinical and general popualtion samples. *Journal of Abnormal Psychology*, 101, 432-440.
Lüderssen, K. (2004). Ändert die Hirnforschung das Strafrecht? In C. Geyer (Hrsg.). *Hirnforschung und Willensfreiheit. Zur Deutung der neuesten Experimente.* (S. 98-102). Frankfurt a. M.: Suhrkamp.
Maffei, C., Fossati, A., Lingiardi, V., Madeddu, F. et al. (1995). Personality maladjustment, defenses, and psychopathological symptoms in nonclinical subjects. *Journal of Personality Disorders*, 9, 330-345.
Malouff, J. M., Thortsteinsson, E. B. & Schutte, N. S. (2005). The relationship between the Five-Factor-Model of personality and symptoms of clinical disorders: A meta-analysis. *Journal of Psychopathology and Behavioral Assessment*, 27, 101-114.
Mann, R. E. & Shingler, J. (2006). Schema-driven cognition in sexual offenders: theory, assessment and treatment. In W. L. Marshall, Y. M. Fernandez, L. E. Marshall & G. E. Serran (eds.). *Sexual offender treatment. Controversial issues.* (S. 173-186). Chichester: Wiley.

Marneros, A. (2007). *Sexualmörder – Sexualtäter – Sexualopfer. Eine erklärende Erzählung* (3. Aufl.). Bonn: Psychiatrie Verlag.

Marshall, W. L. (2007). Diagnostic issues, multiple paraphilias, and comorbid disorders in sxual offenders: Their incidence and treatment. *Aggression and Violent Behavior*, 12, 16-35.

Mayring, P. (1997). *Qualitative Inhaltsanalyse. Grundlagen und Techniken* (6. Aufl.). Weinheim: Beltz

McCrae, R. R. & Costa, P. T., Jr. (1999). A five-factor theory of personality. In L. A. Pervin & O. P. John (Eds.), *Handbook of personality theory and research*. (S. 139–153). New York: Guilford Press.

McDonald, M. J. & Linden, P. D. (2003). Interpersonal problems and personality: using three-factor solutions. *Psychological Reports*, 93, 371-377.

Megargee, E. I. (1966). Undercontrolled and overcontrolled personality types in extreme antisocial aggression. *Psychological Monographs*, 80, 1-29.

Meiser, T. & Humburg, S. (1996). Klassifikationsverfahren. In E. Erdfelder, R. Mausfeld, T. Meiser & G. Rudinger (Hrsg.). *Handbuch quantitative Methoden*. (S. 279-290). Weinheim: PsychologieVerlagsUnion

Mestel, R., Klingelhoefer, J., Dahlbender, R. W. & Schuessler, G. (2004). Validität der OPD-Achsen Struktur und Konflikt in der stationären psychosomatischen Rehabilitation. In R.W. Dahlbender, G. Schüssler & P. Buchheim (Hrsg.). *Lernen an der Praxis. OPD und Qualitätssicherung in der Psychodynamischen Psychotherapie*. (S. 229-244). Bern: Huber.

Meyer, B. & Pilkonis, P. A. (2005). An attachment model of personality disorders. In M. F. Lenzenweger & Clarkin, J. F. (Eds.). *Major theories of personality disorder* (2. ed.). (S. 231-281). New York: Guilford.

Milligan, G. W. (1980). An examination of the effect of six types of error pertuberation on fifteen clustering algoprithms. *Psychometrika*, 50, 159-179.

Mitterauer, B. (1996). Neue Entwicklungen der Begutachtung der Steuerungsfähigkeit. In R. Prunnlechner-Neumann & H. Hinterhuber (Hrsg.). *Forensische Psychiatrie. Eine Standortbestimmung*. (S. 55-64). Innsbruck, Wien: Verlag Integrative Psychiatrie.

Mojena, R. (1977). Hierarchical grouping methods and stopping rules. An evaluation. *Computer Journal*, 20, 359-363.

Müller, J. L., Schwerdtner, J. A., Sommer, M. & Hajak, G. (2005). „Psychopathy": Empirische Befunde zur gemütlosen Persönlichkeit. *Nervenheilkunde: Zeitschrift für interdisziplinäre Fortbildung*, 24, 719-728.

Müller-Isberner, R., Gonzales Cabeza, S. & Eucker, S. (2000). *Die Vorhersage sexueller Gewalttaten mit dem SVR 20*. Haina: Institut für Forensische Psychologie.

Müller-Isberner, R., Jöckel, D. & Gonzales Cabeza, S. (1998). *Die Vorhersage von Gewalttaten mit dem HCR 20*. Haina: Institut für Forensische Psychologie.

Mundt, C. (1985). Der tiefenpsychologische Ansatz in der forensischen Beurteilung der Schuldfähigkeit. In W. Janzarik (Hrsg.). *Psychopathologie und Praxis*. (S.124-133). Stuttgart: Enke.

Nedopil, N. (1988). Operationalisierung und Standardisierung als Hilfen bei der psychiatrischen Begutachtung. *Monatsschrift für Kriminologie und Strafrechtsreform*, 71, 117-128.

Nedopil, N. (1996). Psychopathologische Differenzierung von Aggressionstätern als Hilfe bei Begutachtung und Therapie. In R. Prunnlechner-Neumann & H. Hinterhuber (Hrsg.). *Forensische Psychiatrie. Eine Standortbestimmung*. (S. 84-91). Innsbruck, Wien: Verlag Integrative Psychiatrie.

Nedopil, N. (2000a). *Forensische Psychiatrie. Klinik, Begutachtung und Behandlung zwischen Psychiatrie und Recht*. Stuttgart: Thieme.

Nedopil, N. (2000b). Grenzziehung zwischen Patient und Straftäter. *Neue Juristische Wochenschau*, 53, 837-840.

Nedopil, N. & Graßl, P. (1988). Das Forensisch-Psychiatrische Dokumentationssystem (FPDS). *Forensia*, 9, 139-147.

Nedopil, N., Hollweg, M., Hartmann, J. & Jaser, R. (1998). Comorbidity of psychopathy with major mental disorders. In D. J. Cooke, A. E. Forth & R. D. Hare (Eds.). *Psychopathy: Theory, Research and Implications for Society*. (S. 257-268). Dordrecht: Kluwer Academic Publishers.

Orlob, S. (2000). Zur forensischen Relevanz von Persönlichkeitsstörungen. In G. Nissen (Hrsg.). *Persönlichkeitsstörungen. Ursachen, Erkennung, Behandlung*. (S. 168-187). Stuttgart: Kohlhammer.

Parker, G., Hadzi-Pavlovic, D., Both, L., Kumar, S., Wilhelm, K. & Olley, A. (2004). Measuring disordered personality functioning: To love and to work reprised. *Acta Psychiatrica Scandinavica*, 110, 230-239.
Pekrun, R. (1998). Emotionsstörungen: Ätiologie/Bedingungsanalyse. In U. Baumann & M. Perrez (Hrsg.). *Lehrbuch Klinische Psychologie – Psychotherapie* (2. Aufl.). (S. 671-686). Bern: Hans Huber.
Perrez, M., Laireiter, A.-R. & Baumann, U. (1998). Streß und Coping als Einflussfaktoren. In U. Baumann & M. Perrez (Hrsg.). *Lehrbuch Klinische Psychologie – Psychotherapie* (2. Aufl.). (S. 277-305). Bern: Hans Huber.
Perry, J. C. & Hoglend, P. (1998). Convergent and discriminat validity of overall defensive functioning. *Journal of Nervous and Mental Disease*, 186, 529-535.
Perry, J. C., Hoglend, P., Shear, K., Vaillant, G. E., Horowitz, M., Kardos, M. E., Bille, H. & Kagan, D. (1998). Field trial of a diagnostic axis for defense mechanisms for DSM-IV. *Journal of Personality Disorders*, 12, 56-68.
Petermann, F. (2005). Entwicklungspsychopathologie aggressiv-dissozialen und gewalttätigen Verhaltens. In K.-P. Dahle und R. Volbert (Hrsg.). *Entwicklungspsychologische Aspekte der Rechtspsychologie*. (S. 92-105). Göttingen: Hogrefe.
Petermann, F. & Scheithauer, H. (1998). Aggressives und antisoziales Verhalten im Kindes- und Jugendalter. In F. Petermann, M. Kusch & K. Niebank (Hrsg.). *Entwicklungspsychopathologie*. (S.243-296). Weinheim: PsychologieVerlagsUnion.
Pfäfflin, F. (2004). Sexualstraftaten. In K. Foerster & U. Venzlaff (Hrsg.). *Psychiatrische Begutachtung* (4. Aufl.). (S. 275-302). München: Urban & Fischer.
Pfeiffer, C., Windzio, M. & Kleimann, M. (2004). Die Medien, das Böse und wir. Zu den Auswirkungen der Mediennutzung, Strafbedürfnisse und Kriminalpolitik. *Monatsschrift für Kriminologie und Strafrechtsreform*, 87, 415-435.
Pincus, A. L. (2005). A Contemporary Integrative Interpersonal Theory of Personality Disorders. In M. F. Lenzenweger & Clarkin, J. F. (Eds.). *Major Theories of Personality Disorder* (2nd ed.). (S. 282-331). New York: Guilford.
Polizeiliche Kriminalstatistik (2006). *Polizeiliche Kriminalstatistik 2004*. http://www.bka.de/pks/pks2004/index2.html vom 13.02.2006.
Pretzer, J. L. & Beck, A. T. (2005). A Cognitive Theory of Personality Disorders. In M. F. Lenzenweger & Clarkin, J. F. (Eds.). *Major Theories of Personality Disorder* (2nd ed.). (S. 43-113). New York: Guilford
Rasch, W. (1964). *Die Tötung des Intimpartners*. Stuttgart: Enke.
Rasch, W. (1982). Angst vor der Abartigkeit. Über einen schwierigen Begriff der § 20,21 StGB. *Neue Zeitschrift für Strafrecht*, 5, 177-183.
Rasch, W. (1983). Die Zuordnung der psychiatrisch-psychologischen Diagnosen zu den vier Eingangsmerkmalen der §§ 20, 21 StGB. *Psychiatrische Praxis*, 10, 170-176.
Rasch, W. (1991). Die psychiatrisch-psychologische Beurteilung der sogenannten schweren anderen seelischen Abartigkeit. *Strafverteidiger*, 3, 126-131.
Rasch, W. (1999). *Forensische Psychiatrie* (2. Aufl.). Stuttgart: Kohlhammer.
Rasch, W. & Volbert, R. (1985). Ist der Damm gebrochen? Zur Entwicklung der §§ 20, 21 StGB seit dem 1. 1. 1975. *Monatsschrift für Kriminologie und Strafrechtsreform*, 68, 137-148.
Rehn, G. (2001). Chancen und Risiken – Erwartungen an das Gesetz zur Bekämpfung von Sexualdelikten und anderen gefährlichen Straftaten. In G. Rehn, B. Wischka, F. Lösel & M. Walter (Hrsg.). *Behandlung „gefährlicher Straftäter" – Grundlagen, Konzepte, Ergebnisse* (2. Aufl.). Herbolzheim: Centaurus.
Resch, F. (2005). Entwicklungspsychopathologie. In F. Petermann & Reinecker, H. (Hrsg.). *Handbuch der Psychologie Band 1. Klinische Psychologie und Psychotherapie*. (S. 69-77). Göttingen: Hogrefe.
Rice, M. & Harris, G. (1995). Violent recidivism. Assessing predictive validity. *Journal of Consulting and Clinical Psychology*, 63, 733-748.

Rohloff, U. B. & Gollwitzer, P. M. (1999). Reaktive Anspannungssteigerung und Geschwindigkeit der Zielverfolgung. In L. Tent (Hrsg.). *Heinrich Düker. Ein Leben für die Psychologie und für eine gerechte Gesellschaft.* (Band 1, S. 305-327). Berlin: Pabst.

Roth, G. (2004). Wir sind determiniert. Die Hirnforschung befreit von Illusionen. In C. Geyer (Hrsg.). *Hirnforschung und Willensfreiheit. Zur Deutung der neuesten Experimente.* (S. 218-222). Frankfurt a. M.: Suhrkamp.

Roxin, C. (1997). *Strafrecht, Allgemeiner Teil, Bd. 1 – Grundlagen* (3. Aufl.). München: Beck.

Rudolf, G. & Grande, T. (2002). Struktur der gesunden Persönlichkeit. *Persönlichkeitsstörungen – Theorie und Therapie,* 3, 174-185.

Rudolf, G., Grande, T., Oberpracht, C. & Jakobsen, T. (1996). Erste empirische Untersuchungen zu einem neuen diagnostischen System: Die Operationalisierte Psychodynamische Diagnostik (OPD). *Zeitschrift für psychosomatische Medizin und Psychoanalyse,* 42, 343-357.

Sachse, R. (2003). *Klärungsorientierte Psychotherapie.* Göttingen: Hogrefe.

Sachse, R. (2004). *Persönlichkeitsstörungen. Leitfaden für die Psychologische Psychotherapie.* Göttingen: Hogrefe.

Saß, H. (1983a). Affektdelikte. *Nervenarzt,* 54, 557-572.

Saß, H. (1983b). Die ‚tiefgreifende Bewußtseinsstörung' gemäß den §§ 20, 21 StGB - eine problematische Kategorie aus forensisch-psychiatrischer Sicht. *Forensia,* 4, 3-23.

Saß, H. (1985a). Der Beitrag der Psychopathologie zur forensischen Psychiatrie - Vom somatopathologischen Krankheitskonzept zur psychopathologischen Beurteilungsnorm. In W. Janzarik (Hrsg.). *Psychopathologie und Praxis.* (S. 134-143). Stuttgart: Enke.

Saß, H. (1985b). Ein psychopathologisches Referenzsystem für die Beurteilung der Schuldfähigkeit. *Forensia,* 6, 33-43.

Saß, H. (1987). *Psychopathie – Soziopathie – Dissozialität. Zur Differentialtypologie der Persönlichkeitsstörungen.* Berlin: Springer.

Saß, H. (1991). Forensische Erheblichkeit seelischer Störungen im psychopathologischen Referenzsystem. In H. Schütz, H. J. Kaatsch & H. Thomsen (Hrsg.). *Medizinrecht - Psychopathologie - Rechtsmedizin.* (S. 266-281). Berlin, Heidelberg: Springer.

Saß, H. (1992). Persönlichkeitsstörung und Soziopathie. In T. Payk (Hrsg.). *Dissozialität. Psychiatrische und forensische Aspekte.* (S. 1-10). Stuttgart: Schattauer.

Saß, H. (1998). Persönlichkeit - Dissozialität - Verantwortung. In R. Müller-Isberner & S. Gonzalez Cabeza (Hrsg.). *Forensische Psychiatrie.* (S.1-15). Godesberg: Forum Verlag.

Saß, H. & Jünemann, K. (2000). Klassifikation und Ätiopathogenese von Persönlichkeitsstörungen. In G. Nissen (Hrsg.). *Persönlichkeitsstörungen. Ursachen – Erkennung – Behandlung.* (S. 9-27).

Saß, H., Wittchen, H. U. & Zaudig, M. (Hrsg.). (2003). *Diagnostisches und Statistisches Manual psychischer Störungen DSM-IV-TR.* Göttingen: Hogrefe.

Saulsman, L. M. & Page, A. C. (2004). The five-factor model and personality disorder empirical literature: A meta-analytic review. *Clinical Psychology Review,* 23, 1055-1085.

Schahn, J., Dinger, J. & Bohner, G. (1995). Rationalisierungen und Neutralisationen als Rechtfertigungsstrategien: Ein Vergleich zwischen Umwelt- und Delinquenzbereich. *Zeitschrift für Differentielle und Diagnostische Psychologie,* 16, 177-194.

Schauer, M., Elbert, T., Gotthardt, S., Rockstroh, B, Odenwald, M. & Neuner, F. (2006). Wiedererfahrung durch Psychotherapie modifiziert Geist und Gehirn. *Verhaltenstherapie,* 16, 96-103.

Schepank, H. (1987). *Psychogene Erkrankungen der Stadtbevölkerung.* Berlin, Heidelberg: Springer.

Schienle, A. & Schäfer, A. (2006). Neuronale Korrelate der Expositionstherapie bei Patienten mit spezifischen Phobien. *Verhaltenstherapie,* 16, 104-111.

Schiffer, B. (2007). Beurteilung der tiefgreifenden Bewusstseinsstörung. Roulettespiel oder fundierte forensische Diagnostik? *Nervenarzt,* 78, 294-304.

Schmeichel, B. J. & Baumeister, R. F. (2004). Self-Regulatory Strength. In R. F. Baumeister & K. D. Vohs (eds.). *Handbook of Self-Regulation. Research, Theory and Applications.* (S.84-98). New York: Guilford.

Schmidt, A. F. (2001). *Computergestützte Inhaltsanalyse von Gutachten zur Schuldfähigkeit bei sogenannter schwerer anderer seelischer Abartigkeit: Negativkriterien.* Unveröffentlichte Diplomarbeit, Institut für Psychologie der Rheinischen Friedrich-Wilhelms Universität Bonn.

Schmidt, A. F. & Scholz, O.B. (2006). Schuldfähigkeit bei sogenannter schwerer anderer seelischer Abartigkeit. Gutachterliche Entscheidungshilfen aus psychologischer Sicht - Ergebnisse einer Gutachtenanalyse. In T. Fabian & S. Nowara (Hrsg.). *Neue Wege und Konzepte in der Rechtspsychologie (Beiträge zur rechtspsychologischen Praxis Band 3).* (S. 337-351). Münster: Lit.

Schmidt, A. F., Scholz, O. B. & Nedopil, N. (2004). Schuldfähigkeit, Dissozialität und Psychopathy - eine Gutachtenanalyse. *Monatsschrift für Kriminologie & Strafrechtsreform*, 87, 103-116.

Schmidt, C. O. & Scholz, O. B. (2000). Schuldfähigkeitsbegutachtung bei Tötungsdelikten. *Monatsschrift für Kriminologie und Strafrechtsreform*, 83, 414-425.

Schmidt-Recla, A. (2000). *Theorien zur Schuldfähigkeit. Psychowissenschaftliche Konzepte zur Beurteilung strafrechtlicher Verantwortlichkeit im 19. und 20. Jahrhundert.* Leipzig: Universitätsverlag.

Schneider, H. J. (1994). *Kriminologie der Gewalt.* Stuttgart: S. Hirzel Verlag.

Schneider, K. (1948). *Klinische Psychopathologie* (2. Aufl.). Thieme: Stuttgart.

Schneider, K. (1959). *Klinische Psychopathologie* (5. Aufl.). Thieme: Stuttgart.

Schneider, W. (2004). Überlegungen zum wissenschaftlichen Stand und zur Entwicklung der Operationalisierten Psychodynamischen Diagnostik (OPD). In R.W. Dahlbender, G. Schüssler & P. Buchheim (Hrsg.). *Lernen an der Praxis. OPD und Qualitätssicherung in der Psychodynamischen Psychotherapie.* (S. 269-278). Bern: Huber.

Scholz, O. B. (1997). Das Unbewusste als Informationsverarbeitungsprozess und seine Bedeutung für die moderne Klinische Psychologie. *Zeitschrift für Psychologie*, 205, 327-356.

Scholz, O. B. & Schmidt, A. F. (2008). Schuldfähigkeit. In M. Steller & R. Volbert (Hrsg.). *Handbuch der Rechtspsychologie* (S. 401-411). Göttingen: Hogrefe.

Scholz, O. B. & Schmidt, A. F. (2003). *Schuldfähigkeit bei schwerer anderer seelischer Abartigkeit. Psychopathologie – gutachterliche Entscheidungshilfen.* Stuttgart: Kohlhammer.

Schorsch, E. (1988). Affekttaten und sexuelle Perversionstaten im strukturellen und psychodynamischen Vergleich. *Recht & Psychiatrie*, 6, 10-19.

Schorsch, E. & Becker, N. (2000). *Angst, Lust, Zerstörung. Sadismus als soziales und kriminelles Handeln. Zur Psychodynamik sexueller Tötungen. Beiträge zur Sexualforschung.* Giessen: Psychosozial Verlag.

Schorsch, E., Galedary, G., Haag, A., Hauch, M. & Lohse, H. (1996). *Perversion als Straftat. Dynamik und Psychotherapie* (2. Aufl.). Stuttgart: Enke.

Schreiber, H.-L. (2003). Die „schwere andere seelische Abartigkeit" und die Schuldfähigkeit. In W. De Boor, I. A. Rode & H. Kammeier (Hrsg.). *Neue Diskussionen um die "schwere andere seelische Abartigkeit", §20 StGB. Der Krankheitsbegriff und seine strafrechtlichen Folgen. Schriftenreihe des Instituts für Konfliktforschung Heft 24.* (S. 7-16). Münster: Lit.

Schreiber, H.-L. & Rosenau, H. (2004). Rechtliche Grundlagen der psychiatrischen Begutachtung. In K. Foerster & U. Venzlaff (Hrsg.). *Psychiatrische Begutachtung* (4. Aufl.). (S. 53-123). München: Urban & Fischer

Schulte, D. (1998). Psychische Gesundheit, Psychische Krankheit, Psychische Störung. In U. Baumann & M. Perrez (Hrsg.). *Lehrbuch Klinische Psychologie – Psychotherapie* (2. Aufl.). (S. 19-32). Bern: Hans Huber.

Schwarze, C. & Schmidt, A. F. (2008). Zwangskontexte. In M. Hermer & B. Röhrle (Hrsg.). *Handbuch der therapeutischen Beziehung. Beziehungsgestaltung , Bündnisprobleme, Kontexte* (S. 1367-1397). Tübingen: DGVT.

Selg, H., Mees, U., Berg, D. (1997). *Psychologie der Aggressivität.* Göttingen: Hogrefe.

Serran, G. A. & Marshall, L. E. (2006). Coping and Mood in sexual offending. In W. L. Marshall, Y. M. Fernandez, L. E. Marshall & G. E. Serran (eds.). *Sexual offender treatment. Controversial issues.* (S. 109-124). Chichester: Wiley.

Shipman, K. Schneider, R. & Brown, A. (2004). Emotion dysregulation and psychopathology. In M. Beauregard (Ed.). *Consciousness, emotional self-regulation and the brain.* (S.61-85). Amsterdam: John Benjamins Publishing Company.

Sifneos, P. E. (1996). Alexithymia: Past and present. *American Journal of Psychiatry*, 153(Suppl.), 137-142.

Simons, D. (1988). *Tötungsdelikte als Folge misslungener Problemlösungen*. Stuttgart: Verlag für angewandte Psychologie.

Singer, W. (2004). Verschaltungen legen uns fest: Wir sollten aufhören von Freiheit zu sprechen. In C. Geyer (Hrsg.). *Hirnforschung und Willensfreiheit. Zur Deutung der neuesten Experimente*. (S. 30-65). Frankfurt a. M.: Suhrkamp.

Sneath, P. H. A. & Sokal, R. R. (1973). *Numerical Taxonomy*. San Francisco: Freeman.

Spitzer, C., Michels, L. F., Siebel, U. & Freyberger, H. J. (2002a). Die Strukturachse der operationalisierten psychodynamischen Diagnostik (OPD): Zusammenhänge mit soziodemographischen, klinischen und psychopathologischen Merkmalen sowie kategorialen Diagnosen. *Psychotherapie, Psychosomatik, Medizinische Psychologie*, 52, 392-397.

Spitzer, C., Michels, L. F., Siebel, U. & Freyberger, H. J. (2002b). Zur Konstruktvalidität der Strukturachse der Operationalisierten Psychodynamischen Diagnostik (OPD). *Zeitschrift für Psychosomatische Medizin und Psychotherapie*, 48, 299-312.

Statisches Bundesamt Deutschland (2006). *Statistik zur Rechtspflege*. http://www.destatis.de/themen/d/thm_rechts.php vom 13.02.2006.

Stange, A. I. (2003). *Gibt es psychiatrische Diagnostikansätze, um den Begriff der schweren anderen seelischen Abartigkeit in §§ 20, 21 StGB auszufüllen?* Frankfurt a. M.: Peter Lang.

Steck, P. (1990). Merkmalscluster bei Mordhandlungen. *Monatsschrift für Kriminologie & Strafrechtsreform*, 73, 384-398.

Steck, P. (2005). Tötung als Konfliktreaktion: eine empirische Studie. In B. Bojack & H. Akli (Hrsg.). *Die Tötung eines Menschen. Perspektiven, Erkenntnisse, Hintergründe*. (S. 63-88). Frankfurt: Verlag für Polizeiwissenschaft.

Stein, D. J. (1992). Schemas in the cognitive and clinical sciences: An integrative construct. *Journal of Psychotherapy Integration*, 2, 45-63.

Steller, M. (1988). Standards der forensisch-psychologischen Begutachtung. *Monatsschrift für Kriminologie und Strafrechtsreform*, 71, 16-27.

Steller, M. (2000). Psychologische Diagnostik - Menschenkenntnis oder angewandte Wissenschaft? In H.-L. Kröber & M. Steller (Hrsg.). *Psychologische Begutachtung im Strafverfahren*. (S. 1-18). Darmstadt: Steinkopff.

Steller, M. & Dahle, K.-P. (2001). Diagnostischer Prozess. In R.-D. Stieglitz, U. Baumann & H. J. Freyberger (Hrsg.). *Psychodiagnostik in Klinischer Psychologie, Psychiatrie, Psychotherapie* (2. Aufl.). (S. 39-49). Stuttgart: Thieme.

Stoller, R. J. (1975). *Perversion: The erotic form of hatred*. New York. Pantheon Books.

Strack, F. & Deutsch, R. (2004). Reflective and Impulsive Determinants of Social Behavior. *Personality and Social Psychology Review*, 8(3), 220-247.

Theune, W. (2002). Auswirkungen einer schweren anderen seelischen Abartigkeit auf die Schuldfähigkeit und die Zumessung von Strafe und Maßregel. *NStZ-RR*, 2002, 225-229.

Toch, H. (1969). *Violent men. An inquiry into the psychology of violence*. Chicago: Aldine.

Tondorf, G. (2000). Zum Krankheitsbegriff im Rahmen der §§20, 21 StGB. *Praxis der Rechtspsychologie*, 10, 21-24.

Tröndle, H. & Fischer, T. (2003). *Kommentar zum Strafgesetzbuch* (51. Aufl.). München: C. H. Beck.

Tryon, W. W. (1993). Neural networks: I. Theoretical unification through connectionism. *Clinical Psychology Review*, 13, 341–352.

Urbaniok, F., Hardegger, J., Rossegger, A. & Endrass, J. (2006). Neurobiologischer Determinismus: Fragwürdige Schlussfolgerungen über menschliche Entscheidungsmöglichkeiten und forensische Schuldfähigkeit. *Fortschritte der Neurologie, Psychiatrie*, 74, 431-441.

Venzlaff, U. (1975). Aktuelle Probleme der forensischen Psychiatrie. In K. P. Kisker et al. (Hrsg.). *Psychiatrie der Gegenwart, Bd. III* (2. Aufl., S. 883ff.). Berlin: Springer.

Venzlaff, U. (1983). Die Mitwirkung des psychiatrischen Sachverständigen bei der Beurteilung der Schuldfähigkeit. In W. Schmidt-Hieber & R. Wassermann (Hrsg.). *Justiz und Recht. Festschrift aus Anlass des zehnjährigen Bestehens der deutschen Richterakademie Trier* (S. 277ff.). Heidelberg: Müller.

Venzlaff, U. & Pfäfflin, F. (2004). Persönlichkeitsstörungen und andere abnorme seelische Entwicklungen. In K. Foerster & U. Venzlaff (Hrsg.). *Psychiatrische Begutachtung* (4. Aufl.). (S. 247-274). München: Urban & Fischer.

Verrel, T. (1995). *Schuldfähigkeitsbegutachtung und Strafzumessung bei Tötungsdelikten: eine empirische Untersuchung zur Bedeutung des psychowissenschaftlichen Sachverständigen im Strafverfahren.* München: Fink.

Vollmoeller, W. (2001). *Was heißt psychisch krank? Der Krankheitsbegriff in Psychiatrie, Psychotherapie und Forensik* (2. Aufl.). Stuttgart: Kohlhammer.

Vollrath, M., Alnaes, R. & Torgerson, S. (1994). Coping and MCMI-II personality disorders. *Journal of Personality Disorders*, 8, 53-63.

Vollrath, M., Alnaes, R. & Torgerson, S. (1995). Coping style predict change in personality disorders. *Journal of Personality Disorders*, 9, 371-385.

Wallace, J. F. & Newman, J. P. (1998). Neuroticism and the facilitation of the automatic orienting of attention. *Personality and Individual Differences*, 24, 253-266.

Walter, M. & Dammann, G. (2006). Beziehungen bei Persönlichkeitsstörungen. Empirische Ergebnisse aus interpersoneller Perspektive. *Persönlichkeitsstörungen*, 10, 121-131.

Ward, T. & Hudson, S. M. (2000). A self-regulation model of relapse-prevention. In D.R. Laws, S. M. Hudson & T. Ward (eds.). *Remaking relapse-prevention with sex-offenders: A Sourcebook.* (S. 79-101). Newbury Park: Sage.

Ward, T., Hudson, S. M. & Marshall, W. L. (1995). Cognitive Distortions and Affective Deficits in Sex Offenders: A Cognitive Deconstructionist Interpretation. *Sexual Abuse: A Journal of Research and Treatment*, 7, 67-83.

Ward, T., Polaschek, D. L. L. & Beech, A. R. (2006). *Theories of sexual offending.* Chichester: Wiley.

Watson, D. C. (2001). Stress and personality disorder. In F. Columbus (Ed.). *Advances in psychology research Vol. III.* (S. 127-149). Hauppauge: Nova Science Publishers.

Watson, D. & Hubbard, B. (1996). Adaptational style and dispositional structure: Coping in the context of the five-factor model. *Journal of Personality*, 64, 737-774.

Watson, D. C. & Sinha, B. K. (2000). Stress, emotion and coping strategies as predictors of personality disorder pathology. *Imagination, Cognition and Personality*, 19, 279-294.

Weber, H. (1997). Emotionsbewältigung. In R. Schwarzer (Hrsg.). *Gesundheitspsychologie* (2. Aufl.). (S. 285-297). Göttingen: Hogrefe.

Wegener, H. (1983). Zum Aussagewert der Handlungsanalyse einer Tat – die psychologische Perspektive. In J. Gerchow (Hrsg.). *Zur Handlungsanalyse einer Tat.* (S. 35-45). Berlin: Springer.

Wegener, H. (1992). *Einführung in die forensische Psychologie* (2. Aufl.). Darmstadt: Wissenschaftliche Buchgesellschaft.

Wegner, D., Erber, R. & Zanakos, S. (1993). Ironic processes in the mental control of mood and mood-related thoughts. *Journal of Personality and Social Psychology*, 53, 5-13.

Wenzlaff, R. & Wegner, D. (2000). Thought suppression. *Annual Review of Psychology*, 51, 59-91.

Westhoff, K. & Kluck, M.-L. (2003). *Psychologische Gutachten schreiben und beurteilen* (4. Aufl.). Berlin: Springer.

Willutzki, U. (2000). Modelle und Strategien der Diagnostik in der Verhaltenstherapie. In A.-R. Lairaiter (Hrsg.). *Diagnostik in der Psychotherapie.* (S. 107-127). Wien: Springer.

Wittchen, H.-U. (2006). Diagnostische Klassifikation psychischer Störungen. In H.-U. Wittchen & J. Hoyer (Hrsg.). *Klinische Psychologie & Psychotherapie.* (S. 25-52). Berlin: Springer.

Wittchen, H.-U. & Hoyer, J. (2006). Was ist Klinische Psychologie? Definitionen, Konzepte und Modelle. In H.-U. Wittchen & J. Hoyer (Hrsg.). *Klinische Psychologie & Psychotherapie.* (S. 3-23). Berlin: Springer.

Witter, H. (1983). Richtige oder falsche psychiatrische Gutachten. *Monatsschrift für Kriminologie und Strafrechtsreform*, 66, 253-266.

Witter, H. (1987a). Die Grundlagen für die Beurteilung der Schuldfähigkeit im Strafrecht. In H. Witter (Hrsg.). *Der psychiatrische Sachverständige im Strafrecht*. (S. 37-79). Berlin: Springer.

Witter, H. (1987b). Die Beurteilung der Schuldfähigkeit bei Belastungsreaktionen, Neurosen und Persönlichkeitsstörungen am Beispiel der Affektdelikte. In H. Witter (Hrsg.). *Der psychiatrische Sachverständige im Strafrecht*. (S. 175-200). Berlin: Springer.

Wong, S. (1988). Is Hare's Psychopathy Checklist reliable without the interview? *Psychological Reports*, 62, 931-934.

Wulff, E. (2005). *Das Unglück der kleinen Giftmischerin und zehn weitere Geschichten aus der Forensik*. Bonn: Psychiatrie Verlag.

Young, J. E. (1999). *Cognitive Therapy for Personality Disorders: A Schema-Focused Approach* (3rd ed.). Sarasota: Professional Ressource Press.

Zuckerman, M. (1983). *Biologoical bases of sensation seeking, impulsivity, and anxiety*. New York: Lawrence Erlbaum.

Züll, C., Mohler, P. P. & Geis, A. (1991). Computerunterstützte Inhaltsanalyse mit TEXTPACK PC. Stuttgart: Fischer.

Anhang A – Operationalisierter Kodierleitfaden für die Schuldfähigkeitsachsen

Achse I : Situationsübergreifende Erlebens- und Verhaltensdispositionen – Trait-Achse

(Selbst)Reflexion/Identität
Fremdbildannahmen:
Score   Operationalisierung
1   Differenzierte Wahrnehmung Dritter, die auch unter konfliktären Bedingungen stabil oder realitätsangemessen und vielseitig bleibt bzw. modifiziert werden kann
0   Differenziert-realistische Wahrnehmung anderer, lediglich in konfliktären Situationen zeitweilig einseitig verzerrt
-1   Undifferenzierte, einseitig idealisierend bzw. entwertende Sichtweisen Dritter, die sich stabil und situativ kaum veränderbar zeigen

Selbstbildannahmen:
Score   Operationalisierung
1   Konstantes und integriertes Identitätsgefühl über verschiedene Situationen hinweg mit fließenden Rollenübergängen, Differenzierung zwischen Ideal- und Realselbst möglich, realistische Erwartungen an Möglichkeiten des Selbst
0   Unter situativen Belastungen Integration des Selbstbildes nur eingeschränkt möglich, Differenzierung erschwert, einigermaßen realistische Erwartungen
-1   Inkonstantes Selbstbild, dass zu abrupten Rollenwechseln neigt, Integration kaum vorhanden, Differenzierung zwischen verschiedenen Selbstanteilen nicht vorhanden, unrealistische Erwartungen

Selbstreflexion und Selbstkritik:
Score   Operationalisierung
1   Distanznehmendes Hinterfragen eigener Erlebens- und Verhaltensweisen, Kritikfähigkeit, Ableitung von Handlungsregulativen daraus
0   Mitunter selbstkritische Wahrnehmung, jedoch mit verringertem Handlungsbezug
-1   Selbstunkritische und verzerrte Wahrnehmung eigener Erlebens- und Verhaltensweisen, keinerlei Kritikbedarf wird gesehen

Antizipation von Umweltreaktionen:
Score   Operationalisierung
1   Kenntnis und Vorwegnahme von Umweltreaktionen auf eigenes Verhalten, handlungsleitender Charakter der wahrgenommenen Diskrepanzen
0   Teilweise antizipierende Wahrnehmung von Diskrepanzen zwischen Selbst- und Umwelthandeln, ohne jedoch handlungsleitend zu werden
-1   Vermeidung bzw. keinerlei Auftreten von antizipativen Prozessen

Beziehungsverhalten
Arbeitsfähigkeit:
Score   Operationalisierung
1   Fähigkeit, sich in beruflichen Institutionen und den damit verbundenen sozialen Netzwerken anpassungsfähig zu zeigen, und fortschreitende Entwicklungsprozesse zu initiieren wie auch selbstständig zu beenden
0   Teilweise Anpassungsleistung an berufliche und damit verbundene soziale Kontexte, was vor allem auf eigene Kosten geschieht, stagnierende Entwicklungsprozesse oder leichte Schwierigkeiten sich aus solchen selbstständig zu lösen
-1   Keinerlei Anpassungsleistung in beruflichen und damit verbundenen sozialen Kontexten, massive Schwierigkeiten Entwicklungsprozesse beizubehalten bzw. eigeninitiiert zu beenden

Bindungsstil:
Score   Operationalisierung
1   Sichere Bindung, positives Fremd- und Selbstbild
0   Unsichere, ängstliche Bindung, ambivalent (neg. Selbstbild, pos. Fremdbild) oder vermeidend (neg. Selbst- und Fremdbild)
-1   Gleichgültig-vermeidende Bindung, positives Selbstbild, negatives Fremdbild

Mitteilen eigener Emotionen:
Score   Operationalisierung
1   Konkrete Hinweise auf Fähigkeit zur umfassenden und differenzierten Mitteilung eigener Emotionen in sozialen Beziehungen
0   Teilweise vorhandene Fähigkeiten zur seltenen Mitteilung von Emotionen in wenig differenzierter Art und Weise
-1   Vermeidung der Mitteilung von eigenen Emotionen in sozialen Beziehungen

Arrogant-täuschendes Verhalten (PCL-R):
Score   Operationalisierung
1   Zugewandt, prosozial geprägtes Verhalten
0   Ambivalent schwankendes Verhalten zwischen beiden Polen
-1   Konkrete Hinweise auf arrogant-täuschendes Verhalten (schlagfertig, oberflächlich, grandios, lügend, manipulativ)

Soziales Netzwerk:
Score   Operationalisierung
1   Eingebundensein in soziales Netzwerk mit Freunden, Familie, Nachbarn und Arbeitskollegen, aktive Kontaktsuche
0   Hinweise auf ein kleines, eher engmaschiges und rudimentäres soziales Netzwerk, das nicht zu vergrößern gestrebt wird, eher passiv als aktiv erhaltend
-1   Vermeidung von sozialen Kontakten, Rückzugstendenzen, keinerlei Freundeskreis, Kontaktabbruch zur Herkunftsfamilie

Verhaltensregeln zum Schutz von Beziehungen:
Score   Operationalisierung
1   Konkrete Hinweise auf das Aufstellen, Diskutieren und Erarbeiten von Verhaltensregeln, die dem Schutz der Beziehungen dienen
0   Rudimentäre Ansätze zur Regelung von Interaktionsschwierigkeiten innerhalb von Beziehungen, Regeln werden zumindest explizit gemacht, ohne diese aktiv anzupassen, eher diktatorischer Stil
-1   Hinweise auf das Fehlen solcher Regeln, chronisches Ignorieren oder Vermeidung der Erarbeitung solcher, eher erratischer Stil

Chronische konstellative Faktoren:
Score   Operationalisierung
1   Keinerlei belastende chronische Konstellative Faktoren feststellbar
0   Chronische konstellative Faktoren im Sinne von dauerhaften Belastungen feststellbar, eher allgemein stresshafter Güte wie Schulden, Arbeitslosigkeit, langanhaltende, unklare Trennungssituationen, Trauer etc.
-1   Massive Beeinträchtigung durch chronische konstellative Faktoren im Sinne von dauerhaften extremen Belastungen feststellbar im Sinne von Abusus, depravierenden Lebensumständen etc.

Empathie & Perspektivenübernahme
Score   Operationalisierung
1   Fähigkeit emotionale Zuständlichkeiten des Gegenübers wahrzunehmen, zu erkennen, auf sich selbst zu übertragen und affektiv nachzuerleben, um sein eigenes Handeln selbstrelevanten Standards gemäß danach auszurichten
0   Emotionale Zuständlichkeiten werden zwar erkannt, jedoch verbleibt dies auf kognitiv-affektiver Ebene, ohne selbstrelevant zu werden (kognitive Dekonstruktion).
-1   Emotionale Zuständlichkeiten des Gegenübers werden nicht wahrgenommen oder erkannt

Frühe Verhaltensauffälligkeiten
Frühe Verhaltensprobleme:
Score   Operationalisierung
1   Keinerlei Belege für frühe Verhaltensprobleme
0   Vage Hinweise auf frühe Auffälligkeiten oder späterer Beginn ab 10
-1   Konkrete Hinweise für das Auftreten von frühen Verhaltensproblemen wie anhaltendes Lügen, Betrügen, Feuerlegen, Schulschwänzen, Störungen im Klassenzimmer, Substanzmissbrauch, Vandalismus, Gewalttätigkeit, Weglaufen von zu Hause, frühreife sexuelle Aktivität in umfangreichem Ausmaß und/oder frühem Beginn bis 10

Internale vs. Externale Störungen:
Score   Operationalisierung
1   Hinweise auf eher internale Verhaltensauffälligkeiten
0   Keinerlei Hinweise auf Verhaltensstörungen
-1   Hinweise auf externale Verhaltensstörungen

Jugenddelinquenz:
Score   Operationalisierung
1   Keine Belege für jugenddelinquentes Verhalten
0   Hinweise auf Drogenbesitz, Fahren ohne Führerschein, kleinere Diebstähle etc.
-1   Hinweise auf schwere Delinquenz im Alter vor 18 wie Mord, Körperverletzungen, sexuelle Delinquenz und/oder schwerer Diebstahl

Widerruf juristischer Auflagen:
Score   Operationalisierung
1   Keine Verstöße gegen gerichtliche Auflagen sind bekannt
0   Belege für Anklagen innerhalb von Bewährungen, Nichterscheinen vor Gericht etc.
-1   Belege für Ausbruch, Verurteilung innerhalb einer Bewährung etc.

Instabil dissoziales Verhalten
Diskontinuierliche Jobs:
Score   Operationalisierung
  1   Selten bis gar nicht wechselnde Jobs, vor Wechsel ist eine neue Beschäftigung geklärt
  0   Mitunter wechselnde Jobs, auch bei Unsicherheit der zukünftigen Stellensituation
-1   Belege für häufig und schnell wechselnde Jobs, ohne bereits eine neue Arbeitsstelle zugesichert zu haben

Diskontinuierliche Wohnorte:
Score   Operationalisierung
  1   Konstante Wohnverhältnisse ohne Probleme mit Mietverhältnissen, keinerlei Meldeversäumnisse
  0   Mitunter wechselnde Wohnorte
-1   Belege für ein nomadenartiges Herumziehen bei schneller Aufgabe von Wohnungen, Probleme im Umgang mit Mietverpflichtungen, (Phasen von) Obdachlosigkeit, häufige Meldeversäumnisse

Zielorientierung:
Score   Operationalisierung
  1   Ausgeprägte und realistische Zielorientierung
  0   Mäßige Zielorientierung, einigermaßen realistisch
-1   Mangelnde Zielorientierung, unrealistische Ausprägung

Anspruchshaltung:
Score   Operationalisierung
  1   Dem sozialen Umfeld entsprechende Anpassungserwartung und Anspruchshaltung
  0   Ambivalente Anpassungserwartung und Anspruchshaltung
-1   Paradoxe Anspruchshaltung und Anpassungserwartung

Eigenständiger vs. abhängiger Lebensstil:
Score   Operationalisierung
  1   Eigenständiger Lebensstil, selbstversorgend, unabhängig
  0   Weitgehend selbstständiger Lebensstil in eigener Wohnung, mitunter finanzielle Abhängigkeiten ohne ausnutzenden Charakter
-1   Vorsätzliches Abhängigbleiben und Ausnutzen anderer

Polytrope Kriminalität:
Score   Operationalisierung
  1   Keine bekannte Kriminalität
  0   Verbrechen aus bis zu 5 verschiedenen Kategorien
-1   Verbrechen aus 6 oder mehr verschiedenen Kategorien

Sensation Seeking:
Score   Operationalisierung
  1   Niedriges Sensation Seeking
  0   Mittleres Sensation Seeking mit eher Erfahrungssuche und Langeweileneigung
-1   Hohes Sensation Seeking insbesonders Enthemmung und Gefahr- und Abenteuersuche

Verantwortungsloses Handeln:
Score Operationalisierung
1 Verantwortungsvolles Handeln, das die Interessen anderer berücksichtigt und Loyalität und Pflichterfüllung erkennen lässt
0 Mitunter weniger an Pflichten und den Interessen anderer orientiertes Handeln, das im Augenblick verhaftet ist
-1 Generell nicht an Folgen orientiertes Verhalten, das von Mangel an Loyalität und Pflichterfüllung zeugt, risikoreich für beteiligte Dritte

Introspektion und Schwingungsfähigkeit
Differenzierte Wahrnehmung eigener Emotionen:
Score Operationalisierung
1 Selbstreflexiver Umgang mit eigener Gefühlswelt, differenzierte Wahrnehmung eigener Emotionen, proaktiver Ausdruck und Umgang mit sowohl pos. als auch neg. Gefühlen
0 Eher eingeengte Introspektionsfähigkeit in Richtung neg. und anhedonischer Gefühlsqualitäten, Schwierigkeiten in der Differenzierung von Gefühlen
-1 Aufgehobene oder stark vereinseitigte Introspektion, Überwiegen neg. Gefühlsqualitäten, die nicht zum Ausdruck bzw. zu vermeiden gewünscht werden, Differenzierung zwischen unterschiedlichen Emotionsqualitäten nicht vorhanden, Alexithymie

Nähe- & Distanzregulation:
Score Operationalisierung
1 Reziprozitive Gestaltung von Kommunikation, schwingungsfähig, Distanzen werden gewahrt bzw. flexibel reguliert
0 Pedantisches, retentives und/oder rigide-forderndes Kommunikationsverhalten, eingeschränkt schwingungsfähig, mitunter distanzlos
-1 Erhebliche kommunikative Schwierigkeiten wie Vorbeireden, häufige Missverständnisse, kommunikative Übergriffigkeit, nicht schwingungsfähig, Distanzlosigkeit

Gestörte Affektivität (PCL-R):
Score Operationalisierung
1 Tiefergehende Affektivität, verantwortungsbewußt, Schuldgefühle
0 Ambivalente Ausprägung
-1 Oberflächliche Affektivität, keinerlei Verantwortungsübernahme, Mangel an Bedauern

Problemlösen – Coping – Bewältigung
Abwehrniveau:
Score Operationalisierung
1 Verdrängung, Verschiebung, Ungeschehenmachen, Humor, Affiliation und/oder Antizipation
0 Verleugnung, Wendung gegen die eigene Person, Rationalisierung, Reaktionsbildung, Affektisolierung und/oder Projektion
-1 Spaltung, projektive Identifizierung, Idealisierung, Entwertung, Omnipotenz, Ausagieren und/oder passive Aggresssion

Abwehrrichtung
Score Operationalisierung
1 Intrapsychisch
0 Ambivalent
-1 Interpersonell / Extrapsychisch

Problemlösemachanismen:
Score Operationalisierung
  1 Adaptives, aktives Problemlösen und/oder Einbezug sozialer Unterstützung
  0 Sowohl rigide-vermeidendes als auch aktiv-adaptives Problemlösen
 -1 Rigide-vermeidende Problemlösestrategien und/oder Vermeidung sozialer Unterstützung

Funktionalität des kognitiven Stils:
Score Operationalisierung
  1 Kognitiver Stil und gedankliche Bewertungsmuster von Problemsituationen im Dienste einer funktionalen Lösung
  0 Gemischtes Auftreten von sowohl funktionalen als auch dysfunktionalen Kognitionen
 -1 Kognitiver Stil und gedankliche Bewertungsmuster von Problemsituationen führen zu nicht zielführenden Verzerrungen (s. Becksche dysfunktionale Kognitionen)

Selbstwertregulation:
Score Operationalisierung
  1 Aufrechterhaltung bzw. Modulation eines kurzzeitig bedrohten Selbstwerts jederzeit möglich und/oder funktional selbstwertstützende Attributionen
  0 Aufrechterhaltung bzw. Modulation zeitversetzt und unter Mühen bei Erhalt eines angemessenen Realitätsbezugs möglich, Schwankungsbreite und –frequenz eher gering
 -1 Gestörte Selbstwertregulation im Sinne von erhöhter Kränkbarkeit und/oder Größenphantasien, fragiler Selbstwert (Selbstentwertung, Selbstbestrafung) mit großer Schwankungsbreite und -frequenz

Handlungsorientierung nach Mißerfolg:
Score Operationalisierung
  1 Misserfolgserleben und -gefühle werden schnell desaktualisiert, vergessen oder aktiv beiseite geschoben, Handlungsorientierung mit unmittelbarer Verhaltensänderung, Aktivität nicht beeinträchtigt
  0 Ambivalente Ausprägung
 -1 Nach Misserfolg lageorientiertes Verharren in Betonung konfliktärer Zustände, unkontrollierbare Gedankenintrusionen, Grübeln, kognitive Überaktivität, Passivität, Hilflosigkeits- und Drangerleben zu Handeln, ohne eine Verhaltensänderung zu initialisieren

Handlungsorientierung bei Handlungsplanung:
Score Operationalisierung
  1 Handlungsorientierung mit unmittelbarer Umsetzung von Plänen, entscheidungsfreudig
  0 Ambivalente Ausprägung
 -1 Zögerlichkeit, Skrupolöses Verhalten, unangenehme Dinge werden aufgeschoben und nicht erledigt, unangenehme Gefühlszustände können nicht beendet werden, Problemfokussierung, Vermeidung und Ablenkbarkeit von lösungsrelevanten Aspekten

Suizidversuche:
Score Operationalisierung
  1 Keine
  0 Angedacht bzw. parasuizidales Verhalten
 -1 Mindestens ein Suizversuch ernsthafter Natur

Impulskontrolle
Affektive Reagibilität & impulsiver Antrieb:
Score Operationalisierung
1 Langsame affektive Reagibilität, geringe Irritierbarkeit, geringe temperamentelle Disposition zur Erregbarkeit
0 Mitunter gesteigerte affektive Reagibilität bei geringer Irritierbarkeit und mäßiger temperamenteller Erregbarkeit
-1 Schnell schwankende affektive Erregung in alle Richtungen, starke Irritierbarkeit, hohe Erregungsdisposition

Desaktualisierung und Kontrolle:
Score Operationalisierung
1 Hohe Kontrollfähigkeit, unangenehme Gefühle werden nicht unmittelbar handlungsrelevant, Belohnungsaufschub ist kein Problem
0 Situative Einschränkungen beim Belohnungsaufschub, unangenehme Gefühle stärker handlungsrelevant, aber stets kontrollierbar, keine Impulsdurchbrüche
-1 Impulsdurchbrüche, Gefühle steuern die Handlungen maßgeblich, wieder besseren Wissens wird unmittelbar agiert, kein Belohnungsaufschub möglich

Unter/Über/Fehlregulation:
Score Operationalisierung
1 Konkrete Belege für das Auftreten von Unterkontrolle wie das Unterlassen oder extrem vorzeitige Aufgeben von Kontrollversuchen, da diese als zu anstrengend erlebt oder als nicht von der Person leistbar tituliert werden
0 Konkrete Hinweise für das Vorhandensein längerdauernder Kontrollversuche, um unerwünschte Reaktionen zu verhindern bzw. ein Bemühen um anderweitige Lösungen, die temporär zielführend sind und später auch aufgegeben werden können
-1 Konkrete Belege für das Auftreten von Überkontrolle bzw. Missregulation. Hierbei handelt es sich um wenig zielführende Versuche, vorhandene Gefühle direkt willentlich zu beeinflussen, Aufrechterhalten von erfolglosen Kontrollverhaltensweisen oder Beeinflussung irrelevanter Erlebens- und Verhaltensweisen

Achse II: Tatbezogene Erlebens- und Verhaltensweisen – State-Achse

Alternativverhalten:
Score   Operationalisierung
1   Konkrete Belege für die Verfügbarkeit von alternativen Verhaltensweisen unter vergleichbar belastenden Umständen sowohl auf kognitiver als auch Handlungsebene
0   Vage und/oder unvollständige Hinweise für die Verfügbarkeit von alternativen Verhaltensweisen unter vergleichbar belastenden Umständen sowohl auf kognitiver als auch Handlungsebene
-1   Keine Belege für Verfügbarkeit von alternativen Verhaltensweisen unter vergleichbar belastenden Umständen sowohl auf kognitiver als auch Handlungsebene. Stereotype Handlungsabläufe in vergleichbaren Interaktionen überwiegen

Motivationale Tatverhaltensmerkmale
Ausmaß eingesetzter Aggressivität:
Score   Operationalisierung
1   Hands-off Delikt
0   Hands-on Delikt
-1   Konkrete Belege für sadistische Ausgestaltung und Inszenierung aggressiver Tatanteile.

Reaktive vs. Initiative Deliktbegehung
Score   Operationalisierung
1   Eher reaktive Deliktbegehung
0   Ambivalent
-1   Eher initiative Deliktbegehung

Sexueller Hintergrund:
Score   Operationalisierung
1   Keinerlei Belege für einen sexuellen Hintergrund des Delikts.
0   Vage und/oder unvollständige Hinweise auf einen sexuellen Hintergrund des Delikts
-1   Konkrete Belege für eindeutig sexuellen Hintergrund des Delikts

Instrumentalität vs. Affektregulation:
Score   Operationalisierung
1   Konkrete Hinweise auf rein instrumentellen Charakter des Delikts im Sinne von Bereicherung, Zeugenbeseitigung etc. ohne affektregulative Anteile
0   Hinweise auf ambivalenten Charakter des Delikts zwischen affektregulierenden und instrumentellen Anteilen
-1   Konkrete Belege für eine Dominanz affektregulierender Tatanteile im Sinne von dominanzmotivischen bzw. stark appellativen oder spannungslösenden Hintergrund des Delikts

Gemeinschaftliche Tatbegehung:
Score   Operationalisierung
1   Tatbegehung in sich aufeinander abstimmender Gemeinschaft
0   Hinweis auf Abstimmung mit nichtanwesenden Tätern, Auftragstat etc.
-1   Einzeltäter

Motivationale Tatverhaltensmerkmale - Progredienzphänomen
Symptomverhaltenshäufung:
Score Operationalisierung
1 Täter zeigt Symptomverhalten zum ersten Mal oder ist in diversen Bereichen delinquent ohne Regelmäßigkeiten bzw. Muster dabei erkennen zu lassen
0 Täter ist wiederholt einschlägig kriminell geworden
-1 Täter zeigt zunehmendes einschlägiges Symptomverhalten. Regelmäßigkeit dabei wird erkennbar

Ausgestaltung der Symptominszenierung:
Score Operationalisierung
1 Täter versucht Tatverhalten zu minimieren oder Unannehmlichkeiten die nicht im Dienste der Instrumentalität stehen zu vermeiden. Eine Maximierung des instrumentell angestrebten Nutzens steht nicht im Vordergrund
0 Täter zeigt keinerlei Verfeinerung, Ausbau oder Steigerung eingesetzter Mittel und Praktiken und/oder ist dem Tatverlauf gegenüber indifferent
-1 Täter zeigt zunehmende Ausgestaltung des Symptomverhaltens durch Ausbau, Steigerung oder Verfeinerung eingesetzter Mittel und Praktiken

Lockerung bzw. Verlust der sozialen Bindung:
Score Operationalisierung
1 Täter investiert weiterhin Zeit in bzw. steigert seine sozialen Aktivitäten, ohne darüber symptomrelevantes Erleben und/oder Verhalten zu steigern
0 Symptomrelevantes Erleben und Verhalten wirkt sich in wenigen sozialen Teilbereichen vernachlässigend aus, dieses wird jedoch durch erneutes Bemühen kompensiert
-1 Täter verzichtet darauf, für das Symptom bzw. symptomrelevante Verhaltensweisen seinen sonstigen normalen Tätigkeiten und Pflichten nachzukommen. Vernachlässigung von sozialen Beziehungen, um Zeit für symptomrelevantes Erleben zu haben

Zunehmende Okkupierung durch das Symptomverhalten:
Score Operationalisierung
1 Täter vermeidet es an Symptomrelevantes zu denken. Dies ist für ihn unangenehm, nicht verführerisch und/oder ekelbesetzt. Verdrängung statt Fetischisierung
0 Symptomrelevantes Erleben und Verhalten hat eine gewisse Faszination für den Täter. Diese ist jedoch auf wenige Zeiten beschränkt und lässt in ihrer Wirkung nach
-1 Täter widmet dem Symptom bzw. symptomrelevanten Verhaltensweisen viel Zeit. Sein gedankliches Erleben ist in Zeiten von nicht symptomrelevanten Tätigkeiten von Gedanken an dieses erfüllt bzw. gestört. Eine Fetischisierung ist erkennbar

Verlust der reparativen Stabilisierungsfunktion des Symptomverhaltens:
Score Operationalisierung
1 Täter zeigt keinerlei Toleranzentwicklung, bzw. ist von seiner Tat erschüttert ohne dabei lustvolles Erleben oder eine stabilisierende Wirkung zu verspüren bzw. sich diese davon zu
0 Täter ist ambivalent zwischen Genussaspekten und Bestürzung über sein Verhalten hin und her gerissen. Möchte positive Aspekte u.U. wiedererleben
-1 Täter ist nach Tat bzw. im weiteren Verlauf von deren Wirkung enttäuscht, hätte gerne ein intensiveres Erleben gehabt und/oder denkt über Korrekturmöglichkeiten dessen für die nächste Tat nach. Toleranzentwicklung

Nachtatphase
Verdeckungshandlungen:
Score Operationalisierung
1 Es finden sich Handlungen und Vorsichtsmaßnahmen, die ein Entdecken der Tat im Nachhinein unmöglich machen sollen
0 Potentielles Belastungsmaterial wird teilweise und oberflächlich zu vernichten versucht, und/oder halbherzige Täuschungsversuche werden vorgenommen
-1 Belastende Beweise und Tatspuren werden einfach zurückgelassen bzw. nicht zu vernichten versucht, oder es werden absichtlich Spuren und Hinweise hinterlegt

Ich-Syntonie vs. Ich-Dystonie:
Score Operationalisierung
1 Konkrete Belege für ich-syntones Tatverhalten und/oder eine zustimmende Haltung oder Bewertung der Tat. Bruchlose Einfügung in das Folgeverhalten und Orientierungsräume als ich-syntone Hinweise
0 Uneindeutige Hinweise darauf, wie die Tat und deren Einzelschritte bewertet oder erlebt werden
-1 Konkrete Belege für ich-dystones Tatverhalten und/oder eine nichtzustimmende Haltung oder Bewertung der Tat. Erleben von Tatfremdheit, Unverständlichkeitsreaktionen, Ich-Inkompatibilitäten, krampfhaftes Wiedergutmachen, Sich-Selbst-Stellen-Wollen, Panik als egodystone Hinweise

Neutralisationstechniken:
Score Operationalisierung
1 Konkrete Belege für die gehäufte Anwendung von Neutralisationstechniken in umfangreichen Ausmaß bei der Rechtfertigung der Tat – insbesondere bei zentralen Aspekten der Tathandlung
0 Hinweise auf Anwendung von Neutralisationstechniken in geringem Umfang, wobei sich eher auf Randaspekte des delinquenten Handelns bezogen wird
-1 Keinerlei Hinweise auf Verwendung von Neutralisationstechniken

Opferempathie:
Score Operationalisierung
1 Täter fühlt sich in das Opfer ein, bedauert dessen Leid oder erlittene Nachteile. Versetzt sich aktiv in die Situation des Opfers
0 Opferfolgen können vom Täter theoretisch gewürdigt werden, werden in Folge aber negiert bzw. rationalisiert. Eine Auseinandersetzung damit wird vermieden, da diese als unbequem oder belastend erlebt würde. Das Nachdenken darüber erfolgt höchstens in passiver Weise
-1 Täter zeigt sich von Opfersituation und –erleben völlig unberührt bzw. nimmt dieses nicht wahr. Eine Auseinandersetzung ist nicht möglich. Opferfolgen spielen für den Täter keine Rolle

Tatphase
Planmäßiges Vorgehen:
Score Operationalisierung
1 Konkrete Belege für eine planmäßige Tatbegehung wie geordneter Tatablauf, Antizipation von tathinderlichen Geschehnissen oder dem Abarbeiten von Handlungsalternativen, die zuvor ausgearbeitet worden sind
0 Vage und/oder unvollständige Hinweise für eine planmäßige Tatbegehung
-1 Keine konkreten Belege für eine planmäßige Tatbegehung. Es gibt keine zuvor festgelegten Alternativen für unvorhergesehene Ereignisse, die Tat erfolgt spontan aus dem Augenblick heraus ohne Rücksicht auf situationale Erfordernisse

Komplexität:
Score   Operationalisierung

1 Konkrete Belege für eine Realisierung der Tat anhand mehrerer einzelner kontrollierter Teiletappen, die eine Umstellung einzelner Teilschritte aufgrund situationaler Erfordernisse erkennbar machen (komplexe Tat)

0 Vage und/oder unvollständige Hinweise für eine Realisierung der Tat anhand einzelner kontrollierter Teiletappen, die gewohnheitsgemäß abgearbeitet wurden (schematischer Tatablauf)

-1 Konkreten Belege für eine impulshafte Realisierung der Tat ohne vorherige Planungsleistung Tatdurchführung anhand eines simplen Ablaufplanes, der momenthaft erstellt wird ohne situationale Besonderheiten zu berücksichtigen (Impulstat)

Lang hingezogenes Tatgeschehen:
Score   Operationalisierung

1 Konkrete Belege für eine vorsätzliche Dilatation des Tatgeschehens

0 Vage und/oder unvollständige Hinweise für eine vorsätzliche Dilatation des Tatgeschehens

-1 Keine konkreten Belege für eine vorsätzliche Dilatation des Tatgeschehens bzw. hektische und schnelle Durchführung der Tat mit lediglich den nötigsten Handlungssschritten

Vorsorge gegen Entdeckung:
Score   Operationalisierung

1 Konkrete Belege, die Schritte zur Minimierung des Entdeckungsrisikos bei Tatbegehung erkennen lassen

0 Vage und/oder unvollständige Hinweise für vorbeugende Handlungen bzgl. des Entdeckungsrisikos

-1 Keine konkreten Belege für vorbeugende Handlungen bzgl. des Entdeckungsrisikos bzw. umsichtsloses Vorgehen ohne Berücksichtigung von Risikofaktoren, die zur Entdeckung führen könnten

Fähigkeit zu Warten:
Score   Operationalisierung

1 Konkrete Belege für aufschiebendes und abwartendes Verhalten während und im Vorfeld der Tatbegehung

0 Vage und/oder unvollständige Hinweise für aufschiebendes und abwartendes Verhalten während und im Vorfeld der Tatbegehung

-1 Keine konkreten Belege für aufschiebendes und abwartendes Verhalten während und im Vorfeld der Tatbegehung. Die Tat wird bei der erstbesten Gelegenheit ohne Kalkulation von Folgen durchgeführt

Vortatphase
Tatvorbereitungen:
Score   Operationalisierung

1 Konkrete Belege für die Erarbeitung eines Handlungsplans und/oder für das Vorliegen von Tatwerkzeugen

0 Vage und/oder unvollständige Hinweise für die Erarbeitung eines Handlungsplans und/oder das Vorliegen von Tatwerkzeugen

-1 Keine Belege für das Vorliegen von Tatwerkzeugen und/oder die Erarbeitung eines Handlungsplans. Ausführung als ob die Tatidee soeben gefasst wurde

Innere Auseinandersetzung mit Strebungen zur Tat:
Score   Operationalisierung
1   Konkrete Belege für die gedankliche Auseinandersetzung mit Tatimpulsen wie pro vs. contra Überlegungen, Abwägen von Risikoaspekten, Antizipation der Bedeutung für die eigene Person, Vorwegnahme von Folgen etc.
0   Vage und/oder unvollständige Hinweise für die gedankliche Auseinandersetzung mit Tatimpulsen
-1   Keine Belege für eine gedankliche Beschäftigung mit Tat- und Tatfolgen. Gedankenloses „hineinstolpern" in die Tat, Tat aus heiterem Himmel

Gegenregulationsversuche:
Score   Operationalisierung
1   Konkrete Belege für das Auftreten von Unterkontrolle wie das Unterlassen oder extrem vorzeitige Aufgeben von Kontrollversuchen, da diese als zu anstrengend erlebt oder als nicht von der Person leistbar tituliert werden
0   Konkrete Hinweise für das Vorhandensein längerdauernder Kontrollversuche, um unerwünschte Reaktionen zu verhindern bzw. ein Bemühen um anderweitige Lösungen, die temporär zielführend sind und später auch aufgegeben werden können
-1   Konkrete Belege für das Auftreten von Überkontrolle bzw. Missregulation. Hierbei handelt es sich um wenig zielführende Versuche, vorhandene Gefühle direkt willentlich zu beeinflussen, Aufrechterhalten von erfolglosen Kontrollverhaltensweisen oder Beeinflussung irrelevanter Erlebens- und Verhaltensweisen

Einengung der Lebensführung:
Score   Operationalisierung
1   Keine konkreten Belege für eine zunehmend eingeengte Lebensführung. Alle Aktivitäten des Lebensvollzugs werden weiterhin gleichermaßen aufrechterhalten bzw. erweitert und ausgedehnt
0   Vage und/oder unvollständige Hinweise für das Auftreten einer eingeengten Lebensführung
-1   Konkrete Belege für das Auftreten von eingeengter Lebensführung durch zunehmende Aufgabe gewohnter Lebensvollzüge, Tätigkeiten und Beziehungen

Stereotypisierung des Verhaltens:
Score   Operationalisierung
1   Keine konkreten Hinweise auf eine fortschreitende Gleichförmigkeit des Lebensvollzugs und eine zunehmende Stereotypisierung des Alltags. Viel mehr überwiegt eine flexible Ausgestaltung von Freizeitaktivitäten und Arbeitswelt
0   Vage und/oder unvollständige Hinweise auf eine Stereotypisierung des Verhaltens
-1   Konkrete Belege für eine fortschreitende Gleichförmigkeit des Lebensvollzugs und eine zunehmende Stereotypisierung bzw. sogar Ritualisierung des Alltags. Ein regelhafter Ablauf anhand weniger Abläufe, die unbedingt einzuhalten bzw. zu perfektionieren sind, überwiegt die Freizeit- und Arbeitsgestaltung

Emotionale Labilisierung:
Score   Operationalisierung
1   Keine Belege für das Vorliegen von emotionaler Labilisierung bzw. ausgeprägte emotionale Stabilität
0   Vage und/oder unvollständige Hinweise für das Vorliegen emotionaler Labilisierung durch erhöhte Konfliktbelastung
-1   Konkrete Belege für eine zunehmende emotionale Labilisierung durch vermehrte Belastung mit unbewältigten sozialen Konfliken und/oder Dilemmata, denen sich die Person ausgesetzt fühlt und für die sie keine Lösung zu finden weiß

Konflikthäufung (auch außerhalb des Delinquenzbereiches):
Score Operationalisierung
1 Keine konkreten Belege für eine Konflikthäufung vor dem Delikt – insbesondere auch außerhalb des Delinquenzbereichs möglicherweise sogar Konfliktabnahme oder Verbesserung hinsichtlich bestehender Konfliktsituationen
0 Vage und/oder unvollständige Hinweise auf eine Konflikthäufung vor dem Delikt
-1 Konkrete Belege für eine Konflikthäufung vor dem Delikt – auch außerhalb des Delinquenzbereichs

Aktuelle konstellative Faktoren:
Score Operationalisierung
1 Keine Belege für das das Vorhandensein aktueller konstellativer Faktoren
0 Vage und/oder unvollständige Hinweise für das Vorhandensein aktueller konstellativer Faktoren
-1 Konkrete Belege für das Vorhandensein aktueller konstellativer Faktoren wie Ermüdung, Unterernährung, Schlafmangel, Intoxikation oder gesteigerte affektive Erregung

Bekanntheitsgrad des Opfers:
Score Operationalisierung
1 Täter kennt das Opfer gut und/oder steht mit diesem in engem Verwandtschaftsverhältnis, häufiger Kontakt
0 Täter ist mit Opfer entfernt bekannt oder steht in weiterem Verwandtschaftsverhältnis, seltener bis gar kein Kontakt (z.b. Arbeitskollegen etc.)
-1 Täter und Opfer sind einander unbekannt, es besteht keine auch nur nominelle Beziehung vorher

Anhang B – Operationalisierungen für die Persönlichkeitsfaktoren Seelische Gesundheit und Verhaltenskontrolle nach Becker (1995)

Seelische Gesundheit

Sinnerfülltheit vs. Depressivität:
Score Operationalisierung
1 Leben erscheint sinnvoll, relativ frei von Gefühlen der Ohnmacht und Hilflosigkeit, selbstsicher
0 Ambivalente Ausprägung
-1 Gefühl der Sinnlosigkeit und Leere, häufige Gefühle der Ohnmacht und Hilflosigkeit, selbstunsicher

Selbstvergessenheit vs. Selbstzentrierung:
Score Operationalisierung
1 Grübelt wenig, sorglos, wenig ängstlich
0 Ambivalente Ausprägung
-1 Grübelt viel, besorgt um Zukunft, ängstlich

Beschwerdefreiheit vs. Nervosität:
Score Operationalisierung
1 Fühlt sich körperlich wohl, fühlt sich gesund, frei von Gedächtnis- und Konzentrationsstörungen
0 Ambivalente Ausprägung
-1 Häufige körperliche Beschwerden, fühlt sich häufig krank, leidet unter Gedächtnis- und Konzentrationsstörungen

Expansivität:
Score Operationalisierung
1 Durchsetzungsfähig, entscheidungsschnell, dominant
0 Ambivalente Ausprägung
-1 Wenig durchsetzungsfähig, entscheidungsunsicher, unterwürfig

Autonomie:
Score Operationalisierung
1 Trifft Entscheidungen gerne allein, löst Probleme selbst, übernimmt Verantwortung für sein Leben
0 Ambivalente Ausprägung
-1 Lehnt sich bei wichtigen Entscheidungen gern an andere an, sucht Hilfe bei anderen, weicht Verantwortung für sein Leben aus

Selbstwertgefühl:
Score Operationalisierung
1 Selbstbewusst, häufig unbeschwert, ruhig und ausgeglichen
0 Ambivalente Ausprägung
-1 Hat Probleme sich zu akzeptieren, häufig bedrückt und schlecht gelaunt, erregbar

Liebesfähigkeit:
Score Operationalisierung
1 Interessiert an anderen, kann anderen Liebe geben, kann sich in andere einfühlen, hilfsbereit
0 Ambivalente Ausprägung
-1 Gleichgültig gegenüber anderen, schwer anderen Liebe zu geben, kann sich schlecht einfühlen, wenig hilfsbereit

Verhaltenskontrolle

Normorientierung:
Score Operationalisierung
1 Beachtet Normen, strenges Gewissen, diszipliniert, ehrlich, pflichtbewußt
0 Ambivalente Ausprägung
-1 Setzt sich über Normen hinweg, laxes gewissen, undiszipliniert, zu Notlügen neigend, wenig pflichtbewusst

Ordnungsstreben und Prinzipientreue:
Score Operationalisierung
1 Ordnungsliebend, prinzipientreu, legt Wert auf gutes Benehmen, konservativ
0 Ambivalente Ausprägung
-1 Legt wenig Wert auf Ordnung, Prinzipientreue, gutes Benehmen und Traditionen

Zuverlässigkeit:
Score Operationalisierung
1 Zuverlässig, pünktlich, sorgfältig
0 Ambivalente Ausprägung
-1 Unzuverlässig, unpünktlich, unsorgfältig

Arbeitsorientierung:
Score Operationalisierung
1 Arbeitsbesessen, fleißig, ehrgeizig
0 Ambivalente Ausprägung
-1 Kann von der Arbeit abschalten, faul, wenig ehrgeizig

Zukunfts- und Vernunftorientierung:
Score Operationalisierung
1 Plant auf lange Sicht, denkt vor dem Handeln, vernünftig, vernunftbetont, ausdauernd
0 Ambivalente Ausprägung
-1 Hat Abneigung gegen Pläne, handelt impulsiv, gefühlsbetont, unvernünftig, wenig ausdauernd

Sparsamkeit:
Score   Operationalisierung
  1   Kontrolliert im Geldausgeben, spart Geld an
  0   Ambivalente Ausprägung
 -1   Großzügig im Geldausgeben, neigt nicht zum Sparen

Ausgelassenheit und Begeisterunsgfähigkeit:
Score   Operationalisierung
  1   Begeisterungsfähig, hat Spaß daran, Verrücktes zu tun, ausgelassen, leidenschaftlich
  0   Ambivalente Ausprägung
 -1   Stumpf, zögerlich, hat Abneigung gegen Verrücktes, kontrolliert, beherrscht

Erlebnishunger:
Score   Operationalisierung
  1   Sehnsucht nach Abenteuern, auf Suche nach Abwechslung, über eigene Verhältnisse lebend
  0   Ambivalente Ausprägung
 -1   Wenig Interesse an Abenteuern, Vorliebe für Gewohntes, bescheiden, selbstgenügsam

Hedonismus:
Score   Operationalisierung
  1   Vergnügungssüchtig, unersättlich, genießerisch, triebhaft, maßlos
  0   Ambivalente Ausprägung
 -1   Asketisch, bescheiden, beherrscht, versagend, triebgehemmt, maßvoll

Anhang C — Interkorrelationsmatrix der Schuldfähigkeitskategorien und Übersicht der Variablenzuordnungen

Tabelle Anhang C-1: *Interkorrelationsmatrix der Schuldfähigkeitskategorien.*

	2	3	4	5	6	7	8	9	10	11	12	13
1	.69		.47	.49	.67	.59	.78		.44	.35		
2		.48	.36	.26	.42	.45	.65	.24	.25	.63		
3			-.31	-.31						.62		.21
4				.53	.48	.56	.62		.24			
5					.62	.64	.56		.37			
6						.64	.68	.21	.55			
7							.66		.28			
8									.32	.31		
9									.37		-.42	-.21
10											-.35	-.37
12												-.47

Anmerkung: Es sind nur signifikante Korrelationen wiedergegeben ($p<.05$).

1. einseitige vs. differenzierte Selbst- und Fremdbildannahmen
2. passiv-vermeidendes vs. aktiv-adaptives Problemlösen
3. Lage- vs. Handlungsorientierung
4. frühes Problemverhalten vs. Unauffälligkeit
5. dissoziale vs. normorientierte Verhaltensweisen
6. externalisierend-egozentrische vs. prosozial-reziproke Affektivität
7. fehlangepasste vs. längerfristige Arbeits- und Zielorientierung
8. impulsiv-explosibles Verhalten vs. Impulskontrolle und Selbststeuerung
9. progredientes vs. nicht-progredientes Tatverhalten
10. ausgeprägte vs. geringe Beziehungnahme zum Opfer
11. Labilisierung vs. emotionale Stabilität
12. ungeplant-chaotisches vs. geplant-organisiertes Tatverhalten
13. affektregulativ-egodystone vs. instrumentell-ichsyntone Tatbegehung

Tabelle Anhang C-2: Überblick der Variablennamen und Variablennummern für die Schuldfähigkeitsindikatoren getrennt nach Achsen.

Achse I – Sit.übergr. Erlebens- und Verhaltensdispositionen		Achse II – Tatbezogene Erlebens- und Verhaltensweisen		
Schuldfähigkeitsindikator	(Nr.)/Variable	Schuldfähigkeitsindikator	(Nr.)/Variable	(Nr.)/Variable
Antizipation von Umweltreaktionen	(1) antizipa	Alternative Verhaltensweisen unter vergleichbaren Umständen		(1) alternvh
Fremdbildannahmen	(2) fremdb	Ausmaß eingesetzter Aggressivität		(2) aggress
Selbstbildannahmen	(3) selbstb	Reaktives vs. initiatives Tatverhalten		(3) reaktiv
Selbstreflexion & Selbstkritik	(4) reflkrit	Instrumentalität vs. Affektregulation		(4) instrume
Arbeitsfähigkeit	(5) arbeitsf	Sexueller Hintergrund bei Tatausführung		(5) sexhint
Bindungsstil	(6) bindung	Ausgestaltung der Symptominszenierung		(6) ausgesta
Mitteilen eigener Emotionen	(7) komemot	Lockerung bzw. Verlust der sozialen Bindung		(7) lockrung
Arrogant-täuschendes Verhalten	(8) pclarro	Zunehmende Okkupierung durch Symptomverhalten		(8) okkupier
Einbindung in soziales Netzwerk	(9) soznetz	Symptomverhaltenshäufung		(9) symphäuf
Verhaltensregeln zum Schutz von Beziehungen	(10) vhregel	Verlust der reparativen Stabilisierungsfunktion des Symptomverhaltens		(10) stabilis
Empathie & Perspektivübernahme	(11) mempathi			
Frühe Verhaltensprobleme	(12) vhproble	Ich-Syntonie vs. Ich-Dystonie		(11) synton
Internale vs. externale Störungen	(13) intext	Neutralisationstechniken		(12) nrt
Jugenddelinquenz	(14) juddel	Opferempathie		(13) opferemp
Widerruf juristischer Auflagen	(15) widerruf	Verdeckungshandlungen		(14) verdeck
Paradoxe Anspruchshaltung & Anpassungserwartung	(16) anspruch	Fähigkeit zu Warten		(15) warten
Diskontinuierliche Jobs	(17) jobs	Komplexität der Tat		(16) komplex
Diskontinuierliche Wohnorte	(18) wohn	Lang hingezogenes Tatgeschehen		(17) länge
Polytrope Kriminalität	(19) polykrim	Planmäßiges Vorgehen		(18) plan
Sensation Seeking	(20) sensseek	Vorsorge gegen Entdeckung		(19) vorsorge
Verantwortungsloses Handeln	(21) verantlo	Aktuelle konstellative Faktoren		(20) konstakt
Geringe Zielorientierung	(22) ziele	Einengung der Lebensführung		(21) einengun
Differenzierte Wahrnehmung eigener Emotionen	(23) diffemo	Emotionale Labilisierung		(22) labil
Gestörte, oberflächliche Affektivität	(24) pclaffek	Innere Auseinandersetzungen mit Strebungen zur Tat		(23) auseinan
Abwehrniveau	(25) niveau	Konflikthäufung (auch außerhalb des Delinquenzbereichs)		(24) konflikt
Abwehrrichtung	(26) richt			
Funktionalität des kognitiven Stils	(27) stil	Tatvorbereitungen		(25) vorberei
Problemlösemechanismen	(28) löse	Stereotypisierung des Verhaltens		(26) stereoty
Handlungsorientierung nach Misserfolg	(29) hom	Gemeinschaftliche Tatbegehung		(27) einzel
Handlungsorientierung bei Handlungsplanung	(30) hop	Bekanntheitsgrad des Opfers		(28) beziehun
Selbstwertregulation	(31) selbswert	Gegenregulationsversuche		(29) gegenreg
Affektive Reagibilität & impulsiver Antrieb	(32) reagibil			
Desaktualisierung & Kontrolle	(33) deskontr			
Unter-, Über-, Fehlregulation	(34) miskontr			
Chronische konstellative Faktoren	(35) konstchr			
Abhängiger Lebensstil	(36) parasit			
Nähe- & Distanzregulation	(37) nahdist			
Suizidversuche	(38) suizid			

STUDIEN UND MATERIALIEN ZUM STRAF- UND MAßREGELVOLLZUG

◯ *Hürlimann, Michael:* **Informelle Führer und Einflußfaktoren in der Subkultur des Strafvollzugs**
Band 1, 1993, 232 + LXVII S., ISBN 3-89085-643-X, 29,65 €

◯ *Müller-Dietz, Heinz / Walter, Michael (Hg.):* **Strafvollzug in den 90er Jahren.** Perspektiven und Herausforderungen. Festgabe für Karl-Peter Rotthaus
Band 3, 1995, 260 S., ISBN 3-8255-0029-2, 34,77 €

◯ *Weber, Florian:* **Gefährlichkeitsprognose im Maßregelvollzug.** Entwicklung sowie Reliabilitätsprüfung eines Prognosefragebogens als Grundlage für Hypothesenbildung und langfristige Validierung von Prognosefaktoren.
Band 4, 1996, 140 S., ISBN 3-8255-0056-X, 29,65 € (vergriffen)

zusätzlich: ◯ *Weber & Leygraf:* **Prognosefragebogen nach Weber & Leygraf**
1996, 12 S., ISBN 3-8255-0164-7, 51,13 € (1 Einheit = 50 Fragebögen)

◯ *Rassow, Peter:* **Bibliographie Gefängnisseelsorge**
Band 5, 1998, 300 Seiten, ISBN 3-8255-0196-5, 30,58 €

◯ *Ommerborn, Rainer / Schuemer, Rudolf:* **Fernstudium im Strafvollzug**
Band 6, 1999, 244 S., ISBN 3-8255-0232-5, 25,46 €

◯ *Lösel, Friedrich / Pomplun, Oliver:* **Jugendhilfe statt Untersuchungshaft.** Eine Evaluationsstudie zur Heimunterbringung
Band 7, 1998, 196 S., ISBN 3-8255-0247-3, 30,58 €

◯ *Bundesarbeitsgemeinschaft der Lehrer im Justizvollzug (Hg.):* **Justizvollzug & Pädagogik.** Tradition und Herausforderung
Band 9, 2. Auflage 2001, 200 S., ISBN 3-8255-0270-8, 20,35 €

◯ *Walther, Jutta:* **Möglichkeiten und Perspektiven einer opferbezogenen Gestaltung des Strafvollzugs**
Band 10, 2002, 330 S., ISBN 3-8255-0303-8, 30,60 €

◯ *Rehn, Gerhard / Wischka, Bernd / Lösel Friedrich / Walter, Michael (Hg.):* **Behandlung „gefährlicher Straftäter".** Grundlagen, Konzepte, Ergebnisse
Band 11, 2. überarb. Auflage 2001, 442 S., ISBN 3-8255-0315-1, 35,69 €

◯ *Mandt, Brigitte:* **Die Gefährdung öffentlicher Sicherheit durch Entweichungen aus dem geschlossenen Strafvollzug.** Eine empirische Untersuchung am Beispiel des Landes Nordrhein-Westfalen in den Jahren 1986 – 1988
Band 12, 2001, 350 S., ISBN 3-8255-0321-6, 30,58 €

www.centaurus-verlag.de

STUDIEN UND MATERIALIEN ZUM STRAF- UND MAßREGELVOLLZUG

◐ *Ross, Thomas:* **Bindungsstile von gefährlichen Straftätern**
Band 13, 2001, 200 S., ISBN 3-8255-0329-1, 23,53 €

◐ *Böhmer, Mechthild:* **Forensische Psychotherapieforschung.** Eine Einzelfallstudie
Band 14, 2001, 140 Seiten, ISBN 3-8255-0336-4, 20,35 €

◐ *Zabeck, Anna:* **Funktion und Entwicklungsperspektiven ambulanter Sanktionen.** Ein Rechtsvergleich zwischen England / Wales und Deutschland
Band 15, 2001, 380 S., ISBN 3-8255-0334-8, 34,77 €

◐ *Bergmann, Maren:* **Die Verrechtlichung des Strafvollzugs und ihre Auswirkungen auf die Strafvollzugspraxis**
Band 16, 2003, 300 S., ISBN 3-8255-0368-2, 28,– €

◐ *Tzschaschel, Nadja:* **Ausländische Gefangene im Strafvollzug.** Eine vergleichende Bestandsaufnahme der Vollzugsgestaltung bei ausländischen und deutschen Gefangenen sowie eine Untersuchung zur Anwendung des § 456a StPO. Ergebnisse einer in Nordrhein-Westfalen durchgeführten Aktenanalyse
Band 17, 2002, 170 S., ISBN 3-8255-0377-1, 24,60 €

◐ *Giefers-Wieland, Natalie:* **Private Strafvollzugsanstalten in den USA. Eine Perspektive für Deutschland?**
Band 18, 2002, 246 Seiten, ISBN 3-8255-0383-6, 26,90 €

◐ *Pecher, Willi / Rappold, Günter, Schöner, Elsava / Wiencke, Henner / Wydra, Bernhard (Hg.):* **„... die im Dunkeln sieht man nicht!"** Perspektiven des Strafvollzugs. Festschrift für Georg Wagner
Band 20, 2005, 350 S., ISBN 3-8255-0446-8, 27,50 €

◐ *Rehn, Gerhard / Nanninga, Regina / Thiel, Andreas (Hg.):* **Freiheit und Unfreiheit.** Arbeit mit Straftätern innerhalb und außerhalb des Justizvollzuges
Band 21, 2004, 598 S., ISBN 3-8255-0459-X, 33,90 €

◐ *Schmucker, Martin:* **Kann Therapie Rückfälle verhindern?** Meta-analytische Befunde zur Wirksamkeit der Sexualstraftäterbehandlung
Band 22, 2004, 362 S., ISBN 3-8255-0508-1, 27,50 €

◐ *Dahle, Klaus-Peter:* **Psychologische Kriminalprognose.** Wege zu einer integrativen Methodik für die Beurteilung der Rückfallwahrscheinlichkeit bei Strafgefangenen
Band 23, 2005, 254 S., ISBN 3-8255-0607-X, 24,90 €

www.centaurus-verlag.de